# ÉTUDES ET EXERCICES

## SUR LES SYNONYMES.

LIVRE DU MAITRE.

*Tout exemplaire de cet ouvrage non revêtu de notre signature, sera réputé contrefait.*

# ÉTUDES

## ET

# EXERCICES

## SUR

# LES SYNONYMES FRANÇAIS

### PAR M. A.-L. SARDOU,

AUTEUR DE DIVERS OUVRAGES CLASSIQUES.

LIVRE DU MAITRE.

## PARIS,

DEZOBRY, E. MAGDELEINE ET C<sup>ie</sup>, LIBRAIRES-ÉDITEURS,

**Rue du Cloître-Saint-Benoît, 10**

(Quartier de la Sorbonne).

1856

# AVERTISSEMENT.

Des hommes d'un mérite incontestable ont publié de bons écrits sur les synonymes de la langue française : je n'aurais jamais songé à composer un livre traitant de la même matière, si je n'eusse reconnu qu'après les excellents travaux de ces philologues, il restait encore à faire une chose à laquelle ils n'avaient guère pensé, ou qui du moins ne s'était point présentée à leur esprit comme le but principal qu'ils devaient atteindre. Leurs livres s'adressent surtout aux gens du monde, aux littérateurs, aux savants : le mien est spécialement destiné aux jeunes gens qui sont encore sur les bancs des écoles. J'espère qu'il ne leur sera pas inutile, et je crois même qu'il pourrait ne pas l'être à plus d'une grande personne depuis longtemps entrée dans le monde.

J'ai emprunté un petit nombre d'articles à l'abbé Girard, à Beauzée et à Laveaux. Mais les synonymistes à qui je dois le plus sont : d'abord l'abbé Roubaud, qui le premier a donné des bases certaines à l'étude des synonymes, et ensuite M. Benjamin Lafaye, qui, mettant habilement à profit les excellentes idées de Roubaud, a fait un système complet de ce qui, dans l'ouvrage de ce dernier, n'était que premières vues, notes détachées, aperçus exacts, mais disséminés çà et là, suivant que l'occasion se présentait.

Le savant traité de M. B. Lafaye m'a été fort utile pour le plan de mon livre, et m'a fourni plus d'une indication précieuse, qui m'a servi dans l'exécution de ce plan. Comme cet habile synonymiste, je me suis borné à un genre particulier de synonymes, et il m'est souvent arrivé de puiser aux mêmes sources que lui : il y a donc une certaine analogie entre mon travail et le sien. Mais la différence du but a nécessairement exigé des voies et des moyens différents. M. B. Lafaye a écrit pour des savants ou tout au moins pour des lecteurs rompus à la dialectique des métaphysiciens, et il a fait un ouvrage remarquable non-seulement par la science de la méthode, mais aussi par la profondeur des théories. Mes vues sont beaucoup moins élevées : placé en quelque sorte dans l'humble chaire d'une classe d'élèves à peine entrés dans l'âge de l'adolescence, j'ai dû parler un langage didactique plus simple, plus à la portée de chacun, et m'attacher surtout à éclaircir par la pratique, c'est-à-dire par l'application à des exemples, ce que toute théorie renferme nécessairement d'obscur pour de jeunes intelligences.

J'ai employé assez fréquemment le substantif *préfixe*, qui n'est point encore dans le dictionnaire, mais qui y sera bientôt à cause de son utilité incontestable et de son grand usage parmi les philologues et dans l'enseignement public. J'ai fait ce mot du genre féminin, à l'imitation de M. B. Lafaye et d'après l'avis de plusieurs professeurs. C'est à tort, suivant moi, que quelques personnes, donnant pour raison que les grammairiens allemands emploient dans ce cas le neutre latin *præfixum*, disent *le préfixe*, *un préfixe*. Ce mot est pour nous, Français, l'adjectif *préfixe* pris substantivement ; or, dans notre langue un adjectif ne peut être pris ainsi que par suite de l'ellipse d'un substantif, et ici le substantif sous-entendu est *la particule* : au lieu de dire, par exemple, que *reposer* est formé du radical *poser* et de la *particule* préfixe *re*, nous disons plus simplement *de la* préfixe *re*.

# INTRODUCTION.

---

## I. — CE QUE L'ON DOIT ENTENDRE PAR MOTS SYNONYMES.

Peu de personnes ont une idée juste de ce que les grammairiens et les philologues appellent *synonymes*. Les uns entendent par cette dénomination certains mots ayant des significations extrêmement rapprochées, mais cependant tellement distinctes que dans aucun cas ces mots ne peuvent être indifféremment substitués l'un à l'autre : quelques-uns, au contraire, prenant le mot *synonyme* dans le sens rigoureux de son étymologie, se figurent que l'on désigne par là des mots qui partout et toujours ont très-exactement la même signification, si bien que dans tous les cas possibles l'un peut être remplacé par l'autre sans le moindre désavantage. Les premiers répètent hardiment, et sans s'être donné la peine d'en vérifier la justesse, le prétendu axiome *qu'il n'y a point de synonymes dans les langues :* les seconds admettent l'existence des synonymes ; mais ils concluraient comme les premiers, si on leur démontrait que jamais deux mots n'ont un sens parfaitement et complétement identique.

Ces deux opinions contradictoires et qui conduisent à la même conclusion, sont également fausses, parce que chacune d'elles ne contient qu'une moitié de la vérité.

Voici ce que disait l'abbé Girard il y a plus de cent ans : « Il ne faut point s'imaginer que les mots qu'on nomme

« *synonymes* le soient dans toute la rigueur d'une ressem-
« blance parfaite, en sorte que le sens soit aussi uniforme
« entre eux que l'est la saveur entre deux gouttes d'eau de
« la même source. Car en les considérant de près, on verra
« que cette ressemblance n'embrasse pas toute l'étendue et
« la force de la signification ; qu'elle ne consiste que dans
« une idée principale que tous énoncent, mais que chacun
« diversifie à sa manière par une idée accessoire, qui lui
« constitue un caractère propre et singulier. La ressem-
« blance que produit l'idée générale fait donc les mots sy-
« nonymes ; et la différence qui vient de l'idée particulière
« qui accompagne la générale, fait qu'ils ne le sont pas par-
« faitement, et qu'on les distingue comme les nuances de la
« même couleur. »

Beauzée, éditeur et continuateur de Girard, a reproduit
en peu de mots le sens de cette définition ; d'Alembert l'a
donnée en termes plus précis encore. « Ce qui constitue, dit-
« il, deux ou plusieurs mots synonymes, c'est d'abord un
« sens général qui est commun à ces mots ; et ce qui fait
« ensuite que ces mots ne sont pas toujours synonymes, ce
« sont des nuances souvent délicates et quelquefois presque
« imperceptibles, qui modifient ce sens primitif et général. »
(*Éléments de philosophie.*)

Ainsi, il n'y a pas de mots *parfaitement* synonymes *(a)*,
parce que si cela était, il y aurait, dit Dumarsais, deux langues dans une même langue ; et quand on a trouvé le signe
exact d'une idée, on n'en cherche pas d'autre.

Et il y a des mots synonymes, parce que toutes les langues
possèdent des mots renfermant, dans leur signification générale, une idée principale qui leur est commune, mais diffé-

_____________

*(a)* Mais il peut y avoir des locutions composées, des tours de phrases, *parfaitement* synonymes d'autres.

rant aussi l'un de l'autre par des idées accessoires qui leur donnent à chacun une signification particulière.

Cette double condition est nécessaire; et deux mots renfermant dans leur signification une idée générale, formés, qui plus est, d'un même radical, peuvent fort bien ne pas être synonymes. Ainsi, c'est à tort, suivant moi, que Girard et d'autres auteurs ont traité comme synonymes les mots *affirmer* et *confirmer*. Sans contredit ces mots expriment une même idée générale, celle de *présenter une chose comme vraie;* mais la différence de leur signification propre est telle, que l'idée particulière exprimée par chacun d'eux fait perdre de vue l'idée générale et détruit si bien ce qui aurait constitué leur synonymie, qu'il devient impossible de jamais les confondre. En effet, pour tout le monde, *affirmer,* c'est soutenir, par une simple proposition ou par le serment, qu'une chose *est,* ou qu'elle *est vraie : confirmer,* c'est prouver la vérité de la chose, c'est l'appuyer, lui donner une plus grande certitude par de nouvelles preuves ou de nouveaux témoignages. Ces mots ne sont donc pas plus synonymes que *table* et *bureau ; cable, corde* et *ficelle,* qui figurent dans la liste des synonymes que l'abbé Girard se proposait d'expliquer *(a).*

---

*(a)* Cette raison de la prédominance de l'idée particulière sur l'idée générale m'a fait rejeter un grand nombre de mots traités comme synonymes par de bons auteurs : tels sont *aise, aisance; annoncer, dénoncer ; brute, brutal ; cosmographie, cosmologie, cosmogonie; fausser, falsifier; inclinaison, inclination; laisser, délaisser; montrer, démontrer ; mouvoir, émouvoir; part, partage; protester, attester; simuler, dissimuler; temps, température,* etc. J'en ai exclu quelques-uns comme trop techniques ou trop didactiques, parmi lesquels *adjuration* et *conjuration* (termes de liturgie); *attrition, contrition ; concept, conception; chirurgique, chirurgical; droit canon, droit canonique; efficace, efficacité; éolien, éolique; érosion, corrosion; lainerie, lainage; mixture, mixtion; prohibition, inhibition,* etc. ; d'autres comme peu usités, tels que *herbu, herbeux; lignée, lignage; lourdise, lourderie; prosternation, prosternement ,* etc.; ou comme trop populaires, par exemple : *finaud, finet; patrouillis, patrouillage; vétilleur, vétillard* et *vétilleux.*

Mais si l'on ne doit pas, en donnant à l'idée générale commune à deux mots une puissance qu'elle n'a point, faire synonymes deux mots qui ne sauraient l'être, d'autre part il faut ne pas exagérer la force des idées accessoires qui distinguent des mots véritablement synonymes, au point de croire qu'il ne puisse jamais se présenter de cas où l'on ait le droit d'employer à son choix l'un ou l'autre de ces deux mots. « Toutes les fois, dit avec raison d'Alembert, que par la na-« ture du sujet qu'on traite, on n'a point à exprimer les « nuances, et qu'on n'a besoin que du sens général, chacun « des synonymes peut être indifféremment mis en usage. » Ainsi je puis dire : *Après un mois de siége, le gouverneur fut* forcé *de se rendre*, ou avec l'Académie, *Après un mois de siége, le gouverneur fut* obligé *de se rendre;* parce que je n'ai besoin d'énoncer que l'idée générale *d'être contraint :* et cependant la phrase suivante de M. Cousin : *On peut être* forcé *d'obéir au plus fort, on n'y est pas* obligé, démontre bien qu'il y a entre les deux verbes *forcer* et *obliger* une différence établie par les idées accessoires, et tellement marquée que ces deux mots peuvent être mis en opposition.

J'ai essayé, d'après les synonymistes, de déterminer les différences de sens qui distinguent les deux mots *mont* et *montagne* (voir le n° 481). Conformément aux distinctions établies dans cet article, on doit dire le *mont* Cenis, le *mont* Vésuve, et non la *montagne* Cenis, etc.; une chaîne de *mon-tagnes*, et non une chaîne de *monts*. Mais la Fontaine, qui n'avait à exprimer que l'idée générale d'une masse considérable de terre ou de roche élevée au-dessus du sol, a dit :

> Une *montagne* en mal d'enfant
> Jetait une clameur si haute, etc.

Et ailleurs :

> La moindre taupinée était *mont* à ses yeux.

Il aurait très-bien pu dans ces deux phrases substituer l'un des deux mots à l'autre *(a)*.

On peut voir aux deux mots *taux* et *taxe* (nº 482) un exemple de même nature donné par Beauzée.

## II. — UTILITÉ ET IMPORTANCE DE L'ÉTUDE DES SYNONYMES.

La première édition du recueil de synonymes de l'abbé Girard parut sous le titre heureux de *Justesse de la Langue française*. En effet, la *justesse* de l'expression, c'est l'emploi du terme qui rend exactement l'idée ; et l'étude des synonymes a essentiellement pour but de distinguer et de connaître la signification propre de mots que l'on est souvent exposé à confondre avec d'autres, à cause de la grande analogie établie entre eux par le sens général qui leur est commun.

Ainsi, quand on demande s'il est utile et important d'étudier les synonymes, c'est comme si l'on disait : *Est-il utile, est-il bien important de s'exprimer avec justesse, de rendre exactement ses idées ?* La question ainsi ramenée à ses véritables termes est bien vite décidée. Je pourrais donc passer outre ; mais qu'on me permette de citer à ce propos un passage de M. Guizot : je transcris cette page moins comme une preuve à l'appui d'une question désormais jugée, que comme un argument en faveur de l'enseignement des synonymes dans les collèges et dans les écoles.

« L'étude des synonymes exerce la sagacité de l'esprit en
« l'accoutumant à distinguer ce qu'il serait aisé de confon-
« dre ; en déterminant le sens propre des termes, elle pré-

---

*(a)* Les poëtes ont plus souvent que les prosateurs le choix arbitraire d'un ou de plusieurs mots synonymes, parce que les idées générales sont surtout du domaine de la poésie.

« vient les disputes de mots dont une équivoque, un mal-
« entendu, sont presque toujours la cause; elle fixe l'usage,
« dont elle devient le témoin et l'interprète ; elle recueille,
« pour ainsi dire, les feuilles éparses de cette impérieuse
« sibylle; elle peut même les suppléer en s'aidant des res-
« sources que l'analyse logique et grammaticale lui fournit ;
« elle fait acquérir au style cette propriété d'expression, cette
« précision, pierre de touche des grands écrivains ; enfin
« elle enrichit la langue de tous les termes qu'elle distingue
« d'une manière positive. Ce n'est pas la répétition des mê-
« mes sons, mais celle des mêmes idées qui fatigue le lec-
« teur ; l'esprit se lasse plus aisément que l'oreille ; la preuve
« en est dans cette multitude de particules, de conjonctions,
« etc., dont le retour continuel n'est pas pénible à l'enten-
« dement, parce qu'elles amènent ou remplacent de nouvelles
« idées : la variété des idées est donc plus essentielle à la ri-
« chesse de la langue que celle des sons ; rien ne contribue
« aussi efficacement à l'augmenter que l'étude des synony-
« mes ; elle rend aux divers mots d'une même famille leur
« physionomie propre et leur caractère original ; elle sépare,
« en quelque sorte, les rameaux d'un même tronc, et l'in-
« fluence qu'elle exerce sur la clarté des expressions, s'étend
« aux idées mêmes, qui acquièrent par elle une netteté plus
« grande. L'importance de cette étude est donc incontesta-
« ble; aussi a-t-elle été sentie dans les temps anciens comme
« de nos jours. »

## III. — DE L'ÉTUDE DES SYNONYMES DANS LES CLASSES D'ÉLÈVES.

Puisque l'étude des synonymes renferme de si grands
avantages, d'où vient qu'elle est à peu près complétement
négligée dans les établissements d'instruction publique ? Ce

n'est pas que maîtres et professeurs méconnaissent l'utilité et l'importance de cet enseignement ; mais c'est qu'il présente des difficultés qui jusqu'ici l'ont rendu en quelque sorte impraticable.

Et d'abord, tout enseignement exige une méthode et des règles ; en second lieu, il faut des livres de classe qui servent au maître autant peut-être qu'à l'élève : au maître, pour rendre sa tâche plus facile ou même possible ; à l'élève, pour faire l'application des règles afin de les mieux retenir, et pour recourir aux théories et aux exemples donnés par le livre, toutes les fois que ce supplément aux leçons du maître devient nécessaire.

Or, quelle méthode peut-on suivre dans une étude qui a pour objet un très-grand nombre de mots groupés en des centaines d'articles sans aucune liaison, sans aucun rapport entre eux, et qui paraissent invinciblement se refuser à toute classification rationnelle ? De plus, comment établir des règles là où l'usage, cet ennemi naturel des règles, semble régner en maître absolu ?

Je ferai voir plus loin que ces difficultés ne sont pas tout à fait insurmontables : j'en aborde sur-le-champ une autre, toute matérielle et qui n'est pas moins grande pour cela : je veux parler d'un livre sur les synonymes, spécialement rédigé pour les classes.

Le nombre des synonymes français est plus considérable qu'on ne le croit communément : ils fournissent plus de 2000 groupes de mots donnant lieu à autant d'articles (a). En se

---

(a) Le volume de l'abbé Girard, premier ouvrage publié sur les synonymes français, renferme 421 articles ; celui de Beauzée en contient 294 ; Roubaud a examiné 572 groupes de synonymes, parmi lesquels s'en trouvent quelques-uns déjà traités par ses prédécesseurs. Le Dictionnaire universel des synonymes rédigé au commencement de ce siècle, d'après les ordres de M. de Fontanes, alors grand-maître de l'Université, renferme 1233 articles extraits de Girard, de Beauzée, de Roubaud, de l'En-

bornant aux principaux synonymes, il reste encore près de
1200 groupes, parmi lesquels il n'y a plus de choix à faire.
Ces 1200 groupes, classés suivant un ordre alphabétique et
néanmoins arbitraire (*a*), donneront autant d'articles, qui
formeront un volume énorme et d'un prix beaucoup trop
élevé pour les classes d'élèves (*b*). Que faire alors : ne prendre que 5 ou 600 groupes? J'ai dit que sur les 1200 qui restent d'une première élimination, il n'y a plus de choix à faire.
Réduire l'étendue des articles, les abréger suffisamment pour
ne faire qu'un volume ordinaire? C'est l'idée qui se présente
naturellement et tout d'abord à l'esprit; mais on ne tarde
pas à reconnaître que c'est là une fort malheureuse idée. Je
suppose, par exemple, qu'au lieu des trois articles que j'ai
faits sur les mots *acte* et *action* (no 139), *allonger* et *prolon-*
*ger* (no 90), *abaisser* et *baisser* (no 64), je me fusse contenté de
dire comme Boiste :

« *Acte, action.* L'acte est le produit de l'action. »

« *Allonger, prolonger. Allonger,* c'est ajouter à l'un des
« bouts ou étendre la matière; *prolonger,* c'est reculer le
« terme de la chose. »

---

cyclopédie, etc. ; celui de M. Guizot, publié en 1809 et composé de la
même manière, contient 1342 articles, parmi lesquels on en compte une
centaine de la main de l'auteur. Si à ce nombre de 1342 on ajoute 7 à
800 synonymes à radicaux identiques pour la plupart omis par les précédents synonymistes et traités par M. B. Lafaye, on dépasse le nombre
de 2000, et pourtant la liste pourrait encore être de beaucoup augmentée.

(*a*) *Arbitraire* nécessairement ; car soient par exemple, les synoymes
*diffamant* et *infamant*, il n'y a pas plus de raison de les porter à la lettre D, sous le titre *diffamant, infamant,* qu'à la lettre I, sous celui-ci
*infamant, diffamant.*

(*b*) Les 715 articles de Girard et de Beauzée font deux volumes in-12
d'environ 500 pages chacun; les 572 articles de Roubaud sont contenus
dans quatre volumes in-8° qui font ensemble 2068 pages; le Dictionnaire des synonymes de M. Guizot forme un volume grand in-8°
de plus de 1000 pages; le Dictionnaire exécuté d'après les ordres de
M. de Fontanes est d'une étendue à peu près égale; celui de Laveaux se
compose de 2 volumes grand in-8° de 700 pages sur deux colonnes et
à caractère très-fin.

« *Baisser, abaisser. Baisser* se dit des choses que l'on
« place plus bas : on *baisse* la tête. *Abaisser* se dit des cho-
« ses faites pour en couvrir d'autres, mais qui étant rele-
« vées les laissent à découvert : on *abaisse* les paupières. »

De même, si au lieu de l'article *continuation, continuité,*
tel que je l'ai rédigé (nº 235), j'eusse dit avec Girard (a) :

« *Continuation* est pour la durée. *Continuité* est pour l'é-
« tendue. On dit : La *continuation* d'un travail et d'une
« action, la *continuité* d'un espace et d'une grandeur; la
« *continuation* d'une même conduite, et la *continuité* d'un
« même édifice. »

N'est-il pas évident que des articles ainsi écourtés et in-
complets ont le double tort non-seulement d'apprendre peu
de chose au lecteur, mais encore, ce qui est beaucoup plus
grave, de lui donner des notions entièrement fausses? Et
ne vaudrait-il pas beaucoup mieux ne point mettre les élèves à l'étude des synonymes, que de les faire travailler sur
cette matière délicate, en leur fournissant de perfides indications qui les trompent sur le sens des mots, et les éga-
rent fort loin du but que l'on voulait atteindre?

Puisqu'on ne peut, sans de très-graves inconvénients,
abréger considérablement les articles que fournissent les
1200 groupes de synonymes, force est donc de réduire ce
nombre même de 1200 groupes. Mais comment, si le choix
n'est pas possible? Oui, dans le cas d'un choix arbitraire
comme l'ont fait Girard et Beauzée, qui ont pris, par exemple, les mots *délit, forfait, faute, crime, péché,* et ont
laissé *captivité, esclavage, servitude.* Mais si l'on examine
les synonymes au point de vue parfaitement juste de la for-

---

(a) L'article de Girard, entièrement faux parce qu'il est incomplet, se
trouve textuellement reproduit dans tous les Dictionnaires de synonymes,
dans celui de M. de Fontanes, dans celui de M. Guizot, dans le Dictionnaire de Boiste et dans celui de Laveaux.

mation des mots, on en reconnaît deux sortes, tout à fait distinctes par leur nature et par leur forme : 1o les synonymes ayant même radical ou racine, tels que *diffamant* et *infamant,* ou bien *acte* et *action, allonger* et *prolonger ;* 2o les synonymes ayant des radicaux différents, tels que *captivité, esclavage, servitude.* Le choix est alors possible : la méthode nous indique les synonymes à radicaux identiques comme devant être l'objet des premières études sur cette matière, et l'on n'a plus à examiner que 500 et quelques groupes de mots synonymes, au lieu de 1200.

Je dis que ce choix est imposé par la méthode. En effet, la première et vraie signification d'un mot est donnée par l'origine, par la formation, la dérivation ou la composition de ce mot : or l'étude des synonymes à radicaux identiques nous apprend la valeur des préfixes et des terminaisons qui modifient le sens du radical et constituent des nuances souvent délicates et toujours difficiles à distinguer autrement que par la signification particulière de ces préfixes ou de ces terminaisons.

On peut donc ainsi poser des règles dans un sujet d'étude où, au premier coup-d'œil, tout semble livré aux caprices de l'usage. Le lecteur, l'élève, ne sont point transportés brusquement d'un sujet à un autre sujet tout à fait indépendant du premier : ils ne vont point au hasard, sans guide, sans lumière, sans rien qui les dirige, sans appui dans leur marche douteuse et incertaine. L'étude devient méthodique, facile et dès lors fructueuse : on a les moyens de déterminer sûrement la vraie signification des synonymes formés du même radical; et cette connaissance une fois acquise, on n'a plus à craindre de la perdre, parce qu'elle a pour base des règles fixes, d'autant plus faciles à retenir qu'elles trouvent tous les jours leur application dans la conversation même.

Mais l'avantage de cette première étude ne se borne pas à la distinction des nuances que présente la signification de deux synonymes à radicaux identiques. Dès que l'on connaît, par exemple, la valeur de la préfixe *pré*, on sait que *prédire* signifie *dire d'avance ;* que *présupposer*, c'est *supposer d'avance* ou préalablement; que *préjuger*, c'est *juger* ou *décider d'avance*, etc. On apprend donc ainsi à connaître la vraie signification d'un très-grand nombre de mots non synonymes d'autres; et cette connaissance n'est pas moins utile pour posséder l'une des premières qualités de l'élocution, la première peut-être, la *justesse* de l'expression. Ensuite, de quel secours cette connaissance n'est-elle pas pour l'étude des synonymes à radicaux différents ? J'estime que toute personne, qu'un élève même qui se sera exercé suffisamment sur les synonymes à radicaux identiques, pourra sans trop de peine faire lui-même une discussion sur des synonymes à radicaux différents, surtout avec le secours d'un bon Dictionnaire, ou de quelques phrases d'*application* dans lesquelles le maître aura fait entrer les mots synonymes.

Soient, par exemple, *devoir* et *obligation* les deux mots qu'il s'agit de traiter. L'élève saura déjà que, par sa terminaison, le mot *obligation* signifie, ce qui oblige, ce qui lie (voir page 67); quant au substantif *le devoir*, c'est l'infinitif pris substantivement (page 252); il signifie littéralement, ce que l'on doit, comme *le savoir* est ce que l'on sait. Tout l'esprit de l'article est là : on peut en tirer des définitions presque identiques à celles de l'Académie : « *Devoir*, ce à « quoi l'on est *obligé* par la raison, par la morale, par la « loi, par sa condition, par la bienséance, etc. *Obligation*,

« lien, engagement qui *impose quelque devoir* concernant
« la religion, la morale, la vie civile. » Et avec un peu de
réflexion, il n'est pas difficile de faire le développement de
ces définitions, à peu près comme l'a fait Roubaud. « L'o-
« *bligation*, dit-il, engendre le *devoir*. Nous sommes tenus
« par l'*obligation*, et nous sommes tenus à un *devoir*. L'o-
« *bligation* désigne l'autorité qui lie ; et le *devoir*, le sujet
« qui est lié. Le *devoir* présuppose l'*obligation*. Nous sommes
« dans l'*obligation* de faire une chose ; et notre *devoir* est
« de la faire : c'est l'*obligation* qui nous lie ; c'est au *devoir*
« qu'elle nous lie. »

## IV. — PROGRAMME DES ÉTUDES ET DES EXERCICES SUR LES SYNONYMES, DANS LES CLASSES D'ÉLÈVES.

En exposant les raisons qui m'ont fait adopter pour la rédaction de ce livre certains matériaux à l'exclusion de tels
autres, j'ai tracé en quelque sorte le programme complet
des études et des exercices que l'on peut faire dans les
classes sur les synonymes français, comme complément des
études grammaticales et concurremment avec la composition littéraire. Il résulte en effet de ce que je viens de dire
que la marche à suivre devra être celle-ci :

PREMIER DEGRÉ. L'élève commencera par les synonymes
à radicaux identiques. Au moyen du présent livre, il ap-
prendra successivement la valeur des préfixes et des terminaisons, et reconnaîtra les causes purement grammaticales
qui modifient le sens des mots. Il lira attentivement chacun des articles particuliers sur un groupe de mots synonymes, et il y puisera des connaissances théoriques dont il
fera l'application à des phrases choisies que j'ai mises à la
suite de chacun de ces articles. Dans les exemplaires à l'u-

sage des élèves, ces phrases d'*application* ne renferment pas les mots synonymes; la place de ces mots est marquée par des points : c'est à l'élève à remplir les lacunes, en choisissant de deux ou plusieurs mots synonymes celui qui est exigé par le sens de la phrase. On pourra exiger de lui qu'il donne les raisons qui lui ont fait préférer l'emploi de tel mot plutôt que de tel autre.

A la suite de cet exercice les élèves en feront un second, plus difficile sans doute, mais non moins utile : ils composeront eux-mêmes des phrases d'*application*, dans lesquelles ils feront entrer les mots synonymes.

DEUXIÈME DEGRÉ. L'élève s'exercera sur les synonymes à radicaux différents. Il le fera, comme je l'ai dit ci-dessus, soit avec le secours d'un bon Dictionnaire, soit en prenant pour base de son travail quelques phrases d'application données par le maître.

Ou bien on procèdera de cette manière : le maître lira à haute voix et expliquera suffisamment un article d'un Dictionnaire des synonymes (a) : il interrogera les élèves pour s'assurer qu'ils ont bien saisi les nuances qui distinguent les mots synonymes; il leur demandera ensuite de faire l'application de la leçon soit à des phrases qu'ils composeront eux-mêmes, soit à celles qu'il leur dictera ou qu'il leur écrira sur le tableau, en y omettant à dessein les mots synonymes que les élèves devront y faire entrer.

Telle est suivant moi la bonne méthode. Elle suppose chez l'élève un certain degré de savoir et de jugement; mais ici ce n'est pas la méthode, c'est le sujet même dont s'occupe l'esprit qui exige ces conditions. L'étude des synonymes, en raison des nuances parfois extrêmement délicates

---

(a) Je prépare dans ce but un Dictionnaire des synonymes, à l'usage des classes; cet ouvrage va être mis sous presse.

qui distinguent les mots, est au-dessus d'une intelligence trop jeune; elle ne doit être abordée que par des élèves d'un certain âge, qui ont terminé leurs études de grammaire et qui sont en état de s'exercer sérieusement sur la composition française. C'est alors, d'ailleurs, et seulement alors que l'étude des synonymes devient nécessaire comme complément des théories de l'art d'écrire et des leçons de littérature.

## ERRATA.

Page 113, art. 232, dernière ligne. Lisez : *jugées ensemble.*
132, art. 271, ligne 6. Lisez : *de vignes.*
209, avant-dernière ligne. Lisez : *de l'air, des manières.*
211, ligne 7 en remontant. Lisez : *appelle-t-il manifestatifs.*

# ETUDES ET EXERCICES

SUR

# LES SYNONYMES FRANÇAIS.

## SYNONYMES A RADICAUX IDENTIQUES.

### DES SYNONYMES.

On entend par *synonymes*, non pas des mots qui ont la même signification, absolument et dans tous les cas possibles, mais des mots ou des locutions qui, ayant un sens général commun, ce qui les rend synonymes les uns des autres, ont cependant chacun une signification propre, qui permet d'exprimer des nuances d'idées dans les cas particuliers où la pensée l'exige. Ainsi, par exemple, l'idée commune aux trois mots *terrain*, *terroir*, *territoire*, et qui constitue le sens général de ces mots, est celle d'une certaine étendue de sol; mais le *terrain* est un espace de terre considéré par rapport à quelque ouvrage, à quelque construction qu'on pourrait y faire, comme une maison, une fabrique, etc.; le *terroir* est le sol considéré par rapport à l'agriculture; c'est la terre mise en culture, destinée à produire des récoltes; le *territoire* est toute la terre qui forme la circonscription d'une commune, l'étendue d'un département, d'une province, d'un royaume, etc.

L'étude des synonymes apprend à connaître les termes propres, c'est-à-dire les expressions qui rendent exactement la pensée; d'où résultent la clarté et la précision, qui sont les premières qualités, les qualités les plus essentielles du style et du langage.

Il y a deux sortes de synonymes : les synonymes qui ont des radicaux identiques, et les synonymes qui ont des radicaux différents.

Les trois mots *terrain*, *terroir*, *territoire*, sont dans le premi(
cas : ils ont le même radical, le mot *terre*, qui a servi à les form(
tous les trois ; mais les synonymes *esclavage* et *servitude*, n'ont p(
le même radical : le premier a été formé directement du mot frar
çais *esclave*, le radical du second est le mot latin *servus*.

Nous devons étudier d'abord les synonymes à radicaux identique(
parce que les connaissances que l'on acquiert par cette étude sor
ensuite extrêmement utiles pour bien apercevoir et apprécier le
nuances qui distinguent entre eux les mots synonymes ayant de
radicaux différents.

Dans les synonymes à radicaux identiques, l'idée générale et com
mune est exprimée par le radical ; les nuances d'idées qui distin
guent les mots synonymes tiennent à une modification de sens pro
duite par une *préfixe*, particule qui précède le radical et fait corp(
avec lui, ou par la *terminaison*, ou enfin par *une cause puremen*
*grammaticale*.

Par exemple, le mot simple *traîner* et le composé *entraîner* on
le même radical : l'idée générale qu'ils expriment est celle de *tire(*
*après soi* ou *mener de force* ; mais la préfixe *en* donne au mot *en*
*traîner* un sens particulier que n'a pas son synonyme *traîner*. D(
même dans le mot *règlement*, la terminaison *ment* modifie le sen
du mot *règle* ; enfin un accident purement grammatical, celui d(
l'emploi de l'article partitif dans la locution *avoir* de la *peine (*
*faire quelque chose*, suffit pour établir une assez grande différenc(
de sens entre cette locution et son synonyme *avoir peine à*.

Nos études sur les mots synonymes à radicaux identiques auron(
donc pour objet de distinguer la véritable signification de ces mots,
par la modification qu'une préfixe, la terminaison ou un accident
purement grammatical, apporte au sens du radical ou du mo(
simple.

# PREMIÈRE SECTION.

MODIFICATION DU SENS DU RADICAL PAR LA PRÉFIXE.

## § 1. COM.

Cette préfixe est la préposition latine *cum*, qui signifie *avec, ensemble*. La finale *m* disparaît dans certains mots composés, ou se change en *l, r, n*, suivant la première lettre du radical; de sorte que *com* prend la forme *co, col, cor*, etc. ; exemples : *cohérence, collection, correspondre, contenir*.

*Com* exprime : 1° simultanéité et réciprocité : c'est le sens premier du mot *cum*. « Se *confédérer*, dit l'Académie, c'est se liguer *ensemble* » : le sens étymologique de ce mot est *faire une fédération avec* ou *ensemble* ;

2° réunion, assemblage, collection, accumulation, totalité, complétivité. Ce que l'on met ensemble, les objets qui sont avec d'autres, sont en effet réunis à d'autres ;

3° pluralité, multiplicité, complication, idées qui résultent naturellement de l'idée de réunion, d'accumulation.

NOTA. Dans les articles suivants, les chiffres 1°, 2°, 3°, entre parenthèses, renvoient aux divers cas que nous venons d'indiquer par ces mêmes chiffres.

### 1. PRENDRE ET COMPRENDRE (au figuré).

Entendre, concevoir. — *Prendre*, c'est saisir rapidement et sans effort le sens de quelques paroles ou d'un texte très-peu étendu : « Vous *prenez* mal mes paroles; Les commentateurs *prennent* ce passage en des sens très-opposés » (*Acad.*). — *Comprendre*, c'est saisir l'ensemble dans toutes ses parties (1°).

APPLICATION. Vous pouvez bien *prendre* chaque phrase d'un texte et ne pas bien *comprendre* tout le texte lui-même; mais en général pour bien *comprendre* l'ensemble d'un discours, il faut bien *prendre* chacune des phrases qui le composent. — La plupart des hommes estiment ce qu'ils ne *comprennent* pas (*Malebranche*).

### 2. RÉPONDRE, CORRESPONDRE.

Avoir du rapport, de la conformité. — *Correspondre* signifie littéralement *répondre ensemble* (1°), et se dit de deux objets qui répondent l'un à l'autre, réciproquement et considérés sous le même point de vue : « Ces deux pavillons se *correspondent* » (*Acad.*), c'est-à-dire, symétrisent ensemble.

*Répondre* marque un rapport moins parfait, moins étroit : « Toutes les portes de cet appartement se *répondent* » (*Acad.*); cela ne veut pas dire qu'elles sont faites de même et qu'elles symétrisent, mais qu'elles sont simplement vis-à-vis les unes des autres. — Il n'y a pas de *correspondance* possible entre des choses de nature différente ; mais l'une peut très-bien *répondre* à l'autre : « Le style de cet ouvrage *répond* à la hauteur du sujet » (*Acad.*).

Applic. L'aile gauche de cet édifice ne *correspond* pas avec l'aile droite (*Acad.*). Je crois bien que la pure aristocratie héréditaire des républiques d'Italie ne *répond* pas précisément au despotisme de l'Asie (*Montesquieu*). Ses forces ne *répondent* pas à son zèle (*Massillon*). Le plaisir que j'ai de *correspondre* à la bienveillance dont vous m'honorez (*J.-J. Rousseau*).

### 3. PLAINTE, COMPLAINTE.

Expression de la douleur que l'on ressent. — La *plainte* ne consiste qu'en quelques mots et souvent en un seul cri que la douleur arrache. La *complainte* est une suite et pour ainsi dire une accumulation (2°) de plaintes, ou un ensemble de lamentations ennuyeuses et fatigantes.

Applic. Je vois déjà tes maux, j'entends déjà tes *plaintes* (*Corneille*). La douleur ne lui arracha pas une seule *plainte* (*Acad.*). Il fait de grandes *complaintes* sur les malheurs du temps (*Id.*).

### 4. SE FIER, SE CONFIER.

Mettre sa confiance en quelqu'un. — *Se fier* marque une confiance réservée, restreinte à une seule affaire et sans abandon. *Se confier* témoigne une confiance pleine, entière, complète, sans restriction (2°). Dans ce sens on dit également bien *se confier en* ou *dans* et *se confier à* : « Il s'est confié en ses amis; *se confier au* hasard » (*Acad.*). On dit aussi quelquefois *se confier à* quelqu'un, pour signifier lui faire une confidence ; mais alors *se confier* n'est point synonyme de *se fier*.

Applic. Je *me confie* en Dieu (*Acad.*). Si l'on réfléchit à toutes les chances du hasard, osera-t-on *se fier* à la fortune? (*Boiste.*) On *se fie* à quelqu'un que l'on connaît ou qu'on ne suspecte pas: on *se confie* à quelqu'un que l'on connaît bien et dont on se croit sûr (*Roubaud*).

### 5. PLAIRE, COMPLAIRE.

Être ou se rendre agréable. — *Plaire*, c'est simplement être agréable ou faire plaisir; *complaire*, c'est s'accommoder, se conformer au sentiment, au goût, à l'humeur de quelqu'un pour lui plaire; c'est aussi acquiescer à ce qu'il souhaite. On peut *plaire* au premier abord; mais pour *complaire*, il faut des soins, des attentions et quelquefois beaucoup (3°) de *complaisance*.

Applic. La vérité *plaît* aux esprits bien faits (*Acad.*). Je veux bien vous *complaire* en cela (*Id.*). Je ne sais pas ce que vous voulez dire, et je ne cherche qu'à *complaire* à monsieur en toute chose (*Molière*).

### 6. CESSION, CONCESSION.

Action de céder, d'accorder à un autre ce dont on est propriétaire. — La *cession* est dans le simple exercice du droit que chacun a sur ce qui lui appartient. La *concession* est un don, un octroi fait par le souverain ou par l'État; c'est une faveur, une grâce, un privilége que l'on n'obtient pas sans faire des démarches, des sollicitations : l'affaire est plus compliquée qu'une simple *cession* (3°); de plus, l'objet de la *concession* est ordinairement plus considérable, plus important que celui d'une *cession*.

Applic. Ce privilége est une *concession* de tel roi (*Acad.*). Il a fait *cession* de biens à ses créanciers. — Les Ostrogoths demandèrent la *concession* de la Pannonie à l'empereur Marcien, qui l'accorda bénévolement (*Amédée Thierry*).

### 7. TEXTURE, CONTEXTURE.

État d'une chose qui est tissue. Ces mots s'emploient surtout au figuré dans le sens de liaison, enchaînement. — La *texture* est la disposition, l'arrangement de chaque partie considérée en elle-même. La *contexture* est l'ordonnance et la concordance des rapports que les parties ont les unes avec les autres, d'où résulte l'ensemble, le tout (1°). Il y a dans la *contexture* plus de complication que dans la *texture* (3°).

Applic. C'est de la *texture* des parties d'un corps que dépend sa dureté, sa mollesse, son élasticité, sa gravité, sa couleur, etc. (*Acad.*). Condamnés comme nous le sommes à ignorer l'essence et la *contexture* intérieure des corps, la seule ressource qui reste à notre sagacité, est de tâcher au moins de saisir l'analogie des phénomènes (*d'Alembert*).

# § 2. RE.

Cette préfixe marque ordinairement : 1° *réaction* ou action en sens contraire : *repousser*, pousser en sens contraire. De là le sens adversatif ;

2° *réitération* ou sens itératif : *redire*, dire de nouveau ; *refaire*, faire de nouveau ;

3° *intensité* ou sens augmentatif, pour marquer simplement augmentation, ou bien plus d'énergie, plus d'efforts de la part du sujet qui agit, ou enfin pour indiquer que la chose que l'on fait offre plus de difficultés. « *Retentir* indique l'éclat du son ; *rembourrer*, l'abondante garniture de bourre ; *rétrécir*, signifie rendre plus étroit ; *relâcher*, rendre plus lâche, moins gênant » (*Acad.* au mot *re*).

Comme conséquence des deux dernières propriétés, la préfixe *re* pourra signifier :

4° une *action continuée*, par exemple *remplir*, dans cette phrase : « Le réservoir s'est *rempli* d'eau » (*Acad.*) ;

5° *rénovation* ou rétablissement dans un premier état ; exemple : « *Regagner* ce qu'on avait perdu. »

REMARQUE. Dans le sens figuré, les composés qui prennent cette préfixe s'emploient plus souvent que leurs simples ; on dit : « *Remplir* l'air de ses cris ; Les étrangers *remplissent* la ville » (*Acad.*), plutôt que *emplir* l'air de ses cris ; les étrangers *emplissent* la ville.

### 8. SENTIR, RESSENTIR ; SE SENTIR, SE RESSENTIR.

*Sentir* et *ressentir* signifient éprouver une sensation, être affecté agréablement ou désagréablement. — *Ressentir*, c'est *sentir* par contre-coup et en quelque sorte par réflexion de l'impression reçue, ou par réaction contre la cause de cette impression (1°). Ainsi *ressentir* se rapporte à une cause différente de l'objet qui sent ; *sentir* se dit plutôt de quelque chose d'intime : « L'âme *sent* ses propres douleurs ; et, comme le dit Pascal, elle *ressent* les passions du corps. »

La même nuance existe entre *se sentir* et *se ressentir* ; nous *nous sentons* de ce qui est en nous, de l'effet de nos actes : « Je *me sens* bien ; Je *me sens* tout autre depuis que j'ai pris ce parti » (*Acad.*).

APPLIC. L'homme qui *sent* sa dignité ne peut s'humilier que devant Dieu (*Boiste*). Le premier homme *ressentait* du plaisir dans ce qui perfectionnait son corps, comme il en *sentait* dans ce qui perfectionnait son âme *(Malebranche)*. Il *ressentira* les effets de ma colère *(Acad.)*.

### 9. VÊTIR, REVÊTIR.

Habiller. — *Revêtir*, c'est proprement mettre un vêtement par-dessus un autre (2°). « *Vêtu* se dit des habits ordinaires, faits pour le besoin et la commodité ou même pour les ornements de mode. *Revêtu* s'applique aux habillements établis pour distinguer dans l'ordre civil les emplois, les honneurs, les dignités » *(Girard)*. Ces habillements, en effet, se mettent par-dessus d'autres.

REMARQUE. On dit *revêtir* les pauvres, c'est-à-dire les vêtir de nouveau, parce que leurs vêtements étaient mauvais.

APPLIC. L'ecclésiastique et le magistrat doivent être *vêtus* décemment, selon le goût qu'exige la gravité de leur état *(Girard)*. Le roi était *revêtu* des habits royaux *(Acad.)*. Deux aumôniers *revêtirent* ce prélat de ses habits pontificaux *(Id.)*.

### 10. JAILLIR, REJAILLIR.

Se disent d'un liquide qui sort avec impétuosité. — « *Jaillir*, dit Roubaud, marque une action simple, absolue et directe ; *Rejaillir* signifie le redoublement de cette action. *Rejaillir*, c'est *jaillir* avec force, avec abondance, çà et là, en divers sens, de toute part » (3°). On dit aussi qu'un liquide *rejaillit* lorsqu'il est renvoyé par un corps contre lequel il avait été dirigé ; c'est alors le sens réactif (1°).

APPLIC. L'eau *jaillit* en un flot, du tuyau dont elle sort avec impétuosité : divisée en filets différents, comme une gerbe, elle *rejaillit* sur divers points de la circonférence *(Roubaud)*. La veine s'ouvre et le sang *jaillit* ; il *rejaillit* de toutes parts sur le lit du malade et sur les assistants *(Id.)*.

### 11. ÉPANDRE, RÉPANDRE.

Jeter çà et là, éparpiller, étendre au loin. — *Épandre* marque l'action simple, faite lentement ou doucement ; il est d'ailleurs d'un usage peu fréquent, et il se dit le plus ordinairement d'un fleuve ou d'une rivière qui étend paisiblement ses eaux. Il s'emploie figurément, et réveille l'idée d'une action bienfaisante. *Répandre* marque une action plus forte ou plus vive, une dispersion plus grande, une effusion faite de tous côtés ou de haut (3°).

APPLIC. Quels flots de sang pour elle avez-vous *répandus*? *(Racine.)* Le fleuve *épand* ses eaux dans la campagne *(Acad.)*. Le soleil *répand* la lumière *(Id.)*. Ce fut alors que la charité, comme un fleuve, rompit ses bords et s'épandit sur tant de terres arides » (*Fléchier*). Je ne sais d'homme nécessaire que celui dont le luxe *épand* beaucoup de bien (*La Fontaine*).

## 12. ABAISSER, RABAISSER.

Mettre plus bas; diminuer, déprécier. — « *Rabaisser*, c'est *abaisser* encore, davantage, de plus en plus, avec effort ou redoublement d'action (3°). *Abaisser* exprime une action modérée; il convient surtout pour désigner un médiocre abaissement. L'action de *rabaisser* est plus forte et son effet est plus grand : on *rabaisse* ce qui est beaucoup trop élevé, ou on *rabaisse* ce qu'on *abaisse* trop. En parlant de l'orgueil, de la présomption, des vices qui prétendent à une hauteur démesurée, on dit plutôt, par cette raison, *rabaisser* qu'*abaisser* » (*Roubaud*).

APPLIC. Cet historien étranger affecte d'*abaisser* nos grands hommes (*Acad.*). L'envie ne pouvant s'élever jusqu'au mérite, pour s'égaler à lui tâche de le *rabaisser* (*Boileau*). L'avarice est peut-être de tous les vices celui qui nous *rabaisse* le plus (*Roubaud*). Les grands noms *abaissent*, au lieu de les élever, ceux qui ne savent pas les soutenir (*La Rochefoucauld*).

## 13. ABATTRE, RABATTRE.

Au figuré : diminuer, rabaisser. — *Abattre* exprime simplement l'action : « Cette perte *abattit* son courage » (*Acad.*). *Rabattre* signifie *abattre* avec force (3°), en faisant des efforts pour vaincre toute résistance, s'il s'en présente. Ce verbe s'emploie comme *rabaisser* en parlant de l'orgueil, du ton, du caquet, etc.

APPLIC. Ses malheurs n'avaient point *abattu* sa fierté (*Racine*). L'arrogance des princes est fortement *rabattue* par le spectacle de la suite des empires (*Bossuet*).

## 14. ASSURER, RASSURER.

Rendre stable, affermir; et au figuré, inspirer l'assurance. — On dit également au propre *assurer* et *rassurer*, c'est-à-dire rendre ferme, stable; mais avec cette différence que le premier convient lorsque le danger n'est que possible ou éventuel, et le second quand le danger est imminent : « Cette planche vacille, mettez-y un clou pour l'*assurer*; il faut *rassurer* cette muraille, elle menace ruine » (*Acad.*). En effet *rassurer* dit plus qu'*assurer*; il signifie *assurer* fortement, avec plus de soin (3°).

Il en est à peu près de même au figuré. « Ainsi vous *assurez* celui qui n'est pas ferme ou résolu, qui n'a pas assez de force ou de confiance, qui n'est pas dans un état de sécurité. Vous *rassurez* celui qui est abandonné à la crainte ou à la terreur, qui est tout à fait hors de l'assiette naturelle, qui ne peut être ramené et tranquillisé qu'avec beaucoup de soins, de secours, de reconfort » (*Roubaud*).

**APPLIC.** *Assurer* un vase, une statue sur son piédestal (*Acad.*). Si on n'*assure* le fondement, on ne peut *assurer* l'édifice (*Pascal*). Les arches de ce pont-là ont besoin d'être *rassurées* (*Acad.*). Il tire des coups de pistolet à l'oreille de son cheval pour l'*assurer* (*Id.*). Quelques soldats commençaient à s'ébranler, quand l'exemple de leur capitaine les *rassura* (*Id.*). Un oracle m'*assure*, un songe me travaille (*Corneille*).

### 15. ÉVEILLER, RÉVEILLER.

Faire cesser le sommeil de quelqu'un. — *Éveiller* est l'acte simple et naturel, « il se fait quelquefois, dit l'abbé Girard, sans le vouloir : *réveiller* marque ordinairement du dessein. » Le premier suppose une heure réglée, ou une cessation spontanée du sommeil : « le second emporte quelque chose d'irrégulier ou de subit, ou une affaire qui survient tout à coup, ou un bruit qu'on n'est pas accoutumé d'entendre » (*Bouhours*).

*Réveiller*, dit Marmontel, est plus vif, plus prompt (3°) ; dans certains cas il suppose des efforts, de la résistance, comme dans cette phrase : « Le lendemain à l'heure marquée, il fallut *réveiller* d'un profond sommeil cet autre Alexandre » (*Bossuet*). On *réveille* une personne qui a le sommeil dur, le plus petit bruit *éveille* celle qui a un sommeil léger. — *Réveiller* signifie aussi *éveiller* une seconde fois (2°), après que l'on s'est rendormi ; et au figuré, il s'emploie dans le sens d'exciter de nouveau, faire revivre : « Cela *réveilla* leur courage » (*Acad.*).

**APPLIC.** Il est agréable de s'*éveiller* de soi-même, lorsque le corps a pris tout le repos qu'il faut (*Bouhours*). L'amiral s'était couché tard, et son premier sommeil durait encore, lorsque son valet de chambre le *réveilla* et lui dit qu'il y avait à la porte des personnes masquées, qui demandaient à lui parler (*Id.*). Il y a des sensations fortes et vives, qui étonnent l'esprit et le *réveillent* avec force, comme lui étant fort agréables ou fort incommodes ; d'autres faibles et languissantes, qui touchent peu l'âme, et qui par conséquent l'*éveillent* à peine (*Malebranche*).

### 16. SOUVENIR, RESSOUVENIR.

Idée que l'on conserve ou que l'on se rappelle d'une chose passée. — « Le *souvenir* est littéralement ce qui revient dans l'esprit ; le *ressouvenir* est manifestement un *souvenir* nouveau ou renouvelé (2°). Le *souvenir* pur est plutôt d'une chose plus ou moins présente à l'esprit, plus ou moins facile à rappeler, plus ou moins fidèlement représentée : le *ressouvenir* est plutôt d'une chose plus ou moins oubliée, plus ou moins difficile à retrouver, plus ou moins imparfaitement retracée. Le *souvenir* est quelquefois involontaire, ; le *ressouvenir* est quelquefois l'ouvrage de notre volonté ; nous cherchons avec soin à nous ressouvenir d'une chose cachée dans le fond de notre mémoire » (*Roubaud*). *Ressouvenir* suppose, dans ce cas, que l'on fait des efforts pour se rappeler une chose qui a eu lieu dans un temps éloigné, ou qui n'a laissé dans notre esprit qu'une trace faible ou obscure (3°).

Applic. Mille parties de plaisir ne laissent aucun *souvenir* qui vaille celui d'une bonne action (*Boiste*). Il y a longtemps que je n'ai ouï parler de cette affaire, il m'en reste seulement un léger *ressouvenir* (*Acad.*). Les vieillards vivent plus de *ressouvenirs* que d'espérances (*Barthélemy*).

### 17. NOM, RENOM.

Réputation. — « Le *renom* est le *nom* répété, redoublé, répandu, suivant la force de la particule réduplicative et intensive *re* (2° et 3°) : il emporte donc un plus grand nom, une plus grande réputation. Par le *nom*, vous êtes connu, distingué ; par le *renom* on fait du bruit, on a de la vogue. Le *nom* vous tire de l'obscurité, le *renom* vous donne de l'éclat » (*Roubaud*). — Voir *renom, renommée*, n° 223.

Applic. Cet exploit lui acquit un grand *renom* (*Acad.*). Il n'est pas si aisé de se faire un *nom* par un ouvrage parfait, que d'en faire valoir un médiocre par le *nom* qu'on s'est déjà acquis (*La Bruyère*).

### 18. EMPORTER, REMPORTER.

Sont synonymes dans les locutions *emporter* ou *remporter* le prix, c'est-à-dire l'obtenir. — « *Emporter* le prix, c'est obtenir une récompense, un honneur quelconque, que l'on ambitionnait. *Remporter* le prix, c'est obtenir tel prix, la récompense, la couronne qui était mise au concours. La Fontaine dit à M. le Dauphin, en lui dédiant ses fables, « qu'il *emporterait* le prix de son travail, s'il parvenait à lui plaire ; mais qu'il aura du moins l'honneur de l'avoir entrepris. Le Cid, vainqueur de don Sanche, remporte le prix du combat, et ce prix est Chimène » (*Roubaud*).

En résumé, on *remporte* un prix qui est disputé, ce qui suppose lutte, efforts (3°) ; on *emporte* celui qui ne l'est pas.

Applic. Il a *remporté* le prix de la course (*Acad.*). Ces illustres Grecs qui ont *emporté* le prix de leur art, selon l'expression de Boileau, ne *remportèrent* pas toujours le prix aux jeux Olympiques (*Roubaud*).

### 19. ACCOURCIR, RACCOURCIR.

Rendre ou devenir plus court. — *Accourcir* exprime une diminution modérée, ou convenable, suffisante : *raccourcir* une diminution considérable, excessive, ou même trop grande (3°).

APPLIC. Si cela est trop long, il faut l'*accourcir (Acad.)*. Cette pièce de toile s'est *raccourcie* d'une demi-aune au blanchissage *(Id.)*. En prenant par ce petit sentier, vous *raccourcirez* votre chemin de beaucoup *(Id.)*.

### 20. ÉTRÉCIR, RÉTRÉCIR.

Rendre ou devenir plus étroit. — Il y a entre ces deux mots la même différence qu'entre *accourcir* et *raccourcir*. *Rétrécir* s'emploie plus souvent qu'*étrécir*; cependant ce dernier mot convient mieux lorsqu'il s'agit d'objets ayant une dimension relativement moindre, ou bien d'un moindre rétrécissement.

APPLIC. Il a fait *étrécir* son habit *(Acad.)*. Dans cet endroit, le chemin va en s'*étrécissant (Id.)*. Cette toile a *rétréci* au blanchissage *(Id.)*. Le canal de la rivière va en se *rétrécissant (Id.)*.

### 21. ENCHÉRIR, RENCHÉRIR.

Augmenter de prix, de valeur, de force. Au figuré, ajouter à ce qu'un autre a fait, le surpasser. — *Renchérir*, c'est *enchérir* beaucoup ou encore plus (3°).

APPLIC. Toutes les marchandises *enchérissent (Acad.)*. Le blé était déjà cher; il a encore *renchéri*. — Néron *enchérit* sur la cruauté de Tibère *(Acad.)*. La médisance et la calomnie *renchérissent* l'une sur l'autre, pour noircir leurs victimes *(Boiste)*.

### 22. TROUSSER, RETROUSSER.

Replier, relever. — *Retrousser*, c'est trousser excessivement, ou relever avec vivacité (3°). Il se dit en outre en parlant des cheveux, des moustaches et en général des choses que l'on n'a pas coutume de trousser.

APPLIC. *Retroussez* vos manches *(Acad.)*. *Troussez* cet enfant afin qu'il marche mieux *(Id.)*. *Troussez*-vous de peur de vous crotter *(Id.)*.

### 23. AMOLLIR, RAMOLLIR.

Rendre mou, affaiblir. — Au propre, *amollir* se dit de ce qui étant simplement à l'état solide, est rendu mou et maniable : *ra-*

*mollir* se dit de ce qui est extrêmement dur ou trop dur. Au figuré, *ramollir* exprime un amollissement excessif : ce qui *amollit* les cœurs ou les esprits les adoucit ; ce qui les *ramollit* les énerve.

**Applic.** La chaleur *amollit* la cire (*Acad.*). Le feu *ramollit* les métaux. — Les Toscans étaient *amollis* par leurs richesses et par leur luxe (*Montesquieu*). Cette musique qu'il fait mépriser comme capable de *ramollir* les courages, était sans doute cette musique molle et efféminée, qui n'inspire que les plaisirs (*Bossuet*).

## 24. POSER, REPOSER.

Être appuyé sur quelque chose, porter sur cette chose. — *Poser* marque simplement que la chose est portée par un appui, un soutien : *reposer* a un sens augmentatif (3°) ; il se dit de ce qui est fortement soutenu, et annonce une grande solidité. Il s'emploie fréquemment au figuré dans ce sens.

**Applic.** La base de l'édifice *repose* sur le roc (*Acad.*). Ce raisonnement *repose* sur de solides principes (*Id.*). Cette poutre ne *pose* pas assez sur le mur (*Id.*).

## 25. TENIR, RETENIR.

Maintenir dans un certain état. — *Retenir* suppose un danger ou bien de la résistance, et par conséquent plus d'efforts de la part de celui qui maintient (3°). Vous *tenez* votre cheval au pas ; vous *retenez* sur le bord d'un précipice votre cheval lancé au galop ; s'il a pris le mors aux dents, vous vous efforcez aussi de le *retenir*. (Voir 36.)

**Applic.** Des lois simplement écrites et en petit nombre *tenaient* les peuples dans le devoir (*Bossuet*). Les Espagnols désespérant de *retenir* les nations vaincues dans la fidélité, prirent le parti de les exterminer (*Montesquieu*).

## 26. ABÊTIR, RABÊTIR.

Devenir ou rendre bête, stupide. — *Rabêtir* marque une action plus forte et suppose de la résistance ou des difficultés à surmonter (3°). « Si, prenant un enfant au moment où sa raison commence à poindre, vous dirigez cette faculté de façon qu'elle s'exerce d'une manière contraire à sa destination primitive, vous l'*abêtissez*. Si, lorsque la raison a déjà fait quelques progrès dans un jeune homme, vous en comprimez, vous en dépravez, vous en interrompez l'exercice naturel, vous le *rabêtissez* » (*Laveaux*). La paresse, la mauvaise éducation *abêtissent* : une sévérité brutale *rabêtit* les enfants.

**Applic.** Vous *rabêtissez* ce garçon-là à force de le maltraiter (*Acad.*).

On *rabêtit* pour tyranniser *(Boiste)*. La paresse d'esprit *abêtit (Id.)*. Trop de jeunesse et trop de vieillesse empêchent l'esprit, trop et trop peu d'instruction l'*abêtissent (Pascal)*.

## 27. ÉCHAPPER, RÉCHAPPER.

Se tirer d'un péril, en être délivré. — *Échapper* se dit de toutes sortes de dangers : *réchapper* suppose plus d'efforts : il ne s'emploie donc qu'en parlant d'un grand péril, et ne se dit guère que d'une maladie où il y avait danger de mort.

**APPLIC.** Il a une grande maladie, il n'en *réchappera* pas. Ce sera un grand bonheur s'il en *réchappe (Acad.)*. Je me dérobai sans le savoir au péril qui me menaçait, et dont je n'aurais pas *échappé (J.-J. Rousseau)*. Tous ses compagnons furent massacrés et lui-même n'*échappa* qu'à grand' peine *(Acad.)*.

## 28. TIRER, RETIRER.

Faire sortir d'un péril, d'une position fâcheuse. — On *tire* une personne d'un danger ou d'une mauvaise position quelconque ; on la *retire* d'un grand danger, ou d'un péril où elle s'est fortement engagée, ou enfin d'un danger où soi-même on l'avait exposée (3°).

*Tirer* et *retirer* sont encore synonymes dans le sens de recueillir un avantage, un profit ; mais *tirer* exprime simplement le fait, tandis que *retirer* fait entendre que l'on avait prévu ou calculé d'avance ces avantages : «L'instruction, les leçons qu'on peut *tirer* de l'histoire» *(Acad.)*.

**APPLIC.** Eh ! mon ami, *tire*-moi de danger *(La Fontaine)*. Qui le *tirera* de cet embarras? *(Acad.)* Si Dieu a livré les gentils à l'aveuglement de leur cœur, s'ensuit-il qu'il y livre encore les églises qu'il en a *retirées* avec tant de soin? *(Bossuet.)* Il *retire* beaucoup de ce domaine *(Acad.)*. Il a *tiré* de grands services de cet homme *(Id.)*. Au lieu du profit qu'il espérait, il n'en a *retiré* que de la honte et du mépris *(Id.)*.

## 29. ASSEMBLER, RASSEMBLER.

Mettre ensemble, réunir. — Nous *assemblons* les personnes ou les choses qui ne sont pas éloignées de nous, que avons sous la main, que nous connaissons, que nous savons où trouver. *Rassembler* suppose plus de peine, plus de difficultés ; on *rassemble*, par des actions continuées (4°), des personnes ou des choses éparses, éloignées les unes des autres, des choses que l'on est obligé de chercher pour les trouver. « On *assemble* ses amis, ses connaissances, dit Laveaux, lorsqu'ils sont tous dans le lieu où l'on est : on les *ras-*

*semble*, lorsqu'ils sont épars dans différentes provinces, dans différents pays. »

Applic. Ce prince avait *rassemblé* dans cet endroit la plus grande partie de ses forces *(Voltaire)*. C'est un homme qui a *rassemblé* quantité de curiosités *(Acad.)*. Un seigneur *assemblait* autrefois tous ses vassaux pour les mener à la guerre ; un partisan cherche partout des hommes qui veuillent se joindre à lui, il les *rassemble (Laveaux)*. Dans une heure le conseil s'*assemble (C. Delavigne)*.

### 30. AVILIR, RAVILIR.

Rendre vil et méprisable ; couvrir de honte, d'infamie. — *Ravilir* est augmentatif ou itératif (3° et 2°) ; il signifie *avilir* à plusieurs reprises, avec redoublement d'action, ou bien *avilir* de nouveau, rétablir dans l'avilissement primitif.

Applic. Comment les peuples respecteraient-ils l'homme qui *avilit* lui-même son caractère? *(Bourdaloue.)* En faisant des actions d'humilité, un chrétien ne se *ravilit* pas *(Acad.)*.

### 31. LUIRE, RELUIRE.

Jeter, répandre de la lumière. Au figuré, briller, paraître avec éclat *(Acad.)*. — *Reluire*, c'est *luire* en réfléchissant la lumière (1°) : au figuré, *reluire* exprime une idée de reflet ; quelquefois il est simplement augmentatif (3°).

Quoique *luire* se dise nécessairement de corps lumineux par eux-mêmes, il se dit aussi de ceux qui réfléchissent la lumière avec tout l'éclat des corps lumineux, si bien qu'ils paraissent être eux-mêmes la source, le foyer de cette lumière.

Applic. La clarté qui nous *luit* *(Acad.)*. On voyait *luire* de loin les épées et les cuirasses *(Id.)*. Toutes les surfaces extrêmement polies *reluisent* et renvoient la lumière *(Id.)*. Le courage doux et paisible *reluit* dans ses yeux *(Fénelon)*.

### 32. ENFERMER, RENFERMER.

Mettre dans un lieu clos. — *Renfermer*, dit l'Académie, c'est *enfermer* de nouveau : ainsi la préfixe a ici un sens itératif (2°). Mais elle a ordinairement un sens augmentatif (3°) : en effet, comme le fait observer Laveaux, *renfermer* se dit d'une clôture plus étroite que celle qui ne fait qu'*enfermer*. Ce dernier verbe signifie simplement mettre dans un lieu clos, ou, en parlant des personnes, ne pas laisser libre de sortir : *renfermer* marque plus de crainte que la chose ne soit enlevée ou que la personne ne s'échappe, et par conséquent plus de précautions prises. (Voir 39.)

Applic. *Enfermer* des chevaux dans une écurie (*Acad.*). Ce prisonnier s'était échappé, on l'a repris et on l'a *renfermé* (*Id.*). *Enfermer* des habits dans une armoire (*Id.*). C'est un fou qu'il faudrait *renfermer* (*Id.*).

### 33. EMPLIR, REMPLIR.

Rendre plein. — « *Remplir*, c'est *emplir* de nouveau (2°) ou achever d'*emplir* (4°). Vous *emplissez* tout de suite une bouteille de vin, un étang se *remplit* d'eau par des crues successives. *Emplir* se prend ordinairement à la rigueur, de manière que le vase n'est empli que quand il n'y reste point de vide. *Remplir* se prend souvent dans un sens très-relâché, pour marquer l'abondance ou la multitude. Il semble qu'*emplir* se dise proprement des vases, des vaisseaux, des choses destinées à contenir de certaines matières. *Remplir* se dit indifféremment de toute place occupée par la multitude ou par la quantité. Vous *emplissez* une cruche d'eau, un verre de vin, vos poches de fruits; vous *remplissez* une rue de gravois, une basse-cour de fumier, un pays de mendiants. Dans le sens figuré, on dit communément *remplir* : on *remplit* une charge, un emploi » (*Roubaud*).

Applic. Il prend la grande cuiller, la plonge dans le plat, l'*emplit*, la porte à sa bouche (*La Bruyère*). La salle commençait à se *remplir* de monde (*Acad.*). Cette nouvelle a *rempli* nos cœurs de tristesse (*Id.*). Le trésor du prince s'*emplit* pour se répandre sur la surface du royaume en dépenses utiles (*Roubaud*).

### 34. ADOUCIR, RADOUCIR.

Rendre doux. — *Adoucir*, c'est simplement rendre doux; *radoucir*, c'est rendre plus doux. Ainsi le second enchérit sur le premier (3°) ; aussi doit-on l'employer quand il s'agit de choses plus aigres, plus rudes, plus dures. *Radoucir* exprime aussi rétablissement dans un premier état de douceur (5°). Ces nuances sont bien marquées dans ces exemples de l'Académie : « La pluie *adoucit* le temps, » elle le rend moins froid : « La pluie a *radouci* le temps, » c'est-à-dire que le temps est redevenu doux par l'effet de la pluie.

Il en est de même au figuré : on *adoucit* un caractère naturellement rude ; on *radoucit* un caractère naturellement doux, mais qui s'est momentanément aigri ; enfin on *radoucit* un homme très-irrité.

Applic. L'homme sut encore *adoucir* les fruits (*Bossuet*). Tous les maux *s'adoucissent* avec le temps (*Acad.*). On *radoucit* les métaux par une fonte réitérée (*Id.*). Il n'est plus si en colère, il commence à se *radoucir* (*Id.*).

### 35. LACHER, RELACHER.

Détendre; ou laisser aller, laisser échapper. — *Lâcher*, c'est détendre, desserrer d'un coup : « Cette corde est trop tendue, *lâchez*-la un peu » (*Acad.*). *Relâcher* c'est, par une action continuée et produisant peu à peu son effet, faire qu'une chose soit moins tendue : « La sécheresse fait que les cordes d'un violon se *relâchent* » (*Acad.*).

Dans le sens de laisser aller, laisser échapper, *lâcher* se dit des personnes et des choses : « *Lâcher* un oiseau; *lâcher* un prisonnier » (*Acad.*). « *Relâcher* ne se dit guère que des personnes : *Relâcher* un prisonnier » (*Acad.*); c'est-à-dire lui rendre sa liberté dans toute sa plénitude et avec le droit d'en jouir ; tandis que *lâcher* un prisonnier, c'est simplement le laisser partir, soit par négligence, soit à dessein, mais non en vertu d'un droit ou d'un jugement. On voit que *relâcher* marque alors rétablissement dans un premier état (5°).

APPLIC. Il faut *lâcher* ce corset qui est trop serré (*Acad.*). Le temps humide *relâche* le papier des châssis (*Id.*). Un vieillard sur son âne aperçut en passant un pré plein d'herbe et fleurissant : il y *lâche* sa bête (*La Fontaine*). On l'avait arrêté mal à propos, on a été obligé de le *relâcher* (*Acad.*).

## RE ET COM.

### 36. RETENIR, CONTENIR.

Arrêter ou modérer le mouvement, l'action; réprimer. — *Retenir*, c'est tenir fortement pour empêcher de se mouvoir, d'avancer, de sortir, de se développer ; c'est arrêter tout à fait l'action, le mouvement. *Contenir*, c'est simplement modérer, diminuer l'excès du mouvement. Ce que vous *contenez* ne se meut que comme vous le voulez : ce que vous *retenez* ne se meut, n'agit pas du tout. Il en est de même au figuré. (Voir 25.)

APPLIC. On *retient* l'eau avec des écluses (*Acad.*). Ces digues, ces levées ont été faites pour *contenir* la rivière dans son lit (*Id.*). On a bien de la peine à *contenir* ce jeune homme (*Id.*). Pendant que la paresse et la timidité nous *retiennent* dans le devoir, notre vertu en a souvent tout l'honneur (*La Rochefoucauld*). Il est plus aisé d'opprimer que de *contenir*, et d'exercer un acte de violence qu'un acte de justice (*d'Alembert*).

### 37. RÉSERVER, CONSERVER.

Garder, retenir quelque chose; ne pas s'en défaire, ne pas en faire usage actuellement. — *Réserver*, c'est mettre à part un objet pour s'en servir plus tard, le garder pour y revenir et en faire usage : « Il est bon de *réserver* quelque argent pour les besoins imprévus » (*Acad.*). *Conserver* signifie simplement ne pas se défaire de la chose, ne pas y renoncer : « Il n'a *conservé* de ses livres que ceux qui lui étaient absolument nécessaires » (*Acad.*). Il signifie aussi maintenir en bon état, apporter le soin nécessaire pour empêcher qu'une chose ne se gâte, ne dépérisse, ne prenne fin.

APPLIC. Je vous prie de *conserver* soigneusement cette estampe (*J.-J. Rousseau*). *Réservez* ce repas à messieurs vos enfants (*La Fontaine*). Il faut savoir mourir, mais il faut savoir *conserver* sa vie (*Voltaire*). On ne peut *conserver* la gloire que par les efforts qui la donnent (*Vauvenargues*). *Réservez* vos conseils pour un moment plus favorable (*Acad.*).

### 38. REMETTRE, COMMETTRE.

Confier, donner en garde, en dépôt. — *Remettre* signifie simplement livrer, faire passer aux mains d'autrui ce que l'on possédait; c'est comme une nouvelle mise en possession : « Je lui ai *remis* tout l'argent que j'avais » (*Acad.*). *Commettre* dit beaucoup plus ; il signifie confier aux soins, à la vigilance de quelqu'un un objet précieux : « J'ai *commis* cela à vos soins » (*Acad.*).

APPLIC. Les rois, faisant eux-mêmes les grâces, ont *commis* à des magistrats particuliers la distribution des peines (*Montesquieu*). Aussitôt que j'ai su sa mort, j'ai *remis* à ses héritiers le dépôt qu'il m'avait confié (*Acad.*). Ce rejeton des rois, à leur garde *commis,* entre les mains d'Octar est-il enfin remis? (*Voltaire.*)

# § 3. IN, EN.

La préfixe *in* est la préposition latine *in,* qui signifie *dans, en :* elle exprime la même idée que la préposition *dans,* et aussi l'idée de direction *vers, contre* ou *sur.* Elle a très-souvent en français le sens négatif : *fidèle, infidèle. In* se change quelquefois en *im, il,* suivant la consonne qui commence le radical : *improuver, illicite.*

*En* a la même signification que *in,* sauf que cette préposition ne s'emploie jamais comme préfixe négative; de plus elle est augmentative dans certains mots : *endurcir, entraîner,* etc.

Nous devons faire ici quelques remarques importantes. Premièrement, de deux verbes synonymes ayant même radical, le simple s'emploie plutôt dans le sens propre, et le composé dans le sens figuré ; exemple : *traîner, entraîner*. Secondement, le simple est l'expression absolue, c'est l'action considérée en elle-même, l'action comme elle se passe d'ordinaire, et indépendamment de toute idée de rapport, de toute idée accessoire ; le composé est l'expression relative. Il sert plutôt pour indiquer telle ou telle espèce d'action, en y ajoutant des idées accessoires d'attention, d'effort, d'intention plus marquée, de difficultés à vaincre ; il peint, il décrit en quelque sorte l'action pendant sa durée, depuis son origine jusqu'à son développement complet.

On voit pourquoi la préfixe *en* est quelquefois augmentative, ayant à peu près la valeur de la préfixe *re* dans certains composés.

### 39. FERMER, ENFERMER.

Enclore. — On dit dans ce sens : « *Fermer* une ville, un parc, un jardin. La grande muraille qui *ferme* la Chine au nord » (*Acad.*). Mais alors *fermer* n'éveille aucune idée d'*intériorité* ni d'enceinte ; il signifie simplement, empêcher l'entrée, le passage, l'accès, comme l'indique parfaitement le dernier exemple de l'Académie. *Enfermer*, c'est entourer d'une enceinte qui met en sûreté ce qui est en dedans, qui le protége contre toute attaque. Ainsi, *fermer* une ville, c'est proprement la couvrir de fortifications, d'un ou de plusieurs côtés, seulement ; *enfermer* une ville, c'est la fortifier d'une enceinte continue. (Voir 32.)

Applic. Au midi, le parc s'étend jusqu'à la rivière, à l'est et au nord il est *fermé* par un mur et un fossé. — Le roi de Prusse, habile en plus d'un genre, *enferma* de tous côtés la ville de Dresde (*Voltaire*).

### 40. DURCIR, ENDURCIR.

Rendre ou devenir dur. — « *Durcir*, c'est rendre dure une substance qui est molle. On fait *durcir* un œuf, on ne l'*endurcit* pas. *Endurcir*, c'est rendre plus dur, plus ferme, plus propre à résister, ce qui était déjà ferme, dur. Si la terre est molle, on dit que la chaleur la *durcit* ; si elle a quelque consistance, on dit que la chaleur l'*endurcit*, c'est-à-dire la rend plus dure » (*Laveaux*).

Ainsi *endurcir* enchérit sur *durcir* ; il convient toutes les fois qu'il s'agit de quelque chose de remarquable et non d'une action commune, ordinaire. De plus, *durcir* ne s'emploie pas au figuré. « *En-*

*durcir*, dit Condillac, marque plus particulièrement le passage à un état de dureté. Comme il est ordinairement difficile de remarquer ce passage, dans les choses physiques, il faut d'ordinaire se servir de *durcir* dans le sens propre : « *Durcir* le fer, le bois, etc. Ce n'est que dans le cas où ce passage peut s'observer, qu'*endurcir* est préférable : « La plante des pieds s'*endurcit* à force de marcher. »

APPLIC. La boue se *durcit* au soleil (*Acad.*). Le grand air *endurcit* certaines pierres (*Id.*). Il est bon d'*endurcir* de bonne heure les jeunes gens au travail (*Id.*). Le chêne *durcit* dans l'eau (*Id.*). On s'*endurcit* en vivant dans le monde (*Voltaire*).

### 41. TRAÎNER, ENTRAÎNER.

Tirer après soi, mener de force. — *Traîner*, c'est l'action simple de tirer après soi : « Entraîner, dit Roubaud, c'est *traîner en, dans ou avec soi*, dans un lieu ou un nouvel état, malgré l'opposition et la résistance de la chose. » *Entraîner* exprime donc une action moins ordinaire que *traîner*, et suppose des efforts, de la violence de la part du sujet qui agit, et une grande résistance de la part de l'objet ; tout au moins il exprime la rapidité de l'action. « On *traîne* en prison l'homme que l'on contraint : on y *entraîne* celui qu'on y emporte, pour ainsi dire, malgré tous ses efforts. On *traîne* ce qu'on ne peut pas porter, on *entraîne* ce qui ne veut pas aller. L'action de *traîner* demande sans doute souvent une force qui triomphe d'une résistance ; elle est lente quelquefois. L'action d'*entraîner* demande une grande force qui triomphe de toute résistance ; elle a un prompt ou un grand effet. Le ruisseau *traîne* du sable, le torrent *entraîne* tout ce qu'il rencontre. Des chevaux *traînent* un char ; le char *entraîne* les chevaux dans une pente rapide » (*Roubaud*).

APPLIC. La rivière *traîne* bien des immondices (*Acad.*). Le dégel est venu tout à coup et la débâcle a *entraîné* les bateaux (*Id.*). L'occasion nous *entraîne* souvent malgré nous (*Id.*). Vous vous *traînez* pour arriver à une haute fortune ; et d'un faîte glissant, le poids de votre fortune vous *entraîne* (*Roubaud*).

### 42. LEVER, ENLEVER.

1° Hausser, porter en haut ; 2° ôter une chose de dessus une autre. — Dans le premier sens *enlever* diffère de *lever* par une idée de force, de violence ou de rapidité, comme *entraîner* diffère de *traîner*, ou bien parce qu'il signifie emporter avec soi en haut ou en levant : « L'aigle *enlève* sa proie. » Dans le second sens, *enlever* se dit de la chose qui tient, qui adhère à une autre, ou de ce que l'on prend pour emporter : « *Enlever* l'écorce d'un arbre. *Enlevez* cela de dessus la table » (*Acad.*). On dira au contraire : « *Lever* le couvercle d'une marmite. Le chirurgien a *levé* le premier appareil » (*Id.*). (Voir 63.)

Applic. L'oiseau de Jupiter *enlevant* un mouton (*La Fontaine*). Cela est si pesant qu'un ne saurait le *lever* de terre (*Acad.*). Il faudra faire *enlever* ces matériaux (*Id.*). Lorsqu'il arriva pour dîner, le premier service était *levé* (*Id.*). Quelques historiens disent que les machines d'Archimède *enlevaient* les vaisseaux des Romains (*Id.*).

### 43. BROUILLER, EMBROUILLER.

Mettre pêle-mêle, mêler; au figuré, mettre de la confusion, du désordre dans les affaires ou dans les idées (*Acad.*). — *Embrouiller* ne s'emploie qu'au figuré et par conséquent ne peut être que dans ce cas, synonyme de *brouiller*; mais alors *brouiller* exprime le désordre considéré en lui-même, d'une manière absolue; *embrouiller* l'exprime relativement à notre esprit qui ne distingue plus les choses ou les démêle difficilement.

« On *brouille* et on *embrouille* des affaires, des idées, des questions, un discours, ce qu'il s'agit de comprendre et de savoir : on les *brouille* en y mettant le désordre; on les *embrouille* en y jetant de l'obscurité. Les affaires sont *brouillées* par la mésintelligence et la discorde : elles sont *embrouillées* à cause de la difficulté de les entendre et de les expliquer. Ce qui est *brouillé*, n'est pas en ordre et d'accord; ce qui est *embrouillé* n'est pas net et clair » (*Roubaud*)

Applic. En voulant arranger les choses, il n'a fait que les *brouiller* davantage (*Acad.*). C'est un esprit obscur qui *embrouille* tous les sujets qu'il traite (*Id.*). Cette lettre éclaircit les affaires du monde les plus *embrouillées* (*Pascal*). Un personnage mal intentionné ou malavisé *brouille* les affaires; un rapporteur malhabile ou mal instruit les *embrouille* (*Roubaud*).

## IN et IL.

### 44. INLISIBLE, ILLISIBLE.

Qu'on ne peut lire. — La préfixe *il* est la même que *in*, et elle est négative dans ces deux mots composés. La différence de forme de la préfixe entraîne une différence de sens très-facile à saisir : *inlisible* se dit de l'écriture, des caractères qu'on ne peut lire, que l'on ne peut déchiffrer; et *illisible*, des ouvrages qui sont si mauvais qu'on ne peut en supporter la lecture.

Applic. Pourquoi ces hommes n'ont-ils écrit que *d'illisibles* ouvrages? (*La Harpe.*) Sa main ne forme que des caractères *inlisibles* (*Voltaire*).

# § 4. DÉ.

La préfixe *dé* est la préposition latine *de*, qui marque mouvement ou direction de haut en bas, et par suite dégradation, déchet, décharge : d'où encore, libération, exemption, enlèvement, privation, comme dans *déposséder*, *déformer*, *désespérer*.

De ce que cette préfixe est privative, il s'ensuit qu'elle peut être négative ou marquer le contraire du mot simple : *Déplaisir*, *défaveur*, *défaire*.

Enfin elle est quelquefois analytique, complétive et déterminative, c'est-à-dire qu'elle exprime l'idée dans tous ses détails, d'une manière plus complète et plus déterminée, avec plus de force et plus de rigueur.

## 45. COULER, DÉCOULER.

Se mouvoir, se répandre, en parlant des liquides. — *Découler*, c'est couler de haut en bas : « La sueur *découlait* de son visage » (*Acad.*). Il signifie aussi, tomber peu à peu et de suite : « Il s'est fait une blessure, et il en *découle* du sang » (*Id.*). Il se dit figurément de certaines choses spirituelles et morales : « De ce principe *découlent* plusieurs conséquences » (*Id.*).

Applic. L'eau *découlait* peu à peu (*Acad.*). L'Ilissus *coule* au pied du mont Hymette (*Barthélemy*). Des ruisseaux de larmes *coulèrent* des yeux de tous les habitants (*Fléchier*). Le miel y *découle* naturellement du tronc des arbres (*Bory de Saint-Vincent*). Nos biens et nos maux *découlent* de nos principes (*Boiste*).

## 46. PÉRIR, DÉPÉRIR.

Prendre fin, tomber en ruine. — *Périr*, c'est prendre fin par quelque accident : « Les vaisseaux *périrent* sur la côte » (*Acad.*). *Dépérir*, c'est s'affaiblir, se délabrer, se détériorer, avancer vers sa fin, être près de tomber en ruine : « Sa santé *dépérit* tous les jours. Voilà une maison qui *dépérit* faute d'être entretenue » (*Acad.*). *Périr* s'emploie aussi, au propre, dans le sens de *dépérir*; mais alors il ne se dit que des choses et pour les présenter comme s'avançant rapidement vers leur fin : « Les maisons inhabitées *périssent* plus promptement que les autres » (*Id.*). Au figuré, il se dit dans ce sens des personnes et des choses : « *Périr* d'ennui; Les arts *périssent* s'ils ne sont pas encouragés » (*Id.*).

Applic. Tous ceux qui étaient dans ce navire ont *péri* (*Acad.*). Cet enfant *dépérit* à vue d'œil (*Id.*). Toutes les facultés de l'homme *périssent* à la fois (*Id.*). Les nations *périssent* par leurs passions (*Boiste*). Le corps croît, se développe, se fortifie ; il *dépérit,* il se courbe, il se dessèche (*Buffon*).

### 47. LIVRER, DÉLIVRER.

Mettre en main ; mettre une chose au pouvoir, en la possession de quelqu'un (*Acad.*). — « *Livrer* n'exprime que la simple tradition d'une main à l'autre. *Délivrer* exprime l'action de *livrer* dans les formes ou dans les règles, en vertu d'une charge ou d'une obligation dont on s'acquitte. Celui qui *délivre* une chose se libère, s'acquitte en la livrant » (*Roubaud*). On voit pourquoi *délivrer* est fort usité au palais : c'est un terme de rigueur employé aussi en administration pour des actes soumis à des règles, à des formalités : « *Délivrer* des permis, des passeports, etc. »

Applic. Il avait des intelligences avec l'ennemi pour lui *livrer* la place (*Acad.*). On lui a *délivré* les deniers du prix de la vente (*Id.*). S'offrant de la *livrer* au plus tard dans deux jours, ils conviennent de prix (*La Fontaine*).

### 48. SÉCHER, DESSÉCHER.

Rendre sec, mettre à sec. — *Sécher* exprime simplement l'action d'enlever l'humidité sans altérer l'objet, sans lui enlever rien d'essentiel : « Faire *sécher* du linge » (*Acad.*). *Dessécher* exprime une dessiccation telle, que le corps qui la subit, perdant son humidité, son suc, sa sève, etc., devient dur, ou sans saveur, sans vie, et se trouve dénaturé ou complétement changé : « *Dessécher* un marais ; *Dessécher* des plantes pour les conserver dans un herbier » (*Acad.*).

Applic. Cette fleur languit, se *dessèche,* et sa belle tête se penche, ne pouvant plus se soutenir (*Fénelon*). L'air devenu serein, il part tout morfondu, *sèche* du mieux qu'il peut son corps chargé de pluie (*La Fontaine*).

### 49. VOUER, DÉVOUER.

Consacrer à, promettre par vœu, etc. — *Vouer,* c'est 1° consacrer dans le sens propre : « *Vouer* un enfant à Dieu » (*Acad.*); 2° promettre par vœu ou d'une manière particulière : « *Vouer* obéissance au pape ; *vouer* des services au prince» (*Id.*). *Dévouer,* c'est consacrer, dans le sens figuré, ou bien livrer sans réserve : « Il a *dévoué* ses enfants au service de la patrie ; *Dévouer* quelqu'un au mépris, à la haine, à l'exécration » (*Acad.*).

« *Dévouer,* dit Roubaud, ajoute à *vouer* l'idée d'un détachement, d'un renoncement, d'une abnégation par laquelle on met ne chose à la dévotion, à la discrétion, à la volonté d'autrui, sans aucune réserve. Le *dévouement* annonce un zèle et une soumission sans bornes ; il est entier, parfait et absolu. » C'est pourquoi l'on dit : « Se *dévouer* à la mort pour le bien de sa patrie » (*Acad.*), et l'on se *voue* à la mort.

Applic. Je *voue* à votre fils une amitié de père (*Racine*). Les martyrs se *dévouaient* à la mort pour le triomphe de la religion (*Roubaud*). Les Romains, dans les calamités, *vouaient* des autels à la Peur, à la Fièvre, à la Mort, aux maux qu'ils redoutaient. Ils *dévouaient* avec des imprécations, aux dieux infernaux, la tête de ceux qu'ils anathématisaient (*Id.*).

## 50. PEINDRE, DÉPEINDRE.

Décrire, représenter par le discours (*Acad.*). — *Peindre*, c'est décrire ou représenter vivement, comme le dit l'Académie : *dépeindre*, c'est, dit Condillac, représenter une chose avec ses détails ; c'est *peindre* une chose en la développant.

On *peint* à grands traits ou brièvement : « Il a *peint* admirablement les combats dans son poëme » (*Acad.*). On *dépeint* soigneusement et avec exactitude, en représentant toutes les qualités, tous les caractères de l'objet, de manière qu'on puisse le reconnaître infailliblement : « *Dépeindre* la vertu avec tous ses charmes, le vice avec tout ce qu'il a de hideux » (*Acad.*).

Applic. On nous l'avait *peint* comme un homme d'honneur (*Acad.*). Voilà un visage qui ressemble bien à celui que l'on m'a *dépeint* (*Molière*). Il *dépeint* les choses si vivement, qu'on croit les voir, qu'il semble qu'on les voie (*Acad.*). Le poëte ne fait jamais mourir personne sans *peindre* vivement quelque circonstance qui intéresse le lecteur (*Fénelon*).

## 51. NIER, DÉNIER.

Dire qu'une chose n'est pas vraie, soutenir qu'une chose n'est pas. — *Dénier*, principalement usité en jurisprudence, exprime une négation formelle ou une rétractation (*a*) ; il signifie, à peu près, ne pas reconnaître : « *Dénier* un crime ; *Dénier* une dette : Au premier interrogatoire, il avait fait plusieurs aveux, plus tard il a tout *dénié* » (*Acad.*).

Applic. Il demeure d'accord du droit, mais il *nie* le fait (*Acad.*). A l'aspect du bûcher, à la veille de paraître devant Dieu, les Templiers revinrent contre les aveux qu'ils avaient faits dans les tortures : ils les *dénièrent* tous (*Leroy*).

---

(*a*) *Dénier* signifie aussi *refuser* : « Ne me *déniez* pas votre secours » (*Acad.*). Mais, comme on le voit, dans ce sens, il n'est pas synonyme de *nier*.

### 52. MARCHE, DÉMARCHE.

Action, mouvement de celui qui marche. — *Marche* exprime simplement l'action de faire des pas : « *Marche* lente, rapide, précipitée » (*Acad.*). La *démarche*, c'est l'allure, c'est-à-dire la manière, la façon de marcher ; c'est la tenue, le port et les gestes de celui qui marche : « Il venait à nous d'une *démarche* fière, d'une *démarche* contrainte, embarrassée » (*Acad.*).

APPLIC. Accélérez un peu votre *marche,* si vous voulez que nous arrivions à temps. — Ne pouvant voir le visage d'Eucharis, Télémaque regardait ses beaux cheveux noués, ses habits flottants et sa noble *démarche* (*Fénelon*).

### 53. NOMMER, DÉNOMMER.

### (Nom, dénomination.)

Dire le nom ; désigner une personne ou une chose. — *Nommer,* c'est simplement donner un nom, désigner par le nom, ou faire connaître le nom : « Comment *nommez*-vous cet homme? On le *nomme* Pierre » (*Acad.*). *Dénommer* est un terme de Pratique, qui signifie désigner une personne par tous ses noms, par ses titres et qualités, de façon qu'elle ne puisse être confondue avec une autre. La même différence existe entre le *nom* et la *dénomination.* Ce dernier est défini ainsi par l'Académie : « Désignation d'une personne ou d'une chose par un nom qui en exprime ordinairement l'état, l'espèce, la qualité, etc. : « Donner à quelqu'un une *dénomination* flétrissante. »

APPLIC. Lisez mon *nom,* vous le pouvez, messieurs (*La Fontaine*). Dans les arts et dans les sciences, il ne faut rien changer sans nécessité aux *dénominations* reçues (*Acad.*). Il fut le premier qui rapporta en France cette plante, et il la *nomma* de son *nom* (*Id.*). Il faut *dénommer* toutes les parties dans un contrat (*Id.*).

### DÉ ET COM.

### 54. DÉFÉRER, CONFÉRER.

Donner, accorder, décerner des honneurs, des dignités. — « *Conférer* est un acte d'autorité ; c'est l'exercice du droit dont on jouit. *Déférer* est un acte d'honnêteté ; c'est une préférence que l'on accorde au mérite. Quand la conjuration de Catilina fut éventée, les

Romains, convaincus du mérite de Cicéron et du besoin qu'ils avaient alors de ses lumières et de son zèle, lui *déférèrent* unanimement le consulat; ils ne firent que le *conférer* à Antoine » (*Beauzée*). *Déférer* se dit en outre quand il s'agit d'honneurs, de dignités extraordinaires ou attribuées contrairement à la coutume ou au droit commun : « Les Romains ont *déféré* les honneurs divins à la plupart des empereurs » (*Acad.*).

Applic. Le peuple romain *déféra* le consulat à Scipion et l'honneur du triomphe à Pompée avant l'âge (*Acad.*). Les rois de la race mérovingienne *conféraient* de leur seule autorité les évêchés (*Voltaire*).

## DÉ et RÉ.

### 55. DÉPARTIR, RÉPARTIR.

Distribuer, partager. — *Départir* a rapport au sujet qui distribue, et le montre comme supérieur à ceux sur lesquels il laisse tomber, en quelque sorte, ses grâces, ses faveurs, ses bienfaits : « Dieu *départ* ses grâces avec équité » (*Acad.*). *Répartir* a plutôt rapport aux personnes qui reçoivent; il signifie assigner ou donner à chacun sa part des bonnes comme des mauvaises choses : « *Répartir* les biens d'une succession entre plusieurs cohéritiers; *Répartir* les contributions » (*Acad.*).

Applic. Il n'y a plus qu'à *répartir* les bénéfices entre les divers associés, en raison de leurs mises (*Anonyme*). Il a laissé telle somme pour la *départir* aux pauvres (*Acad.*). De tous les dons que le ciel avait *départis* aux auteurs de mes jours, un cœur sensible est le seul qu'ils me laissèrent (*J.-J. Rousseau*).

## DÉ et IN.

### 56. DÉRAISONNABLE, IRRAISONNABLE.

Dépourvu de raison. — *Déraisonnable* signifie « qui n'est pas raisonnable dans sa conduite, dans ses projets, etc. : « C'est un homme tout à fait *déraisonnable* » (*Acad.*). La préfixe *dé* n'exprime ici qu'une privation momentanée de raison, ou plutôt elle fait entendre que cet homme use mal ou n'use point de la raison dont il est doué. Dans *irraisonnable*, la préfixe *ir* (*in*) est complétement négative; l'Académie définit ainsi ce mot : « Qui n'est pas doué de raison; » et elle donne cet exemple : « Animal *irraisonnable*. » Ce terme d'ailleurs ne s'emploie guère que dans le langage didactique,

Applic. L'homme n'est pas un animal *irraisonnable*, mais il y a bien des hommes qui sont *déraisonnables* (*Laveaux*).

---

# § 5. DIS ou DÉS.

Cette préfixe exprime une idée de division, de séparation, de diversité, de disconvenance, d'éloignement, de suppression, de négation ; exemples : *dissoudre*, *différer*, *disgrâce*, etc. Par résultat, elle signifie quelquefois *de côté et d'autre*, *en tout sens*, comme dans *disséminer*.

### 57. POSITION, DISPOSITION.

Situation ; manière d'être dans un sens par rapport à un but. — La *position* exprime simplement l'idée de situation, de manière d'être en tel état ou dans tel sens : « *Disposition* ajoute à ce mot l'idée d'un arrangement, d'une combinaison, d'un ordre particulier de choses (*a*), ainsi que d'une inclination, d'une tendance, d'une forte direction vers le but. Une maison est dans telle *position*, eu égard à son exposition ; elle a une telle *disposition*, eu égard à la distribution des parties qui la composent. Une armée choisit une *position* pour attaquer ou pour n'être point attaquée ; elle est dans la *disposition* de se battre, elle fait pour cela ses *dispositions* » (*Roubaud*).

Applic. La *position* des lieux n'est pas bien indiquée dans cette carte (*Acad.*). La *disposition* des lieux était telle (*Id.*). Vous prenez une *position* particulière pour dormir à l'aise : votre corps est, pour cet effet, dans une bonne *disposition* (*Roubaud*).

### DIS et DÉ.

### 58. DISJOINDRE, DÉJOINDRE.

Séparer des choses qui étaient jointes. — C'est ce que marquent les deux préfixes *dis* et *dé* ; mais *dé* indique une plus forte séparation et réveille même une idée de déchet, de dommage. Des choses *disjointes* commencent seulement à s'écarter ; des choses *déjointes* sont écartées au point de ne plus tenir l'une à l'autre : elles peuvent

---

(*a*) Dans ce dernier sens la *disposition* est l'état ou manière d'être des choses qui sont posées en diverses places, de côté et d'autre, et comme il convient.

dès lors n'être plus bonnes à rien ; tandis qu'on peut employer encore ce qui n'est que *disjoint*. Il faut remarquer en outre que *disjoindre* seul s'emploie au figuré.

**APPLIC.** La sécheresse a *déjoint* les jantes de cette roue, au point qu'elle ne peut plus servir. Les pierres de cette voûte commencent à se *disjoindre* (*Acad.*). Le tribunal a *disjoint* les deux causes.

### 59. DISCRÉDITER, DÉCRÉDITER.

Enlever le crédit, la valeur, la considération. — Les deux préfixes sont ici privatives ; mais *dé* l'est plus que *dis*, et c'est ce qu'indiquent les définitions de l'Académie : « *Décréditer*, ôter le crédit, le faire perdre. *Discréditer*, faire tomber en discrédit ; *discrédit*, diminution de crédit. » C'est pourquoi *discréditer* ne se dit que de valeurs commerciales, qui ne peuvent jamais être réduites à néant : « *Discréditer* une marchandise, un papier-monnaie » (*Acad.*). *Décréditer* se dit au contraire des personnes : « La mauvaise foi *décrédite* un négociant » (*Id.*). Au figuré, il se dit des personnes et des choses et signifie faire perdre la considération, l'autorité, l'estime, etc. : « Cette conduite l'a étrangement *décrédité* » (*Acad.*).

**APPLIC.** Les actions de cette compagnie industrielle sont bien *discréditées*. Les nombreux billets qu'a émis cette maison de commerce l'ont *décréditée*. Voilà ce qui a *décrédité* ces doctrines (*Acad.*). On a cherché à me *décréditer* dans son esprit (*Id.*). Unissons-nous pour le *décréditer* (*La Bruyère*).

## DIS ET IN.

### 60. DIFFAMANT, INFAMANT.

Qui flétrit la réputation, qui produit l'infamie. — « *Diffamant* se dit de ce qui fait perdre l'estime de la société et attire le mépris des honnêtes gens. *Infamant* signifie, qui porte infamie (*a*), qui rend infâme. *Diffamant* vient du verbe *diffamer*, qui signifie décrier, ternir la réputation ; *infamant* vient d'un vieux mot qui signifiait noter d'infamie, perdre de réputation, déshonorer. Ainsi *diffamant* dit moins qu'*infamant* » (*Laveaux*). En effet, *in* est tout à fait négatif ou privatif, tandis que *dis* exprime simplement l'action d'enlever à quelqu'un la bonne réputation dont il jouit, de faire descendre une personne du rang qu'elle occupe dans l'opinion des gens.

**APPLIC.** Rien n'est plus *diffamant* pour un homme que les bassesses de

---

(*a*) Le mot *infamie* réveille une idée de flétrissure.

cœur (*Girard*). Il n'est, pour toutes sortes de personnes, rien de si *infamant* que les châtiments ordonnés par la justice publique (*Id.*). Ceux qui nuisent à la réputation ou à la fortune des autres plutôt que de perdre un bon mot, méritent une peine *infamante* (*La Bruyère*).

## DIS (DÉS), IN et RE.

### 61. DÉSAPPROUVER, IMPROUVER, RÉPROUVER.

Ne pas approuver une chose, la condamner. — « *Désapprouver*, ne pas approuver, n'être pas pour, juger autrement (*des, dis, di*, diversement, autrement); *improuver*, être contre, s'opposer, blâmer (*in*, contre); *réprouver*, s'élever contre, rejeter hautement, proscrire (*ré* adversatif). *Improuver* signifie attaquer, combattre; et *réprouver*, condamner, proscrire. — On *désapprouve* ce qui ne paraît pas bien, bon, convenable. On *improuve* ce qu'on trouve mauvais, répréhensible, vicieux. On *réprouve* ce qu'on juge odieux, détestable, intolérable. — Vous *désapprouvez* une manière de penser, une manière commune d'agir. On *improuve* une opinion dangereuse, une action blâmable. Dieu *réprouve* les méchants, les infidèles » (*Roubaud*).

Applic. Cliton est l'arbitre des bons morceaux, et il n'est guère permis d'avoir du goût pour ce qu'il *désapprouve* (*La Bruyère*). Il y a déjà longtemps que l'on *improuve* les médecins et que l'on s'en sert (*Id.*). Dieu *réprouva* Saül pour sa désobéissance (*Acad.*). On est sûr de plaire au peuple par des sentiments que la morale avoue; on est sûr de le choquer par ceux qu'elle *réprouve* (*Montesquieu*).

---

## § 6. E ou EX, A ou AB.

Ces préfixes sont latines : *é* ou *ex* exprime une idée d'extraction, désigne l'action de faire sortir, ou bien marque un point de départ, un mouvement de bas en haut. L'idée de sortie ou d'extraction conduit à l'idée de privation ou à celle de cessation.

*A* ou *ab* marque le point de départ d'un mouvement qui se fait de haut en bas ; il marque aussi l'éloignement.

Les remarques que nous avons faites à l'occasion des préfixes *in* et *en*, s'appliquent aux synonymes qui ont l'une des préfixes *é* ou *ex*, *à* ou *ab*.

### 62. SE LANCER. S'ÉLANCER.

Se jeter en avant avec impétuosité. — *S'élancer* réveille une idée de point de départ, c'est proprement *se lancer de* ; mais il diffère surtout de *se lancer*, en ce qu'il marque plus de vivacité, plus d'ardeur, plus de violence. On *se lance* en se jetant en avant sans effort, naturellement : Un nageur *se lance* dans l'eau ; des soldats, sur l'ordre de leur chef, *se lancent* à la poursuite de l'ennemi. Un homme *s'élance* tout habillé pour sauver une personne qui se noie ; des troupes enivrées de carnage, irritées, furieuses, *s'élancent* contre l'ennemi et entraînent leurs chefs. En parlant de choses on ne dit que *s'élancer*.

**Applic.** L'aventureux *se lance*, les yeux clos, à travers cette eau (*La Fontaine*). Il *s'élança* au travers des ennemis (*Acad.*). Un torrent impétueux *s'élance* du haut d'un rocher.

### 63. LEVER, ÉLEVER.

**Faire aller de bas en haut.** — *Lever* exprime ordinairement l'idée simple de dresser sans faire quitter le point d'appui, sans transporter à un point supérieur : On *lève* le couvercle ou le dessus d'un coffre ; une échelle est renversée à terre, vous la *levez* pour la dresser et l'appuyer contre un mur. « *Élever*, dit Roubaud, indique, par sa valeur propre, le lieu, la place d'où l'objet part pour aller en haut ; c'est *lever de* (sens de la préfixe *e*). *Élever* suppose aussi différents degrés de hauteur que l'objet parcourt par une augmentation progressive et qu'il laisse au-dessous de lui. Vous *élevez* une pyramide par différents lits de pierres posées les unes sur les autres. »

*Lever* s'emploie aussi dans le sens de déplacer et même de placer à un point plus haut. « On *lève* un corps, dit Condillac, en l'ôtant d'où il est, et alors on le considère en lui-même et sans aucun rapport aux autres ; on l'*élève* en le portant ou en le faisant monter plus haut, et dans ce cas on le considère par rapport aux autres corps qu'il laisse au-dessous. » Dans le sens de placer à un point plus haut, *lever* ne suppose pas de peine, pas d'efforts, *élever* en suppose : « *Levez* la main et dites la vérité » (*Acad.*). *Élever* signifie aussi placer ou faire monter plus haut : « Ce tableau est trop bas, il faudrait l'*élever* » (*Id.*). (Voir 42.)

**Applic.** Quand on prête serment devant un juge, il faut *lever* la main (*Acad.*). Ces machines *lèvent* plus de dix quintaux (*Id.*). Le soleil *élève* les vapeurs (*Id.*). Vous *élevez* un mur, en le prenant à sa base pour le porter à une certaine hauteur (*Roubaud*). C'est la nation qui *éleva* vos ancêtres sur le bouclier militaire, et les proclama souverains (*Massillon*).

### 64. BAISSER, ABAISSER.

Faire aller en bas, faire descendre. — *Abaisser*, c'est proprement *baissser* à partir d'un point supérieur. Dans certains cas la préfixe ajoute à l'idée simple de *baisser* différentes idées accessoires ; ainsi :

1° On emploie *abaisser* si le mouvement est considéré par rapport au point de départ, qui est le point supérieur ; on dit *baisser*, s'il est considéré par rapport au point d'arrivée, qui est un point inférieur ou le plus bas possible. En d'autres termes, on *abaisse* une chose pour qu'elle ne soit pas si haute, et parce qu'elle est à un point trop élevé : on *baisse* une chose pour qu'elle soit basse, pour qu'elle arrive à un point qui est bas. Si une dame, développant son voile, le fait tomber aussi bas qu'il peut s'étendre, elle le *baisse* pour cacher le bas de sa figure et son cou ; si le voile est fixé trop haut sur sa tête, elle l'*abaisse* en l'attachant plus bas. De même, *baisser* un pont-levis, la visière d'un casque, un store, c'est faire arriver ces objets au point inférieur qu'ils doivent atteindre ; les *abaisser*, c'est les placer, les fixer plus bas que le point où ils étaient.

2° On dit *baisser* pour une action ordinaire qui se fait naturellement ou souvent et sans peine : on dit *abaisser*, s'il s'agit d'une chose qui n'a pas coutume d'être baissée, du moins de la même manière, ou bien si l'action est remarquable et ne se fait pas naturellement et sans peine, ou enfin si elle se fait d'une manière particulière. « Elle se mit à rougir en *baissant* la paupière. Dès qu'une personne est morte, on *abaisse* ses paupières » (*Acad.*).

APPLIC. On *baisse* la tête, les bras, les yeux, les paupières lorsqu'on les dirige en bas ; mais dans le langage des arts, on *abaisse* la tête, les bras, les yeux, les paupières d'une figure, lorsqu'on veut les placer dans une position moins élevée (*Laveaux*). Confondu par mes reproches, il ne sut que répondre et *baissa* les yeux (*Acad.*). *Baisser* ses regards sur un objet, c'est les diriger en bas pour voir cet objet. *Abaisser* ses regards sur un objet suppose une élévation, de laquelle on porte ses regards sur un objet très-inférieur, ou considéré comme indigne de nous (*Laveaux*). Il n'imite pas ces esprits puérilement superbes qui n'osent *abaisser* leurs regards sur un insecte (*Barthélemy*). Les oiseaux qui ont les jambes longues, ont aussi le cou long, pour pouvoir *abaisser* leur bec jusqu'à terre et y prendre leurs aliments (*Fénelon*).

### 65. CHAUFFER, ÉCHAUFFER.

Rendre chaud. — *Chauffer* exprime l'action simple de rendre chaud : *échauffer* exprime une action qui se fait plus en grand, ou qui demande plus de peine, une intention plus marquée : « Il faut faire du feu dans cette chambre pour l'*échauffer* » (Acad.). Ensuite, comme le fait remarquer Laveaux, *chauffer*, c'est communiquer à une personne ou à une chose la chaleur du feu, en la mettant et en la tenant auprès. *Échauffer*, c'est dissiper la sensation du froid par du mouvement, de l'exercice, ou de quelque autre manière semblable. On fait *chauffer* de l'eau en la tenant auprès du feu ; on s'*échauffe* en marchant, en courant ; on *échauffe* un malade en mettant sur lui de bonnes couvertures, etc.

APPLIC. Les oiseaux *échauffent* leurs petits sous leurs ailes (*Acad.*). Approchez du feu et *chauffez*-vous. Il s'est *échauffé* à marcher (*Acad.*).

## 66. CHANGER, ÉCHANGER.

### (Change, échange.)

Céder une chose pour une autre. — *Changer, change* sont les termes généraux exprimant simplement l'action ; d'ailleurs *change* n'est guère employé que comme terme de banque : le *change* sur Londres ; lettre de *change*. *Échanger, échange* désignent une action plus particulière ou plus importante et faite avec intention. Je peux *changer* une chose par mégarde, par exemple mon chapeau, c'est-à-dire en prendre un autre au lieu du mien ; *échanger* suppose toujours l'intervention de la volonté.

On dit bien : « Il a *changé* son tableau contre des meubles » (*Acad.*) ; mais dans ce cas on veut exprimer simplement un troc : s'il s'agit d'une opération qui exige plus de précaution, plus d'exactitude, ou dont l'objet est très-important, on doit dire *échanger* : « *Échanger* une propriété contre une autre ; on a *échangé* les prisonniers » (*Acad.*).

APPLIC. Il a *changé* sa vieille vaisselle pour de la neuve (*Acad.*). Je lui ai cédé mon cheval ; il m'a donné un tableau en *échange* (*Id.*). Le *change* sur Amsterdam se fait en ce moment à 240 francs pour 100 florins.

## É ET DE.

### 67. ÉPURER, DÉPURER.

### (Épuration, dépuration.)

Rendre pur ou plus pur. — La *dépuration* est une opération plus parfaite ou plus complète que l'*épuration* : c'est ce que marque la préfixe complétive et déterminative *dé ;* tandis que dans *épurer,* la préfixe *é* annonce simplement que l'on fait sortir des parties impures. Du reste, *dépurer, dépuration* ne s'emploient guère qu'en médecine ou en chimie; *épurer, épuration* sont d'un usage plus fréquent et se disent seuls au figuré : « *Épurer* le goût, *épurer* les mœurs » *(Acad.).*

**Applic.** On *épure* de l'eau bourbeuse en la filtrant avec du sable, avec du charbon *(Acad.).* La chimie a des moyens très-simples pour *dépurer* les métaux. Ce remède est propre à la *dépuration* du sang. La langue commençait à s'*épurer (Acad.).*

### 68. ÉHONTÉ, DÉHONTÉ.

Qui est sans honte, sans pudeur. — La préfixe *dé* est plus fortement privative que la préfixe *é* : la première signifie que l'on est tout à fait déchu d'un état, la seconde qu'on en est sorti, ce qui ne veut pas dire qu'on ne puisse y rentrer. L'*éhonté* agit sans honte, accidentellement et momentanément : le *déhonté* agit sans honte, habituellement, toujours, par vice de caractère; il ne sait plus ce que c'est que la honte et la pudeur.

**Applic.** Un *déhonté* brave jusqu'au déshonneur et à l'opprobre; un *éhonté* a encore un reste de pudeur.

## EX et IN.

### 69. EXCITER, INCITER.

Pousser à faire quelque chose. — *Exciter* signifie littéralement, faire sortir de ; et *inciter*, mouvoir ou pousser vers. « Dans *exciter*, dit Roubaud, la préposition *ex* marque particulièrement l'action de pousser dehors, en dehors; et la préposition *in*, dans *inciter*, de pousser intérieurement et d'induire en action. Rigoureusement parlant, on *excite* à sortir d'un état, d'une situation; on *incite* à passer dans une autre. On *excite* celui qui ne songe point à la chose, celui qui manque de résolution, celui qui agit languissamment, celui qui s'arrête ou se rebute. On *incite* celui qui n'est pas disposé à la chose, qui ne s'y intéresse guère, qui ne s'y attache pas, qui ne la prend pas à cœur, qui n'a ni penchant ni motif assez fort pour lui inspirer de l'empressement. Les avis, les conseils, les sollicitations, tous les mobiles *excitent.* Les insinuations, les suggestions, la persuasion, la conviction, l'intérêt personnel, les penchants, les passions, etc., *incitent.* »

**Applic.** La grâce nous *excite* à sortir de l'état du péché; elle nous *incite* à rentrer dans la voie du salut (*Roubaud*). Je vous *excite* à imiter ses vertus (*Fléchier*). Tout ce qui nous *incite* à nous attacher à la créature est mauvais, puisque cela nous empêche de servir Dieu (*Pascal*). Nul mets n'*excitait* leur envie (*La Fontaine*).

### 70. EXCURSION, INCURSION.

Course en pays ennemi ou en pays étranger. — L'Académie définit ainsi ces mots : « *Excursion*, course au dehors; *incursion*, course des gens de guerre en pays ennemi. » En effet *ex* signifie *hors, au dehors*, et *in* signifie *en, dans*. D'ailleurs *excursion* vient du latin *excurrere*, courir hors de; et *incursion* vient d'*incurrere*, courir dans, vers ou sur.

Ainsi *excursion* convient toutes les fois que l'on a en vue le point de départ, le lieu d'où l'on sort et *incursion*, lorsque l'on a présent à l'esprit le lieu où l'on se porte.

*Excursion* et *incursion* se disent non-seulement des expéditions d'hommes armés, mais aussi des courses, des voyages que l'on fait dans un pays; ils s'emploient en outre au figuré.

**Applic.** Ces deux provinces sont à l'abri des *incursions* des Tartares (*Voltaire*). Ils revinrent de leur *excursion*, emmenant des prisonniers et du butin (*Acad.*). Les barbares qui détruisirent l'empire romain, commencèrent par des *incursions* qu'ils renouvelèrent souvent (*Roubaud*). Ce botaniste fait souvent des *excursions* aux environs de Paris (*Acad.*).

## A et DIS.

### 71. ABSTRAIT, DISTRAIT.

L'idée d'un défaut d'attention est comprise dans le sens de chacun de ces deux mots. — *Abstrait* vient d'un mot latin qui signifie tiré *loin de*; *distrait* vient d'un autre mot latin signifiant tiré *çà et là*, de divers côtés : c'est d'ailleurs le sens des deux préfixes.

L'esprit de l'homme *abstrait* est loin de ce qu'on lui dit, de ce qui se passe autour de lui : cet homme est plongé dans la méditation et la rêverie, n'ayant de pensée et d'attention que pour l'objet intérieur qui l'occupe. L'esprit de l'homme *distrait* est à la merci de toutes les impressions du dehors, et cesse d'être attentif à une chose, pour l'être, sans raison, à une autre.

Ainsi, ce sont nos propres idées qui nous rendent *abstraits;* au lieu que c'est un nouvel objet extérieur qui nous rend *distraits*, en attirant notre attention et en la détournant de l'objet dont nous devrions être occupés.

**Applic.** On est *abstrait* lorsqu'on ne pense à aucun objet présent, ni à rien de ce qu'on dit. On est *distrait* lorsqu'on regarde un autre objet que celui qu'on nous propose, ou qu'on écoute d'autres discours que ceux qu'on nous adresse (*L'abbé Girard*).

---

## § 7. AD, RA.

*Ad* est une préposition latine qui signifie *à, vers, du côté de, à côté de, près de, pour.* Cette préfixe exprime donc une tendance, un mouvement vers quelque objet ; elle marque aussi proximité, et par suite, adjonction, addition, augmentation, accroissement : d'où il résulte qu'elle prend quelquefois le sens de *beaucoup.* Souvent le *d* disparaît ou se change en *c, f, p, r, s, t*, comme dans *accroire, affirmer, apporter,* etc.

Il arrive ici, comme pour les préfixes *dé* et *é* ou *ex*, que le mot simple, le radical sans la préfixe, exprime simplement l'action, telle qu'elle a lieu d'ordinaire ; tandis que le composé suppose plus d'activité, une intention plus formelle, plus de soin, d'intelligence, de talent, d'adresse, de spontanéité.

*Ra* est formé de *re* et de *ad :* cette préfixe a une signification qui tient de celle des deux qui la composent.

### 72. FAIRE CROIRE, FAIRE ACCROIRE.

Persuader une chose à quelqu'un. — « *Accroire* signifie croire à, croire à quelqu'un, à sa parole, à son témoignage, à son rapport. *Faire accroire*, c'est faire croire à quelqu'un tout ce qu'on lui conte, lui persuader par sa propre autorité (*a*) ce qu'on veut, lui faire ajouter foi à des choses qu'il ne doit pas naturellement croire, soit à cause du caractère de la personne qui les dit, soit à raison des choses mêmes qu'elle dit. »

« Ainsi *faire croire* signifie simplement, persuader une chose, obtenir la croyance de quelqu'un, lui inspirer de la confiance dans vos discours. *Faire accroire* veut dire persuader des choses non croyables, ou bien abuser du crédit que l'on a sur l'esprit d'une personne, de sa crédulité, de sa simplicité, de sa confiance, de sa bonne foi. On ne peut *faire accroire* que le faux ou ce qu'on croit

---

(a) Ainsi dans *faire accroire*, le sujet agit avec plus d'activité, avec une intention plus formelle.

faux; on peut *faire croire* également le faux et le vrai » (*Rou-baud*). Mais celui qui *fait croire* une chose fausse est de bonne foi ; il la croit vraie lui-même, parce que la chose est vraisemblable.

« *Faire accroire*, dit Beauzée, ne peut s'attribuer qu'aux personnes, parce qu'il n'y a que les personne qui puissent agir de propos délibéré et avec intention : *faire croire* peut s'attribuer aux personnes et aux choses, parce que les personnes et les choses peuvent également déterminer la croyance, et que cette phrase fait abstraction de toute intention. Les personnes *font accroire* le faux ; les choses le *font croire* faussement. »

**Applic.** Un menteur reconnu qui nous en aura souvent *fait accroire*, ne nous *fera* plus *croire* ce qu'il y aura même de plus vraisemblable et de plus vrai dans ses discours (*Roubaud*). Ces termes sont propres à *faire croire* aux stupides que Dieu n'est point seul la vraie cause de toutes choses (*Malebranche*). J'ai mené votre père par le nez, je lui *fais accroire* ce que je veux (*Regnard*).

### 73. RANGER, ARRANGER.

Mettre dans un certain ordre, dans un certain rang. — *Ranger*, c'est simplement mettre des objets en rang ou une chose à sa place. *Arranger* signifie littéralement *ranger à côté*, et exprime par conséquent un rapport : on *arrange* quand on classe les objets, quand on les dispose bien relativement à leur nature, quand on leur assigne la place qui leur convient. *Arranger* sa bibliothèque, c'est réunir d'une part tous les livres d'histoire, d'autre part les livres de science, etc., et fixer la place qu'ils devront occuper : on les *range* ensuite, en mettant en rang sur des rayons les livres ainsi classés.

**Applic.** Le maître *arrange* son appartement à sa fantaisie, le domestique le *range* ensuite d'après les ordres qu'il a reçus (*Guizot*). C'est un homme qui *arrange* bien ses paroles (*Acad.*). Autour du fils d'Hector il les fait tous *ranger* (*Racine*).

### 74. PARAITRE, APPARAITRE.

Se montrer, se faire voir. — *Paraître* exprime l'idée simple : pour *paraître* il faut avoir un corps ou quelques qualités capables de frapper les sens. *Apparaître* (paraître à, se manifester à) se dit des objets qui, invisibles par leur nature, font une *apparition*, c'est-à-dire se présentent subitement à la vue sous une forme sensible, puis disparaissent : « L'ange qui *apparut* en songe à Joseph ; le spectre qui lui avait ou qui lui était *apparu* » (*Acad.*). — *Apparaître* se dit également d'une personne ou d'une chose qui se montre inopinément ou soudainement, dont l'aspect fait naître la surprise ou excite l'intérêt : « Une voile *apparut* à l'horizon et rendit l'espoir aux naufragés ; Ces génies extraordinaires qui *apparaissent* à de longs intervalles » (*Acad.*).

APPLIC. Les ennemis ont *paru* sur la frontière (*Acad.*). Quand Dieu *apparut* à Moïse dans le buisson ardent (*Id.*). Les boutons *paraissent* aux arbres (*Id.*). On a vu un globe de feu *apparaître* dans les airs (*Lavaux*). Il *apparaît* de temps en temps sur la surface de la terre des hommes rares et exquis, qui brillent par leurs vertus (*La Bruyère*).

## 75. POSTER, APOSTER.

Placer quelqu'un en quelque endroit. — *Poster*, c'est placer des hommes ou quelqu'un en un lieu, soit pour observer ce qui se passe, soit pour combattre avantageusement. *Aposter* (poster *pour*) marque une intention plus formelle et exprime la préméditation d'un mauvais coup ou d'une mauvaise action, d'une chose illégale. « La troupe est *postée*, dit l'abbé Girard ; l'assassin est *aposté*. »

APPLIC. L'âne à messer lion fit l'office de cor. Le lion le *posta*, le couvrit de ramée, lui commanda de braire (*La Fontaine*). On avait *aposté* un notaire pour rédiger aussitôt le testament (*Acad.*).

## 76. MAIGRIR, AMAIGRIR.

Devenir maigre. — *Maigrir*, c'est devenir maigre rapidement : « Il *maigrit* à vue d'œil » (*Acad.*). *Amaigrir*, c'est littéralement arriver à maigrir, aller à la maigreur : il signifie *maigrir* peu à peu : « Le jeûne *amaigrit* » (*Acad.*). Il faut remarquer en outre que *maigrir* est toujours un verbe neutre, tandis qu'*amaigrir* s'emploie le plus souvent comme verbe actif : « Le travail l'*a* beaucoup *amaigri* » (*Acad.*).

APPLIC. Les bœufs *amaigrissaient* dans ces pâturages, au lieu d'engraisser (*Acad.*). Elle *maigrit* de jour en jour (*Id.*). Le bonheur du prochain vous cause de l'ennui, et vous *amaigrissez* de l'embonpoint d'autrui (*Destouches*).

## 77. SE DONNER, S'ADONNER.

Se livrer à un certain genre d'occupations. — Se *donner* à une étude, à un travail, c'est s'y livrer tout entier, s'y abandonner sans réserve, et s'en rendre esclave. S'*adonner* exprime simplement tendance vers la chose ; celui qui s'*adonne* à une étude, à un travail, ne fait que s'y attacher ; il les prend pour but de ses pensées et de ses actions ; mais il ne s'y voue pas entièrement. S'*adonner* à si-

gnifié aussi se livrer habituellement à quelque chose. « Il s'est
adonné à boire » (*Acad.*).

APPLIC. Il *s'adonne* à l'étude, aux plaisirs, à la chasse (*Acad.*). Une
reine abdiqua la couronne pour se *donner* tout entière à la philosophie
(*Montesquieu*).

### 78. CONTER, RACONTER.

Narrer, faire un récit. — «*Conter*, dit Laveaux, se dit des choses
familières ou qui sont l'objet de la conversation. Il n'offre que des
choses légères ou de peu d'importance, qui ne produisent pas un
intérêt profond. » Ce que l'on *raconte*, serait-ce même une histoire
mensongère, est plus important, intéresse davantage, et a pour
but principal d'instruire les auditeurs. « Un témoin ne *conte* pas
devant un tribunal ce qu'il a vu ou entendu; il le *raconte* pour
instruire les juges » (*Laveaux*). « On *conte* avec agrément, pour
amuser, pour plaire, pour occuper agréablement quelqu'un, récréer
la société, les curieux qui cherchent le plaisir. On *raconte* avec
exactitude pour rendre compte, expliquer les faits, apprendre la
chose à la personne, aux gens, au monde qui doit ou veut être
instruit » (*Roubaud*).

Nous avons dit que la préfixe *ra* est formée de *re* et de *ad*: la
préfixe *re* de *raconter* marque une seconde action; elle indique
que le narrateur *re*produit le fait, qu'il lui *re*donne en quelque sorte
l'existence. Voilà pourquoi *raconter* ne peut se dire que de choses
qui sont passées; tandis que l'on peut *conter* des choses qui ne le sont
pas: «Il viendra ce soir me *conter* ses peines. » Ensuite la préfixe *ad*
signifie *à*, *vers*, et indique que l'on s'adresse à quelqu'un, à un au-
ditoire, pour l'instruire ou pour l'intéresser vivement; ce qu'il n'est
pas nécessaire de faire entendre avec le verbe simple *conter*:
« Allez ailleurs *conter* vos sornettes » (*Acad.*).

APPLIC. Tacite *raconte* les choses non comme elles ont été, mais
comme il imagine qu'elles auraient dû être. L'Arioste *conte* divinement
des folies (*Roubaud*). Je n'eus rien de plus pressé que d'aller *conter* à
tout le monde ce qui venait de m'arriver (*J.-J. Rousseau*). Il nous *raconta*
de point en point toutes ses aventures (*Acad.*).

## AD ET COM.

### 79. ASSENTIMENT, CONSENTEMENT.

Acte de l'esprit par lequel on conforme son sentiment à celui
des autres. — *Consentement* signifie littéralement sentiment, opi-

nion partagée avec d'autres personnes : « C'est une vérité démon-
trée par le *consentement* unanime des peuples. » Il n'a guère cett
signification que dans cette locution, qui est du domaine de l
philosophie ; partout ailleurs il signifie acquiescement à l'exécutio
de quelque chose, adhésion à la volonté de quelqu'un. Par le *con*
*sentement* donc, on veut *avec* (cum) d'autres personnes ; on veu
que ce qu'elles veulent se fasse.

*Assentiment* se dit de l'opération de l'esprit qui *sent*, qui re
connaît la vérité d'une proposition, et qui donne son adhésion
cette proposition (a). « L'*assentiment*, dit Roubaud, est l'acquies
cement de l'esprit ; il concerne la vérité des choses : le *consente*
*ment* est l'acquiescement de la volonté ; il concerne la bonté de
choses. » De son côté, Laveaux fait remarquer que l'*assentiment* es
libre et toujours sincère ; tandis que le *consentement* est souven
forcé et ne prouve pas toujours que l'on croie que la chose à la
quelle on consent soit bonne. « On peut donner, dit-il, son *con*
*sentement* à une chose sans y donner son *assentiment* ; c'est-à
dire qu'on peut, par quelques considérations particulières, *consenti*
qu'elle se fasse, sans adopter les motifs qui engagent à la faire. »

Il faut remarquer cependant que *assentiment* signifie quelque
fois acquiescement à un acte : « Je n'ai point donné mon *assen*
*timent* à ce traité, à cette décision ; Il ne l'a fait qu'avec l'*as*
*sentiment* de ses supérieurs » (*Acad.*). Dans ce sens, qui se
rapproche beaucoup de celui de *consentement*, le mot *assenti*
*ment* suppose l'exercice d'une faculté de l'esprit, qui juge, plutôt
qu'un acte de la volonté.

Applic. Un grand nombre d'hommes, lorsque leur raison est libre, ne
donne jamais son *assentiment* complet à toutes les opinions d'un seul
(*M^me de Staël*). Le *consentement* des deux parties est nécessaire pour un
mariage *(Acad.)*. On ne peut refuser son *assentiment* à une proposition
si juste (*Id.*).

## 80. ATTRISTER, CONTRISTER.

Rendre triste, affliger.— *Attrister*, c'est porter à la tristesse (*ad*
*tristitiam*, d'où *adtristare*) ; *contrister*, c'est avoir la tristesse *avec*
soi, en soi, ou bien avoir beaucoup de tristesse (la préfixe *com*
marquant aussi accumulation) : « Cette nouvelle l'a fort *contristé* »
(*Acad.*).

Ainsi, *contrister* dit plus qu'*attrister*. « *Attristé*, dit l'abbé

---

(a) *Adhésion*, d'adhérer, s'attacher à.

Girard, désigne un déplaisir plus apparent que profond, et qui ne fait qu'effleurer le cœur : *contristé* marque une personne plus touchée, et des maux plus grands ou plus prochains. On est *attristé* d'une maladie populaire, d'une continuation de mauvais temps, des accidents qui arrivent sous nos yeux, quoique à des personnes indifférentes : on est *contristé* d'une calamité générale, des ravages que fait autour de nous une maladie contagieuse, de voir ses projets manqués et toutes ses espérances évanouies. »

Applic. Ceux qui ont du penchant à la mélancolie *s'attristent* aisément. — L'ardeur de la passion et la vivacité du désir font qu'on est *contristé* quand on ne réussit pas *(Girard)*. Cette nouvelle lui *contriste* l'âme, le cœur *(Acad.)*. Mon imagination fut *attristée* par le souvenir des malheurs des Pélopides *(Chateaubriand)*.

## 84. ATTENTION. CONTENTION.

Application de l'esprit à quelque chose. — L'*attention* est l'opération de l'esprit qui tend *vers* un objet et s'y attache pour le considérer : la *contention* est une application forte et pénible de l'esprit à quelque objet de méditation ; elle suppose une certaine complication dans la matière étudiée et par conséquent des difficultés dans celle qu'elle : l'*attention* est une application bien moindre. Ensuite, dans *l'attention* l'esprit se porte vers la chose, de sorte que le sujet sort, pour ainsi dire, de lui-même et se met simplement en rapport avec l'objet ; dans la *contention*, au contraire, l'esprit se replie sur lui-même et concentre toutes ses forces pour surmonter les difficultés et se rendre maître de l'objet.

Applic. L'étude de l'histoire et de la géographie ne demande point de *contention* d'esprit *(J.-J. Rousseau)*. On ne peut rien découvrir sans *attention* *(Malebranche)*. Une trop forte *contention* peut altérer la santé *(Acad.)*.

## AD et EX.

### 82. ATTÉNUER. EXTÉNUER.

Affaiblir, diminuer les forces, l'embonpoint. — *Atténuer*, c'est littéralement porter à la ténuité : *exténuer* exprime une diminution plus grande, un affaiblissement plus considérable : la préfixe extractive ou privative *ex* marque que le sujet a été privé de toutes ses forces.

*Atténuer* signifie aussi rendre moins grave : « Ce délit est beaucoup *atténué* par les circonstances » *(Acad.)*. L'Académie fait observer qu'*exténuer* signifie figurément, au sens moral, affaiblir, diminuer ; et elle donne cet exemple : « Il essayait ainsi d'*exténuer* le crime, l'accusation ; » mais elle ajoute que ce sens a vieilli et que l'on dit aujourd'hui *atténuer*.

**Applic.** Les jeûnes, les veilles, les fatigues l'ont extrèmement *atténué* (*Acad.*). Sa maladie l'a *exténué* (*Id.*). On voyait la malheureuse Arachné dont tous les membres *exténués* se défiguraient et se changeaient en araignée (*Fénelon*). Il s'est vainement efforcé d'*atténuer* le crime (*Acad.*).

## AD et EN.

### 83. ANOBLIR, ENNOBLIR.

Rendre noble ou donner de la noblesse. — Le premier sens est véritablement celui d'*anoblir*, le second celui d'*ennoblir*. *Anoblir*, c'est donner à une personne le titre et les droits de noblesse, c'est le mettre *au* nombre des nobles. *Ennoblir*, c'est donner non pas la noblesse, mais de la noblesse, c'est avoir acquis *en* soi-même et par soi-même de l'élévation, de la grandeur, de la dignité, du lustre, de l'éclat. « *Ennoblir*, dit M. Guizot, exprime un changement d'état moral : *anoblir*, un changement d'état social. Une belle action *ennoblit* ; il y a des charges qui *anoblissent*. »

**Applic.** Pour *ennoblir* l'art du poëte dramatique, on lui donne pour objet d'instruire aussi bien que de plaire (*Corneille*). L'Amérique n'a pu *anoblir* certaines familles en les déclarant sénatoriales, et laisser les autres dans l'obscurité plébéienne (*Rivarol*). Cette famille fut *anoblie* par Henri IV (*Acad.*). Les sciences, les lettres, *ennoblissent* la nation qui les cultive (*Guizot*).

## AD, COM et IN.

### 84. ADHÉRENCE, COHÉRENCE, INHÉRENCE.

#### (Adhésion, cohésion.)

État de choses unies et difficiles à séparer. — *Adhérence* signifie union *à* : *cohérence*, union *avec*, *ensemble* ; *inhérence* union *en dedans*, union intime. « *Adhérence*, dit l'Académie, état d'une chose qui tient à une autre. *Cohérence*, liaison, connexion d'une chose avec une autre. » Ainsi, il y a *adhérence* lorsque les parties ou les choses sont simplement jointes l'une à l'autre par juxtaposition ; il y a *cohérence* lorsqu'elles sont unies de manière à former un tout par leur contexture. L'*adhérence* rend la séparation difficile, la *cohérence* rend l'union solide.

Quant au mot *inhérence*, c'est un terme de philosophie qui se dit de l'union des choses inséparables de leur nature ou qui ne peuvent être séparées que mentalement et par abstraction : « L'*inhérence* de l'accident à la substance » (*Acad.*). On dit de même : « La pesanteur est *inhérente* à la matière » (*Id.*).

REMARQUE. Les mots *adhésion*, *cohésion*, pris dans le sens de force qui joint, qui unit, diffèrent entre eux comme *adhérence* et *cohérence*. (Voir 212 et 213.)

APPLIC. Il y avait *adhérence* du poumon aux côtes (*Acad.*). La puissance de résistance du bois est due à la *cohérence* des fibres qui le composent. —L'*inhérence* de la qualité à la substance n'empêche pas notre esprit de considérer séparément et par abstraction la qualité. — Ces deux corps ont ensemble une *adhésion* qui les rend difficiles à séparer (*Acad.*). La *cohésion* est plus forte dans les corps solides que dans les corps liquides (*Id.*).

---

# § 8. PAR.

*Par*, du latin *per*, signifie *à travers, d'un bout à l'autre*, et marque par conséquent passage d'un lieu à un autre, mouvement çà et là. Par résultat il signifie quelquefois *tout à fait, entièrement, complétement*.

### 85. VENIR, PARVENIR.

Se rendre d'un lieu à un autre ; arriver à. — *Venir* exprime simplement l'action sans aucune idée accessoire ; *parvenir* suppose des obstacles à travers lesquels il faut passer, des difficultés qu'il faut surmonter : « Si j'allais à la campagne, il *viendrait* m'y relancer ; Après une longue route, ils *parvinrent* au pied des Alpes » (*Acad.*).

Il en est de même dans le sens moral et au figuré : «Le printemps *vient* après l'hiver » (*Acad.*). Un bruit assez étrange est *venu* jusqu'à moi (*Racine*). « Son nom est *parvenu* jusqu'au roi ; il est difficile de *parvenir* à la perfection chrétienne » (*Acad.*).

APPLIC. Ces rois ont vécu dans une telle mollesse, qu'à peine leur nom est *venu* jusqu'à nous (*Bossuet*). Il était entouré de tant de monde, que je ne pus *parvenir* jusqu'à lui (*Acad.*). Élevez votre âme si haut que l'offense ne *parvienne* pas jusqu'à elle (*Descartes*).

### 86. COURIR (actif), PARCOURIR.

Aller d'un lieu à un autre, se mouvoir dans une certaine étendue de terrain. — *Courir*, employé comme verbe actif, a un sens analogue à celui de *parcourir;* mais il en diffère en ce qu'il signifie traverser rapidement, sans s'arrêter, tandis que *parcourir* doit à la préfixe *par* la propriété d'exprimer une action plus lente, faite avec plus d'attention et de soin. *Parcourir* présente le sujet comme allant çà et là, d'un point où il s'arrête à un autre où il s'arrête encore ; en un mot il signifie *explorer.*

Il suit de là que quand on dit : « J'ai *couru* toute la ville sans le trouver; Il a *couru* toute la France » (*Acad.*), on entend que le sujet n'a fait que passer promptement dans les différents quartiers de la ville, qu'il a voyagé rapidement dans toute la France, tandis que lorsqu'on dit : « J'ai *parcouru* toute la ville pour le trouver ; Il a *parcouru* toute l'Asie, toutes les mers » (*Acad.*), on veut faire entendre que le sujet a exploré avec soin toute la ville, toute l'Asie, toutes les mers.

Quelquefois *parcourir* montre le sujet comme passant par tous les points intermédiaires d'un terme à un autre : « Ce cheval a *parcouru* la carrière, en cinq minutes » (*Acad.*). On dit aussi, au figuré, *courir* la carrière, en parlant de la profession que l'on embrasse, des entreprises où l'on s'engage, etc.; mais ici *courir* signifie simplement *suivre.*

Applic. J'ai lu qu'on perd trop à *courir* le monde (*Gresset*). Le soleil *parcourt* le zodiaque en un an (*Acad.*). Un crieur public *parcourait* les villages, annonçant la cérémonie au son de la conque (*Chateaubriand*). Pour moi, sur cette mer qu'ici-bas nous *courons*, je songe à me pourvoir d'esquifs et d'avirons (*Boileau*).

## 87. SEMER (au figuré), PARSEMER.

Répandre, jeter çà et là. — *Parsemer* ajoute au sens de *semer* l'idée de profusion ou tout au moins de grande abondance : « Le ciel est *parsemé* d'étoiles » (*Acad.*). On dit également : « *Semer* de fleurs le chemin » et « *Parsemer* un chemin de fleurs » (*Id.*); mais la dernière locution fait entendre que les fleurs sont en très-grand nombre, qu'il y en a partout sur le chemin.

Applic. C'est un discours *semé* d'injures (*Acad.*). Cet habit est tout *parsemé* de perles et de pierreries (*Id.*). Je verrai les chemins encor tout parfumés de fleurs dont sur ses pas on les avait *semés* (*Racine*).

# § 9. PRO.

Préfixe qui vient du latin *pro, porro*, et qui signifie *devant, en avant*, et par résultat *dehors, au loin*.

### 88. VENIR, PROVENIR.

Procéder, émaner, résulter. — *Venir* signifie simplement procéder, émaner; il présente dogmatiquement le fait ou s'emploie pour conclure : « Tous ces malheurs *viennent* de ce que...; De là *vient* qu'il y a si peu de bonne foi dans le monde » (*Acad.*). *Provenir*, c'est venir de là *en avant* : il signifie résulter : « Sa disgrâce *provenait* de sa franchise » (*Id.*); et il établit entre l'effet et sa cause une liaison plus grande, plus intime que *venir*.

« *Provenir*, dit Roubaud, désigne la cause et les moyens ou la manière de produire l'effet. Ainsi, pour savoir d'où les choses *proviennent*, il faut remonter des effets jusqu'aux causes, et expliquer comment les causes produisent les effets. Une éclipse *provient* de l'interposition d'un corps opaque qui intercepte la lumière d'un autre; la licence *provient* de l'impunité, qui relâche tous les freins. »

APPLIC. Les grandes pensées *viennent* du cœur (*Vauvenargues*). Cette maladie *provenait* d'un amas d'humeurs (*Acad.*). La stérilité *provient* de la sécheresse, qui refuse l'aliment et la vie aux plantes (*Roubaud*). La raison *vient* de Dieu, la superstition *vient* des hommes (*Voltaire*).

### 89. MOTEUR, PROMOTEUR.

Celui qui met en mouvement une chose, qui la fait aller. — *Moteur* signifie qui meut ; *promoteur*, qui meut ou pousse *en avant*. Le *moteur* donne la première impulsion, le *promoteur* soutient, accélère, étend le mouvement. Le *moteur* est la cause première, sans lui la chose n'existerait pas : « Dieu est le premier *moteur* de toutes choses » (*Acad.*). Sans le *promoteur* la chose n'existerait pas moins, seulement elle ne recevrait pas le développement qu'il lui donne.

Cependant, comme le fait observer l'Académie, *promoteur* se dit aussi de celui qui donne la première impulsion pour quelque chose, mais pour quelque chose qui se produit *au dehors* : « Il fut le *promoteur* de cette querelle » (*Acad.*); tandis que *moteur* sera le mot propre pour des choses qui restent cachées, couvertes : « Il fut le principal *moteur* de cette conjuration » (*Id.*).

Applic. C'était lui qui avait été le premier *moteur* de l'entreprise (*Voltaire*). Il n'est pas l'auteur de cette entreprise, il n'en est que le *promoteur* (*Acad.*). Il fut un des plus ardents *promoteurs* de la réforme (*Id.*). Il fut le *moteur* secret de ces intrigues (*Id.*).

## PRO et AD.

### 90. PROLONGER, ALLONGER.

Augmenter la longueur et la durée. — On *allonge* en ajoutant *à :* on *prolonge* en continuant, en poussant *en avant*. Ainsi : 1° Quand il s'agit de longueur, *allonger* a rapport à la chose que l'on rend plus longue ; *prolonger* a rapport à l'étendue, que l'on continue, que l'on augmente. On *allonge*, on ne *prolonge* pas une table, un habit, une jupe : on *prolonge*, on n'*allonge* pas une ligne de géométrie ; un pêcheur ne *prolonge* pas sa ligne, il l'*allonge*.

On dit : « *Allonger* une galerie et *prolonger* une galerie » (*Acad.*) ; dans le premier cas, on considère la galerie elle-même, qui n'était plus assez longue pour sa destination, et à laquelle on ajoute ; dans le second cas on exprime simplement l'idée d'une plus grande étendue donnée à la galerie, qui, à la rigueur, pouvait rester telle qu'elle était.

*Allonger* est le terme convenable quand on parle de choses peu longues, comme une table, une jupe : *prolonger* est le terme propre, quand il s'agit de choses qui ont une grande longueur, parce qu'alors c'est l'idée d'étendue qui domine : « *Prolonger* une avenue, une route. »

2° Il en est à peu près de même quand il s'agit de durée. *Allonger* un travail, c'est y ajouter des choses qui font qu'il dure plus longtemps ; *prolonger* un travail, c'est simplement en augmenter la durée en le négligeant et sans y rien ajouter. *Allonger* le temps, c'est au temps accordé en ajouter encore ; *prolonger* les jours de quelqu'un, c'est augmenter l'étendue de son existence. *Allonger* une affaire, un procès, c'est y ajouter des formalités, faire naître des incidents qui en retardent la solution ; on *prolonge* une affaire, un procès, en négligeant de les pousser, de les faire aller à leur terme.

Applic. Les additions que l'auteur a faites ont trop *allongé* ce chapitre (*Acad.*). Il faudrait abattre ces arbres pour *prolonger* la vue (*Id.*). Ce régime a *prolongé* sa vie (*Id.*). Toutes ces formalités *allongeront* l'affaire.

# § 10. PRÉ, ANTÉ.

*Pré* et *anté* viennent du latin : *pré* signifie *auparavant*, *d'avance* et quelquefois *avant ;* dans ce dernier cas cette préfixe marque l'ordre, le rang. La préposition *anté* signifie *avant ;* mais elle peut, comme *pré*, marquer ou l'ordre et le rang, ou une antériorité de temps.

### 91. MÉDITER, PRÉMÉDITER.

Projeter quelque chose. — C'est dans ce sens seulement, que *méditer* est synonyme de *préméditer ;* ainsi l'on dit : « *Méditer* un projet, une entreprise, une bonne, une mauvaise action, la ruine de quelqu'un ; *préméditer* une action, etc. » (*Acad.*). La seule différence qu'il y ait dans le sens de ces deux mots, c'est que *préméditer* enchérit sur *méditer* : la préfixe *pré* fait entendre que la chose projetée l'est ou l'a été longuement, bien avant l'exécution ; aussi lorsqu'il s'agit d'une mauvaise action, la *préméditation* est-elle une circonstance aggravante, parce qu'elle démontre une plus grande participation de la volonté.

Applic. Il y a longtemps qu'il *préméditait* de faire ce mauvais coup (*Acad.*). *Méditer* une vengeance (*Id.*).

### 92. SE MUNIR, SE PRÉMUNIR.

Se pourvoir des choses nécessaires. — Il y a entre ces deux mots la même différence qu'entre les précédents. *Se prémunir*, c'est *se munir* par précaution et bien avant l'événement : « *Se munir* d'un bon manteau ; *se prémunir* contre les accidents de la fortune » (*Acad.*).

Applic. Dans les maux violents, la nature se recueille tout entière, le cœur *se munit* de toute sa constance (*Fléchier*). Il faut, par une bonne éducation, *se prémunir* contre les erreurs et contre les mauvaises doctrines.

### 93. PRÉCÉDENT, ANTÉCÉDENT.

Qui vient avant ou qui est placé avant. — Ces deux mots peuvent l'un et l'autre marquer une priorité d'ordre ou de temps. Mais *antécédent* indique la priorité « avec cette circonstance particulière, dit Roubaud, qu'il dénote un rapport d'influence, de dépendance, de connexité, de liaison établie entre l'un et l'autre objet. Ainsi, en logique, il marque le rapport du principe avec la conséquence; en théologie, celui d'un décret, d'une volonté qui influe sur un autre décret ou sur une action; en mathématiques, celui d'une induction d'un terme à l'autre; en grammaire, celui d'un mot qui entraîne un régime ou demande un complément; dans l'enthymème, le conséquent est tiré de *l'antécédent*, etc.

*Précédent* détermine une priorité immédiate, de manière qu'un objet touche à l'autre sans intermédiaire. L'événement *précédent* est celui qui est arrivé immédiatement avant celui dont on parle. La proposition *précédente* touche à celle qui suit; mais il n'est pas dit qu'elle ait avec l'autre aucun de ces rapports qui distinguent la proposition *antécédente*, également immédiate.

*Antécédent* est opposé à *conséquent* ou à *subséquent*; *précédent* à *suivant* : l'année *précédente* annonce l'année suivante. »

*Précédent* s'emploie aussi substantivement pour signifier **un** fait, un exemple antérieur que l'on invoque comme autorité; mais il n'exprime pas comme le substantif *antécédent*, un rapport de dépendance, de liaison intime, de connexité, entre le fait actuel et le fait antérieur.

Applic. Cette clause était portée dans le bail *précédent* (*Acad.*). Je vous accorde *l'antécédent;* mais je vous nie la conséquence (*Id.*). Les *précédents* sont en faveur de cette opinion (*Id.*). Je voudrais bien me fier à lui, mais les *antécédents* ne sont pas en sa faveur (*Id.*).

# PRÉ et COM.

### 94. PRÉCIS, CONCIS. PRÉCISION, CONCISION.

Se disent de tout discours qui exprime la pensée avec exactitude et sans longueurs. — Il y a la *précision* des pensées et la *précision* des expressions. La *précision* des pensées consiste à se renfermer tellement dans le sujet dont on parle, qu'on ne dit rien de superflu. « Le discours précis, dit Girard, ne s'écarte point du sujet, rejette les idées étrangères, et méprise tout ce qui est hors de propos. »

La *précision* des expressions consiste dans le choix des termes les plus propres à exprimer l'idée.

« La *concision*, dit Laveaux, est purement grammaticale. Elle consiste à employer le moins de mots qu'il est possible, pour exprimer une idée; au lieu que la *précision* dans les expressions consiste à employer les termes qui rendent l'idée avec le plus de vérité, de clarté, de force, d'énergie. »

Applic. Le discours *concis* explique succinctement, énonce en peu de mots, et bannit tout le surabondant (*Girard*). Un discours est *précis* lorsque chaque idée est exprimée avec toute la netteté et toute l'exactitude possible (*Condillac*). Un style *concis* fait entendre beaucoup de choses en peu de mots (*Acad.*). Dès que l'expression, ou simple ou figurée, répond exactement à la pensée, elle est *précise* et claire (*Marmontel*).

---

## § 11. SOUS ET SUB.

*Sous*, en latin *sub*, exprime une infériorité de lieu, d'ordre, de temps, et quelquefois, par résultat, un degré d'infériorité ou un degré peu élevé dans l'action, dans la qualité ou dans la quantité.

### 95. LEVER, SOULEVER.

Faire aller de bas en haut. — *Lever* exprime l'idée simple, l'action ordinaire, et, comme nous l'avons dit (63), ne suppose pas d'effort, pas de résistance. *Soulever* signifie lever *par dessous* ou lever *peu*; c'est, dit l'Académie, élever quelque chose de lourd, et ne le lever qu'à une petite hauteur : « *Soulever* un malade dans son lit » (*Acad.*).

*Soulever* indique donc de la résistance et suppose un certain effort; il signifie aussi faire perdre terre et porter en l'air : « Ce fardeau est si pesant, qu'on a peine à le *soulever*. La marée *soulève* les navires qui sont sur la vase, c'est-à-dire elle les détache de la vase et les met à flot » (*Acad.*).

Applic. La vapeur *soulève* la soupape de sûreté et s'échappe (*Anonyme*). Il est si faible, qu'il faut deux personnes pour le *soulever* (*Acad.*). À la messe, le prêtre, après la consécration, *lève* l'hostie (*Id.*).

### 96. POSER, SUPPOSER.

Faire une hypothèse, admettre qu'une chose soit. — *Poser* s'emploie dans ce sens en parlant de certaines choses dont on ne demeure pas d'accord, mais que l'on veut bien *supposer*, afin de pouvoir procéder à la discussion du reste : « Vous prétendez que cela est, je n'en demeure pas d'accord; mais *posons* que cela soit » (*Acad.*).

*Supposer* (poser dessous) présente l'hypothèse comme une base sur laquelle on établit son assertion. *Supposer*, dit l'Académie, c'est *poser* une chose pour établie, pour reçue, faire une hypothèse, afin d'en tirer quelque induction : « Je *suppose* que la guerre éclate l'année prochaine, alors il faudra, etc. » (*Acad.*).

Ainsi on *pose* hypothétiquement un fait, un principe que l'on n'admet pas comme vrai ; on *suppose* un fait, un principe que l'on admet comme vrai, comme possible ou comme vraisemblable.

Applic. *Supposons* que ce fait soit vrai, quelle conséquence en voulez-vous tirer ? *(Acad.) Posons* que cela soit, il s'ensuivrait que la partie serait plus grande que le tout *(Anonyme).*

### 97. PORTER, SUPPORTER.

1° Soutenir ; 2° souffrir, endurer. — *Porter* et *supporter* ont bien d'autres acceptions, mais ils ne sont synonymes que dans les deux sens que nous indiquons.

1° *Porter* exprime simplement le fait de soutenir : « Des colonnes qui *portent* une galerie » *(Acad.). Supporter* (supporter *par dessous* ou *en dessous*) marque quelque chose de fort lourd relativement à la chose qui porte, et appelle l'attention sur cette chose : « Il n'y a qu'un seul pilier qui *supporte* toute la voûte » *(Acad.).*

2° La différence entre les deux mots est à peu près la même dans la seconde acception. Quand on dit : « Il *porte* impatiemment sa disgrâce » *(Acad.),* on montre la personne comme assez forte pour réagir, pour lutter contre la disgrâce, dont le poids ne suffit pas pour l'accabler. On dira au contraire : « Il *supporte* son mal, son affliction patiemment » *(Id.),* et par là on exprime la résignation de la personne endurant un mal, une affliction contre laquelle elle est impuissante, et qui ne cherche pas à lutter. On dira aussi *supporter* une injure, parce qu'une injure est toujours une chose pesante, difficile à endurer.

Applic. Ces colonnes *supportent* toute la maison *(Acad.).* De forts piliers *portent* une charpente légère, qui forme la toiture de l'édifice. — Il a *porté* son malheur en homme de courage *(Acad.).* Il a plus de maux qu'il n'en peut *supporter (Id.).* Ne pouvoir *supporter* tous les mauvais caractères dont le monde est plein, n'est pas un fort bon caractère *(La Bruyère).*

## SOUS et RE.

### 98. SOUPIRER APRÈS, RESPIRER APRÈS.

Désirer ardemment. — « Ces deux mots désignent figurément le désir, l'ardeur, la passion dont le cœur est si plein, qu'il semble s'exhaler ou par une *respiration* forte ou par des *soupirs* répétés. Cette explication seule donne la différence des deux expressions. La respiration forte marque la force du désir, et le soupir exprime la peine du cœur. La même passion, dans son impatience, ne *respire* qu'après l'objet, après lequel elle *soupire* dans son affliction. *Respirer après* marque un désir plus vif, plus impatient, plus empressé; et *soupirer après*, un désir ou un regret plus inquiet, plus triste, plus affectueux.

Le malade dont le courage renaît avec les forces ne *respire* qu'après la santé; un malade trop débile encore et abattu, ne fait que *soupirer* après elle.

*Respirer après* n'exprime proprement que le désir d'un bien qu'on voudrait posséder; tandis que *soupirer après* exprime fréquemment le regret d'un bien qu'on a eu le malheur de perdre » (*Roubaud*).

Applic. Avec un caractère vif et un tempérament délicat, je ne *respire* qu'après la belle saison : je hâte le temps, je voudrais passer par-dessus tous les jours rigoureux. Tourmenté par des souffrances toujours renaissantes et forcé de rappeler sans cesse toute ma patience, je *soupire* après les beaux jours (*Roubaud*). L'ambitieux entreprenant ne *respire* qu'après les honneurs qu'il poursuit : l'ambitieux déchu de ses honneurs *soupire* après eux tout bas (*Id.*).

## SUB et COM.

### 99. SUPPLÉMENT, COMPLÉMENT.

Ce qui est ajouté à quelque chose. — Le *complément* fait partie de la chose; c'est ce qui manque à la chose pour la rendre entière : le *supplément* est ce qui est ajouté en sous-ordre, secondairement, et qui n'est ni nécessaire ni obligatoire (*a*). Le *complément* de la solde complète la solde, la rend entière; un *supplément* de solde est une somme d'argent ajoutée accidentellement à la solde entière. Le *complément* d'un ouvrage en est une partie essentielle : le *supplément* d'un ouvrage est un ouvrage à part, fait pour en augmenter ou en éclaircir quelque partie, ou bien pour suppléer à ce qui a été perdu : « Le *supplément* de Tacite par Brotier » (*Acad.*).

Applic. Ce volume forme le *complément* de l'ouvrage (*Acad.*). La politesse est le *supplément* des vertus qu'on n'a pas (*Meilhan*).

## SUB et EX.

### 100. SUBSISTER, EXISTER.

Être, c'est-à-dire n'être point dans le néant. — *Subsister*, c'est

---

(*a*) *Complément* vient du latin *complere*, et *supplément* de *supplere*. *Ple* est le radical de *plenus*, plein, entier, achevé. De même qu'*implere* c'est rendre plein

continuer à être, à rester debout *sous* les atteintes auxquelles l'objet a pu jusqu'à présent résister (a) ; c'est ne pas avoir été détruit, mais exister encore. *Subsister* emporte donc une idée de durée continue, sous l'action d'une cause de destruction qui pourtant ne change pas l'objet au point de le rendre méconnaissable « La plus grande partie du Colysée *subsiste* encore » (*Acad.*). Il signifie aussi demeurer en force, en vigueur, et se dit dans se sens (b) des lois, des coutumes, des traités, des propositions que l'on avance et autres choses semblables : « Cette loi *subsiste* encore ; Tandis que les traités *subsisteront* ; L'amitié ne peut *subsister* sans l'estime » (*Acad.*).

*Exister* affirme expressément et avec force qu'une chose est, qu'elle a la propriété d'être. Il se dit non-seulement des substances réelles, mais de toutes choses, même d'une pure conception de notre esprit : « Il *existait* un complot » ( *Acad.*).

*Exister* exprime aussi la durée, mais la durée simple, sans aucune idée de rapport à un danger, à une cause de destruction : « Tant que cette loi *existera* » (*Acad.*).

Applic. Ce monument n'*existe* plus depuis longtemps ; il en *existe* encore des traces, des vestiges (*Acad.*). Les pyramides d'Égypte *subsistent* depuis bien des siècles (*Id.*). Cette dette n'*existe* plus (*Id.*). L'amitié ne peut *subsister* sans l'estime (*Id.*). Rien de ce qui ne se maintient que par le crime ne peut longtemps *subsister* (*Boiste*).

---

## § 12. SUR, OUTRE.

*Sur* (dessus) est la préfixe contraire à *sous* ; elle exprime par conséquent une supériorité de lieu ou d'ordre, et le plus souvent une augmentation, ce qui est fait en plus, ce qui complète, ce qui est excessif. — *Outre* signifie au-delà.

### 101. PRENDRE, SURPRENDRE.

Attraper ou attaquer à l'improviste, être subitement témoin inattendu. — Dans ce sens, *prendre* énonce simplement le fait, l'action, sans préciser la manière : « Je l'ai *pris* à voler des fruits

---

intérieurement, *complere* c'est rendre plein, entier ou achevé, un tout, en mettant ensemble toutes ses parties ; et *supplere* c'est rendre plein, entier, en ajoutant secondairement, en sous-ordre : un *suppléant* remplit en sous-ordre les fonctions du titulaire.

(a) *Subsister* vient du latin *sub stare*, se tenir sous ; *exister* vient de *ex stare*, se tenir hors, hors du néant.

(b) C'est le sens du latin *vigere*.

dans votre jardin » (*Acad.*). On dira de même à une personne qui fait quelque chose qu'elle désapprouve d'ordinaire : « Je vous y *prends* à votre tour. » Lorsqu'on veut préciser davantage, insister sur la manière, on dit *prendre sur le fait, prendre au dépourvu.*

*Surprendre* (prendre sur) dit tout seul autant que *prendre sur le fait, prendre au dépourvu, à l'improviste* : « *Surprendre* un voleur qui force un secrétaire ; On l'a *surpris* en flagrant délit » (*Acad.*).

On dit également bien : « La pluie nous a *pris* en chemin, et la pluie nous a *surpris* en chemin » : la première locution énonce simplement un accident qui était probable et qui n'a excité aucune surprise ; la seconde fait entendre qu'on n'avait pas présumé qu'il dût pleuvoir, qu'on ne s'y attendait pas.

Applic. Nos gens ont *surpris* l'ennemi (*Acad.*). *Prendre* les ennemis en flanc, en queue (*Id.*). Je l'ai *surpris* à me dérober de l'argent (*Id.*). *Prendre* quelqu'un au dépourvu (*Id.*). Je l'ai *surpris* lisant la lettre qu'il disait n'avoir pas reçue (*Id.*).

### 102. PASSER, SURPASSER.

Excéder, être au-dessus de. — *Passer* exprime simplement l'idée ; dans *surpasser* la préfixe *sur* ajoute à *passer* une idée de supériorité plus remarquable ou plus fortement affirmée ; *surpasser*, ce n'est pas seulement être ou s'élever au-dessus, c'est dominer, être supérieur de beaucoup. Du reste les deux verbes s'emploient dans des cas analogues ; ainsi l'on dit, suivant que l'on veut exprimer l'idée avec plus ou moins de force :

1° Dans le sens d'aller au-delà : « La dépense *passe* la recette ; Cette dépense *surpasse* mes moyens » (*Acad.*) ;

2° Dans le sens d'être plus haut, plus élevé : « Cet homme vous passe de toute la tête ; Il est plus grand que lui, il le *surpasse* de toute la tête » (*Id.*) ;

3° Surmonter quelqu'un ou quelque chose : « S'il continue d'étudier il *passera* tous les savants de son siècle ; Il les *surpasse* tous en science » (*Id.*) ;

4° Excéder les facultés de l'esprit : « Cela *passe* ma capacité, mon intelligence ; Cette science *surpasse* mon esprit » (*Id.*).

Applic. Grâce aux dieux, mon malheur *passe* mon espérance (*Racine*). Nous avons vu de vous des églogues d'un style qui *passe* en doux attraits Théocrite et Virgile (*Molière*). Quand le bien *surpasse* le mal, la chose doit être admise, malgré ses inconvénients (*J.-J. Rousseau*). Les Perses, disait Bélisaire, ne vous *surpassent* point en courage (*Montesquieu*).

# SUR, DÉ et OUTRE.

### 103. SURPASSER. DÉPASSER.

Excéder, avoir quelque chose de plus. — *Surpasser* signifie littéralement *passer au-dessus*, *s'élever au-dessus*; *dépasser* signifie *aller plus loin*, *aller au-delà*, dans un sens quelconque, même vers le bas, ce que ne peut jamais signifier *surpasser*, qui exprime toujours la supériorité. Ainsi, l'on dit : « Le vêtement de dessous *dépassait* l'autre de trois doigts » (*Acad.*) ; Cette maison n'est pas dans l'alignement des autres, elle les *dépasse* d'un décimètre » : dans ces phrases *surpasser* serait une expression tout à fait impropre.

De même, l'on dira très-bien : « La hauteur de cette maison *dépasse* de beaucoup celle des maisons voisines » (*Acad.*). Ici le verbe *dépasse* exprime simplement l'idée d'excédant; quant à l'idée de direction vers un point supérieur, elle est exprimée par le mot hauteur : *la hauteur surpasse* ferait même une sorte de périssologie.

Au figuré, *dépasser* signifie de même *aller plus loin*, et *surpasser*, *aller au-dessus*. Ce dernier dit plus que *dépasser :* un succès qui *surpasse* l'attente est un succès encore plus grand que celui qui a *dépassé* l'attente, parce qu'il y ajoute quelque chose sur quoi l'on ne comptait pas.

Applic. Cela *surpasse* la muraille de deux pieds (*Acad.*). La devanture de cette boutique *dépasse* de plus d'un décimètre la façade de la maison.—La plus haute pyramide d'Égypte *dépasse* en hauteur celle de tous les monuments connus.

### 104. DÉPASSER. OUTRE-PASSER.

Ces deux mots s'emploient au figuré pour signifier faire plus qu'on n'avait ordre ou pouvoir de faire : « *Dépasser* les ordres qu'on a reçus ; *Dépasser* ses pouvoirs; *Outre-passer* les ordres qu'on a reçus ; Cet ambassadeur a *outre-passé* ses pouvoirs » (*Acad.*). Mais *dépasser* est le terme usuel, employé dans les cas ordinaires; *outre-passer* est l'expression réservée pour les cas rares, et surtout quand il s'agit d'une personne ayant un caractère officiel, ou revêtue de grands pouvoirs, comme dans la dernière phrase de l'Académie.

Applic. Mon mandataire a *dépassé* mes ordres. — L'envoyé espagnol *outre-passa* les ordres de son gouvernement.

# § 13. TRANS.

Mot latin signifiant *au-delà* ; il réveille en même temps une idée de mouvement d'un point à un autre.

### 105. PORTER, TRANSPORTER.

Prendre d'un lieu et remettre ou faire aller à un autre. — *Porter* exprime l'action ordinaire, sans aucune idée accessoire, et il n'a rapport qu'au lieu où l'objet est porté : « *Portez* ces papiers dans mon cabinet » (*Acad.*). *Transporter*, c'est littéralement *porter au-delà* et d'un lieu à un autre ; il a donc rapport non-seulement au lieu où l'objet est porté, mais encore à l'endroit où il est pris. Il exprime d'ailleurs des idées accessoires de manière et de moyens, d'efforts ou de difficultés en raison du poids considérable ou de la quantité, de la nature des objets, des précautions à prendre, etc. : « *Transporter* par terre, par eau ; On *transporta* le malade à l'hôpital sur un brancard ; *Transporter* des marchandises d'un pays dans un autre » (*Acad.*).

Il en est de même au figuré. On dit d'un conquérant : « Il a *porté* la guerre dans l'Asie » (*Acad.*) : ici l'idée principale, celle qui frappe, est celle du pays où la guerre est portée. Mais on dit : « Constantin *transporta* le siége de l'empire romain à Constantinople ; *Transporter* un mot du propre au figuré » (*Acad.*), parce que l'idée prédominante est celle d'un déplacement, d'un contraste, et que les deux termes, point de départ et point d'arrivée, sont parfaitement indiqués.

APPLIC. Il prit deux tableaux qui étaient dans un corridor, et les *porta* dans sa chambre (*Acad.*). Les voituriers *transportent* les marchandises que les commerçants envoient d'une ville dans une autre (*Girard*). Il a *porté* dans ces contrées quelques-uns des arts de l'Europe (*Id.*). L'empire fut *transporté* de la nation vaincue à la nation conquérante (*Id.*).

## TRANS et RE.

### 106. TRANSPORTER, REPORTER.

Porter à un autre endroit une note, un passage d'un livre, un nombre écrit, etc. — *Transporter* exprime simplement l'action de porter ailleurs : « On pourrait *transporter* cette note à la fin du mémoire. » *Reporter*, c'est 1° porter de nouveau la chose, la répéter : « Il faudra *reporter* ce total au haut de la page suivante »

(*Acad.*) ; 2° porter la chose à sa véritable place, là où elle aurait dû être mise d'abord : « Ce paragraphe doit être *reporté* à tel chapitre » (*Id.*).

*Se transporter*, *se reporter* signifient se porter en imagination ; mais *se reporter* ne se dit que par rapport à un temps antérieur que l'on connnaît déjà, et auquel on revient par la pensée : » Si je me *reporte* aux beaux jours de mon enfance » (*Acad.*). *Se transporter* a rapport non-seulement à un temps passé, mais aussi à un temps futur et même à l'espace : «*Transportons*-nous en imagination dans l'avenir ; *Transportez*-vous dans le passé » (*Acad.*). On *se reporte* à une époque passée pour revoir les faits historiques ; on *s'y transporte* pour apprécier convenablement les faits, pour juger impartialement les hommes, d'après les mœurs, les opinions, les croyances de cette époque.

APPLIC. Cette digression ne se lie pas intimement au sujet et peut être *transportée* où l'on voudra. — Il faut *reporter* cette note à la fin du volume ; c'est là qu'est sa véritable place. — *Reportez* cette somme en tête de la colonne suivante. — *Reportez*-vous au XIIIᵉ siècle et étudiez le règne de saint Louis. — *Transportez*-vous par la pensée au milieu de ce peuple sauvage (*Acad.*). Pour bien juger certains faits éloignés, il faut se *transporter* chez le peuple, à l'époque, au milieu des circonstances où ils sont arrivés (*Id.*).

# § 14. MÉ ET MAL.

Ces deux préfixes expriment la même idée que l'adverbe français *mal*, et par conséquent font prendre l'action ou la chose en mauvaise part ou en sens contraire. *Mé* a un sens plus défavorable que *mal*.

### 107. MÉCONTENT, MALCONTENT.

Non satisfait. — L'Académie définit ainsi ces deux mots : « *Malcontent*, qui n'est pas aussi satisfait qu'il espérait ou qu'il avait droit de l'être ; *mécontent*, qui n'est pas satisfait de quelqu'un, qui croit avoir sujet de s'en plaindre. »

Ainsi, *mécontent* dit plus que *malcontent* ; celui-ci signifie peu content, médiocrement satisfait ; on est *mécontent*, quand, loin d'être satisfait, on est fâché et même très-fâché. Un maître est *malcontent* d'un domestique qui le sert maladroitement ; il est *mécontent* d'un domestique qui le trompe, qui lui manque de respect, qui fait mal son service par négligence ou par paresse. Au reste, l'Académie fait observer que *malcontent* a vieilli ; en effet, on dit plutôt : *Je suis peu content* que *Je suis malcontent* de vos services, de l'état de mes affaires, etc.

**Applic.** Il est fort *mécontent* de son fils (*Acad.*). Il est *malcontent* de ses voisins (*Id.*). Il est *mécontent* de n'avoir pas été récompensé (*Id.*).

### 108. MÉSAISE, MALAISE.

État ou situation incommode ou légèrement pénible. — *Mésaise* se dit d'un sentiment pénible que l'âme éprouve, d'un état où l'on est privé de l'aise intérieure, sans autre sentiment que le désir vague d'être mieux ; ce mot ne s'emploie guère que relativement à la santé. *Malaise* est relatif aux choses du dehors : une personne mal assise, mal couchée, éprouve du malaise.

On dit figurément : « Être dans le *malaise,* c'est-à-dire être mal dans ses affaires. » (*Acad.*).

**Applic.** L'estomac a un dissolvant qui cause la faim et qui avertit l'homme du besoin de manger ; ce dissolvant, qui picote l'estomac, lui prépare, par ce *mésaise,* un plaisir très-vif lorsqu'il est apaisé par les aliments (*Fénelon*). Un homme qui est couché sur la terre, sur le pavé, éprouve du *malaise* (*Laveaux*).

### 109. MESSÉANT, MALSÉANT.

Contraire à la bienséance. — On dit *malséant,* quand il s'agit d'une inconvenance de formes dans les choses du dehors ; et *messéant* pour une inconvenance de fonds, dans le moral. Des moustaches, un habillement de jeune dandy seraient des choses *malséantes* pour un ecclésiastique ; il est *messéant* que les enfants commandent à leur père. Une posture *malséante* est contraire aux bonnes manières, aux formes imposées par le bon usage ; une posture *messéante* est indécente.

**Applic.** L'air dissipé est *malséant* dans un magistrat (*Acad.*). Le vice de mentir apparaît toujours très-*messéant* à un homme bien né (*Montaigne*).

### 110. MÉVENDRE, MAL VENDRE.

Vendre désavantageusement. — *Mal vendre* signifie vendre difficilement, lentement, par petites parties, en faisant crédit à des débiteurs peu solvables. *Mévendre,* c'est vendre à perte, au-dessous de la valeur de la chose.

**Applic.** Ce marchand a *mévendu* plusieurs parties de son fonds (*Acad.*). Cette marchandise s'est *mal vendue* et a donné peu de bénéfice.

## MÉ et DÉ.

### 111. MÉPRISER, DÉPRISER.

Ne pas estimer, ne pas reconnaître la valeur de. — *Mépriser*, c'est croire mauvais, indigne d'estime, d'attention ; ne faire aucun cas d'une personne ou d'une chose : « Il est horrible de *mépriser* les pauvres, les malheureux : Cet avis n'est pas à *mépriser* » (*Acad.*).

*Dépriser* signifie priser moins ou peu, mettre une chose au-dessous de sa valeur : « L'envieux *déprise* les belles actions, il ne les *méprise* pas. » L'Académie fait observer que *dépriser* se dit surtout en parlant des marchandises.

Applic. On *méprise* les vices bas et honteux (*Laveaux*). Nous *déprisons* rarement ceux qui nous ont loué (*Boiste*). Il *méprise* tous les conseils qu'on lui donne (*Acad.*) Si vous ne voulez point acheter, du moins ne *déprisez* point notre marchandise (*Id.*). Tout le monde *méprise* la froide avarice et quelques gens seulement *déprisent* les avantages de la science (*Laveaux*).

### 112. MÉFIANCE, DÉFIANCE.

Manque de confiance. — L'Académie définit ainsi ces mots : « *Défiance*, soupçon, crainte d'être trompé : *méfiance*, disposition à soupçonner le mal, crainte habituelle d'être trompé. » La *méfiance* est donc plus que la *défiance* et en diffère essentiellement : la *méfiance* est une disposition naturelle à tout craindre, à prendre tout en mauvaise part, à se tenir continuellement sur ses gardes ; « la *défiance* est un doute que les qualités qui nous seraient utiles ou agréables soient dans les hommes, dans les choses ou en nous-mêmes » (*Encyclopédie*) ; et ce doute peut fort bien être fondé. « La *méfiance* est l'instinct du caractère timide et pervers : la *défiance* est l'effet de l'expérience et de la réflexion. On naît *méfiant* ; pour être *défiant*, il suffit de penser, d'observer et d'avoir vécu. On se *méfie* du caractère et des intentions d'un homme : on se *défie* de son esprit et de ses talents » (*Id.*). On se *défie* de ses propres forces, de ses ressources, de ses talents ; on ne s'en *méfie* pas.

Applic. La *méfiance*, portée trop loin, est une source de tourments (*Acad.*). On doute aussi par prudence et par *défiance*, par sagesse et par pénétration d'esprit (*Malebranche*).

## MÉ et AB.

### 113. MÉSUSER, ABUSER.

User mal. — *Mésuser*, c'est faire un mauvais usage ; *abuser*, c'est user autrement qu'on ne doit, en s'écartant des règles établies. «Celui qui *mésuse* agit contre la raison, contre la sagesse, contre ses intérêts, contre le bon ordre ; celui qui *abuse* pèche contre la justice, contre la probité, contre la délicatesse, contre la politesse, contre les bienséances » (*Laveaux*). «On *mésuse* par dérèglement, en agissant comme on dit à tort et à travers, sans rime ni raison : on *abuse* par excès ou en outre-passant son pouvoir, ses droits, les droits de la liberté. Il n'est rien dont l'ignorance ne *mésuse* et dont la malice n'*abuse* » (*Roubaud*).

**Applic.** Un ami indiscret *mésusera* du secret que vous lui confiez : un ami perfide en *abusera* contre vous-même (*Roubaud*). Je *mésuse* de ma liberté, si je fais une sottise qui me nuit ; mais j'en ai le droit : si je m'en sers pour nuire à autrui, j'en *abuse* alors et j'outre-passe mon droit (*Id.*).

## MAL et DÉ.

### 114. MALHONNÊTE, DÉSHONNÊTE.

Qui n'est pas honnête. — Ce qui est *malhonnête* est contraire à l'honneur, à la probité ou à la civilité, aux usages du monde : « Il a eu avec moi un procédé *malhonnête* ; Il a un ton *malhonnête* » (*Acad.*). Ce qui est *déshonnête* est contraire à la pudeur, à la pureté des mœurs : « Paroles *déshonnêtes*, gestes *déshonnêtes* » (*Id.*).

*Déshonnête* ne se dit que des choses ; *malhonnête* se dit aussi des personnes : Un *malhonnête* homme est un homme sans probité ; un homme *malhonnête* est un homme impoli.

**Applic.** On oublie plus aisément une réponse grossière, quoique malhonnête et désobligeante d'ailleurs, qu'une répartie fine et piquante (*Beauzée*). On doit punir comme de dangereux malfaiteurs, les auteurs de livres *déshonnêtes*.

### 115. MALPLAISANT, DÉPLAISANT.

Désagréable, qui ne plaît pas. — Le premier sens est plutôt celui de *malplaisant*, le second celui de *déplaisant*. *Malplaisant* se dit surtout d'un objet qui plaît peu, qui ne plaît guère à cause de sa forme, de ses défauts extérieurs, de la manière dont il est fait ; c'est pourquoi il ne s'emploie pas au figuré, ni en rapport avec un substantif abstrait. *Déplaisant* enchérit sur *malplaisant* ; il signifie qui ne plaît pas du tout, et même qui fâche, qui chagrine : « Un homme *déplaisant* » (*Acad.*).

**Applic.** Un vieillard flétri, chagrin et *malplaisant* (*La Fontaine*). Nos sensations nous sont agréables ou *déplaisantes* (*J.-J. Rousseau*). Il est *déplaisant* de perdre toujours au jeu (*Acad.*).

# MAL et DIS.

### 116. MALFAMÉ, DIFFAMÉ.

Qui ne jouit pas d'une bonne réputation. — Un homme *malfamé* est un homme qui a une mauvaise réputation : un homme *diffamé* est un homme perdu d'honneur, à tort ou à raison. Celui qui est *malfamé* est tel, qu'on en parle mal ; pour que quelqu'un soit *diffamé*, il faut le diffamer, c'est-à-dire l'accuser ou le convaincre de quelque action infamante. Un homme *diffamé* peut avoir été calomnié, injustement atteint dans sa réputation : la réputation d'un homme *malfamé* est toujours effectivement et essentiellement mauvaise.

**Applic.** C'est un homme bien *malfamé :* ne vous y fiez pas. — Il l'a *diffamé* bien à tort par ses écrits (*Acad.*).

### 117. MAL PROPORTIONNÉ, DISPROPORTIONNÉ.

Qui n'est pas dans la proportion convenable. — *Mal proportionné* se dit d'un objet dont les parties n'ont pas des proportions justes, convenables : « Un corps *mal proportionné* » (*Acad.*). *Disproportionné* se dit de deux objets qui ne sont point proportionnés entre eux, qui sont séparés par un défaut complet de proportion : « Leurs âges sont fort *disproportionnés* » (*Acad.*).

**Applic.** Si l'homme était un quadrupède, toutes ses parties réunies eussent fait un animal *mal proportionné* et marchant peu commodément (*J.-J. Rousseau*). Ces partages sont bien *disproportionnés* (*Acad.*). Les comparaisons qu'on tire de l'âme sont toujours infiniment *disproportionnées* à la nature divine (*Bossuet*).

### 118. MALGRACIEUX, DISGRACIEUX.

Non gracieux. — *Malgracieux* signifie littéralement qui est gracieux *mal* ou *peu; disgracieux*, qui n'est point du tout gracieux. Une personne ou une chose est *malgracieuse* par la forme ; elle est *disgracieuse* par le fond, par son caractère propre. L'Académie définit ainsi ces mots : « *Malgracieux*, rude, incivil (*a*) : Cet homme est *malgracieux*; Réponse *malgracieuse*. — *Disgracieux*, qui est désagréable, fâcheux (*b*) : Un homme *disgracieux*; Une aventure *disgracieuse*. »

---

(*a*) Il faut entendre dans la forme.
(*b*) Et par conséquent non gracieux, nullement agréable.

Applic. Votre père, le plus *malgracieux* des hommes, m'a chassé dehors malgré moi, et j'ai couru risque d'être battu (*Molière. L'Avare*). Cet homme ne parle jamais que de lui-même et de ses affaires : c'est le plus ennuyeux et le plus *disgracieux* des hommes.

## MAL et IN.

### 119. MALHABILE, INHABILE.

Qui manque d'habileté. — L'homme *malhabile* montre peu d'habileté ; il est maladroit, mais peut-être par défaut d'habitude, et rien ne dit qu'il ne puisse acquérir de l'habileté. L'*inhabile* manque tout à fait d'habileté, est incapable même de faire mal la chose. Le premier s'acquitte de son œuvre d'une manière qui laisse à désirer, mais il s'en acquitte ; le second ne semble pas né pour faire ce qu'il fait ; il n'est pas apte à le faire et ne le sera probablement jamais.

C'est en raison de cette incapacité effective que le mot *inhabile* s'emploie, en jurisprudence, à l'égard de quelqu'un qui n'a pas les qualités requises pour faire une chose : « Un mineur est *inhabile* à gérer son bien » (*Acad.*). Il faut remarquer d'ailleurs que *malhabile* se dit plutôt en parlant de la conduite ou des affaires ; et *inhabile*, en parlant de l'aptitude, des dispositions.

Applic. Vous êtes encore *malhabile* à ce métier. — Ce ne sera jamais qu'un ouvrier *inhabile*. — Il a conduit cette affaire en homme *malhabile* (*Acad.*). La vieillesse est *inhabile* au métier des armes (*Id.*).

---

## § 15. CONTRE.

Du latin *contra*, contre, en face, vis-à-vis, de son côté.

### 120. FAIRE. CONTREFAIRE.

Imiter une personne ou un caractère. — Dans ce sens, *faire* a plusieurs acceptions. Il signifie : 1° Chercher à paraître ou feindre d'être ce qu'on n'est pas : « *Faire* l'homme de bien ; *Faire* le malade » (*Acad.*). 2° Mettre de l'affectation à se montrer avec telle ou telle qualité : « *Faire* le généreux » (*Id.*). 3° Se donner certains airs, certaines manières : « Il *fait* l'impertinent » (*Id.*).

*Contrefaire*, c'est *faire de son côté* ce que fait ou comme fait un autre : « *Contrefaire* la voix, les gestes d'une personne. » Il signifie aussi feindre d'être ce qu'on n'est pas : « *Contrefaire* l'homme de bien » (*Acad.*). En ce sens il diffère du mot simple *faire*, pris dans les acceptions précédentes, en ce qu'il énonce un dessein formel de feindre continuellement dans le but de tromper. Celui qui *fait* l'homme de bien, l'imite pour ainsi dire en passant, dans telle circonstance, et ne suit pas en cela un plan de conduite : celui qui *contrefait* l'homme de bien, l'imite constamment, en toute occasion, en suivant un plan arrêté d'avance et avec la ferme intention de tromper tout le monde. On voit pourquoi l'on ne dit pas *contrefaire,* mais *faire* le malade, le mort.

Applic. Tu veux *faire* ici l'herboriste et ne fus jamais que boucher (*La Fontaine.* Le Cheval et le Loup devenu berger). L'autre, plus froid que n'est un marbre, se couche sur le nez, *fait* le mort (*Id.*). On ne peut *contrefaire* le génie (*Vauvenargues*). Je ne *faisais* pas le dévot, parce que je ne pouvais pas assurer que je pusse durer à le *contrefaire* (*Card. de Retz*).

## CONTRE et MAL.

### 124. CONTREFAIT. MAL FAIT.

Qui a une forme mauvaise (en parlant du corps d'un être animé, ou seulement d'une des parties). — *Mal fait* signifie, suivant l'Académie, laid, mal formé. Cette expression rend donc simplement l'idée d'une forme qui n'est pas belle ou qui est mauvaise. — *Contrefait,* littéralement *fait contrairement* à la forme normale, signifie, toujours d'après l'Académie, difforme, défiguré. Ainsi, avoir la jambe *mal faite,* c'est avoir la jambe laide, mal proportionnée ; et quand on dit de quelqu'un qu'il a la jambe *contrefaite,* on veut faire entendre que sa jambe est difforme, tortue, ou trop courte et mal tournée.

Applic. Un homme bossu est *contrefait ;* un homme gros et court est *mal fait* (*Condillac*).

# DEUXIÈME SECTION.

## MODIFICATION DU SENS DU RADICAL PAR LA TERMINAISON.

### I. SUBSTANTIFS.

### § 1. MENT.

Les substantifs terminés en *ment* ne viennent pas directement du mot qui forme leur radical, ils viennent du verbe qui lui-même est formé de ce dernier mot; ainsi *bond* a donné *bondir*, d'où dérive *bondissement*; *habit* a formé *habiller*, d'où *habillement* (a).

Dans ces substantifs la terminaison *ment* éveille l'idée exprimée par le verbe dont le substantif dérive. « La terminaison substantive *ment*, dit Roubaud, désigne la puissance, le moyen, l'instrument, ce qui fait qu'une chose est ainsi, ce qu'opère l'agent, ce par quoi un effet est produit. Ainsi *rabaissement* est ce qui fait qu'une chose diminue de prix (b); *haussement*, ce qui opère la hausse; l'*habillement* est cet ensemble de vêtements par quoi on est habillé; le *raisonnement*, ce qui fait ou développe une raison; l'*enchaînement*, ce qui forme ou compose la chaîne. »

Le substantif radical simple est le nom de la chose considérée dans sa nature et dans ses qualités: ainsi le *rayon* est le trait de lumière; le *rayonnement* est l'action de *rayonner*, d'émettre les rayons. « Le *perfectionnement*, dit Condillac, est le progrès vers la *perfection*, et la *perfection* est l'état d'une chose parfaite. »

Ce dernier exemple nous fait voir que certains substantifs en *ment* ont aussi pour caractère distinctif de signifier la chose pendant qu'elle se fait, et partant comme non finie; tandis que les

---

(a) Il y a quelques exceptions, entre autres *ossements*, qui ne répondent à aucun verbe français. (Voir 133.)

(b) Roubaud fait observer ailleurs que le *rabais* est produit par le *rabaissement* ordonné, et que ce dernier marque la force employée et l'acte de puissance émané pour produire le *rabais*. L'édit, ajoute-t-il, ordonne le *rabaissement* et opère le *rabais*.

substantifs à radical simple présentent la chose comme achevée, comme réalisée. Les premiers expriment l'idée, d'une manière relative ; les seconds, d'une manière absolue : le *perfectionnement* rend la chose moins imparfaite ; il tend vers la *perfection*, et par conséquent peut s'accroître, devenir plus grand : la *perfection* est la chose rendue absolument parfaite, on ne peut plus parfaite.

Enfin, lors même que les deux substantifs synonymés peuvent s'employer dans des cas analogues, celui qui est terminé en *ment* éveille toujours plus que l'autre l'idée d'une cause, d'une puissance agissante et produisant ou ayant produit un effet ; en un mot, l'un est toujours plus relatif, l'autre plus absolu.

### 122. ATTACHE, ATTACHEMENT.

Lien, affection. — « *Attache* est ce qui attache, un lien ; *attachement*, ce par quoi on est attaché, une liaison. *Attache* se dit au propre et au figuré, *attachement* ne se dit qu'au figuré, il désigne un sentiment : l'*attache* vient de quelque cause que ce soit ; l'*attachement* vient du cœur. On tient à l'objet pour lequel on a de l'*attache* ; on aime celui pour lequel on a de l'*attachement*. On a de l'*attache* pour la maison qu'on habite, et de l'*attachement* pour les personnes avec qui l'on vit. »

« Une simple habitude avec une personne fait une *attache* ; une liaison fondée sur le rapport des sentiments et des caractères est un *attachement*. Le hasard, l'intérêt, l'habitude, les convenances, forment les *attaches* ; la nature forme des *attachements*. On a des *attachements* ; l'on se fait des *attaches* » (*Roubaud*).

Applic. L'*attachement* fait des amis ; l'*attache*, les amis du jour (*Roubaud*). Un bon esprit se fait des *attaches* ; un bon cœur a des *attachements* (*Id.*). L'*attachement* aux richesses a souvent produit l'*attache* au jeu (*Id.*). Craignez que votre *attachement* à vos bienfaiteurs ne soit qu'une *attache* à leurs bienfaits (*Id.*).

### 123. RALE, RALEMENT.

Ces deux mots, véritables onomatopées, imitent parfaitement le bruit ou les sons rauques qui sortent de la gorge, lorsque les canaux de l'expiration sont obstrués ou embarrassés surtout dans l'agonie. — « *Râle* exprime le bruit que l'on fait en râlant ; et *râlement* marque la crise qui fait qu'on râle, qui donne le râle. Un agonisant a le *râle* et il est dans le *râlement*. Vous entendez le *râle* ; et vous voyez la poitrine oppressée, la gorge embarrassée, l'expiration troublée par le *râlement* » (*Roubaud*).

APPLIC. J'entends d'ici son *râle (Acad.)*. On croit qu'il va mourir, il a déjà le *râle (Id.)*. Ce malade est en proie à un *râlement* qui le fatigue beaucoup.

## 124. MANQUE, MANQUEMENT.

Défaut, absence ou omission d'une chose. — « Comme on dit *manquement* on dit aussi *manque* de foi. *Manque* exprime la nature, l'espèce de la chose, d'une manière générale ; *manquement* exprime l'action ou l'omission particulière par laquelle on est coupable de ce *manque*. On dit *le manque de foi* et un *manquement de foi* : le *manque* de foi n'existe que par et dans le *manquement* » (*Roubaud*). En d'autres termes, le *manque* est le *manquement* effectué, tandis que le *manquement* est le *manque* qui s'effectue. On dit de même *manque* et *manquement* de respect, de parole. En ce sens *manquement* est peu usité.

APPLIC. Le *manque* de parole est plus souvent un *manque* de foi, qu'un *manque* de mémoire (*Boiste*). Il n'y a personne qui ne soit sujet à quelque *manquement (Acad.)*. Les finesses, les trahisons ne viennent que du *manque* d'habileté (*La Rochefoucauld*).

## 125. RÈGLE, RÈGLEMENT.

Principe, loi, statuts ; ce qui sert à conduire, à diriger. — « La *règle* regarde proprement les choses qu'on doit faire ; et le *règlement*, la manière dont on les doit faire. Il entre dans l'idée de l'une quelque chose qui tient plus du droit naturel ; et dans l'idée de l'autre, quelque chose qui tient plus du droit positif » (*Girard*). « Les *règles* s'étendent à toutes les actions ; elles veillent jusque sur les plus indifférentes, et déterminent ce qu'on doit faire chaque jour. Les *règlements* corrigent les abus et déterminent plus ce qu'on doit éviter que ce qu'on doit faire » (*Condillac*).

Ainsi, le sens du mot *règle* est plus général, plus absolu ; celui de *règlement* est plus particulier, plus relatif : aussi dit-on qu'on *se soumet* à la *règle*, et qu'on *se conforme* au *règlement*.

*Règlement* se dit aussi de ce qui établit ou interprète la règle : « On ne prescrit des *règlements* que pour ceux qui s'écartent des *règles* » (*Condillac*).

APPLIC. La religion doit être notre principale *règle (Acad.)*. C'est la *règle* que les enfants héritent de leur père (*Id.*). Des *règlements* utiles, qui deviendront la jurisprudence de tous les règnes, furent publiés (*Fléchier*). L'équité et la charité doivent être les deux grandes *règles* de la conduite des hommes ; elles sont même en droit de déroger à tous les *règlements* particuliers (*Girard*).

### 126. RELACHE, RELACHEMENT.

Interruption, intermission, discontinuation d'un premier état. — « *Relâche* se prend toujours en bonne part ; c'est la discontinuation de quelque exercice pénible, soit pour le corps, soit pour l'esprit. *Relâchement* employé seul, se prend souvent en mauvaise part : c'est la diminution de l'activité dans le travail ou dans quelque exercice, ou de la régularité dans ce qui concerne les mœurs ou la piété. En fait de mœurs et de discipline, le moindre **relâchement** est dangereux » (*Beauzée*).

Ainsi, le *relâche* est une interruption imposée en quelque sorte par les besoins du corps ou de l'esprit ; le *relâchement* est un effet immédiat de la volonté, c'est l'action de se relâcher de ses devoirs.

Applic. Il y a longtemps que vous étudiez, prenez un peu de *relâche* (*Acad.*). Après avoir vécu plusieurs années dans l'austérité, il tomba dans un grand *relâchement* (*Id.*). L'homme infatigable travaille sans *relâche :* l'homme exact remplit son devoir sans *relâchement (Girard).* Les passions les plus violentes nous laissent quelquefois du *relâche,* mais la vanité nous agite toujours (*La Rochefoucauld*).

### 127. HABIT, HABILLEMENT.

Vêtement. — L'Académie fait remarquer qu'*habillement* se dit quelquefois de l'action d'habiller, de pourvoir d'habits : « L'*habillement* des élèves d'un collége.» Ce mot a toujours quelque rapport à l'action, même lorsqu'il s'emploie dans le sens de vêtement. «L'*habillement*, dit Roubaud, est cet ensemble de vêtements par quoi on est habillé. Outre l'essentiel de vêtir, dit l'abbé Girard, le mot *habillement* renferme dans son idée un rapport à la forme et à la façon dont on est vêtu ; et son *district* (*a*) s'étend non-seulement à tout ce qui sert à couvrir le corps, mais encore à la parure et à tout ce qui n'est que pur ornement, comme les rubans, les colliers, les pierreries. *Habit* a un sens bien plus restreint, en sorte que le linge, le chapeau et les souliers ne sont pas compris dans l'idée de ce mot. On ne s'en sert que pour marquer ce qui est l'ouvrage du tailleur ou de la couturière. » L'Académie dit la même chose.

Applic. Fabriquer du drap pour l'*habillement* des troupes (*Acad.*). Les diverses parties de l'*habillement* comprennent tout ce dont on est

---

(*a*) Terme tout à fait impropre, employé plusieurs fois par l'abbé Girard, et notamment dans cette phrase de sa grammaire : « le *district* du pronom, la portion dont il est doté. » Voltaire cite, comme modèle de mauvais style, cette phrase et plusieurs autres du même auteur.

vêtu depuis les pieds jusqu'à la tête. — Le coffre étant ouvert, on y vit des lambeaux, l'*habit* d'un gardeur de troupeaux, petit chapeau, jupon, panetière, houlette (*La Fontaine*).

### 128. ÉLAN, ÉLANCEMENT.

Mouvement subit et affectueux de l'âme. — Le mot *élan* exprime le mouvement intérieur, et le mot *élancement* dépeint ce même mouvement dans sa manifestation au dehors. L'Académie fait remarquer d'ailleurs qu'*élancement*, mouvement de l'âme, n'est guère usité qu'au pluriel et dans cette locution : « Les *élancements* de l'âme vers Dieu. »

Applic. On ne saurait lui parler de la mort de son fils qu'il ne lui prenne des *élans* de douleur (*Acad.*). Il faisait des soupirs, de grands *élancements* (*Molière*).

### 129. PAYE, PAYEMENT.

Salaire, solde, action de payer. — Les deux mots s'emploient dans ces divers sens, quoique *payement* indique plus spécialement l'action. Mais il y a cette différence que la *paye* est réglée, se fait à jour fixe, est une chose habituelle ; tandis que le *payement* est accidentel : « La *paye* des soldats se faisait tous les huit jours ; Exiger le *payement* d'une dette » (*Acad.*). *Payement* s'emploie au figuré.

Applic. Cet ouvrier reçoit sa *paye* tous les huit jours (*Acad.*). Cet ouvrier demande son *payement* (*Id.*). Le *payement* s'en fit en trois termes (*Id.*). On retient tant à chaque soldat sur sa *paye* pour sa chaussure (*Id.*). Le témoignage de la conscience est le seul *payement* qui jamais ne nous manque (*Montaigne*).

### 130. ABANDON, ABANDONNEMENT.

État d'une personne, d'une chose abandonnée ; action d'abandonner. — Le premier sens est plus particulièrement celui d'*abandon*, et le second celui d'*abandonnement*. Cependant *abandon* s'emploie quelquefois activement pour *abandonnement* ; mais alors il marque l'action comme moins volontaire ou moins complète ; tandis que l'*abandonnement* est l'action d'abandonner entièrement, sans réserve, comme le dit fort bien l'Académie. D'autre part *abandonnement* s'emploie aussi dans le sens passif d'*abandon*, mais pour marquer un état actuel et passager, tandis qu'*abandon* exprime l'idée d'une manière plus absolue, et marque un état habituel et permanent.

Il faut remarquer qu'au figuré dans le sens de sacrifice, résignation, on dit toujours *abandon* : « Il a fait sans hésiter l'*abandon* de sa fortune et même de sa vie » (*Acad.*).

APPLIC. Il mourut dans un *abandon* absolu (*Acad.*). Plaignez-le, dans l'*abandonnement* où il est de tous ses parents et de tous ses amis (*Id.*). L'*abandon* dans la vieillesse est le sort de l'égoïste (*Boiste*). Le chrétien vit dans un parfait *abandon* à la volonté de Dieu (*Acad.*).

### 131. CHARGE, CHARGEMENT.
#### DÉCHARGE, DÉCHARGEMENT.

Fardeau ; action de charger, de décharger. — *Chargement* et *déchargement* se disent spécialement de l'action : « Il faudra bien du temps et des hommes pour faire le *chargement*, le *déchargement* de cette voiture, de ce bateau, de ce navire. » Le sens est actif dans cet exemple ; mais *chargement* s'emploie aussi, dans le sens de *charge*, pour indiquer l'objet ou les objets de l'opération, le fardeau chargé ou à charger : le sens est alors passif, et dans ce cas *chargement* ne se dit bien qu'en parlant des navires. Quant à *déchargement*, il exprime toujours l'action.

Réciproquement, *décharge* s'emploie dans le sens actif pour *déchargement*, en parlant des voitures, des charrettes ou des bateaux. Quant à *charge*, il ne s'emploie jamais dans le sens actif, si ce n'est comme terme de marine et dans cette locution : « Navire *en charge* pour Bayonne » (*Acad.*).

APPLIC. Cela est très-pesant, j'en ai ma *charge* (*Acad.*). La *charge* de ce bateau est de cinquante tonneaux (*Id.*). Travailler au *chargement* d'un navire *Id.*). Le *chargement* d'un vaisseau de guerre se compose de ses armes, de ses munitions et de ses vivres (*Id.*). Les voituriers sont obligés de faire la *décharge* de leurs marchandises en tel endroit (*Id.*). On fait le *déchargement* d'un navire, d'une diligence (*Id.*).

### 132. ABOI, ABOIEMENT.

Cri du chien. — *Aboi* se dit particulièrement en parlant de la qualité naturelle du cri du chien : « Un chien qui a l'*aboi* rude, aigre, perçant ; un *aboi* effrayant. *Aboiement* se dit plutôt des cris mêmes : de longs *aboiements*, des *aboiements* continuels. On dit : Faites cesser les *aboiements* de ce chien, et non pas, faites cesser son *aboi* ou ses *abois* » (*Lareau.*).

APPLIC. L'*aboi* de ce chien est fort importun (*Acad.*). Ce chien fatigue par ses longs *aboiements*.

### 133. OS, OSSEMENTS.

Parties composant le squelette de l'homme et de certains animaux. — Les *os* sont ces parties considérées séparément, chacune ayant son nom et son caractère propre. Les *ossements* sont des *os* dépouillés de chair, ne formant plus un ensemble et considérés abstraction faite des corps auxquels ils ont pu appartenir. On dit les *os* et non les *ossements* d'un squelette ; mais on dit très-bien un monceau d'*ossements*.

Applic. Les *os* de leurs mâchoires sont prodigieux en proportion du reste de leur corps (*Fénelon*). Les cimetières sont pleins d'*ossements* (*Acad.*). — Quelques *ossements* fossiles ont suffi à Cuvier pour reconstituer le squelette d'animaux dont l'espèce n'existe plus depuis une longue suite de siècles.

## § 2. ION ET ANT.

« La terminaison substantive *ion*, dit Roubaud, annonce l'action et son effet ou son habitude, l'action qu'on imprime et celle qu'on reçoit, l'actif et le passif. Ainsi *confession*, c'est l'acte ou l'action de confesser ; *dévotion* l'acte ou l'habitude du dévot ; *sensation*, action de sentir, effet d'une autre action ; *union*, action d'*unir* et son effet ; *impression*, l'action d'imprimer et son résultat ; *destruction*, l'action de détruire ; *commission*, l'action de commettre ou la charge commise ; *profanation*, l'action de profaner, et la souillure qui en est la suite, etc. »

Les substantifs en *ant* qui viennent d'un participe présent, éveillent aussi une idée d'action.

### 134. SALUT, SALUTATION.

Action de saluer. — « *Salut*, en latin *salus*, signifie proprement *santé*, état dans lequel on se porte bien. Le *salut* pris pour l'action de saluer est donc le *bonjour* qu'on donne, le signe du souhait. Le *salut* est une démonstration extérieure de civilité, d'amitié, de respect, faite aux personnes qu'on rencontre, qu'on aborde, qu'on visite. La *salutation* est le *salut* particulier, tel qu'on le fait dans telle occasion, surtout avec des marques très-apparentes de respect ou d'empressement » (*Roubaud*).

Le mot *salutation* exprime beaucoup mieux que *salut* l'action et la manière dont elle est faite ; aussi Roubaud dit-il avec raison, que tout en faisant le même *salut*, un homme ne salue pas comme un autre, et que des *salutations* particulières on peut tirer des inductions sur le caractère, l'éducation et les affections présentes des personnes.

**Applic.** Il n'y a que de la grossièreté à ne pas rendre le *salut (Roubaud)*. Un certain abandon dans les *salutations* paraît quelquefois ridicule *(Id.)*. Je l'ai rencontré dans la rue, et il m'a fait de grandes *salutations (Acad.)*. Il lui doit le *salut* comme à son supérieur *(Id.)*.

### 135. RÉFORME, RÉFORMATION.

« Rétablissement dans l'ancienne forme ou dans une meilleure forme » *(Acad.)*. — « La *réformation* est l'opération qui procure ce rétablissement ; la *réforme* en est le résultat ou le rétablissement même » *(Beauzée)*.

« La *réformation* est l'action de réformer ; la *réforme* en est l'effet. Dans le temps de la *réformation*, on travaille à mettre en règle, et l'on cherche les moyens de remédier aux abus. Dans le temps de la *réforme*, on est réglé, et les abus sont corrigés » *(Girard)*.

**Applic.** Il arrive quelquefois que la *réforme* d'une chose dure moins que le temps qu'on a mis à sa *réformation (Girard)*. Ceux qui sont chargés de travailler à la *réformation* des mœurs, ne doivent s'attendre à réussir qu'autant qu'ils commenceront par vivre eux-mêmes dans la *réforme (Beauzée)*.

### 136. TAXE, TAXATION.

« L'idée commune qui fonde la synonymie de ces mots est celle de la détermination établie de quelque valeur pécuniaire. — La *taxe* est le règlement qui détermine cette valeur, ou bien c'est le prix établi par ce règlement. On dit la *taxation* pour signifier l'opération de la *taxe* » *(Beauzée)*. Ainsi la *taxation* est l'action de taxer, d'établir la *taxe*. (Voir *taux, taxe*, 482.)

**Applic.** On mit une *taxe* sur les plus riches ; la *taxation* fut faite par les officiers municipaux. — Il n'a payé qu'une légère *taxe (Acad.)*.

### 137. IMPOT, IMPOSITION.

Droit imposé sur certaines choses, contributions. — *Impôt* est le terme générique ; il se dit de tout droit, de toute taxe imposée : « *Impôt* sur les vins, sur les fers » *(Acad.)* ; *impôt* sur les chiens. Ce mot se prend aussi dans un sens collectif et absolu : quand on dit l'*impôt* public, cela signifie l'ensemble des revenus de l'État, qui proviennent de tous les droits, de toutes les taxes qui ont été établies.

*Imposition* signifie proprement l'action d'imposer ou d'asseoir un *impôt*, et l'acte par lequel le gouvernement l'impose : « Faire *l'imposition* de la contribution foncière » (*Acad.*). On a employé ensuite ce mot au pluriel, pour désigner d'une manière vague et indéterminée, les divers *impôts* particuliers dont se compose l'impôt général. Mais alors cette propriété de pouvoir être dit dans un sens indéterminé suffit pour établir, entre le mot *impositions* et celui d'*impôt* sur telle ou telle chose, une différence bien marquée : ainsi l'on dit, comme nous l'avons vu, l'*impôt* sur les vins, sur les fers, on ne dirait pas *les impositions* sur les vins, sur les fers, et encore moins l'*imposition* sur les vins, etc.

Cet emploi du mot *impositions* dans un sens indéterminé a fait ensuite qu'on s'en est servi, assez abusivement, pour désigner relativement aux contribuables, la quote-part de l'*impôt* public, que chacun d'eux est tenu de payer ; ainsi l'on a dit : « Payer ses *impositions*; Receveur des *impositions*. » On dit beaucoup mieux, aujourd'hui : « Payer ses *contributions* ; Receveur des *contributions* » : le mot *imposition* éveille toujours l'idée de l'acte du gouvernement qui *impose*, qui établit l'*impôt* ; le mot *contribution* éveille celle du payement fait par le *contribuable*, qui *contribue* à remplir l'*impôt*.

APPLIC. Faire l'*imposition* de la contribution foncière (*Acad.*). L'*impôt* foncier est l'*impôt* établi sur les immeubles, sur les biens-fonds en général. — Les dépenses que font faire la vanité, la débauche, sont le plus lourd de tous les *impôts* (*Acad.*).

## 138. FONTE, FUSION.

Liquéfaction par l'action du calorique. — On opère la *fusion* et il en résulte la *fonte* ; aussi le mot *fonte* se dit-il du fer fondu et de certains métaux composés : canon de *fonte*, mortier de *fonte*, etc.

Ainsi *fusion* exprime essentiellement l'action de fondre ou de se fondre : Les métaux entrent en *fusion*, c'est-à-dire commencent à fondre. *Fonte* se dit relativement au résultat, à l'effet produit par l'action, à la nature de l'objet qui a été soumis à la *fusion* : on fait des ouvrages en *fonte*, on jette une statue en *fonte*, et l'on veille à ce que la *fusion* se fasse bien.

On dit la *fonte* des neiges, la *fonte* des humeurs, parce que dans ce qui fond naturellement, on ne considère pas l'action, mais l'effet produit, le résultat.

*Fusion* s'emploie aussi au figuré : On fait la *fusion* de deux partis, de deux systèmes, c'est-à-dire que l'on opère la réunion, l'alliance des deux parties, que l'on réunit en un seul les deux systèmes.

APPLIC. On construit depuis quelques années de superbes ponts en *fonte* de fer. — Quand le métal entre en *fusion*, on doit veiller attentivement à l'entretien du feu, surtout quand il s'agit de la *fonte* d'une statue ou de tout autre objet d'art. — La *fonte* des neiges fait déborder les rivières (*Acad.*).

### 139. ACTE, ACTION.

Opération d'une force agissante; produit ou effet de cette opération. — L'*acte* est l'opération de l'âme qui agit (*a*). C'est là le premier sens de ce mot : la délibération est un *acte* de l'intelligence, la détermination est un *acte* de la volonté. Mais comme le dit l'abbé Girard, on *agit* pour *faire* une chose : après la détermination on fait donc l'*action*. Ainsi l'*action*, c'est l'*acte* qui se produit au dehors par le *faire*. « Nos *actions*, dit Roubaud, sont nos œuvres proprement dites ; nos *actes* ne sont que des opérations de nos facultés. Nous faisons des *actes* de foi, d'espérance et de charité ; ces *actes* ne sont que des émissions, des déclarations, des aveux de nos sentiments, et non pas des *actions*. Nous péchons par pensée, par parole et par *action* : la pensée n'est qu'un *acte*, et l'*action* est une œuvre. »

Le mot *acte* se dit tellement des facultés, qu'il convient même lorsqu'on parle des facultés physiques : la Médecine et la Physiologie disent l'*acte* de la respiration, de la mastication, parce que ces sciences considèrent alors la faculté qu'a l'organisme d'exécuter certaines fonctions. Si l'on considérait la manière purement mécanique dont les organes fonctionnent, on dirait l'*action* de respirer, l'*action* de mâcher.

Mais le mot *acte* se dit aussi du fait lui-même que produit l'*action* d'un agent moral, sans doute à cause du rapport intime qui lie tout effet à sa véritable cause : un *acte* de courage est un effet de la faculté appelée *courage*, un fait émanant de cette faculté, qui se manifeste au-dehors par une *action* courageuse. Vous vous décidez par un *acte* de votre volonté, à donner des vêtements aux pauvres ; en les donnant vous faites une *action* charitable ; et si je parle de cette *action* comme d'un fait, je dirai que c'est un *acte* de charité. Ici encore l'*action* c'est l'œuvre : l'*acte*, il est vrai, n'est plus la faculté, c'est le fait ; mais l'idée de ce fait renferme

_______________

(*a*) *Acte* vient immédiatement d'*actum*, supin d'*agere*, agir.

l'idée de la faculté d'où il émane. L'*acte* suppose toujours la faculté : aussi ne se sert-on jamais de ce mot, lorsque l'agent qui opère n'est pas un agent moral : « L'*action* du feu sur le bois, du soleil sur les plantes » et non l'*acte* du feu, du soleil.

APPLIC. C'est plus par ses *actions* que par ses paroles qu'on découvre les sentiments de son cœur (*Girard*). C'est un *acte* héroïque de pardonner à ses ennemis, lorsqu'on est en état de s'en venger (*Id.*). Le seul *acte* de la vie de l'homme qui atteigne toujours son but, c'est l'accomplissement de son devoir (*M<sup>me</sup> de Staël*). Les *actions* peuvent être atroces et les intentions pures (*Mirabeau*).

## 140. FABRIQUE, FABRICATION.

Manière dont les choses sont fabriquées. — Le mot *fabrique* exprime le résultat de la *fabrication*; il est relatif à la qualité de l'objet fabriqué : « La *fabrique* en est belle, en est bonne » (*Acad.*). Le mot *fabrication* est relatif à l'opération et aux procédés employés : « La *fabrication* de cette étoffe est soignée » (*Id.*).

APPLIC. Ce drap est de bonne *fabrique* (*Acad.*). Il entend bien la *fabrication* de ces sortes d'ouvrages (*Id.*).

## 141. PROGRÈS, PROGRESSION.

Avancement, marche. — Ces mots ne sont guère synonymes que dans ces locutions : « Les *progrès* de l'esprit humain, la *progression* de l'esprit humain. » La *progression* est la marche, le mouvement en avant; le *progrès* est le résultat de ce mouvement. La *progression* amène le *progrès* : on suit l'esprit humain, dans sa *progression*; on constate les *progrès* qu'il a faits.

APPLIC. Un livre intéressant serait celui qui représenterait siècle par siècle, le tableau des *progrès* de l'esprit humain. — La *progression* naturelle de l'esprit humain devait amener ce changement (*Acad.*).

## 142. INDICE, INDICATION.

Marque, signe. — L'*indice* est un signe probable qui se trouve naturellement dans l'objet : « La forme de ces nuages est un *indice* de beau temps. » L'*indication* est d'abord l'action d'indiquer, ou bien ce mot signifie désignation, renseignement; mais il s'emploie aussi pour signifier une marque mise à dessein ou un signe certain, assuré : les numéros mis au bas des feuilles imprimées sont des *indications* pour le brocheur et pour le relieur. « Son embarras est une *indication* de sa faute » (*Acad.*).

APPLIC. Cette action est l'*indice* d'une belle âme (*Acad.*). La table de ce livre est pleine d'*indications* fautives (*Id.*). Son embarras est une *indication* qu'il se sent coupable (*Id.*). Une mauvaise langue est l'*indice* d'un mauvais cœur.

### 143. DON, DONATION.

Ce que l'on donne à un autre.—Le *don* est la chose donnée, la gratification elle-même, considérée dans ce qui la constitue. La *donation* est un *don* qui se fait par acte public : ce mot est par conséquent relatif à l'action et à la manière dont elle se fait.

Applic. Je n'ai pas acheté ce livre, c'est un *don* de l'auteur (*Acad.*). Et je vais de ce pas, en fort bonne manière, vous faire de mon bien *donation* entière (*Molière*).

### 144. ÉMOI, ÉMOTION.

Agitation de l'esprit, inquiétude. — L'*émoi* est l'état de l'âme inquiète ou agitée par le sentiment : on est en *émoi*, on met en *émoi*. L'*émotion* est l'agitation causée par quelque passion : on excite ou l'on éprouve de l'*émotion*. L'*émoi* est un état intérieur : l'*émotion* se montre au dehors et trahit l'*émoi*.

Applic. Cette nouvelle mit tout le monde en *émoi*. — Ce discours le fâcha, on vit de l'*émotion* sur son visage (*Acad.*).

### 145. CORPS, CORPORATION.

Réunion de personnes formant un ensemble, un tout collectif.— La *corporation* est une association autorisée par la puissance publique et qui a ses règlements, sa police particulière : « Les membres d'une *corporation*; Les statuts d'une *corporation* » (*Acad.*). Le *corps* est l'ensemble des personnes de même profession. Ce mot exprime simplement une idée de classification, sans éveiller celle d'association : « Le *corps* du clergé, de la noblesse ; Le *corps* de la magistrature » (*Acad.*).

Applic. Il y avait autrefois en France six *corps* de marchands (*Acad.*). Les marchands du même *corps* formaient ordinairement entre eux une *corporation*, dont ils faisaient approuver les statuts par l'autorité publique. — Le clergé était le premier *corps* du royaume (*Acad.*). Les arts et métiers forment, dans quelques pays, des *corporations* distinctes (*Id.*).

### 146. COURS, COURANT.

Mouvement ou direction des eaux qui coulent. —Le *cours* de l'eau est simplement la direction de l'eau depuis sa source jusqu'à son embouchure ; on suit le *cours* comme on suit un chemin et l'on dit d'une rivière que son *cours* est droit ou qu'il est si- nueux. Le *courant*, c'est l'eau en mouvement, l'eau courante, l'eau qui court ; c'est aussi la partie la plus rapide de la masse d'eau.

Le *courant* entraîne ; pour le remonter, il faut lutter contre le mouvement de l'eau : remonter le *cours* d'un fleuve, c'est sim- plement aller vers sa source, soit sur l'eau même, soit en marchant sur les bords.

La différence est la même au figuré : on est entraîné par le *cou- rant* des affaires, des plaisirs ; on suit le *cours* des affaires, le *cours* des plaisirs.

Applic. Le *cours* de ce fleuve est long de plus quatre cents lieues (*Acad.*). Le *courant* du fleuve est très-rapide en cet endroit (*Id.*). La rivière a pris son *cours* par là (*Id.*). Il fut entraîné par le *courant* et se noya (*Id.*). La mort interrompit le *cours* d'une si belle vie (*Id.*). Il s'a- bandonne au *courant* de ses passions.

## 147. EXCÈS. EXCÉDANT.

Ce qui surpasse. — L'*excès* est la quantité d'unités dont un nombre abstrait surpasse un autre. Ce mot n'est guère employé au propre et dans le sens où nous le prenons ici, que comme terme d'arithmétique pour signifier le résultat d'une soustraction. L'*ex- cédant* est ce qui excède une quantité concrète : « S'il se trouve plus de cinq cents francs, vous aurez l'*excédant* » (*Acad.*).

Le mot *excès* est fréquemment employé au moral, pour signifier ce qui excède les bornes de la raison, de la justice, de la bien- séance ; ce qui passe la mesure accoutumée, le degré ordinaire : « *Excès* de bonté ; *Excès* de froid, de chaleur » (*Acad.*).

Applic. Le résultat de la soustraction s'appelle reste, *excès* ou diffé- rence : 6 est l'*excès* de 13 sur 7. — Lorsque les nations ont une monnaie et qu'elles procèdent par vente et par achat, celles qui prennent plus de marchandises se soldent ou payent l'*excédant* avec de l'argent (*Mon- tesquieu*). L'un pèche par défaut, l'autre par *excès* (*Acad.*).

## 148. RESTE. RESTANT.

Ce qui demeure d'un tout, d'une plus grande quantité. — *Reste* s'emploie au sens physique et au sens moral : « Voilà le *reste* de son argent ; J'emploierai le *reste* de ma vie à vous prouver ma re- connaissance » (*Acad.*). *Restant* ne se dit que des choses matériel- les : « Je vous payerai le *restant* avec les intérêts » (*Id.*) ; mais dans ce cas même, comme le fait observer l'Académie, on dit plus ordinairement le *reste*. On voit d'ailleurs, par cet exemple, que le mot *restant* s'emploie d'une manière absolue, sans complément : il est mieux de dire c'est le *reste* que c'est le *restant* de ma fortune. En arithmétique on dit le *reste* et non le *restant*.

Applic. Payez-moi une partie de la dette, je vous donnerai du temps pour le *reste* (*Acad.*). J'ai donné à bail la meilleure partie de ma ferme, et le *restant* je le fais valoir par mes mains (*Id.*). Quand il a travaillé le matin, il emploie le *reste* de la journée à se divertir (*Id.*). L'égoïste ne hait pas plus qu'il n'aime : il n'y a que lui ; pour lui, tout le *reste* des créatures sont des chiffres (*M<sup>me</sup> de Staël*).

## ION et MENT.

La terminaison *ion* a rapport à l'action beaucoup plus que la terminaison *ment*.

### 149. RENONCIATION, RENONCEMENT.

« La désappropriation est l'effet de l'un et de l'autre, et tous deux sont des actes volontaires. Voici en quoi ils diffèrent :

« *Renonciation* est un terme d'affaires et de jurisprudence, c'est l'abandon volontaire des droits que l'on avait ou que l'on prétendait sur quelque chose. *Renoncement* est un terme de spiritualité et de morale chrétienne ; c'est le détachement des choses de ce monde et de l'amour-propre. La *renonciation* est un acte extérieur qui ne suppose pas toujours le détachement intérieur : le *renoncement*, au contraire, est une disposition intérieure, qui n'exige pas l'abandon extérieur des choses dont on se détache » (*Beauzée*).

Applic. Sa *renonciation* n'est pas en bonne forme (*Acad.*). Le grand principe de toutes les vertus civiles, c'est le *renoncement* à l'intérêt personnel (Maxime d'*Addison*). La profession de la vie religieuse exige dans l'intérieur un *renoncement* entier de soi-même et de toutes les choses de ce monde, et emporte par le fait la *renonciation* à tous les droits de propriété que l'on pouvait avoir avant la prononciation des vœux (*Beauzée*).

### 150. FONDATION, FONDEMENT.

Travaux relatifs à la base d'un édifice ; cette base elle-même. — « *Fondement* se dit de la partie d'un mur renfermée dans la terre jusqu'au rez-de-chaussée ; *fondation* est l'action de poser les *fondements* » (*Laveaux*). Il faut ajouter à cela que la *fondation* comprend tous les travaux, tels que le fossé, la tranchée, etc., que l'on fait pour asseoir les *fondements*. On dit faire les *fondations* et poser les *fondements* : ce qui prouve que *fondation* a rapport à l'action, et que *fondement* est le nom de l'objet. *Fondement* se dit seul au figuré.

*Applic.* Pour faire une bonne *fondation* dans un terrain marécageux, il faut asseoir les *fondements* sur des pilotis (*Acad.*). La connaissance de soi-même est le *fondement* de toutes les vertus (*Nicole*).

### 151. RÉNOVATION, RENOUVELLEMENT.

Rétablissement d'une chose dans son premier état (*Acad.*). — « *Rénovation*, dit Condillac, marque plus l'action de la cause qui renouvelle ; *renouvellement*, l'état de la chose renouvelée. » En effet on dit : *renouvellement* de l'année, de la lune, et non *rénovation*, parce qu'ici on n'a dans l'esprit aucune idée de cause ni d'action ; on exprime simplement l'effet. Mais on dit : « La *rénovation* de l'homme par la grâce » (*Acad.*), parce que l'idée dominante est l'idée de la grâce, cause de la *rénovation*.

*Applic.* La bonté de Dieu éclate comme sa justice dans la *rénovation* du monde par le déluge (*Anonyme*). Le propriétaire consent au *renouvellement* du bail. (*Id.*) On prélude par le *renouvellement* des mots au *renouvellement* des choses (*Bignon*).

### 152. VIOLATION, VIOLEMENT.

« Infraction de quelque devoir considérable. — *Violement* ne se dit que de l'infraction de ce qu'on doit observer. *Violation* se dit plus spécialement des choses sacrées ou très-respectables, quand elles sont comme profanées » (*Beauzée*). La *violation* est donc plus que le *violement*.

Condillac fait ressortir une autre nuance distinctive entre ces deux mots : « Ils diffèrent, dit-il, en ce que *violation* me paraît plus relatif à l'action de celui qui viole, et que *violement* me paraît l'être plus à la chose violée. Ainsi, on dira : « Les tyrans autorisent la *violation* des lois, et le *violement* des lois est commun sous les tyrans ; » car dans le premier cas le sens est que les tyrans autorisent l'action, la conduite de ceux qui violent les lois ; et dans le second, le sens est seulement qu'elles sont violées. » L'Académie dit que *violement* est peu usité : tant pis, si l'on emploie à sa place *violation*.

*Applic.* Quand les mœurs d'une nation sont corrompues au point que le *violement* des bienséances fait partie des manières reçues, l'impudicité ose se permettre impunément la *violation* publique des lieux saints (*Beauzée*). La *violation* évidente du pacte social n'a pu donner des droits légitimes (*Boiste*).

### 153. DISSÉNSION, DISSENTIMENT.

Différence de sentiments, d'opinion. — Cette définition, qui exprime l'idée commune, est celle que l'Académie donne du mot *dissentiment*. Le mot *dissentiment*, en effet, rend simplement cette idée : ce n'est qu'un désaccord dans la manière d'entendre ou de résoudre une question soumise au jugement de l'esprit. La *dissension* est plus que le *dissentiment*; c'est une discorde, une querelle violente causée par l'opposition, par la diversité des sentiments ou des intérêts : «Les *dissentiments* font naître les *dissensions* » (*Boiste*).

Applic. Cela causa de grandes *dissensions* dans l'État *(Acad.)*. Le *dissentiment* qui existe entre nous vient de ce que la question a été mal posée *(Id.)*.

### 154. SENSATION, SENTIMENT.

Impression faite sur l'âme. — « Le *sentiment* appartient au sens intime, et la *sensation* est dans la dépendance des sens corporels. Le *sentiment* est en nous comme une modification de l'âme, comme une chose qui nous est propre : la *sensation* vient du dehors, elle va dans l'âme porter une idée ou réveiller quelque *sentiment*. Le *sentiment* est à l'âme, comme la pensée qu'elle produit ; la *sensation* est à l'âme, comme l'idée qu'elle reçoit. Un objet aimable se présente à nous, et par une sensation agréable et vive, il va exciter et fixer le *sentiment* dans notre cœur. Vous voyez un enfant dans quelque danger, une *sensation* pénible vous trouble; et un *sentiment* impétueux vous fait voler à son secours. La *sensation* est proprement physique ; mais le *sentiment* est moral. Les *sensations* ne sont que des accidents ; les *sentiments* forment nos affections, nos passions, nos vertus, nos vices, notre naturel, notre caractère, nos mœurs, notre bonheur ou notre malheur» (*Roubaud*).

Ainsi la *sensation* précède le *sentiment ;* mais le *sentiment* peut aussi *naître* de nos propres idées, de notre faculté de juger, des opérations de notre intelligence : la solution d'un problème difficile, le récit d'une belle action, excitent en nous un *sentiment* de plaisir, d'admiration. Roubaud fait encore remarquer que la *sensation* est toujours passagère et que le *sentiment* est souvent très-durable : on dit bien *sensation* de frayeur, de douleur; on ne dirait pas *sensation* de haine, de souffrance.

Applic. Il est impossible d'expliquer comment se fait la *sensation* (*Acad.*). L'immortalité de l'âme est une vérité de *sentiment* et de raisonnement *(Id.)*. La *sensation* n'est qu'un ébranlement dans les sens *(Buffon)*. L'expression des *sensations* est dans les grimaces, et celle des *sentiments* dans les regards *(J.-J. Rousseau)*. Les grands *sentiments* font les grands hommes *(M^me de Lambert)*. Tous nos jugements moraux sont accompagés de *sentiments* qui leur répondent *(Cousin)*.

### 155. DÉPOPULATION, DÉPEUPLEMENT.

L'idée commune est celle que renferme la signification du verbe *dépeupler*.—Quoi qu'en dise l'Académie, le mot *dépopulation* est relatif à l'action de dépeupler ,et *dépeuplement* exprime l'état qui résulte de cette action : la *dépopulation* amène le *dépeuplement*. La *dépopulation* croît, s'arrête ; elle peut aller jusqu'à un *dépeuplement* complet, témoin les solitudes de Palmyre.

Applic. Il est facile aux véritables hommes d'État de rechercher et de connaître les causes d'une *dépopulation* toujours croissante et de l'arrêter. —Le *dépeuplement* de l'Asie-Mineure est l'effet du gouvernement despotique des Turcs *(Acad.)*.

### 156. PROLONGATION, PROLONGEMENT.

Extension. — *Prolongation* se dit du temps qu'on ajoute à la durée fixe de quelque chose : « Après la *prolongation* de la trève » *(Acad.)*. Le *prolongement* est la continuation de quelque portion d'étendue : « *Prolongement* d'une ligne, d'un chemin, d'un mur » *(Id.)*.

Applic. Il a obtenu une *prolongation* de six mois *(Acad.)*. La queue, dans les animaux, est un *prolongement* de l'épine dorsale *(Id.)*.

# § 3. ADE.

« La terminaison substantive *ade*, dit Roubaud, désigne l'action de faire telle chose marquée, ou tel genre d'action, ou un concours, un ensemble, une suite d'actions ou de choses d'un tel genre. Ainsi, *bravade* exprime l'action de faire le brave ; *accolade*, l'action, la cérémonie d'embrasser ; *cavalcade*, une file de gens à cheval ; *mascarade*, une suite de masques, etc. » Mais cette terminaison exprime aussi une idée de composition, d'ensemble : *balustrade*, ce qui est composé de balustres ; *limonade*, boisson composée avec des limons ou citrons ; *peuplade*, *canonnade*, etc. Elle a d'ailleurs plusieurs autres significations.

### 157. EMBUCHE, EMBUSCADE.

Piége où l'on essaye de faire tomber quelqu'un. — *Embûche* n'exprime rien de plus que cette idée; et au figuré, c'est, dit l'Académie, une entreprise secrète pour surprendre quelqu'un, pour lui nuire ; ou encore, c'est un panneau, un piége pour faire tomber quelqu'un dans une faute, dans une méprise ; un avocat plaidant dresse quelquefois des *embûches* à sa partie adverse.

*Embuscade* se dit au propre; c'est un terme de guerre, ainsi défini par l'Académie: « Troupe de gens armés cachés dans un bois, dans un ravin, ou dans quelque autre lieu couvert, pour surprendre les ennemis. » Il se dit aussi de toute personne qui se cache de manière à pouvoir surprendre quelqu'un au passage. Comme on le voit, ce mot exprime bien l'action et y ajoute l'idée de circonstances, d'un ensemble de moyens employés pour atteindre le but.

APPLIC. De qui se rend trop tôt on doit craindre une *embûche (Corneille)*. Ils se mirent en *embuscade* dans un ravin *(Acad.)*. J'étais en *embuscade* au coin de la rue, prêt à le saisir dès qu'il paraîtrait *(Id.)*.

### 158. REBUT, REBUFFADE.

Action de rebuter, mauvais accueil. — « *Rebuffade*, dit l'Académie, mauvais accueil, refus accompagné de paroles dures et d'actions de mépris. » « Les *rebuts*, dit Condillac, sont des obstacles qu'on nous oppose, parce qu'on ne fait pas cas de nous; ils nous mortifient. Les *rebuffades* sont des refus qu'on nous fait avec mépris, elles nous humilient. » Ainsi, essuyer des *rebuffades*, c'est beaucoup plus qu'essuyer des *rebuts*, à cause de la manière dont se fait l'action dans le premier cas.

APPLIC. Il a essuyé beaucoup de *rebuts (Acad.)*. On lui fit une fâcheuse *rebuffade (Id.)*.

### 159. FACE, FAÇADE.

Côté d'un édifice.—Le mot *face* se dit d'un côté quelconque et n'a de rapport qu'à la situation, à la direction ou à la dimension : « La *face* du côté du levant; Les *faces* latérales; Ce bâtiment a tant de mètres de *face* » *(Acad.)*. La *façade* est le côté où se trouve la principale entrée, celle qui se présente au spectateur avec des ornements d'architecture formant un ensemble qui distingue cette *face* de toutes les autres. Ce mot d'ailleurs ne se dit que d'un grand édifice, d'un bâtiment remarquable, comme une église, un palais, un château, etc. : On dit *face* dans tous les cas lorsqu'on parle d'une maison ordinaire.

Applic. La *façade* du Louvre est ornée d'une belle colonnade qui fut faite sur les dessins de Perrault : la *face* qui regarde le nord donne sur la rue de Rivoli. — Socrate un jour faisant bâtir, chacun censurait son ouvrage : l'un trouvait les dedans, pour ne lui point mentir, indignes d'un tel personnage; l'autre blâmait la *face* (La Fontaine).

### 160. BALUSTRE, BALUSTRADE.

Assemblage de petits piliers servant de clôture. — Le *balustre* est un de ces piliers façonnés : la *balustrade* est une suite, une rangée de plusieurs *balustres* portant une tablette d'appui et servant d'ornement ou de clôture. Mais *balustre* se dit aussi dans le sens de *balustrade* pour désigner une clôture dans une église ou dans une chambre : « Le *balustre* d'autel; Le *balustre* du lit du prince » (Acad.).

Applic. On fait des *balustrades* avec des *balustres* en bois, en pierre, en marbre ou en fonte. — Cette église a un riche *balustre* qui ferme la chapelle de la Vierge.

## ADE et MENT.

### 161. EMBRASSADE, EMBRASSEMENT.

Action d'embrasser. — En premier lieu, *embrassade* suppose toujours deux ou plusieurs personnes qui s'embrassent mutuellement; l'*embrassement* peut n'être que l'action d'une seule personne qui en embrasse une autre. Secondement, à l'idée de réciprocité, *embrassade* peut joindre une idée de multiplicité d'actions : « Ce fut une *embrassade* générale. » Enfin, *embrasssade* est un terme familier, et, comme dit Laveaux, marque une démonstration extérieure d'amitié, qui exprime plus l'empressement extérieur que la cordialité.

Applic. Ils se firent mille *embrassades* (Acad.). La pauvre mère répondit à son fils par un tendre *embrassement*. — Méfiez-vous de cet homme qui vous fait tant d'*embrassades*.

### 162. RECULADE, RECULEMENT.

Action de reculer. — *Reculade* se dit ordinairement de plusieurs voitures qui reculent, et ce mot emporte une idée de confusion, d'embarras ou de danger. *Reculement* ne se dit jamais que d'une seule voiture. *Reculade* se dit aussi, au propre et au figuré, de ceux qui, s'étant trop avancés, sont obligés de faire des pas en arrière.

**Applic.** Les *reculades* sont dangereuses pour les voitures et pour les gens de pied (*Acad.*). Le *reculement* de votre charrette a failli causer de graves accidents. — La foule grossissait, avançait ; la garde lui a fait faire une *reculade* (*Acad.*). Il s'était engagé trop avant dans cette affaire, il a été obligé de faire une *reculade* (*Id.*).

---

## § 4. ERIE et TIE.

La terminaison *erie* a plusieurs significations. — Ajoutée à une base verbale, elle exprime une action ou le résultat d'une action : *chuchoterie*, *pillerie*, etc. D'un emploi fréquent dans les arts, elle désigne les métiers, les professions d'ouvriers ou d'artisans : *menuiserie*, *coutellerie*, etc., ou bien le lieu où l'on travaille : *brasserie*, *raffinerie*. Dans le sens moral elle est fréquentative, c'est-à-dire qu'elle exprime l'exercice répété d'une chose ou un défaut, un vice d'habitude ; *bavarderie*, *étourderie*, *lésinerie*. Enfin elle est diminutive ou dépréciative : *chuchoterie*, *verroterie*, etc. « La terminaison *erie*, dit Roubaud, est souvent renvoyée au style familier, pour désigner quelque chose de commun, de petit, de léger, de futile, de frivole, de ridicule. »

Dans quelques mots venant d'un verbe, la terminaison *tie* a la même valeur que la terminaison *erie*, exprimant une action ou le résultat d'une action : Ainsi la *sortie* est l'action de sortir ; la *garantie* est ce qui garantit ; une *rôtie* est une tranche de pain qu'on a fait rôtir ; une *partie* (du verbe latin *partire*, partager) est le résultat de la division d'un tout.

### 163. FOURBE, FOURBERIE.

*Tromperie.* — La *fourbe* est le vice du fourbe ; c'est, dit l'Académie, l'habitude de tromper, la disposition à tromper. La *fourberie* est une action particulière du fourbe, ou, comme le dit l'Académie, une tromperie coupable qui tient de la *fourbe*.

*Fourbe* se dit aussi dans le sens de *fourberie* ; mais avec plus de force, pour exprimer une tromperie basse et odieuse, la tromperie d'un homme profondément fourbe. Réciproquement, *fourberie* se dit quelquefois de la disposition à tromper, mais disposition moins grande, moins caractéristique, défaut plutôt que vice.

APPLIC. La *fourbe* sera démasquée (*Acad.*). Vous, nourri dans la *fourbe* et dans la trahison (*Racine*). Vous avez fait là une *fourberie* que je ne saurais trop blâmer. — La *fourbe* est plus dangereuse qu'utile dans les relations politiques et sociales (*Boiste*). Sa *fourberie* est bien connue (*Acad.*). La finesse est l'occasion prochaine de la *fourberie* (*La Bruyère*). La chatte détruisit par sa *fourbe* l'accord (*La Fontaine*).

### 164. RÊVE, RÊVERIE.

Action ou état de l'esprit qui rêve. — *Rêve*, au propre, signifie songe pendant le sommeil. Il se dit, au figuré, des projets sans fondement, des idées chimériques. *Rêverie* se dit 1° de l'état de l'esprit occupé d'idées vagues qui l'intéressent : « S'abandonner à de longues rêveries ; » 2° des pensées riantes ou tristes auxquelles se laisse aller l'imagination : « S'enfoncer dans une sombre rêverie » (*Acad.*). Il signifie aussi idée extravagante et chimérique ; enfin il se dit encore du délire d'un malade. — On voit que *rêve* et *rêverie* ne sont synonymes que quand ils se disent d'idées chimériques ou qui paraissent telles. Voici en quoi diffèrent alors ces deux mots.

Les *rêveries* sont des idées folles, extravagantes, sans fondement, sans raison, sans but, ou dont le but est évidemment impossible à atteindre, des idées dont l'esprit s'occupe follement et à tort : « Les *rêveries* des astrologues » (*Acad.*). Le *rêve* a quelque chose de plus suivi, de plus raisonnable ; c'est moins l'œuvre de la fantaisie ; son but est moins impossible, on peut même l'atteindre : « Ce projet est le *rêve* d'un homme de bien ; Puisse cette idée n'être pas un *rêve* » (*Id.*). « Le *rêve* du bonheur, de l'immortalité. Ce qui n'est qu'un *rêve* aujourd'hui peut demain être une vérité ou un fait accompli. »

APPLIC. Le *rêve* du bonheur est un bonheur réel (*de Fontanes*). Il veut débiter ses *rêveries* pour des vérités (*Acad.*). Il faut bien des *rêves* avant de découvrir une vérité : combien de *rêveries* on vous débite, avant de dire une chose sensée (*Roubaud*). Je donne mes *rêves* pour des *rêves*, laissant chercher au lecteur s'ils ont quelque chose d'utile aux gens éveillés (*J.-J. Rousseau*).

### 165. MENSONGE, MENTERIE.

Langage contraire à la vérité. — *Menterie* est formé directement du verbe *mentir* et exprime simplement le fait de ne point dire la vérité. Ce mot, dit l'Académie, est plus familier que *mensonge* et s'applique à des choses moins graves. Le *mensonge* est une grande *menterie* ; il est inspiré par quelque intérêt et vise à un but : la *menterie* n'a pas les mêmes motifs ; c'est, comme le dit Roubaud, un mensonge, léger, badin ou sans conséquence. La *menterie* est dite sans aucune mauvaise intention, par légèreté, par plaisanterie, dans le dessein de faire une petite tromperie innocente, ou pour s'amuser et amuser les autres. Le fourbe fait des *mensonges,* le hâbleur dit des *menteries*.

Applic. Les enfants préludent aux *mensonges* par des *menteries :* sachez leur inspirer l'horreur de la fausseté *(Roubaud)*. Par des *mensonges* on se rend odieux, et par des *menteries*, méprisable *(Id.)*.

### 166. BROUILLE, BROUILLERIE.

Désunion, mésintelligence. — *Brouille* exprime un état actuel et permanent de mésintelligence. La *brouillerie* est la mésintelligence qui survient accidentellement, qui n'aura probablement que peu de durée, parce qu'elle a des motifs moins graves que la *brouille*. Ainsi *brouille* dit plus que *brouillerie*.

Applic. Il y a de la *brouille* dans le ménage *(Acad.)*. Il est survenu une *brouillerie* entre eux *(Id.)*.

### 167. CHICANE, CHICANERIE.

Difficultés soulevées par la mauvaise foi dans un procès, dans une affaire, etc. —La *chicane* est une procédure artificieuse ou bien une subtilité captieuse en matière de procès, d'affaires ou de discussion. La *chicanerie* est moins importante ; c'est un simple tour de chicane, une petite pratique d'un esprit chicanier, une petite difficulté soulevée par un esprit pointilleux ou vétilleur.

Applic. Cette *chicane* a duré une année entière, pendant laquelle il m'a fait toutes sortes de *chicaneries (Laveaux)*. Vous me faites là une mauvaise *chicane (Acad.)*. Il m'a fait mille *chicaneries (Id.)*.

### 168. LÉSINE, LÉSINERIE.

Épargne sordide et raffinée jusque dans les moindres choses. — La *lésine* est ce vice lui-même ; la *lésinerie* est un trait, un acte de *lésine* : « Il est d'une *lésine* qui passe toute croyance ; Faire des *lésineries* » *(Acad.)*.

*Lésinerie* se dit aussi quelquefois dans un sens approchant de celui de *lésine* : « Cet homme est d'une *lésinerie* incroyable » *(Acad.)* ; mais alors il exprime l'exercice du vice, l'habitude de lésiner, plutôt que le vice lui-même.

Applic. Sa *lésine* s'exerce sur les moindres objets de sa dépense *(Acad.)*. Il a fait une grande *lésinerie (Id.)*.

### 169. VOL, VOLERIE.

Larcin, action de dérober. — *Vol* est le terme général ; il se dit de l'action et de la chose volée : « *Vol* avec effraction. On l'a trouvé saisi du *vol* » (*Acad.*). *Volerie* n'a rapport qu'à l'action ; c'est une espèce de vol de peu d'importance, fait en secret et adroitement. Au pluriel, *voleries* désigne une suite, une répétition de petits vols (*a*).

APPLIC. Autrefois la loi punissait de mort le *vol* de grand chemin. Il avait caché son *vol* (*Acad*). Il s'est enrichi par ses *voleries* (*Id.*).

### 170. HOTEL, HOTELLERIE.

Maison où les voyageurs et les étrangers sont logés et même nourris. — *Hôtellerie* est un diminutif du mot *hôtel*. Ainsi, d'abord l'*hôtellerie* est d'une importance moindre que l'*hôtel*, non-seulement quant à l'étendue et à l'ameublement, mais aussi relativement au genre de personnes qui y descendent. En second lieu, l'*hôtellerie* n'est qu'un pied à terre, une auberge où les voyageurs ne font que passer : l'*hôtel* est une maison garnie où des étrangers établissent leur logement pour un certain temps : voilà pourquoi *hôtel* se dit très-bien de petits établissements où on loge en garni des étudiants et généralement des personnes qui ne vivent pas dans leur ménage. Au surplus, le mot *hôtellerie* est aujourd'hui fort peu usité, on le remplace par le mot *auberge*.

APPLIC. Il loge à l'*hôtel* de Lyon (*Acad.*). Il est allé descendre à cette *hôtellerie* (*Id.*).

### 171. GARANT, GARANTIE.

Sûreté. — *Garant* se dit des personnes ; il signifie alors, répondant, qui se porte caution. Mais il se dit aussi des choses, dans le sens de sûreté, et alors il est synonyme de *garantie*. La différence essentielle qui distingue ces deux mots, c'est que *garant* désigne une chose que l'on présume avoir la vertu de garantir et qui peut l'avoir ou non ; tandis que la *garantie* est une sûreté que l'on donne soi-même, un engagement formel que l'on prend. La *garantie* a donc une certitude que n'offre pas ce qui n'est que *garant* : « Sa conduite passée vous est un sûr *garant* de sa fidélité pour

---

(*a*) La différence est la même entre *rapine* et *rapinerie* ; mais nous devons faire observer que l'Académie ne donne pas ce dernier mot.

l'avenir ; Il veut des *garanties* plus sûres ; Il a d'excellentes *garanties* » (*Acad.*).

APPLIC. Cette action est le meilleur *garant* que vous puissiez avoir de leur probité *(Acad.).* Je lui offre toutes les *garanties* possibles *(Id.).*

## 172. PART, PARTIE, PORTION.

Ce qu'on obtient lorsqu'on divise, lorsqu'on partage un tout. — « La *partie* (a) est ce qu'on détache du tout : la *part* est ce qui en doit revenir : la *portion* est ce qu'on en reçoit. Le premier de ces mots a rapport à l'assemblage ; le second au droit de propriété, et le troisième à la quantité. — On dit une *partie* d'un livre, et une *partie* du corps humain ; une *part* de gâteau et une *part* d'enfant dans la succession ; une *portion* d'héritage et une *portion* de réfectoire » (*Girard*).

APPLIC. Dans la coutume de Normandie, toutes les filles qui venaient à partage, ne pouvaient pas avoir plus de la troisième *partie* des biens pour leur *part*, qui se partageait entre elles par égales *portions (Girard).* Comment comprendre qu'aussitôt que chacune sœur ne possédera plus sa *part* héréditaire, il lui faudra payer sa mère ? *(La Fontaine.)* Ami, je te conseille d'attendre que ton maître ait fini son sommeil ; car il te donnera sans faute, à son réveil, ta *portion* accoutumée *(Id.).*

## ERIE ET MENT.

### 173. CHUCHOTERIE, CHUCHOTEMENT.

Action de chuchoter, de parler bas à l'oreille de quelqu'un. — *Chuchotement* exprime simplement cette action ; le *chuchotement* peut ne consister qu'en quelques paroles rapidement échangées. La *chuchoterie* est une suite de *chuchotements*, et l'Académie dit avec raison que c'est un entretien de personnes qui se parlent à l'oreille pour n'être pas entendues des autres.

APPLIC. Les *chuchoteries* intriguent souvent les personnes présentes qui restent étrangères à ces entretiens à voix basse : des *chuchotements* ne peuvent que les ennuyer, les importuner, à moins que, fréquemment répétés, ils ne deviennent des *chuchoteries*.

---

(a) Ce mot vient du participe latin *partitus*, du verbe *partire*, diviser. On a dit d'abord *res partita*, puis simplement *partita*, d'où *partie*, mot qui exprime le résultat de l'action de diviser un tout. Le mot *part* vient directement du substantif, *pars*, *partis*. Quant au mot *portion*, du latin *portio*, quoique son radical soit différent de celui de *part* et de *partie*, je n'ai pas cru devoir le séparer de ces deux derniers, à cause de l'étroite parenté de sens qui lie ces trois mots entre eux.

## ERIE et ADE.

### 174. FANFARONNERIE, FANFARONNADE.

Action de faire le fanfaron; vanterie en paroles. — La *fanfaronnade* n'est que le fait même d'une vanterie en paroles : la *fanfaronnerie* est le caractère du fanfaron, l'habitude de faire, de dire des *fanfaronnades*. Un homme peut faire par extraordinaire une *fanfaronnade*, il n'est pas pour cela un fanfaron; mais celui qui en fait souvent est d'une *fanfaronnerie* presque toujours ridicule.

**APPLIC.** Il est d'une *fanfaronnerie* insoutenable (*Acad.*). Toutes ces menaces ne sont que des *fanfaronnades* (*Id.*).

---

## § 5. URE et FICE.

La terminaison *ure* marque le résultat d'une action, l'effet produit par un agent, la forme, l'arrangement, la disposition due à cet agent : ce que fait le serrurier, son propre ouvrage, est une *serrure*; ce que fait le sculpteur, est de la *sculpture*; ce que fait un couvreur, est la *couverture*; un imposteur fait une *imposture*; un doreur, de la *dorure*, etc. Les équivalents à terminaison non significative désignent l'objet d'une manière absolue et considéré en lui-même.

« En outre la terminaison *ure*, dit Roubaud, marque si bien un résultat, qu'elle sert souvent à exprimer un ensemble, un tout formé de la réunion, de l'assemblage de plusieurs choses du même genre. Ainsi, la *mâture* est l'ensemble des mâts; la *ferrure*, la totalité du fer employé dans un ouvrage; la *parure*, l'ensemble des ornements qui servent à parer; la *figure*, l'ensemble et le résultat des traits du visage. »

La terminaison *fice* (du latin *facere*, faire) a la même valeur à peu près que la terminaison *ure* : elle marque l'œuvre ou la manière dont la chose est faite.

### 175. ARME, ARMURE.

Instrument qui sert à attaquer ou à se défendre (*Acad.*). — L'arme est tout ce qui sert soit pour l'attaque, soit pour la défense : l'*armure* ne sert que pour la défense. « C'est, dit Roubaud, ou l'ensemble des *armes* d'un guerrier, ou l'*arme* propre de telle ou telle partie du corps : ainsi le casque est l'*armure* de la tête ; le brassard, celle du bras ; le gantelet, celle la main, etc. »

L'*armure* est donc nécessairement un objet travaillé, souvent même elle est ornée ; l'*arme* peut n'être qu'un objet non travaillé, une pierre, un bâton, etc. Ajoutons que le mot *armure* ne s'emploie qu'au singulier.

**Applic. On** n'allait autrefois au combat qu'après avoir revêtu de son *armure* particulière chaque partie de son corps, pour empêcher ou diminuer l'effet de l'*arme* offensive (*Girard*). Eh bien, trouvez-moi donc quelque *arme*, quelque épée (*Racine*). Godefroi de Bouillon menait dix mille **cavaliers couverts** d'une *armure* complète (*Voltaire*).

### 176. TISSU, TISSURE.

Liaison et entrelacement de fils constituant une étoffe. — Le *tissu* est l'ouvrage *tissu*, l'étoffe, la toile même : la *tissure* est la qualité donnée au *tissu*, à l'ouvrage, par la manière dont l'ouvrier a fait le travail. Le *tissu* comprend la matière et ses qualités ; il est de soie, de laine, de fil, etc., beau ou laid, fin ou grossier, suivant la matière employée : la *tissure* ne désigne que la qualité de la fabrication, résultant de la main d'œuvre ; elle est lâche ou serrée, égale ou inégale. Au figuré, on n'emploie aujourd'hui que le mot *tissu*.

**Applic.** Voilà un beau *tissu* de soie (*Acad.*). La *tissure* de cette toile est inégale (*Id.*). Le *tissu* de son discours est fort bon (*Id.*). Tous nos efforts ne peuvent seulement arriver à représenter la *tissure* de la chétive araignée (*Montaigne*).

### 177. TOUR, TOURNURE.

Au figuré : manière d'être, disposition, tendance, en parlant des affaires, du style, de l'esprit. — Les choses prennent ou reçoivent un certain *tour*, et il en résulte une *tournure* particulière : le mot *tournure* exprime donc quelque chose de particulier ; ce que ne fait pas le mot *tour* dont le sens est très-général et très-vague. « Toute forme, dit Roubaud, a un certain *tour* ; mais la *tournure* annonce la forme caractéristique ou habituelle, la manière d'être ou l'état des choses. Selon la *tournure* d'esprit et de caractère des personnes à qui vous parlez, vous donnez un *tour* ou un autre aux choses que vous leur dites. Un écrivain original a sa *tournure* propre et distinctive, sa manière : un vulgaire écrivain n'a que des *tours* communs, l'air d'un copiste. »

Ensuite, comme la terminaison *ure* sert ordinairement à exprimer une idée d'ensemble, on devra préférer *tournure* à *tour* chaque fois qu'il s'agira d'un ensemble, d'un tout formé de la réunion, de l'assemblage de plusieurs choses du même genre. « Vous direz plutôt un *tour* de phrase, et la *tournure* du style » (*Roubaud*). De même vous direz : « Cette affaire prend un bon *tour*; » c'est-à-dire, elle commence bien, elle s'annonce bien ; « Le succès de votre affaire dépend de la *tournure* qu'on y donnera » (*Acad.*); c'est-à-dire, dépend de la manière dont elle sera présentée dans son ensemble et dans ses détails.

Applic. Avec un *tour* d'imagination on voit les objets comme on veut les voir ; avec une certaine *tournure* d'imagination ou telle manière habituelle de voir, on est heureux ou malheureux dans toutes sortes de positions, et quoi qu'il arrive (*Roubaud*). *Quel est votre aveuglement !* Voilà un *tour* français et vulgaire : *Quel aveuglement est le vôtre !* voilà une *tournure* singulière empruntée de l'italien (*Id.*).

### 178. SEING , SIGNATURE.

Signe ou nom écrit au bas d'une lettre, d'un acte, etc. — « Le *seing*, dit Roubaud, est le *signe* qu'une personne met au bas d'un écrit pour en garantir ou reconnaître le contenu. La *signature*, selon la terminaison du mot, est le résultat de l'action de *signer* ou de mettre son *seing*. »

Le mot *signature* est donc plus relatif à la personne, que le mot *seing*. En effet la *signature* est le nom même de la personne qui signe et la manière dont elle l'écrit : le *seing* peut n'être qu'un simple signe, une croix, une marque quelconque ; et lors même qu'il consiste dans le nom, il peut différer de la *signature* : deux frères par exemple signent du même nom ; leur *seing* est le même, mais leur *signature* est différente. « Le *seing* ordinaire et commun des rois d'Espagne est *Io, el Ré;* Moi, le Roi. L'écriture distingue la *signature* particulière de chacun d'eux » (*Roubaud*).

Applic. Une tache d'encre imprimée avec la paume de la main sur un acte public, était le *seing* ordinaire des empereurs ottomans (*Roubaud*). Si vous signez un écrit d'un nom imaginaire, votre *seing* est faux ; si quelqu'un signe un acte de votre nom, la *signature* est fausse (*Id.*).

### 179. JOINT, JOINTURE.

Endroit où se joignent deux choses. — Le mot *joint* exprime cette idée purement et simplement : le mot *jointure* y ajoute celle d'arrangement, d'agencement des choses jointes : « Toutes les *jointures* du corps » (*Acad.*).

**Applic.** Il a le bras cassé au-dessus du *joint* (*Acad.*). Remplir les *joints* des pierres (*Id.*). Un ciron a des jambes avec des *jointures* (*Pascal*).

### 180. ART, ARTIFICE.

L'idée de talent, d'habileté d'exécution, est renfermée dans la signification de chacun de ces deux mots. — *Art* et *artifice* se disent d'abord des procédés employés dans l'exécution de quelque ouvrage, et de l'habileté plus ou moins grande avec laquelle cet ouvrage a été fait. Mais l'*art* consiste dans la méthode, dans la connaissance des règles et des moyens : l'*artifice*, c'est l'*art* se montrant dans l'exécution. L'*art* est la théorie ; c'est le talent, l'intelligence, le savoir de l'artiste ou de l'ouvrier : l'*artifice* est la pratique, l'*artifice* est dans l'ouvrage ; c'est l'industrie, l'adresse, l'habileté de main de l'ouvrier manifestée par l'œuvre.

Ensuite, *art* et *artifice* signifient ruse, fraude, déguisement ; mais dans ce sens encore, *art* est relatif à la personne : c'est la manière dont l'esprit imagine et combine les moyens. L'*artifice* est relatif à l'exécution : c'est l'emploi des moyens conçus par l'*art* ; c'est une action, une conduite *artificieuse*, des paroles *artificieuses*, un procédé plein d'*artifice*, etc.

*Artifice* s'emploie, dans le premier sens, en parlant des ouvrages d'esprit, du style ; et ici encore ce mot est relatif à l'œuvre, à l'exécution : « L'*artifice* de son style séduit » (*Acad.*).

**Applic.** Une machine est faite avec un merveilleux *artifice*, parce que celui qui l'a faite connaît bien son *art* et travaille avec *art*. — L'*art* perce dans tout ce qu'il dit (*Acad.*). C'est un procédé plein d'*artifice* (*Id.*).

### URE et MENT.

« *Ment*, employé substantivement, désigne la cause, l'action, ce par quoi la chose est telle : *ure* désigne particulièrement l'effet de cette cause, le résultat de cette action, ce qui est produit dans la chose même » (*Roubaud*).

### 181. DÉCHIREMENT, DÉCHIRURE.

Action de déchirer, résultat de cette action. — *Déchirement* exprime l'action de déchirer : la *déchirure* est l'effet produit par le *déchirement*. On dit en médecine « La *déchirure* d'une plaie, et le *déchirement* des muscles, des fibres : » dans le premier cas, l'état des chairs est analogue à celui d'une étoffe déchirée ; dans le second cas, il y a eu séparation violente, rupture des fibres ou des muscles. *Déchirement* se dit seul au figuré : « *Déchirement* de cœur, douleur vive et amère » (*Acad.*).

Applic. Le *déchirement* des habits était parmi les Juifs une marque de douleur et d'indignation (*Acad.*). Il y a plusieurs *déchirures* à votre habit (*Id.*). Il y a eu *déchirement* des muscles (*Id.*). Voyons la *déchirure* de la plaie (*Id.*). Les longs *déchirements* auxquels l'Italie fut en proie pendant le moyen-âge (*Id.*).

### 182. ENCHAÎNEMENT, ENCHAÎNURE.

« Liaison de choses qui, dépendantes les unes des autres, forment une chaîne ou une sorte de chaîne » (*Roubaud*). — *Enchaînement* ne se dit plus guère qu'au figuré, et il signifie liaison ou suite de plusieurs choses de même nature, de même qualité, ou de choses qui ont entre elles certains rapports : « Un *enchaînement* de malheurs; Un *enchaînement* de causes et d'effets » (*Acad.*). *Enchaînure* ne se dit qu'au propre et en parlant des ouvrages de l'art.

Applic. Les rapports que les sciences ont entre elles forment leur *enchaînement* ; ils les enchaînent ensemble : la disposition même des anneaux qui entrent les uns dans les autres est leur *enchaînure* même ; tel est l'état de la chose enchaînée (*Roubaud*).

### 183. ENJOLIVEMENT, ENJOLIVURE.

Ornement, ajustement, qui rend une chose plus jolie, qui l'embellit. — *Enjolivement* exprime un embellissement plus grand, plus important qu'*enjolivure* : ce dernier mot se dit des *enjolivements* que l'on fait à de certains petits ouvrages de peu de valeur (*Acad.*). De plus, *enjolivure* suppose toujours une opération manuelle ; *enjolivement* a un sens plus général, et se dit très-bien des ornements de style, des traits d'esprit semés dans un ouvrage.

Applic. Il a fait bien des *enjolivements* à sa maison (*Acad.*). Cet étui-là est trop uni, il y faut mettre quelques *enjolivures* (*Id.*).

### 184. ÉLARGISSEMENT, ÉLARGISSURE.

« Tous deux annoncent une augmentation de largeur, mais le premier a rapport à la largeur de l'espace, et le second à celle de la matière. — Ainsi *élargissement* se dit de tout ce qui devient plus spacieux, plus étendu en largeur; d'un canal, d'une rivière, d'un cours, d'une promenade, d'un jardin, d'une maison, d'un chemin. *Élargissure* se dit de ce qui est ajouté pour élargir, et ne se dit que des meubles et des vêtements, d'un rideau, d'une portière, d'un drap, d'une chemise, etc. » (*Beauzée*).

APPLIC. L'*élargissement* d'une allée, d'une route, d'une rue (*Acad.*). L'*élargissure* d'un corset, d'une robe, d'un tapis (*Id.*).

## URE ET ION.

### 185. POSTURE, POSITION.

État, situation du corps. — La *position* du corps est la manière dont on se tient naturellement debout, assis ou couché : « Vous vous tenez longtemps debout, c'est une *position* qui devient fatigante. » *Position* se dit aussi de toute attitude prescrite pour faire certains exercices : « La *position* du soldat sous les armes, du cavalier sur son cheval ; la première *position* du danseur. » La *posture* est une manière de tenir le corps, plus ou moins éloignée de l'habitude ordinaire.

« La *posture*, même la plus commode, dit Roubaud, n'est jamais sans gêne, et on en change. » Et il ajoute : la *posture* est singulière ; elle a toujours quelque chose qui, sortant de la nature ou de l'état ordinaire du corps, se fait remarquer : « *Posture* grotesque, *posture* bizarre » (*Acad.*). — *Posture* signifie aussi la manière dont on tient sa tête, ses bras, ses jambes, l'attitude particulière ou insolite que l'on prend pour atteindre une fin : « *Posture* de suppliant. Il le menaça et se mit en *posture* de le frapper » (*Acad.*).

APPLIC. Vous êtes dans une mauvaise *position* (*Acad.*). Vous êtes là dans une *posture* peu convenable (*Id.*). Ce cavalier a une belle *position* à cheval (*Id.*). Les baladins font des *postures* ridicules pour exciter le rire (*Roubaud*). Il s'est présenté au prince en *posture* de suppliant (*Acad.*).

---

# § 6. AGE.

Les mots terminés en *age* expriment une action ou le résultat d'une action, l'effet produit, ou bien une idée de réunion, d'ensemble, ou enfin les choses d'un tel genre, leur ensemble, leur tout. Ainsi le *partage* est l'action de faire des parts ou les parts qui en résultent ; le *feuillage* est la réunion, l'ensemble de toutes les feuilles ; le *marécage* est un ensemble de *marais* ou « une grande étendue de terrain humide et bourbeux comme le sont les marais » (*Acad.*) ; l'*ombrage* est l'ensemble, la réunion des branches et des feuilles des arbres, qui produit l'*ombre* (*Id.*) ; *herbage*, c'est toutes sortes d'*herbes* ; *tricotage* est l'action de tricoter, de faire du *tricot*, etc. (*a*).

### 186. LABOUR, LABOURAGE.

Travail fait à une terre que l'on remue, que l'on retourne. — « Le *labour* est la façon que l'on donne aux terres en les labourant ; le *labourage* est l'art de labourer ou bien l'ouvrage, le travail du laboureur » (*Acad.*). Ainsi *labour* exprime le remuement même de la terre, la façon considérée en elle-même ou par rapport à la terre seule : « *Labour* superficiel, léger, profond ; Il faut donner deux *labours* à cette terre » (*Acad.*). *Labourage* a rapport à l'opération de l'ouvrier, à tout ce qui concerne l'art et le travail du laboureur : « Les instruments du *labourage* ; Je donne quatre cents francs pour le *labourage* de ma terre » (*Acad.*).

APPLIC. On donne un *labour* profond ou léger suivant la nature des terres et le genre des semences. — Il entend bien le *labourage* (*Acad.*). Le *labourage* des terres légères est plus aisé que celui des terres grasses (*Id.*).

### 187. LANGUE, LANGAGE.

Expression des pensées, des sentiments. — Le mot *langage* a un sens très-général ; il se dit de tous les moyens que l'on emploie pour manifester ses pensées ou ses sentiments : « De là vient que l'on dit le *langage* des yeux, un *langage* par signes, tel que celui des muets ; le geste est un *langage* muet » (*Beauzée*). La *langue* n'est que l'expression par la parole ; ce mot s'emploie surtout pour signifier l'idiome d'une nation : « La *langue* grecque, la *langue* française » (*Acad.*).

*Langage* a aussi un sens relatif à celui qui parle, ou à la manière dont on parle : « Ce n'est pas là le *langage* d'un homme de bien ; Je vous ferai bien changer de *langage* ; *Langage* naïf, pur, simple ; *Langage* figuré, allégorique ; *Langage* obscur, incorrect, etc. » (*Acad.*).

APPLIC. Le *langage* se sert de tout pour manifester les pensées : les *langues* n'emploient que la parole (*Beauzée*). Cette *langue* a cours dans tout l'Orient (*Acad.*). Les oiseaux ont une sorte de *langage* (*Id.*). La poésie est la *langue* des dieux (*Id.*). Le *langage* de la passion est la su-

---

(*a*) La différence de sens qui distingue *marécage* de *marais*, *ombrage* d'*ombre*, *herbage* d'*herbe*, *tricotage* de *tricot* est, suivant moi, trop marquée pour qu'on puisse jamais prendre ces mots l'un pour l'autre : j'ai donc cru ne pas devoir les considérer ni les traiter comme synonymes.

blime et véritable éloquence *(M^me du Deffand)*. Sans la *langue*, en un mot, l'auteur le plus divin est toujours, quoi qu'il fasse, un méchant écrivain *(Boileau)*.

### 188. BARAGOUIN, BARAGOUINAGE.

« Langage corrompu et inintelligible » *(Acad.)*. — Le *baragouin* est un langage corrompu, une sorte de jargon qui se parle ; on le dit même abusivement d'une langue étrangère que l'on n'entend pas. Le *baragouinage* est une manière vicieuse, embrouillée, de parler. ou de prononcer une langue, de façon à n'être pas compris de ceux qui font usage de cette langue : le français dans la bouche d'un homme qui embrouille les mots et les prononce mal, est pour nous un *baragouinage*, mais ce n'est pas un *baragouin*.

Applic. Cet homme parle mal, son langage est un vrai *baragouin* *(Acad.)*. Tout son discours n'était qu'un *baragouinage (Id.)*.

### 189. ŒUVRE, OUVRAGE.

Ce qui est fait, ce qui est produit par quelque agent ; ce qui résulte d'un travail. — « *OEuvre* exprime proprement l'action d'une puissance, ce qui est fait, produit par un agent : *ouvrage*, le travail de l'industrie, ce qui est fait, exécuté par un ouvrier. On dit l'*œuvre* de la Création et l'*ouvrage* des six jours ; la Création est elle-même l'*œuvre* de la Toute-Puissance ; le monde sorti des mains du Créateur dans six jours d'exécution est son *ouvrage*. La force productive est dans l'*œuvre* ; l'effet de son action est dans l'*ouvrage*. Nous admirons dans les *œuvres* de la nature son énergie, et dans ses *ouvrages* leur beauté. La puissance et l'action de l'agent font l'*œuvre* : l'*ouvrage* est le résultat du travail et de l'industrie » *(Roubaud)*.

« Le mot *œuvre* convient mieux à l'égard de ce que le cœur et les passions engagent à faire. Le mot *ouvrage* est plus propre à l'égard de ce qui dépend de l'esprit ou de la science. Ainsi l'on dit : une *œuvre* de miséricorde et une *œuvre* d'iniquité, un *ouvrage* de bon goût, un *ouvrage* de critique. *OEuvres* au pluriel se dit pour le recueil de tous les *ouvrages* d'un auteur ; mais lorsqu'on les indique en particulier, on se sert du mot *ouvrages* » *(Girard)*. Dans ce sens le mot *œuvres* est relatif à l'auteur, le mot *ouvrage* désigne le travail littéraire considéré en lui-même. « Ainsi, dit Roubaud, on juge l'*ouvrage* et non l'*œuvre* : l'*ouvrage* est bon ou mauvais en lui-même et sans égard à celui qui l'a fait ; mais à l'*œuvre* on connaît l'ouvrier, on juge l'homme. »

**Applic.** Dieu est admirable dans ses *œuvres* (*Acad.*). L'univers est *l'ouvrage* de Dieu (*Id.*). Un homme vit une couleuvre : « Ah ! méchante, dit-il, je m'en vais faire une *œuvre* agréable à tout l'univers (*La Fontaine*). On dit que l'ouvrier eut à peine achevé l'image, qu'on le vit frémir le premier et redouter son propre *ouvrage* (*Id.*). Si Dieu juge par les *œuvres*, c'est croire en lui que d'être homme de bien (*J.-J. Rousseau*). Ses *œuvres* sont imprimées en tant de volumes (*Acad.*). Les beautés de cet *ouvrage* l'emportent sur les défauts (*Id.*).

### 190. RIVE, RIVAGE.

« Limites de l'eau, points entre lesquels l'eau se renferme » (*Roubaud*). — « *Rive* signifie seulement le bord que l'eau bat, au lieu que *rivage* comprend une plus grande étendue de terre » (*Condillac*). « Le *rivage* est une rive étendue. L'eau, en se débordant, couvre la *rive*, et s'étend sur le *rivage*. La côte a un bord et le *rivage* aussi ; on n'en attribue point à la *rive*. La mer, les fleuves, les grandes rivières ont seules des *rivages*, si ce n'est en poésie : les fleuves, les rivières, les ruisseaux, toutes les eaux courantes ont des *rives* » (*Roubaud*).

**Applic.** N'approchez pas si près de la *rive* (*Acad.*). Les *rivages* de la Loire sont charmants (*Id.*). La *rive* de ce fleuve est fort basse du côté de la prairie (*Id.*). Les pirates infestaient ces *rivages* (*Id.*). Une tempête est belle à voir du *rivage* (*Boiste*).

### 191. CŒUR, COURAGE.

Disposition de l'âme contraire à la crainte. — « Le *cœur* bannit la crainte ou la surmonte ; il ne permet pas de reculer et tient ferme dans l'occasion. Le *courage* est impatient d'attaquer ; il ne s'embarrasse pas de la difficulté et entreprend hardiment. Le *cœur* soutient dans l'action : le *courage* fait avancer » (*Girard*). Ainsi le *cœur* est cette force d'âme qui ne connaît pas la crainte, qui reste imperturbable à la vue du danger et ferme dans la résolution de faire son devoir. Le *courage* est cette qualité qui se montre dans l'action.

**Applic.** Il faut que le *cœur* ne nous abandonne jamais, que le *courage* ne nous détermine pas toujours à agir (*Girard*). Ils se comportèrent en gens de *cœur* (*Acad.*). Il n'avait pas le *courage* nécessaire pour s'engager dans une telle entreprise (*Id.*). Le *courage* avait plus besoin d'être réprimé que la lâcheté n'avait besoin d'être excitée (*Bossuet*).

### 192. COQUILLE, COQUILLAGE.

Enveloppe dure et calcaire des mollusques testacés, tels que les limaçons, les moules, etc. (*Acad.*). — La *coquille* est simplement cette enveloppe. *Coquillage* signifie d'abord l'animal dans sa *co-quille* : « Manger des *coquillages* ; » ensuite il se dit des *coquilles* à formes composées, variées, dignes de remarque, ou d'un ensemble de *coquilles :* « Le *coquillage* de la pourpre est beau ; Une grotte ornée de *coquillages* (*Acad.*). » Mais on dit toujours *coquille*, quand on parle de certains objets auxquels on donne la forme d'une co-quille : « Vase fait en *coquille* ; Orner une voûte de *coquilles* » (*Id.*).

Applic. Les *coquilles* sont appelées univalves, bivalves ou multivalves, selon qu'elles sont d'une, de deux ou d'un plus grand nombre de pièces (*Acad.*). Sur les côtes de la mer, les pauvres gens se nourrissent en partie de *coquillages* (*Id.*). Cette grotte était taillée dans le roc, en voûte pleine de rocaille et de *coquilles* (*Fénelon*).

### 193. CAHOT, CAHOTAGE.

« Espèce de saut que fait une voiture en roulant sur un chemin pierreux ou mal uni » (*Acad.*). — *Cahot* exprime simplement l'idée de cette espèce de saut : le *cahotage*, comme le dit très-bien l'Académie, est le mouvement fréquent causé par les *cahots*. La forte secousse d'un *cahot* effraye ou peut faire verser ; le *cahotage* fatigue, parce que ce sont des secousses continuelles.

Applic. Le *cahot* nous fit verser (*Acad.*). Je ne puis souffrir le *cahotage* d'une voiture (*Id.*).

## AGE et MENT.

### 194. BLANCHISSAGE, BLANCHIMENT.

Action de blanchir ou son résultat. — *Blanchissage* ne se dit que du linge sale que l'on lave pour le rendre propre. *Blanchiment* est réellement l'action de rendre une chose blanche, ou le résultat de cette action ; il se dit des pièces de toile, de la cire, de la monnaie d'argent, etc.

Applic. Il lui en coûte tant tous les ans pour le *blanchissage* (*Acad.*). Ces toiles sont d'un beau *blanchiment* (*Id.*). Le *blanchiment* de la cire se fait en exposant la cire à l'action de l'air et des rayons solaires.

### 195. ARROSAGE, ARROSEMENT.

Action d'arroser. — L'*arrosage* est cette action faite en grand : « L'*arrosage* des terres, des prairies, des rues, des promenades. » L'*arrosement* est l'action d'arroser une plante, une chambre, etc.

Applic. Cette prairie a besoin de fréquents *arrosages* (*Acad.*). Ces plantes, ces légumes ont besoin d'*arrosement* (*Id.*).

### 196. NETTOYAGE, NETTOIEMENT.

Action de nettoyer. — Il y a entre ces mots la même différence qu'entre *arrosage* et *arrosement* : on doit dire le *nettoyage* des rues, des places publiques, et le *nettoiement* d'un ustensile, d'un peigne, etc.

APPLIC. La police fait faire avec soin le *nettoyage* des rues et des places publiques. — En Hollande, les femmes sont sans cesse occupées au *nettoiement* de leurs ustensiles de cuisine et des objets en métal qui font partie du mobilier.

### 197. FROTTAGE, FROTTEMENT.

Action de frotter. — *Frottage* ne se dit que du travail d'un frotteur d'appartement ou de l'action de frotter un objet pour le rendre poli, luisant. *Frottement* est le terme propre dans tout autre cas : il s'emploie seul ou figuré.

APPLIC. Le *frottage* d'un parquet est fatigant. — Le *frottement* de l'essieu use le moyeu de la roue (*Acad.*). Électriser par *frottement* (*Id.*). Le monde et ses *frottements* usent toutes les facultés (*Suard*).

## AGE ET ERIE.

### 198. PILLAGE, PILLERIE.

Action de piller, ou le dégât, la perte qui en résulte. — *Pillage* se dit du saccagement des villes, qui se fait avec violence ; on l'emploie aussi par exagération pour une suite de vols dans une maison, dans une administration où il n'y a pas d'ordre. *Pillerie* se dit de *voleries* (voir 169), d'extorsions secrètes.

APPLIC. La ville fut abandonnée au *pillage* (*Acad.*). Il s'est enrichi par ses *pilleries* (*Id.*). Tout est au *pillage* dans cette maison (*Id.*). La politique est d'accord avec la morale pour s'opposer au *pillage* (*Napoléon*).

### 199. BADINAGE, BADINERIE.

Action de badiner ou ce que l'on dit en badinant. — « Le mot *badinage* indique particulièrement la nature, le génie, l'esprit de l'action ou de la chose, ce qu'elle est en elle-même et dans son ensemble : *badinerie* exprime plutôt un trait particulier de *badinage* décoché en passant, et l'esprit ou l'intention de la personne qui fait l'action ou la chose. Des *badineries* forment un *badinage* et non des *badinages*. La *badinerie* est un trait de *badinage* sans conséquence » (*Roubaud*).

Applic. Marot a un genre de *badinage* : le choix et le goût de ses *badineries* en font un *badinage* élégant (*Roubaud*). Un trait qui n'a rien ni de sérieux ni de solide est une pure *badinerie;* mais le *badinage* peut, avec l'air de la *badinerie,* faire passer des choses très-solides et très-sérieuses (*Id.*).

## 200. CAQUET, CAQUETAGE, CAQUETERIE.

Babil, bavardage. — Au singulier, *caquet* signifie babil, et *caqueterie* ainsi que *caquetage,* action de caqueter, de babiller. Au pluriel, *caquets* et *caqueteries* désignent l'un et l'autre des discours futiles ou des propos malins sur le compte d'autrui; mais il y a entre ces mots la différence du plus au moins : *caqueteries* signifie une pluralité, une suite de *caquets* ou bien des *caquets* qui se font entendre, qui ne restent pas secrets.

Quant à *caquetage,* qui ne s'emploie guère au pluriel, c'est un ensemble de *caquets.* Ce mot est plus compréhensif que *caqueterie,* il dit encore plus; *caqueterie* est à *caquetage* ce que *badinerie* est à *badinage* : des *caqueteries* forment du *caquetage* et non des *caquetages* (*a*). — On dit rabattre le *caquet*; on ne dit pas rabattre la *caqueterie,* le *caquetage*

Applic. Cet homme n'a que du *caquet* (*Acad.*). Il n'a point d'égard à leurs sots *caquets* (*Id.*). Il m'étourdit par son *caquetage* (*Id.*). Tout cela n'est que du *caquetage* (*Id.*). Ce sont d'éternelles *caqueteries* (*Id.*).

## AGE et URE.

### 201. ENGRENAGE, ENGRENURE.

Termes de mécanique désignant l'état des roues, des pignons qui engrènent. — « *Engrenage,* dit l'Académie, *dispositions* de plusieurs roues qui engrènent les unes dans les autres. *Engrenure, position* respective de deux roues dont l'une engrène dans l'autre.» Le mot *engrenage* exprime donc, plus qu'*engrenure,* un idée d'ensemble, de combinaison. (Voir *position, disposition,* 57.)

Applic. L'*engrenage* de ces roues entre elles et avec ce pignon est parfaitement combiné. — L'*engrenure* de ces roues est bien faite (*Acad.*).

### 202. BOURSOUFLAGE, BOURSOUFLURE.

Enflure. — « *Boursouflage* ne se dit qu'au figuré, en parlant du

---

(*a*) La même nuance qui distingue *caqueterie* de *caquetage,* distingue aussi *bavarderie* de *bavardage, rabâcherie* de *rabâchage, clabauderie* de *clabaudage, radoterie* de *radotage.*

style : Un style plein de *boursouflage*. *Boursouflure* se dit au propre et figuré : Avoir de la *boursouflure* dans le visage ; la *boursouflure* du style » (*Acad.*). Mais *boursouflure* du style dit moins que *boursouflage* : ce dernier, à cause de sa terminaison, exprime une idée d'ensemble et de complication ; il fait entendre non-seulement que le style est boursouflé partout, dans tout son ensemble, mais aussi qu'il est embarrassé et obscur.

APPLIC. Quelques expressions suffiront pour qu'il y ait de la *boursouflure* dans une phrase d'un discours ; mais on n'aurait pas le droit d'en conclure qu'il y a du *boursouflage* de style dans tout le discours. — Ils ont rêvé qu'à l'origine des choses et des êtres, l'homme ne fut lui-même qu'une *boursouflure* de fange échauffée par le soleil (*Lamartine*).

---

# § 7. IS.

Cette terminaison marque un assemblage, un mélange, ou un amas confus, résultant ordinairement d'une action.

### 203. RAMAS, RAMASSIS.

Assemblage de diverses choses. — *Ramas* se dit d'objets que l'on regarde comme étant de peu de valeur ou réunis sans goût, sans discernement : « Il a fait un *ramas* de toutes sortes de vieux livres » (*Acad.*). Le *ramassis* est un assemblage de choses sans valeur aucune et ramassées sans choix : « Un *ramassis* de papiers inutiles » (*Id.*). Dans un *ramas*, il peut se trouver de bonnes choses ; tout est mauvais dans un *ramassis*. Le contraire paraît avoir lieu quand ces mots se disent des personnes : « Un *ramas* de bandits, de vagabonds ; la population de ce quartier est un *ramassis* d'étrangers » (*Id.*).

APPLIC. Faire un *ramas* de tableaux bons et mauvais (*Acad.*). Ce discours n'est qu'un *ramas* de lieux communs (*Id.*). Ce livre n'est qu'un *ramassis* de vieilles anecdotes (*Id.*).

### IS ET MENT.

### 204. GAZOUILLIS, GAZOUILLEMENT.

« Petit bruit agréable que font les oiseaux en chantant, les ruisseaux en coulant » (*Acad.*). — *Gazouillis* exprime un mélange confus de ces sortes de bruits, l'effet de plusieurs *gazouillements* qui se croisent; c'est pourquoi il ne convient pas si l'on parle du ramage d'un seul oiseau. Ensuite, *gazouillis* n'éveille pas, comme *gazouillement*, l'idée d'une action et n'est pas relatif à l'objet qui gazouille, aussi l'on ne dit pas faire taire le *gazouillis*, mais faire taire le *gazouillement* des oiseaux.

A_PPLIC_. Le *gazouillis* confus des oiseaux mêlé au *gazouillement* d'un ruisseau limpide, forme une musique qui porte naturellement à la rêverie.

### 205. LOGIS , LOGEMENT.

Lieu où on loge, où l'on établit sa demeure. — *Logis* signifie d'une manière absolue 1° le lieu où on loge, le *chez soi* considéré en lui-même, avec tout ce qui le constitue, tout ce qui forme l'ensemble d'une habitation; 2° la maison même tout entière avec ses dépendances. Le mot *logement* est relatif à la personne et à l'action. « Ce mot, dit Beauzée, renferme l'idée accessoire d'une destination personnelle et s'adapte avec tout ce qui caractérise la destination : mon *logement*, votre *logement*, le *logement* du concierge; » c'est-à-dire, le *logement* qui m'appartient, qui est le vôtre, le *logement* qui est au concierge. On dit : « Penser à son *logement*, pourvoir à son *logement*; » c'est-à-dire, penser à se loger, chercher le moyen de se loger : on ne dirait pas pourvoir à son *logis*; et, penser à son *logis* ne signifierait rien autre que penser à son *chez soi.*

Les définitions de l'Académie confirment cette distinction : « *Logis*, habitation, maison. Corps de *logis*, masse ou partie principale d'un bâtiment. *Logis* désigne quelquefois la maison de celui qui parle : On m'attend au *logis*; » c'est-à-dire, chez moi, à la maison; on m'attend au *logement*, serait une locution impropre. «*Logis* se dit aussi d'une hôtellerie : le Cheval-Blanc est un bon *logis*» (*Acad.*); c'est qu'ici on caractérise l'établissement même, la nature, le genre de maison. « *Logement* signifie en général le lieu où on loge et plus particulièrement le domicile habituel, le lieu où on habite ordinairement : Je voudrais trouver un logement pour cette nuit; » c'est-à-dire, je voudrais trouver à me loger. « Son *logement* est sur le jardin; » c'est-à-dire, le *logement* qu'il occupe, etc. Le *logis*, dit Condillac, est une maison où on loge, le *logement* est la partie qu'on occupe dans cette maison.

L'Académie fait encore observer que *logement* se dit des *logis* désignés pour le roi et pour les personnes de sa suite, dans un voyage, ainsi que des troupes que l'on loge chez des particuliers :

c'est qu'en effet dans ces deux cas le sens est relatif aux personnes, la destination est parfaitement marquée ainsi que l'action.

**Applic.** O dieux hospitaliers ! que vois-je ici paraître ? dit l'animal chassé du paternel *logis* (*La Fontaine*). Il a son *logement* dans ce pavillon (*Acad.*). Son *logement* consiste en trois ou quatre pièces (*Id.*). C'est un des meilleurs *logis* de la route (*Id.*).

## 206. PATURE, PATIS, PATURAGE.

Lieu où paissent les animaux. — Le premier sens du mot *pâture* est de désigner ce qui sert à la nourriture des bêtes, des oiseaux et même des poissons (*Acad.*); mais il se dit aussi du lieu où croît la nourriture des animaux qui paissent : dans ce sens, qui est commun aux trois mots, ils sont synonymes ; voici en quoi ils diffèrent : « Le *pâturage* est un champ où le bétail pâture et se repaît. Le *pâtis* est une terre où l'on met paître le bétail. La *pâture* est un terrain inculte où le bétail trouve quelque chose à paître. On dit de gras *pâturages*, un simple *pâtis*, une vaine *pâture*. *Pâturage* marque et la propriété de la terre et l'abondance de la production propre au bétail, et l'usage qu'on en fait : le bétail y *pâture*, c'est-à-dire qu'il y prend la nourriture qui lui convient et qui lui suffit; l'herbe est sa réfection. *Pâtis* rappelle seulement l'action simple de paître ; le bétail y trouve à paître, c'est-à-dire de l'herbe à brouter ou à manger sur pied. *Pâture* ne se prend, dans l'acception présente, que pour un lieu vain et entièrement négligé, qui ne peut donner qu'une herbe rare, courte et pauvre » (*Roubaud*).

Le *pâturage* est cultivé, entretenu ; la *pâture* ne l'est pas ; le *pâtis* non plus, mais il a naturellement beaucoup plus d'herbe que la *pâture* ; il peut même être gras et fertile.

**Applic.** Ce n'était qu'un *pâtis*, j'en ai fait un *pâturage* (*Acad.*). Des friches, des terrains négligés ou abandonnés, de mauvaises terres qui ne sont ni en prés ni en labour, sont des *pâtures* (*Roubaud*). La Normandie est riche en excellents *pâturages* où l'on engraisse les bœufs. — Je vous enseignerai les *pâtis* les plus gras (*La Fontaine*).

## 207. TREILLIS, TREILLAGE.

Ouvrage de métal ou de bois formant de petits carrés ou des losanges. — « Le *treillis* est un ouvrage de métal ou de bois qui imite les mailles en losange d'un filet, et qui sert de clôture, sans intercepter l'air ni la vue : *Treillis* de fer pour un parloir; il y a un *treillis* de bois à cette fenêtre ; garde-manger de *treillis*. Le *treillage* est un assemblage de perches, de lattes et d'échalas posés horizontalement et verticalement et liés l'un à l'autre par petits carrés pour former des berceaux, des palissades ou des espaliers dans les jardins » (*Acad.*).

**APPLIC.** Il y a sur les fenêtres de cette église des *treillis* de fil d'archal pour conserver les vitraux (*Acad.*). Cette allée est terminée par un grand berceau de *treillage* (*Id.*).

---

# § 8. **ANCE** OU **ENCE**.

Cette terminaison marque une manière d'être, un état durable, permanent. « Ainsi, fait observer Roubaud, la *repentance*, mot autrefois très-usité, est au *repentir* ce que la *pénitence* est à la *peine* : le *repentir* et la *peine* peuvent être bornés à un acte, à un mouvement, à un sentiment passager ; mais la *repentance* et la *pénitence* annoncent une durée, une sucession, un exercice, ou une souffrance continue ou habituelle de *repentir* et de *peine*. La *souvenance*, mot également disgracié, n'est pas un simple *souvenir*, quelquefois momentané, accidentel, fugitif ; c'est un *souvenir* durable, constant, fidèle, toujours plus ou moins présent en quelque sorte. La même différence est très-sensible dans *déplaisir* et *déplaisance*. »

### 208. ESPOIR. ESPÉRANCE.

Attente d'un bien que l'on désire. — « *Espoir* n'indique qu'un sentiment peut-être passager, une disposition actuelle, tandis qu'*espérance* désigne plutôt une disposition habituelle, un état ou une modification plus ou moins constante. L'*espérance* fait des actes ; elle habite pour ainsi dire en nous ; tandis que nous n'avons souvent qu'un *espoir* léger, instantané, qui passe, qui s'éclipse comme une lueur, un éclair. L'*espérance* s'étend sur tous les genres de bien que nous désirons obtenir, avec plus ou moins de penchant à croire que nous les obtiendrons. L'*espoir* s'adresse proprement à cette sorte de biens dont nous désirons ardemment la possession, et dont la privation serait pour nous un malheur. Le désir et la crainte qui accompagnent l'*espoir*, sont toujours plus ou moins vifs ; il n'en est pas toujours de même dans l'*espérance*. L'*espoir*, tout détruit, mènerait au désespoir : l'*espérance*, trompée, ne nous laisse souvent dans le cœur qu'un sentiment de peine » (*Roubaud*). Ajoutons que l'*espérance*, toujours moins vive que l'*espoir*, repose sur des bases bien plus assurées.

**Applic.** *L'espérance* nous accompagne jusqu'au tombeau.—C'est là mon dernier *espoir* (*Acad.*). *L'espérance* fait vivre (*Id.*). On est sans *espérance* de parvenir à un poste, et sans *espoir* de rétablir sa fortune (*Roubaud*). Lorsqu'on a tout perdu, lorsqu'on n'a plus d'*espoir*, la vie est un opprobre (*Voltaire*). Un sou, quand il est assuré, vaut mieux que cinq en *espérance* (*La Fontaine*).

## 209. ORDRE, ORDONNANCE.

Disposition, arrangement (*a*). — *L'ordre* est la disposition des objets placés au rang qui leur convient naturellement ou qui leur convient le mieux. L'*ordonnance* est la disposition arrêtée et suivie par celui qui a disposé : c'est un arrangement conçu par lui et qui n'a dépendu que de sa volonté. *L'ordre* peut ne pas exister, c'est alors du désordre ; l'*ordonnance*, bonne ou mauvaise, dès qu'elle est produite, existe et constitue un état permanent de choses.

**Applic.** Souvent il y a défaut d'*ordre* dans l'*ordonnance* d'un ouvrage. —L'*ordonnance* est bien entendue dans ce tableau (*Acad.*). Il n'y a point d'*ordre* dans ce discours (*Id.*).

## ANCE et ION.

### 210. OBSERVANCE, OBSERVATION.

Action d'observer ce qui est prescrit par une loi, par un règlement. — *Observance* n'est usité qu'en matière de religion : *observation* se dit dans tous les cas, même en matière religieuse : « L'*observation* des commandements de Dieu » (*Acad.*). Mais par rapport aux choses de la religion, *observance* se dit de la pratique constante, entière, absolue de la loi ou de la règle ; et *observation* se dit d'un acte particulier, d'une action conforme à tel ou tel article du règlement ou de la loi. En effet, la terminaison *ance* désigne l'état permanent des choses et la terminaison *ion* marque l'action et l'acte.

**Applic.** On loue un religieux de son zèle pour l'exacte *observance* des constitutions de son ordre ; on louera des gentils de leur zèle pour l'*observation* de la loi naturelle (*Roubaud*). Les Pharisiens se glorifient de l'exacte *observance* des cérémonies de la loi (*Bossuet*). L'amour de la loi est devenu une passion dans le peuple anglais, parce que chacun est intéressé à son *observation* (*Voltaire*).

---

(*a*) Dans le sens de *commandement*, ces deux mots ne sont guère synonymes, et il n'y a pas à craindre qu'on les prenne l'un pour l'autre.

### 211. VACANCES, VACATIONS.

« Ces deux noms pluriels marquent le temps auquel cessent les exercices publics.—*Vacances* se dit de la cessation des études publiques dans les écoles et dans les colléges; *vacations*, de la cessation des séances des gens de justice. Le temps des *vacances* semble plus particulièrement destiné au plaisir; c'est un relâche accordé au travail afin de reprendre de nouvelles forces. Le temps des *vacations* semble plus spécialement destiné aux besoins personnels des gens de justice, c'est une interruption des affaires publiques accordée aux gens de loi, afin qu'ils puissent s'occuper des leurs. »

« On peut dire *vacances*, en parlant des séances des gens de justice; parce que ce temps étant abandonné à leur disposition, ils peuvent à leur gré l'employer à leurs affaires personnelles ou à leur récréation : dans le premier cas, ils sont en *vacations*; dans le second cas, ils sont en *vacances* » (*Beauzée*).

Applic. Les écoliers perdent le temps durant les *vacances*; les avocats étudient durant les *vacations* (*Beauzée*). J'ai fait cet ouvrage durant les *vacations* (*Acad.*) (*a*).

### 212. ADHÉRENCE. ADHÉSION.

« Union, jonction, état d'une chose qui tient à une autre » (*Acad.*). — « Ces deux termes, dit Laveaux, s'emploient souvent l'un pour l'autre. Cependant *adhérence* a plus de rapport à l'état; et *adhésion* en a davantage à la propriété, à la force qui produit cet état » (Voir 84).

Applic. L'*adhérence* ne subsiste plus quand les corps sont séparés; pour les séparer il faut vaincre l'*adhésion* (*Laveaux*).

### 213. COHÉRENCE, COHÉSION.

Union intime des parties d'un tout. — Il y a entre ces mots la même différence qu'entre *adhérence* et *adhésion*. La *cohérence* est l'état : la *cohésion* est la propriété, la force qui fait que les parties sont unies pour former un tout.

Applic. La *cohérence* des tissus s'aperçoit dans tous les corps organisés. Le calorique combat dans les corps la force de *cohésion*.

### 214. DÉGÉNÉRESCENCE, DÉGÉNÉRATION.

Abâtardissement, altération. — « La *dégénération* est une ac-

---

(*a*) C'est un homme de loi qui parle.

tion par laquelle un corps éprouve un changement qui lui fait perdre son caractère générique. *Dégénérescence* est un terme employé par les médecins en parlant des tissus qui ont changé de nature » (*Laveaux*). Buffon a employé ce mot dans le sens de signe ou caractère de *dégénération.*

**Applic.** Dans les animaux, le blanc est un état de *dégénérescence* (*Buffon*). Par une culture bien entendue on prévient la *dégénération* des plantes.

---

# § 9. **IVE** ET **IF.**

Ces terminaisons, qui sont identiques, expriment la faculté ou la puissance d'agir, la vertu, la propriété de faire. Elles affectent un très-petit nombre de mots ayant de la synonymie avec d'autres ; et la plupart de ceux-ci ont la terminaison *ion*, qui marque l'action, la force ou puissance agissant actuellement. Cette distinction est bien marquée dans les mots suivants, qui ne sont pas synonymes : *Locomotive*, machine qui a la puissance de produire la *locomotion*, c'est-à-dire l'action de changer de place ; principe *végétatif*, qui a la faculté, la puissance de produire la *végétation* ou action de végéter.

### 215. MOBILE, MOTIF.

« Ce qui meut et porte à faire quelque chose » (*Acad.*), — Le *mobile* met en mouvement ; il nous pousse, nous excite à agir : le *motif* est la raison, la cause qui nous détermine à faire ou à ne pas faire. Le premier est nécessairement et toujours cause d'action ; le second est souvent cause d'inaction : « Quel est le *motif* qui vous retient ? » Le *mobile* est le sentiment, la passion qui nous meut : le *motif* est la raison, le pourquoi de nos actes, de nos déterminations, ou bien le but de nos actions : « Par quel *motif* a-t-il fait cela ? (*Acad.*) ; c'est-à-dire, par quelles raisons ? « Exposer ses *motifs* ; » c'est-à-dire, ses raisons. « Il n'a point eu d'autre *motif* que celui de la gloire de Dieu » (*Acad.*) ; il n'a point eu d'autre but.

Nous cédons aux *mobiles*; notre esprit pèse les *motifs*, les apprécie et adopte l'un de préférence à l'autre ; si je dis de quelqu'un : « L'argent est son unique *mobile* » (*Acad.*) ; je représente cet homme comme entraîné à agir par son amour de l'argent ; si je dis : « L'intérêt est le seul *motif* qui le fait agir » (*Id.*) ; je le représente comme prenant son intérêt pour but de toutes ses actions, et le consultant dans toute affaire.

**Applic.** L'amour du bien public fut le *mobile* de toutes ses actions (*Acad.*). Il n'est pas vrai que l'intérêt personnel soit le *mobile* le plus puissant de la conduite des hommes (*M^me de Staël*). Tel a été son *motif* pour agir de la sorte (*Acad.*). L'avare ne manque jamais de *motifs* pour refuser (*Boiste*). Le *motif* seul fait le mérite des actions (*La Bruyère*).

## IVE et ION.

### 216. IMAGINATIVE, IMAGINATION.

Faculté d'imaginer. — « L'*imaginative*, dit l'Académie, est la faculté, la puissance par laquelle on imagine : l'*imagination* est la faculter d'imaginer ; » c'est-à-dire, la faculté qui imagine. Dans le premier cas on a en vue le pouvoir de la faculté, ce qu'elle peut ; dans le second cas, c'est l'action de la faculté, ce qu'elle fait. Ainsi, en littérature et dans les beaux-arts, *imagination* se dit particulièrement de la faculté d'inventer, de concevoir, jointe au talent de rendre vivement ses conceptions (*Acad.*).

**Applic.** Sans *imaginative*, point d'*imagination*. — Quand je veux, j'ai l'*imaginative* aussi bonne, en effet, que personne qui vive (*Molière*). Son *imagination* va toujours au-delà de la réalité (*Acad.*).

### 217. NÉGATIVE, NÉGATION.

#### AFFIRMATIVE, AFFIRMATION.

Les deux premiers mots éveillent chacun l'idée renfermée dans le verbe *nier* : les deux autres, l'idée renfermée dans le verbe *affirmer*. — La *négative* est en logique une proposition qui a la propriété de nier : « Persister dans la *négative* » (*Acad.*). La *négation* est l'action de nier ; c'est l'acte de l'esprit qui nie : toute *négation* consiste à soutenir une proposition *négative*.

En grammaire, ces deux mots se disent des particules *ne, ni, non* ; mais quand on dit que ce sont des *négatives*, on entend que ces mots ont la propriété de donner à la phrase le sens *négatif* ; et quand on dit que ce sont des *négations*, on les considère comme les signes représentatifs de l'acte que fait l'esprit quand il nie. La différence est la même entre *affirmative* et *affirmation*.

**Applic.** L'un soutenait l'*affirmative*, l'autre la *négative* (*Acad.*). Toute proposition contient *affirmation* ou *négation* (*Id.*). En latin, deux *négations* valent une *affirmation* (*Id.*). Les mots *ne, ni, non*, sont les seuls qui aient la propriété de nier : notre langue n'a point d'autre *négative*.

## § 10. ÉE.

Cette terminaison présente l'objet dans les éléments qui le composent, qui en font un ensemble, un tout, ou dans son étendue, sa durée, dans les circonstances qui s'y rattachent, etc. « Ainsi, le mot *armée* marque une réunion de troupes en un corps et sous un chef; celui de *ramée*, un assemblage de rameaux et de branches entrelacées; *poignée*, tout ce que contient une main; les mots *année* et *journée* embrassent tout ce qui a rapport à la durée successive de l'*an* et du *jour* » (*Roubaud*).

### 218. AN, ANNÉE.

Espace de temps composé de douze mois. — « L'*an* est un élément déterminé du temps; il est dans la durée ce que le point est dans l'étendue : comme on considère le point sans étendue, on envisage l'*an* sans attention à sa durée » (*Beauzée*). De là vient que l'on dit *an* pour marquer une époque, c'est-à-dire un point de la durée : « L'Amérique fut découverte l'*an* 1492. »

« L'*année* est envisagée comme étant elle-même une durée déterminée et divisible en ses parties : l'*année* a douze mois, 365 jours, quatre saisons. De là vient que l'on qualifie l'*année* par les événements qui en ont rempli la durée » (*Beauzée*). On dit en effet : *année* heureuse, *année* fertile; on ne dirait pas : *an* heureux, *an* fertile.

Ainsi, on considère l'*an* comme un tout indivisible, abstraction faite de la durée ou de tout ce qui peut y avoir rapport. « *Année*, au contraire, exprime la durée de douze mois, relativement aux effets, aux événements qui sont joints ou peuvent être joints à cette durée. « L'*an* passé on craignait la guerre ; » il n'y a dans cette expression aucune idée de durée; la crainte de la guerre existait à cette époque. « L'*année* passée on a fait marcher sans cesse des troupes de province en province; » ici l'on voit l'idée de durée, car ce mouvement successif de troupes n'a pu se faire que dans une durée de temps divisible » (*Laveaux*).

Applic. Il a dix *ans* de service (*Acad.*). Après une *année* passée en province, il est revenu à Paris (*Id.*). Charlemagne fut couronné empereur l'*an* 800. —L'*année* heureuse est celle qu'on passe sans ennui et sans infirmité (*Girard*). On souhaite la bonne *année* et non le bon *an* (*Laveaux*).

## 219. MATIN. MATINÉE; SOIR. SOIRÉE.

Parties du jour. — Il y a entre ces mots la même différence qu'entre *an* et *année* (*a*) : quand on dit le *matin*, le *soir*, on considère ces parties du jour en elles-mêmes comme des éléments indivisibles du temps ; mais la *matinée*, la *soirée* ont de la durée, sont des espaces divisibles et comprennent des événements qui se succèdent.

**Applic.** Il déjeune tous les *matins* avec du chocolat (*Acad.*). Il n'a rien fait de toute la *matinée* (*Id.*). J'irai chez vous demain *matin* ou demain *soir* (*Id.*). Il passe toutes ses *soirées* chez son voisin (*Id.*). En hiver, les *soirées* sont longues (*Id.*).

## 220. JOUR. JOURNÉE.

L'idée commune à ces deux mots est celle de la durée pendant le temps que le soleil est au-dessus de l'horizon. — « Le *jour*, dit avec raison Laveaux, exprime une durée et il est susceptible d'être divisé, aussi l'a-t-il été de plusieurs manières par les peuples divers (*b*). On appelle *jour* artificiel le temps de la lumière qui est déterminé par le lever et le coucher du soleil, et *jour* naturel celui qui est composé de 24 heures, depuis minuit jusqu'au minuit suivant. Ces diverses acceptions du mot *jour* n'ont rapport qu'à la physique et au temps. Mais l'espace de temps auquel on a donné ce nom a des rapports essentiels avec nous ; et l'on appelle *journée* cet espace considéré sous ce point de vue. Ainsi la *journée* en ce sens est l'espace de temps qui s'écoule pour nous, depuis l'heure où nous nous levons jusqu'à celle où nous nous couchons. Une *journée* est heureuse ou malheureuse, agréable ou désagréable, triste ou gaie, à raison des événements relatifs à nous, qui s'y passent. On donne aussi le nom de *journée* au travail que l'on fait dans le courant d'une *journée*, et souvent au salaire même du travail. »

« Il a fait un beau *jour* se dit relativement à la pureté de l'air, à l'état de l'atmosphère. Il a fait une belle *journée* se dit relativement aux actions, aux travaux, aux desseins que ce beau *jour*

---

(*a*) On peut y joindre aussi *après-dîner, après-dînée, après-souper, après-soupée*.

(*b*) Beauzée et d'autres synonymistes se sont trompés lorsqu'ils ont dit que le mot *jour* est à *journée* ce que le mot *an* est à *année*. Nous avons vu qu'on ne dit pas un *an* heureux, ni un bel *an* ; l'on dit fort bien un heureux *jour*, un *jour* malheureux, un beau *jour*, un *jour* superbe. En outre le *jour* se divise en matin et soir, et l'on dit : le matin du second *jour*, le soir du troisième *jour* ; tandis qu'on ne dirait pas : le printemps du premier *an*, l'hiver du troisième *an*.

a ou doit avoir favorisés. Le lever du soleil nous annonçait un beau *jour*, nous en profitâmes pour faire une partie de chasse, et nous eûmes une belle *journée.* »

Ajoutons que si l'on dit : « C'est le plus beau *jour* de ma vie, » c'est que l'on prend ce jour comme une des unités qui forment le nombre de jours dont se compose la vie.

**APPLIC.** Elle se vit douze *jours* après contrainte de prendre la fuite (*Bossuet*). Une seule *journée* d'un sage vaut mieux que toute la vie d'un sot (*Boiste*). La jeunesse laisse fuir ses *jours* sans y penser, semblable à l'insensé qui porte de l'eau dans un crible (*Lemontey*). La *journée* fut très-belle, nous n'eûmes pas une goutte de pluie (*Acad.*).

### 221. RANG, RANGÉE.

Disposition de plusieurs objets sur une même ligne. — *Rang* se dit des personnes et des choses ; *rangée*, seulement des choses (*Acad.*). Ces mots ne peuvent donc être synonymes que dans le sens que nous avons d'abord indiqué.

*Rang* exprime la ligne considérée en elle-même : « Une écurie à un ou plusieurs *rangs* de chevaux ; remettre un livre à son *rang* » (*Acad.*), c'est-à-dire sur la ligne où il se trouvait d'abord. *Rangée* présente la ligne avec l'idée des choses qui y entrent, qui forment un tout bien ordonné : aussi *rangée* ne s'emploie-t-il qu'avec les noms désignant les objets qui la composent : « Une *rangée* d'arbres, une *rangée* de maisons » (*Acad.*) ; tandis que *rang* s'emploie très-bien seul et absolument : « Garniture à deux *rangs* » (*Id.*).

**APPLIC.** Elle avait plusieurs *rangs* de dentelle sur sa robe (*Acad.*). L'avenue du château est formée par une double *rangée* de beaux arbres.

### 222. HYMEN, HYMÉNÉE.

Mariage. — *Hymen* annonce purement et simplement le mariage ; *hyménée* le désigne dans toute son étendue, ses suites, ses dépendances et ses rapports. L'*hymen*, c'est la célébration du mariage et les noces ; les époux restent sous les lois de l'*hyménée* : le premier forme les nœuds, le second les tient indissolublement serrés (d'après *Roubaud*).

**APPLIC.** L'*hymen* va succéder à vos longues amours (*Racine*). L'*hyménée* est un joug, et c'est ce qui m'en plaît (*Boileau*).

### 223. RENOM, RENOMMÉE.

Réputation. — « Le *renom* ajoute au *nom* (voir 17), la *renom*-

*mée* ajoute au *renom*. La *renommée* est un très-grand nom, u
nom partout connu, le *renom* qui a le plus d'éclat et de durée, un
réputation aussi haute que vaste. Ce mot, par la valeur de sa ter
minaison, annonce l'assemblage, une réunion, un corps, un résul
tat de divers jugements, d'une foule de suffrages, des différente
réputations acquises par une suite de faits, etc. Par le *nom* vou
êtes connu, distingué ; par le *renom*, on fait du bruit, on a de l
vogue ; par la *renommée* vous êtes fameux, tout est rempli de vo
tre nom » (*Roubaud*).

Applic. Paris, Rome, Constantinople, sont des villes de grand *renor*
(*Acad.*). Que de grands hommes qui n'ont jamais vu leur *renommée!* L'au
teur du *Paradis perdu* n'eut d'autre *renom* que celui de républicain fou
gueux : sa *renommée* naquit longtemps après sa mort (*Roubaud*). Tout
coterie prend pour devise : Nul n'aura de *renom* que nous et nos ami
(*Boiste*).

### 224. VOL, VOLÉE.

Action de voler dans l'air, faite par les oiseaux et les insectes ailés. — « La terminaison *ée*, dit Roubaud, ajoute, dans *volée*, à l'i-
dée de *vol,* la suite, la succession, le prolongement, la diversité, l
liberté, les particularités de l'action. Ainsi, dans une autre acception, la *volée* marque la multitude, la troupe, la bande, la pluralité : « Une *volée* de perdreaux. » Le *vol* est donc l'action de s'é-
lever dans les airs, et d'en parcourir un espace, la *volée* est un *vo*
soutenu et prolongé ou varié. Le *vol* de la perdrix n'est pas long
les hirondelles passent, dit-on, la mer tout d'une *volée*. »

Applic. Le chardonneret a le *vol* bas (*Buffon*). Les anciens observaient
curieusement le *vol* des oiseaux, pour en tirer des présages (*Acad.*). On
dit que les hirondelles traversent quelquefois la Méditerrauée tout d'une
*volée* (*Id.*).

### ÉE ET ION.

### 225. DESTIN, DESTINÉE, DESTINATION.

« Ces mots désignent, par leur valeur étymologique, une chose
*stable,* arrêtée, fixée, ordonnée, statuée, déterminée d'avance. —
Par la terminaison du mot, la *destinée* annonce particulièrement la
chaîne, la succession, la série des événements qui remplissent le
*destin*. De la formation et du genre des mots, il résulte aussi que
le *destin* est ce qui *destine* ou *prédestine ;* et la *destinée*, la chose
ou la suite des choses qui est *destinée* ou *prédestinée*. »

« Le *destin*, le plus grand des dieux de la mythologie grecque, règle, dispose, ordonne d'une manière immuable. La *destinée* est le sort réglé, disposé, ordonné par les décrets immuables du *destin*. Le *destin* veut, et ce qu'il veut est notre *destinée*. L'un désigne plutôt la cause et l'autre l'effet. Le *destin* est contraire ou propice : la *destinée* heureuse ou malheureuse » (*Roubaud*).

« *Destin* emporte une idée de fatalité, de nécessité, de prédétermination absolue, de force invincible » (*Id.*). *Destinée* rappelle l'idée de tout ce qui compose notre vie sur la terre ; il se dit même quelquefois pour vie, existence : « Finir sa *destinée* » (*Acad.*).

La *destination* est l'emploi d'une personne ou d'une chose pour un objet, pour un usage déterminé : « La *destination* de l'homme ici-bas » (*Id.*). Ce mot ne peut être synonyme des deux autres que quand on parle d'une personne et dans le sens indiqué par l'exemple précédent. Ce qui le distingue de *destin* et de *destinée*, c'est que *destination* marque l'action avec intention de la part de l'agent d'atteindre un but : si un père destiné son fils au barreau, il y a *destination*. Le *destin* est aveugle, la *destinée* est son ouvrage ; ces deux mots emportent une idée de fatalité, de hasard : la *destination* est l'exécution d'un plan, d'un projet ; c'est l'œuvre d'une intelligence.

Applic. Son *destin* le voulait ainsi (*Acad.*). Souffre que je suive ce que les *destins* ont marqué (*Fénelon*). On ne peut se dérober à sa *destinée* (*Acad.*). Notre première *destination* n'est pas l'exercice des facultés intellectuelles, mais l'accomplissement de nos devoirs (*M^me de Staël*). On rencontre sa *destinée* souvent par des chemins qu'on prend pour l'éviter (*La Fontaine*).

## ÉE ET AGE.

### 226. NUE, NUÉE, NUAGE.

Amas de vapeurs élevées dans l'air et qui se résolvent ordinairement en pluie. — « *Nue* est le mot simple ; il désigne des vapeurs élevées et condensées dans les airs. *Nuée* est un mot composé ; et, comme les substantifs dérivés d'un autre et distingués par cette terminaison, il désigne les circonstances particulières de la chose, un amas de vapeurs épaisses, sombres, menaçantes, grosses de pluie et prêtes à crever. *Nuage* est également composé de *nué*, et par la terminaison *age* il désigne particulièrement l'action ou l'effet produit par l'interposition de la chose, celui de cacher, de couvrir, d'obscurcir, d'offusquer » (*Roubaud*).

« Ainsi l'idée de *nue* fait penser à l'élévation ; celle de *nuée*, à la quantité et à l'orage ; et celle de *nuage*, à l'obscurité. On dit donc d'un oiseau qu'il se perd dans les *nues,* pour dire qu'il s'élève fort haut dans la région de l'air; qu'une *nuée* s'étend vers la droite, pour marquer ce qui est exposé aux accidents dont elle menace; et qu'un *nuage* ne tardera point à crever, pour indiquer qu'il est extraordinairement condensé et noir. »

« Ces idées accessoires deviennent presque les principales dans le sens figuré. On dit : « Élever quelqu'un jusqu'aux *nues,* » pour dire le louer excessivement; « Tomber des *nues,* » pour dire être surpris, étonné, comme on l'est quand on tombe de haut : on voit dominer dans toutes ces phrases l'idée d'élévation. — On dit figurément : « Une *nuée* d'hommes, d'oiseaux, d'animaux : » l'idée de quantité est ici dominante. — Enfin l'on dit : « Un *nuage* de poussière, » pour marquer l'obscurcissement de l'air par la quantité de poussière qui y est élevée; « Avoir un *nuage* devant les yeux, » pour désigner quelque chose que ce soit qui empêche de voir distinctement; et plus figurément encore, on appelle *nuages* les doutes, les incertitudes et les ignorances de l'esprit humain. Ici c'est l'idée d'obscurité qui est principalement envisagée » (*Beauzée*).

Applic. Cette montagne a son sommet au-dessus des *nues* (*Acad.*). L'un a peur de ramper et se perd dans la *nue* (*Boileau*). Il pleuvra furieusement à l'endroit où cette *nuée* crèvera (*Acad.*). Le soleil dissipe les *nuages* (*Id.*). La vérité a percé le *nuage* qui la couvrait (*Id.*). Les passions produisent des *nuages* qui nous dérobent les vérités les plus sensibles (*Nicole*).

## 227. FEUILLÉE, FEUILLAGE.

Amas de branches, avec leurs feuilles. — La *feuillée* est un couvert formé de branches d'arbres garnies de feuilles : « Danser sous la *feuillée* » (*Acad.*). *Feuillage* est un nom collectif désignant la réunion, l'ensemble des feuilles attachées aux branches d'un ou de plusieurs arbres : « Le *feuillage* de cet arbre est très-beau » (*Id.*). Il se dit aussi de petites branches garnies de feuilles et détachées de l'arbre ou d'un amas de feuilles cueillies : « Un arc de triomphe fait de *feuillage.* Un lit de *feuillage* » (*Acad.*).

Applic. Danser sous la *feuillée* (*Acad.*). La porte était ornée de *feuillage* (*Id.*). Encor si vous naissiez à l'abri du *feuillage* dont je couvre le voisinage (*La Fontaine*).

## § 11. TÉ, ESSE, ICE.

Ces terminaisons expriment la qualité abstraite, c'est-à-dire la qualité considérée séparément de l'objet et existant essentiellement par elle-même. Ainsi les substantifs qui ont l'une de ces terminaisons sont généralement des noms abstraits, tels que la *vérité*, la *facilité*, la *petitesse*, la *souplesse*, la *justice*, qui sont les noms des qualités exprimées par les adjectifs *vrai*, *facile*, *petit*, *souple* et *juste*.

### 228. SOMMET, SOMMITÉ.

Partie la plus élevée de certaines choses. — Le *sommet* d'une chose entre dans la totalité de cette chose : c'est la partie qui est supérieure à toutes les autres. Ce mot emporte donc une idée d'étendue plus ou moins grande. Le *sommet* est matériel, il est divisible lui-même en parties ; il renferme ou il peut comprendre des objets divers : « Un *sommet* de forme conique ; La partie orientale du *sommet* ; Le *sommet* de la montagne est couvert d'arbres. »

*Sommité* est un terme abstrait qui éveille simplement l'idée de hauteur : c'est l'extrémité tout à fait supérieure de la chose, le point culminant. Ce mot s'emploie figurément en littérature pour désigner les points principaux d'un sujet que l'on traite sans l'approfondir.

Applic. Une partie des Alpes est couverte d'énormes *sommets* de glaces qui s'accroissent incessamment (*J.-J. Rousseau*). Ne prenez que la *sommité* de ces herbes (*Acad.*). Cet auteur n'a traité que les *sommités* de son sujet (*Id.*).

### 229. SIMPLICITÉ, SIMPLESSE.

Qualité d'une personne qui est simple moralement, c'est-à-dire qui est naturellement bonne, sans malice. — « La *simplicité* est la vérité d'un caractère naturel, innocent et droit, qui ne connaît ni le déguisement, ni le raffinement, ni la malice : la *simplesse* est l'ingénuité d'un caractère bon, doux et facile, qui ne connaît ni la dissimulation, ni la finesse, ni pour ainsi dire le mal. La *simplicité*, toute franche, montre le caractère à découvert : la *simplesse*, toute cordiale, s'y abandonne sans réserve. Avec la *simplicité*, on parle du cœur : avec la *simplesse*, on parle de toute l'abondance du cœur. Autant la *simplicité* est naturelle, autant la *simplesse* est naïve. La *simplicité* tient à une innocence pure, la *simplesse* à une bonhomie charmante. Nicole et La Fontaine étaient des hommes simples : dans Nicole c'était de la *simplicité*, et dans La Fontaine de la *simplesse* » (*Roubaud*).

APPLIC. On pardonne à celui qui pèche par *simplicité* : il a mal fait sans malice. On consolera même celui qui a péché par *simplesse*; il a mal fait sans le vouloir et même à bonne intention (*Roubaud*).

### 230. DÉITÉ, DÉESSE.

« Divinité fabuleuse du sexe féminin » (*Acad.*). — *Déité* marque la qualité essentielle, la nature divine et répond au mot *divinité* : *déesse* marque simplement le titre et se dit par conséquent de l'attribution. Le mot *déité* exprimant l'idée de *nature divine*, se dit aussi des divinités mâles : du reste ce mot n'est guère employé qu'en poésie et dans le style élevé.

APPLIC. Minerve, *déesse* de la sagesse, était une noble et puissante *déité*.

### 231. MALICE, MALIGNITÉ.

### (Malin, malicieux.)

Inclination à nuire, à faire de la peine. — « Il y a dans la *malice* de la facilité et de la ruse, peu d'audace, peu d'atrocité. Le *malicieux* veut faire de petites peines et non causer de grands malheurs; quelquefois il veut seulement se donner une sorte de supériorité sur ceux qu'il tourmente : il s'estime de pouvoir le mal, plus qu'il n'a de plaisir à en faire. — Il y a dans la *malignité* plus de suite, plus de profondeur, plus de dissimulation, plus d'activité que dans la *malice*. — Le substantif *malignité* a une tout autre force que son adjectif *malin* : on permet aux enfants d'être *malins*; on ne leur passe la *malignité* en quoi que ce soit, parce que c'est l'état d'une âme qui a perdu la bienveillance : on leur passe des *malices*; on va quelquefois jusqu'à les y encourager, parce que sans tenir à rien de révoltant, la *malice* suppose une sorte d'esprit dont on peut tirer parti par la suite. Cette sorte d'indulgence est pourtant dangereuse » (*Encyclopédie et Beauzée*).

APPLIC. La ruse que suppose la *malice* dispose insensiblement à la *malignité*, parce que rien ne coûte à l'amour-propre pour réussir; et de la *malignité* à la méchanceté il y a si peu de distance, qu'il n'est pas difficile de prendre l'une pour l'autre (*Beauzée*).

## TÉ ET ION.

### 232. CONNEXITÉ, CONNEXION.

« Ces mots expriment le rapport, la liaison, la dépendance qui se trouve entre certaines choses. La terminaison du dernier, *ion*, marque l'action de lier ces choses ensemble : la terminaison du premier, *ité*, marque la qualité des choses faites pour être liées ensemble. — La *connexité* est la qualité ou la propriété naturelle en vertu de laquelle la *connexion* a lieu ou peut avoir lieu. Ainsi *connexité* ne dénote qu'un simple rapport qui est dans les choses et dans la nature même des choses : la *connexion* énonce une liaison effective qui est établie entre les choses et fondée sur ce rapport. Par la *connexité* les choses sont faites pour être ensemble : par la *connexion* elles le sont. La *connexité* est, pour ainsi dire, en puissance; la *connexion* est de fait » (*Roubaud*).

Applic. Deux idées ont de la *connexité*, leur *connexion* forme un jugement (*Roubaud*). Deux affaires qui ont de la *connexité* sont, par leur *connexion*, jointes, examinées, discutées, jugées en ensemble (*Id.*).

### 233. VARIÉTÉ, VARIATION.

Diversité d'être ou de manière d'être. — *Variété*, état, qualité de ce qui est divers : *variation*, action de varier. *Variation* marque le passage par plusieurs états successifs ; *variété* marque l'existence de plusieurs objets ou individus d'une même espèce sous des états en partie semblables, en partie différents. « Les changements successifs dans le même sujet, dit l'abbé Girard, font la *variation*. La multitude des différents objets fait la *variété*. Ainsi l'on dit la *variation* du temps, la *variété* des couleurs. »

Applic. Il n'y a point de gouvernement qui n'ait eu ses *variations*; il n'y a point d'espèce qui n'ait une infinité de *variétés* (*d'Alembert*). Si l'on considère les animaux, on y remarquera une *variété* prodigieuse dans leurs parties, leurs fonctions, leur organisation, etc. (*Id.*).

### 234. PERVERSITÉ, PERVERSION.

Ces deux mots renferment dans leur signification une idée commune de corruption. — « *Perversion*, changement de bien en mal, en matière de religion et de morale. *Perversité*, méchanceté, dépravation » (*Acad.*). Ainsi, le mot *perversion* dit ce qui se fait, ce qui a lieu, et exprime par conséquent une action, l'action de changer : le mot *perversité* exprime une mauvaise qualité morale.

Applic. Quand un homme est parvenu à ce point de corruption de n'avoir pas même la conscience de sa *perversité*, il n'y a plus à compter sur lui *(Merlin de Douai)*. La soif des richesses cause la *perversion* des mœurs *(Acad.)*.

### 235. CONTINUITÉ, CONTINUATION.

L'idée d'absence d'interruption est commune à ces deux mots. — « *Continuation* est pour la durée : *continuité* est pour l'étendue. On dit la *continuation* d'un travail et d'une action ; la *continuité* d'un espace et d'une grandeur » *(Girard)*.

Cependant *continuité* se dit aussi d'une durée continue : « La *continuité* du travail ; La *continuité* de ce bruit m'importune » *(Acad.)*. D'autre part, *continuation* peut se dire de l'étendue : « Ce mot, dit l'Académie, signifie aussi la chose qu'on ajoute à une autre pour la prolonger : la *continuation* d'une muraille, d'une allée. » Mais le mot *continuation* éveille toujours une idée d'action et a rapport à un agent. *Continuité* exprime simplement l'état, la qualité de la chose, considérée comme un tout dont les parties se tiennent sans interruption. La *continuation* d'une muraille est un travail ; la *continuation* d'un travail, d'un bruit, dépend de celui qui fait ce travail ou ce bruit ; mais quand je dis la *continuité* du travail me fatigue, la *continuité* de ce bruit m'importune, je considère simplement le travail, le bruit en eux-mêmes et quant à leur qualité d'être non-interrompus.

Applic. Il a trouvé beaucoup de difficultés dans la *continuation* de ce travail *(Acad.)*. La *continuité* du bien en tout genre n'obtient presque jamais la *continuité* de l'admiration *(Mᵐᵉ de Staël)*.

### 236. MATURITÉ, MATURATION.

L'idée exprimée par l'adjectif *mûr* est commune à ces deux mots. — La *maturité* est la qualité de ce qui est mûr ; la *maturation* est l'action de mûrir. Les définitions de l'Académie marquent bien cette distinction. « *Maturité*, dit-elle, état où sont les fruits, les grains, les légumes, quand ils sont mûrs. *Maturation*, progrès successif des fruits vers la *maturité*. » *Maturité*, se dit seul au figuré.

Applic. Le raisin est à son point de *maturité (Acad.)*. Ce temps est contraire à la *maturation* des fruits *(Id.)*. Son style acquerra de la *maturité (Id.)*.

### 237. PERPÉTUITÉ, PERPÉTUATION.

L'idée commune à ces deux mots est celle de durée sans interruption. — «*Perpétuation*, action qui perpétue, ou l'effet, le résultat de cette action » (*Acad.*). Ce mot se dit des choses qui durent parce qu'on les renouvelle, ou qu'elles sont renouvelées par la loi de la nature : «La *perpétuation* des espèces » (*Acad.*). *Perpétuité* est un substantif abstrait signifiant simplement durée sans interruption, sans discontinuation : « La *perpétuité* de la religion, de la foi » (*Id.*).

Applic. Il allègue pour sa défense l'ancienneté et la *perpétuité* de la possession (*Acad.*). La *perpétuation* des espèces est une loi naturelle qui se manifeste dans les végétaux comme dans les animaux.

## 238. GRAVITÉ, GRAVITATION.

L'idée commune à ces deux mots est celle de la propriété que les corps ont d'être pesants et de s'attirer réciproquement. — «*Gravitation*, action de graviter ou tendance que les corps ont naturellement les uns vers les autres : la *gravitation* d'une planète vers une autre » (*Acad.*). La *gravité* des corps est la pesanteur ; c'est la loi d'attraction à laquelle obéissent les corps qui tombent vers la terre. *Gravité* ne se dit que des corps voisins de la surface du globe terrestre ; *gravitation* se dit des corps célestes, soleil, planètes, comètes, considérés relativement entre eux.

Applic. La *gravité* fait descendre les corps vers la terre (*Acad.*). La loi de la *gravitation* universelle fut découverte par Newton.

## TÉ et ANCE.

### 239. IMPOSSIBILITÉ, IMPUISSANCE.

L'idée exprimée par chacun de ces deux mots est qu'un certain effet ne peut être produit à cause d'une insuffisance de force. — L'*impossibilité* est le défaut de possibilité dans la chose, c'est la qualité qu'a la chose de ne pas être possible. L'*impuissance* est le manque de pouvoir, de moyens pour faire quelque chose. Vous mettez quelqu'un dans l'*impossibilité* de faire une chose, c'est-à-dire que vous rendez cette chose telle, qu'elle devient impossible, inexécutable ; vous le mettez dans l'*impuissance* d'agir, c'est-à-dire que vous lui en enlevez le pouvoir ou les moyens.

Applic. L'*impossibilité* du remède doit nous mettre au-dessus du mal (*Boiste*). Il y a *impossibilité* physique qu'un fleuve remonte vers sa source (*Acad.*). Mon zèle vous est inutile par l'*impuissance* où je suis de vous rendre service (*Id.*).

### 240. NATIVITÉ, NAISSANCE.

« Ces deux mots expriment l'instant ou le jour où une créature humaine vient au monde; mais *naissance* est un terme ordinaire et commun qui s'applique indifféremment à toute créature humaine; et *nativité* est un terme consacré par l'Église, pour signifier la *naissance* de Jésus-Christ ou de quelque saint personnage : La *nativité* de Jésus-Christ, la *nativité* de la Vierge, la *nativité* de saint Jean-Baptiste » (*Laveaux*).

*Naissance* peut se dire des animaux et même des plantes; au figuré, ce mot signifie origine, commencement : « La *naissance* d'un État, d'une ville; La *naissance* du jour » (*Acad.*).

Applic. On a fêté son jour de *naissance* (*Acad.*). La *nativité* de Notre-Seigneur, celle de la Vierge et celle de saint Jean-Baptiste, sont les seules qu'on fête dans l'Église (*Id.*). Depuis la *naissance* du monde et sa création (*Racine*).

## TÉ et URE.

### 241. RANCIDITÉ, RANCISSURE.

### PUTRIDITÉ, POURRITURE.

« *Rancidité, rancissure.* Ces termes désignent la corruption des graisses et des huiles qui ont contracté un goût fort et âcre, une odeur puante et désagréable, et ordinairement une couleur jaune, soit en vieillissant, soit par la chaleur. La terminaison *ité* marque la qualité, *ure* marque l'effet. La *rancidité* est donc la qualité du corps rance ; la *rancissure* est donc l'effet éprouvé par le corps ranci. La *rancidité* gît dans les principes qui vicient le corps ; la *rancissure* est dans les parties qui sont viciées. Il faudrait combattre la *rancidité* comme on combat la *putridité*, cause du mal ; il faut ôter la *rancissure*, s'il est possible, comme on ôte la *pourriture*, produit du mal » (*Roubaud*).

Applic. La *rancissure* résulte de la *rancidité*.

La chimie indique plusieurs moyens de combattre la *putridité* des substances animales. La viande trop longtemps gardée est sujette à la *pourriture* (*Acad.*).

## TÉ et AGE.

### 242. HÉRÉDITÉ, HÉRITAGE.

« Ces deux mots indiquent également ce dont on hérite après la mort d'une personne. Mais on distingue, dans une succession, les droits en vertu desquels on hérite et les biens dont on hérite. On désigne les premiers par le mot *hérédité*, et les autres par celui d'*héritage* (a). On renonce à l'*hérédité*, c'est-à-dire aux droits d'héritiers : On recueille l'*héritage*, c'est-à-dire les biens auquels l'*hérédité* donne des droits » (*Laveaux*).

APPLIC. C'est en vertu de l'*hérédité* qu'on recueille l'*héritage* (*Laveaux*). Gardez-vous, leur dit-il, de vendre l'*héritage* que nous ont laissé nos parents (*La Fontaine*).

---

# § 12. EUR.

*Eur* termine : 1° des substantifs féminins dont la base est un nom et qui expriment une qualité abstraite, comme les substantifs en *té*; *pudeur, odeur, saveur, chaleur*, etc. ; 2° des substantifs masculins dérivant d'un verbe et désignant celui qui fait l'action marquée par ce verbe, ou qui a coutume de la faire, qui en fait son métier, sa profession : *coureur, chanteur, chasseur, confiseur, graveur*, etc,

### 243. CHAUD, CHALEUR.

L'idée commune est celle de la sensation particulière que nous éprouvons lorsque le calorique agit sur nous. — Le mot *chaleur* est le nom abstrait de la qualité exprimée par l'adjectif *chaud*, comme *vérité* est le nom abstrait de la qualité exprimée par l'adjectif *vrai*: Un corps a de la *chaleur*, c'est-à-dire possède la qualité que j'appelle *chaleur*, ce corps est *chaud*. Mais si de l'adjectif *chaud* je fais un substantif et si je dis souffrir le *chaud* et le froid, ce substantif le *chaud*, quoique synonyme du substantif *chaleur*, en diffère cependant, non-seulement parce que ce mot n'exprime pas l'idée de qualité, mais aussi parce que l'esprit le considère comme le nom particulier d'un être idéal et métaphysique ayant lui-même, essentiellement et à un très-haut degré, la qualité appelée *chaleur*, et se manifestant par cette qualité.

En conséquence de cela, le substantif *chaud* a un sens absolu que n'a pas le substantif *chaleur* ; aussi rejette-t-il tout complément déterminatif, tandis que le substantif *chaleur* prend très-bien cette

---

(a) A propos de ces deux mots Roubaud dit : « La terminaison *age* désigne la chose et la terminaison *té* la qualité.

sorte de complément : ainsi l'on dit la *chaleur* du feu, la *chaleur* du soleil, et l'on ne dit pas le *chaud* du feu, du soleil. On dit au contraire, sans l'article et d'une manière absolue, j'ai *chaud ;* on ne dit pas j'ai *chaleur.* Pourquoi? C'est que le mot *chaud* est considéré comme le nom d'un objet, et que l'on peut avoir un objet ; tandis que *chaleur* est le nom d'une qualité abstraite, et que l'on ne peut pas avoir une qualité abstraite tout entière ; on ne peut en avoir qu'une partie : « Il a *de la chaleur*, il a *de la probité.* »

« Nous disons le *chaud,* fait remarquer Laveaux, pour désigner la température de l'air, d'un lieu. La *chaleur* à un certain degré produit cette température, la *chaleur* fait le chaud. » Sans doute, comme les qualités font l'objet.

*Chaleur* s'emploie très-souvent au figuré.

Applic. Il fait *chaud* dans cette chambre comme dans un four *(Acad.).* Le corps avait un reste de *chaleur* *(Id.).* Le *chaud* est un air qui vous accable et la *chaleur* un feu qui vous dévore *(Lavcaux).* Il montre beaucoup de *chaleur* à soutenir cette affaire *(Acad.).* Arrière ceux dont la bouche souffle le *chaud* et le froid *(La Fontaine).*

## 244. FROID, FROIDEUR ; FRAIS, FRAICHEUR.

Qualité qui résulte d'une absence plus ou moins grande de chaleur ; plus grande dans le *froid* que dans le *frais.* — Le *froid* est à la *froideur* et le *frais* est à la *fraîcheur*, ce que le *chaud* est à la *chaleur :* ce qui vient d'être dit touchant ces deux derniers mots, s'applique parfaitement aux autres.

Au figuré, le *froid*, la *froideur* se disent des personnes. Le premier exprime le flegme, l'indifférence naturelle d'un caractère que rien ne peut jamais émouvoir ; le second marque l'indifférence d'une personne qui n'est point remuée dans tel moment, mais qui peut l'être dans un autre ; ou bien encore la lenteur, l'indifférence, la mollesse dans l'action : « Il lui répondit avec son *froid* ordinaire ; La *froideur* d'un accueil » *(Acad.).*

On dit prendre le *frais*, parce que ce mot exprime la sensation agréable que produit la *fraîcheur :* On ne dit pas prendre la *fraîcheur*, pas plus qu'on ne dit avoir la *chaleur.* La *fraîcheur* produit le *frais*, comme la *chaleur* produit le *chaud.* « Si les effets de la *fraîcheur* sont agréables et salutaires, c'est le *frais ;* s'ils sont nuisibles, c'est encore la *fraîcheur :* « En entrant dans cette cave, on sent une *fraîcheur* qui saisit » *(Laveaux).*

Applic. Il a *froid* à la tête *(Acad.).* Cet homme est d'un *froid* qui glace (*Id.*). Il m'a reçu avec *froideur* (*Id.*). La *froideur* est la plus grande qualité d'un homme destiné à commander (*Napoléon*).

Il commence à faire *frais* (*Acad.*). La *fraîcheur* du soir est perfide dans cette saison (*Id.*). Allons prendre le *frais*.

## EUR ET URE.

### 245. FROIDEUR, FROIDURE.

La *froideur*, nous venons de le voir, est la qualité de ce qui est froid : la *froidure* est le nom particulier du froid répandu dans l'air, et ce mot s'emploie pour indiquer l'état habituel de l'atmosphère dans telle saison ou dans tel pays.

APPLIC. La *froideur* du marbre (*Acad.*). La *froidure* de la saison; la *froidure* d'un climat (*Id.*).

### 246. VERDEUR, VERDURE.

Qualité de ce qui est vert. — La *verdeur* est l'humeur, la sève qui est dans le bois vert, c'est-à-dire dans le bois qui n'est pas mort ou qui n'est pas encore sec. Ce mot se dit aussi de l'acidité du vin, et figurément, de l'âcreté des paroles, ainsi que de la jeunesse et de la vigueur des hommes : « Dans la *verdeur* de l'âge » (*Acad.*).

*Verdure* se dit de la couleur verte que présentent les herbes, les plantes, les feuilles des arbres, surtout au printemps. Il se dit aussi des herbes, des feuilles même, et des plantes potagères dont on mange les feuilles : « La *verdure* des prés, des champs, des bois; Joncher les rues de *verdure* » (*Acad.*).

APPLIC. Ce bois a encore de la *verdeur* (*Acad.*). Il était alors dans la *verdeur* de l'âge (*Id.*). Ces prés, ces bois ont repris leur *verdure* (*Id.*). La *verdeur* de sa réponse fit taire les critiques (*Id.*).

## EUR ET TÉ.

### 247. RIGUEUR, RIGIDITÉ.

Noms de qualités exprimant un mélange de sévérité, de fermeté, de dureté et même de rudesse. — La *rigueur* est dans les actes, elle se fait sentir : la *rigidité* est dans le caractère, dans la nature du sujet; elle se montre par la rigueur que l'on met dans l'action : On est *rigide* et en conséquence on agit avec *rigueur*, on use de *rigueur*, on traite avec *rigueur*.

« On a, dit Roubaud, des principes, des mœurs *rigides*; on a la conduite, l'empire *rigoureux*. La *rigidité* est la raideur d'une vertu ou d'une rectitude d'âme invariablement attachée aux règles les plus sévères. La *rigueur* est une raideur de jugement et de volonté qui fait qu'on pousse le droit ou le pouvoir aussi loin qu'ils peuvent aller ; qu'on prend toujours dans la sanction, sans aucun égard, le sens le plus strict et les peines les plus rudes ; qu'on ne donne aucun accès à la pitié, à la clémence, à l'indulgence dans l'exercice de la justice. »

Une loi, une morale, sont rigides, ont de la *rigidité*; c'est là leur caractère. Un arrêt, un châtiment, sont *rigoureux*; une maxime est *rigoureuse*, a de la *rigueur* : ici domine l'idée d'action ; un arrêt doit s'exécuter, le châtiment est l'action de châtier, une maxime est une règle de conduite, un principe en conformité duquel on agit ou on doit agir.

Applic. Vous me traitez avec la dernière *rigueur* (*Acad.*). On sait quelle était la *rigidité* des puritains. — La *rigidité* de sa morale, de la discipline qu'il veut établir (*Acad.*).

### 248. PUDEUR, PUDICITÉ.

#### IMPUDEUR, IMPUDICITÉ.

*Pudeur, pudicité* : qualité d'une personne chaste et modeste dans les mœurs, dans les actions et dans les discours. *Impudeur, impudicité* : vice contraire à la pudeur, à la pudicité. — Il y a entre ces mots, pris deux à deux, à peu près la même différence qu'entre *rigueur* et *rigidité*. La *pudeur* est active, elle se montre dans la conduite, on la voit dans ses effets : la *pudicité* est inhérente à l'âme ; elle est dans la nature, dans le caractère de la personne. « La *pudeur*, dit Roubaud, est l'aversion marquée de la corruption, de tout ce qui est déshonnête et honteux ; une honte chaste et naïve qui s'exprime ordinairement par la rougeur du visage ; la modestie naturelle d'un cœur pur. La *pudicité* se manifeste, se défend et se conserve par la pudeur ; c'est la qualité qui empêche de faire des choses dont on doive rougir : elle ne connaît que le plaisir honnête. »

Applic. La *pudeur* paraît sur son visage (*Acad.*). La *pudicité* est le principal ornement d'une femme (*Id.*).

### 249. RONDEUR, ROTONDITÉ.

Qualité de ce qui est rond. — « *Rondeur* exprime l'idée abstraite d'une figure ronde : et la *rotondité* est la *rondeur* propre à tel ou tel corps. Ainsi *rondeur* ne désigne que la figure , *rotondité* sert encore à désigner la grosseur , l'ampleur, la capacité de tel corps rond » (*Roubaud*). D'ailleurs *rotondité* ne s'emploie guère que dans le style familier, en parlant d'une personne fort grosse : « Il remplit un grand fauteuil de sa *rotondité* » (*Acad.*).

APPLIC. La *rondeur* d'une boule, la *rondeur* d'un plat, d'une assiette (*Acad.*). J'aurais un bon carrosse à ressorts bien liants ; de ma *rotondité* j'emplirais le dedans (*Regnard*).

## EUR et ANCE.

### 250. VALEUR , VAILLANCE.

*Bravoure.* — « La terminaison *ance* désigne proprement la manière d'être et la qualité permanente ; la terminaison *eur* la manière d'agir et l'énergie de l'action. Ainsi la *vaillance* est la vertu ou la force courageuse qui règne dans le cœur, et qui constitue l'homme essentiellement *vaillant :* la *valeur* est cette vertu qui se déploie avec éclat dans l'occasion de s'*exercer* et qui rend l'homme *valeureux* dans les combats. La vaillance annonce la grandeur du courage, et la *valeur*, la grandeur des exploits. La *vaillance* ordonne et la *valeur* exécute » (*Roubaud*).

APPLIC. Le héros a une haute *vaillance* et fait des prodiges de *valeur* (*Roubaud*).

## EUR et IS.

### 251. COULEUR , COLORIS.

« La *couleur* est l'impression que fait sur l'œil la lumière réfléchie par la surface des corps » (*Acad.*). Le faisceau lumineux se compose des sept rayons *violet, indigo, bleu, vert, jaune, orangé, rouge,* qui sont les couleurs de l'arc-en-ciel et du spectre solaire. Ces sept rayons réunis en faisceau lumineux forment la lumière blanche, qui réfléchie entièrement produit le *blanc ;* l'absence ou la non réflexion du faisceau lumineux produit le *noir.* — L'idée de *couleur* est renfermée dans le mot *coloris ;* mais ce mot se dit, en terme de peinture, de l'effet qui résulte du mélange et de l'emploi des couleurs dans les tableaux. On l'emploie aussi par extension pour signifier le teint frais et vermeil du visage et même des fruits, et figurément en parlant du style et des pensées : « Revêtir ses pensées d'un *coloris* gracieux » (*Acad.*).

**Applic.** Les tableaux du Titien excellent par la beauté du *coloris* ; et l'on dit qu'ils en sont redevables à l'art particulier que ce peintre avait de préparer et d'employer les *couleurs (Girard)*. Du mélange divers des diverses *couleurs* naît l'éclat des métaux, le *coloris* des fleurs *(Delille)*. Voilà des pêches d'un beau *coloris (Acad.)*.

## EUR et IE.

### 252. FUREUR , FURIE.

Agitation violente, grand emportement, action impétueuse. — « Le mot de *fureur* dénote davantage l'agitation violente du dedans, et le mot de *furie*, l'agitation violente du dehors » *(Vaugelas)*. « Ainsi le mot *fureur* se rapporte à ce qui agit en nous comme cause, et *furie* se rapporte à l'effet produit. « La *fureur* est en nous, la *furie* nous met hors de nous. La *fureur* nous possède, la *furie* nous emporte. Vous contenez votre *fureur*, à peine il en jaillit des étincelles ; vous vous abandonnez à la *furie*, c'est un tourbillon. La *fureur* mène à la *furie* » *(Roubaud)*.

Quoique *fureur* se dise plus particulièrement des êtres animés, parce qu'ils renferment en eux la cause, le principe de leurs actions, et que *furie*, par la raison contraire, convienne mieux aux choses, cependant le premier peut s'appliquer à des objets inanimés ; « parce que, dit Roubaud, il est naturel d'animer et assez ordinaire de personnifier les objets qui, par leur impétuosité naturelle , semblent avoir une sorte de vie : La *fureur* des vents, des vagues, des flammes, des tourbillons. *Furie* s'applique à propos aux hommes et à tous les êtres animés qui, par l'aveuglement, la brutalité, l'énormité de leur *fureur*, semblent entièrement dépourvus de modération ou de frein, et rentrer dans la classe des causes aveugles. Dans tous les cas, la *furie* est toujours un déchaînement de *fureur* ; et vous distinguerez l'une de l'autre par le degré de déchaînement. — Par la raison que *furie* marque les plus grands excès, ce mot ne peut être pris qu'en mauvaise part ; au lieu que *fureur*, susceptible de modération, peut, avec des modifications particulières , se prendre en bonne part. Ainsi nous disons une noble *fureur*, une *fureur* divine : Nous attribuons la *fureur* à Dieu même ; nous le prions de ne pas nous juger dans sa *fureur*. »

**Applic.** La patience poussée à bout se tourne en *fureur* ; la colère longtemps contrainte, sans cesse aiguillonnée, se déchaîne avec *furie* *(Roubaud)*. Thésée en *fureur* maudit son fils ; Achille en *furie* épouvante l'armée *(Id.)*. Celui qui met un frein à la *fureur* des flots, sait aussi des méchants arrêter les complots (*Racine*). On voit les oiseaux-mouches poursuivre avec *furie* des oiseaux vingt fois plus gros qu'eux (*Buffon*).

---

# § 43. IER.

La terminaison *ier* (*ière* pour les noms féminins) a un grand nombre de significations ; en voici les principales. *Ier* exprime : 1° L'idée d'une profession vulgaire, d'un travail d'*ouvrier* ; exemple : *jardinier*, *jardinière*, *menuisier*, *serrurier*, etc. 2° La fonction ou l'emploi : *canonnier*, *douanier*, *portier*, *cellerier* ; et par résultat, la destination spéciale des choses : *sucrier*, *chandelier*, *salière*, *moutardier*. 3° Cette terminaison s'ajoute aussi à beaucoup de noms de fruits pour désigner les arbres dont la fonction naturelle est de produire ces fruits : *poirier*, *pommier*, *cerisier*, *amandier*, etc.

## 253. MANŒUVRE, MANOUVRIER.

Ces mots signifient littéralement qui fait œuvre, qui travaille de ses mains. — Le *manœuvre* fait œuvre de ses mains, mais il n'est pas ouvrier, il n'exerce pas un métier. C'est un travailleur, ordinairement un enfant, qui sert les maçons ou les couvreurs. *Manouvrier* est une appellation générale qui s'applique à toutes sortes d'ouvriers travaillant à la journée. Le *manouvrier* travaille pour ceux qui font faire l'ouvrage : le *manœuvre* travaille au service et sous les ordres de certains *manouvriers*.

Comme le *manœuvre* n'est pas ouvrier, comme il ne sait pas un métier, ce mot se dit figurément et par mépris d'un homme qui exécute grossièrement et par routine un ouvrage d'art.

Applic. C'est l'heure où les maçons et leurs *manœuvres* quittent le travail (*Acad.*). Le *manouvrier* peut être fort habile (*Roubaud*). Cet homme n'est qu'un *manœuvre*.

## 254. NOCHER, NAUTONIER.

Celui qui conduit une barque ou un très-petit navire. — Ces deux mots ne sont guère usités qu'en poésie ou dans le style élevé, et les poëtes les emploient indifféremment l'un pour l'autre. Cependant, à proprement parler, le *nocher* est celui qui conduit sa propre barque ; le *nautonier* travaille à la manœuvre ; il conduit en sous-ordre, ou il n'est pas propriétaire de la barque qu'il conduit.

**Applic.** Le *nocher* du Styx, le vieux *nocher* des morts, Caron *(Acad.)*. Le patron de la barque avait avec lui deux *nautoniers*.

### 255. PILE, PILIER, PILASTRE.

Amas ou construction de plusieurs corps placés les uns sur les autres. — *Pile*, mot simple, est le terme générique ; il ne signifie rien autre que amas de corps placés les uns sur les autres, et se dit de toutes sortes d'objets : « *Pile* de bois, *pile* de livres, *pile* d'écus » *(Acad.)* ; *piles* d'un pont *(Id.)*, massifs de maçonnerie qui soutiennent les arches d'un pont.

*Pilier* et *pilastre* énoncent une idée de construction : ce sont des *piles* d'une espèce particulière. Voici en quoi ces deux mots diffèrent : « Le *pilier*, dit l'Académie, est une sorte de colonne ronde ou carrée, sans proportion et quelquefois sans ornement, qui sert à soutenir un édifice ou quelque partie d'un édifice. Le *pilastre* est un *pilier* carré auquel on donne les mêmes proportions et les mêmes ornements qu'aux colonnes, et qui ordinairement est engagé dans le mur : quelquefois il est placé derrière les colonnes » *(a)*.

**Applic.** Mettre des livres en *pile (Acad.)*. La voûte de cette église est soutenue par tant de *piliers (Id.)*. *Pilastre,* dorique, ionique, corinthien *(Id.)*.

## IER et EUR.

### 256. CONFITURIER, CONFISEUR.

Ces deux mots ont rapport aux confitures. — Le *confiseur* exerce un art ; il fait des confitures et toutes sortes de sucreries : le *confiturier* vend les confitures faites par d'autres. « On peut être en même temps *confiseur* et *confiturier*, si l'on fait des confitures et qu'on les vende. Il y a dans les offices des grandes maisons des *confiseurs* qui préparent les confitures : il n'y a point de *confituriers* » *(Laveaux)*.

**Applic.** Un homme nécessaire dans l'office d'une grande maison, c'est un habile *confiseur :* il ne serait ni bienséant, ni sûr, ni bien entendu de recourir sans cesse à un *confiturier (Beauzée)*.

### 257. OISELIER, OISELEUR.

Ces deux mots ont rapport aux oiseaux. — L'*oiselier* est celui

---

*(a)* Ces conditions distinctives sont exprimées par la terminaison *astre*, qui vient du verbe latin *astruere*, construire contre ou auprès, et qui est très-rare dans notre langue.

dont le métier est d'élever et de vendre des oiseaux : l'*oiseleur* est celui qui fait métier de prendre des oiseaux à la pipée, aux filets ou autrement.

Applic. A la solennité de l'entrée des rois, le corps des *oiseliers* de Paris était obligé de lâcher cinq cents petits oiseaux auxquels on rendait ainsi la liberté (*Acad.*). L'*oiseleur* repartit : Ce petit animal t'en avait-il fait davantage? (*La Fontaine.* Livre VI, fab. 15.)

# § 14. ISME.

Cette terminaison indique une doctrine, un système, un ensemble d'opinions : *christianisme, spiritualisme, stoïcisme* ; ou bien la méthode, la manière de faire, propre à telle ou telle classe de gens ou d'objets : *sophisme,* manière ou méthode particulière de raisonner, d'argumenter ; *fanatisme,* manière propre de penser, de sentir et d'agir du fanatique. Souvent aussi elle marque l'affectation, l'abus, l'excès de la chose, comme dans *pédantisme, néologisme, purisme.*

### 258. NÉOLOGIE, NÉOLOGISME.

Invention de termes nouveaux, ou emploi dans un sens nouveau de mots déjà connus. — Le *néologisme* est l'abus de la *néologie* : celle-ci, qui est bien loin d'être un défaut, crée des termes nécessaires, d'heureuses alliances de mots, des tours nouveaux, légitimés par l'analogie. Corneille a fait de la *néologie* et non des *néologismes,* lorsqu'il a dit : « Ton bras est *invaincu,* mais non pas invincible. Et monté sur le faîte, il *aspire à descendre.* »

Le *néologisme* ne consiste pas seulement à introduire dans la langue des mots nouveaux qui n'y sont point nécessaires ; mais encore à détourner des mots anciens de leur acception ordinaire, pour leur donner un sens nouveau que réprouve le bon goût. Un écrivain a dit : « Donner une *attitude* mesurée à son style : » il voulait dire écrire avec convenance et mesure. Le mot *attitude* signifie, au propre, situation, position du corps, et, au figuré, disposition à l'égard de quelqu'un : comment ce mot pourrait-il se dire du style?

Applic. La *néologie* demande beaucoup de jugement et de goût (*Acad.*). La *néologie* est un art, le *néologisme* est un abus (*Id.*).

## ISME et ERIE.

### 259. CAGOTISME, CAGOTERIE; BIGOTISME, BIGOTERIE.

Fausse dévotion, dévotion mal entendue. — Le mot *cagotisme* enchérit sur *bigotisme*. « Le *cagot* charge le rôle de la dévotion, dans la vue d'être impunément méchant ou pervers » (*Roubaud*). Le *bigot* s'attache superstitieusement aux moindres pratiques extérieures de la religion, et les met au-dessus des devoirs de la vraie piété : il peut d'ailleurs être de bonne foi, avoir de la probité ; il n'en est pas de même du *cagot*.

*Cagotisme* et *bigotisme*, comme l'indique la terminaison, expriment l'esprit, le caractère, la manière de penser du cagot et du bigot. *Cagoterie* et *bigoterie* désignent les actions du cagot et du bigot, ou l'habitude de ces actions. (Voir la terminaison *erie* § 4, page 80.)

Applic. Il s'imagine tromper les hommes par ses *cagoteries,* mais tout le monde déteste son *cagotisme (Laveaux).*

### 260. PÉDANTISME, PÉDANTERIE.

Défaut du pédant. — A la rigueur *pédantisme* ne devrait désigner que le caractère du pédant ; mais l'usage veut qu'il signifie aussi, de même que *pédanterie*, une action de pédant, l'air et le ton pédant, les manières pédantes : d'autre part, *pédanterie* se dit aussi du caractère.

Ce qui distingue essentiellement ces deux mots, c'est que *pédanterie* rappelle toujours l'idée d'un agent et de sa manière d'agir : la *pédanterie* d'une personne lui est propre ; cette personne est naturellement pédante. Le *pédantisme* est une conséquence de la profession ou de l'éducation. *Pédanterie* signifie aussi érudition pédante : Ce livre est rempli de *pédanterie* » (*Acad.*).

Applic. Cette lettre sent le *pédantisme (Acad.).* Il est d'une *pédanterie* assommante *(Id.).* Ce n'est pas là du savoir, c'est de la *pédanterie (Id.).*

### 261. CHARLATANISME, CHARLATANERIE.

Manière de faire ou de dire d'un charlatan. — « *Charlatanisme* se dit des ruses, des artifices, des tromperies de charlatan : *charlatanerie* signifie hâblerie, flatterie, discours artificieux pour tromper quelqu'un » (*Acad.*). La *charlatanerie* est dans les paroles, le *charlatanisme* est dans la manière d'agir, dans les moyens qu'on emploie pour tromper.

**Applic.** Son *charlatanisme* fut bientôt dévoilé *(Acad.)*. Tout ce qu'il vous dit n'est que *charlatanerie (Id.)*.

## ISME et ANCE.

### 262. INTOLÉRANTISME, INTOLÉRANCE.

Défaut de tolérance, disposition à violenter, à persécuter ceux avec lesquels on diffère d'opinion. — Cette définition est proprement celle du mot *intolérance* : l'*intolérantisme* est la théorie de l'*intolérance*, le système de ceux qui pensent qu'on ne doit permettre ni souffrir aucune doctrine différente de la leur. L'*intolérantisme*, comme tous les systèmes, est dans l'esprit : l'*intolérance* passe des sentiments dans les actions.

**Applic.** On professe l'*intolérantisme* et l'on prêche l'*intolérance*, on donne des exemples d'*intolérance*, on est *intolérant*.

## ISME et TÉ.

### 263. PURISME, PURETÉ.

Ces deux mots se disent du style et signifient exactitude dans le choix et l'emploi des termes, correction. — La *pureté* est une qualité : le *purisme* est l'affectation d'un langage scrupuleusement correct ; c'est un défaut.

**Applic.** Le *purisme* est toujours pauvre *(Voltaire)*. Je veux entrer ici dans un examen plus approfondi de la *pureté* de la langue *(Id.)*.

### 264. SPIRITUALISME, SPIRITUALITÉ.

### MATÉRIALISME, MATÉRIALITÉ.

Les deux premiers mots renferment dans leur signification l'idée de la substance spirituelle, c'est-à-dire de l'esprit, de l'âme. *Matérialisme* et *matérialité* renferment l'idée de la substance matérielle, de la matière. — Le *spiritualisme* est la doctrine de la *spiritualité*, c'est-à-dire celle qui admet et soutient l'existence de l'esprit. La *spiritualité* est la qualité de ce qui est esprit, c'est-à-dire incorporel : « La *spiritualité* de l'âme » *(Acad.)*.

Le *matérialisme* est l'absurde doctrine qui n'admet que l'existence de la matière. La *matérialité* est la qualité de ce qui est matière *(a)*.

---

*(a)* On distinguerait de même *mysticisme* et *mysticité*. Je ferai remarquer toutefois que l'Académie ne donne pas le mot *mysticisme*, et qu'elle accorde toute la signification de ce mot au mot *mysticité* : cependant *mysticisme* est employé de nos jours

APPLIC. Le *spiritualisme* est enseigné par Descartes, par Leibnitz, etc. (*Acad.*). Pesons et examinons toutes les preuves que la philosophie nous fournit de la *spiritualité* de l'âme (*d'Alembert*).

La *matérialité* de l'âme est une opinion qui ne peut avoir que de funestes effets (*Acad.*).

---

# § 15. ET, ETTE, OT, ULE.

Ces terminaisons forment en général des diminutifs : *livret*, petit livre ; *trompette*, petite trompe ; *ballot*, petite balle ; *monticule*, petit mont ; *granule*, petite graine, etc. Elles sont quelquefois dépréciatives : l'idée de petitesse conduit naturellement à celle de faible valeur. Ainsi la *charrette* et le *chariot* sont moins remarquables et d'un prix moindre que le *char*.

### 265. LACS, LACET.

Espèces de piéges. — Les *lacs* sont des nœuds coulants, au moyen desquels on peut prendre toutes sortes d'animaux même les plus gros : les *lacets* sont de petits *lacs* qui ne peuvent servir qu'à prendre des oiseaux et tout au plus des lièvres.

Les deux mots s'emploient figurément au pluriel en parlant des personnes : *lacet* se dit alors d'un piége plus fin, plus difficile à apercevoir ; *lacs* exprime quelque chose de plus grave, un embarras dont on a plus de peine à se tirer : on tombe dans les *lacs* d'un chicaneur, on se laisse prendre aux *lacets* d'un intrigant.

APPLIC. Dans les *lacs* de la chèvre un cerf se trouva pris (*La Fontaine*). Prendre un lièvre au *lacet* (*Acad.*). Ce chicaneur le tient dans ses *lacs* (*Id.*). Je me suis laissé prendre aux *lacets* de cet intrigant (*Id.*).

### 266. CHAR, CHARRETTE, CHARIOT.

Véhicule à roues. — *Char* est le mot simple et par conséquent le terme générique ; aussi s'emploie-t-il dans le style élevé pour désigner toute espèce de voiture. Il se dit plus particulièrement des voitures dont les anciens se servaient dans les jeux de course, dans les combats, dans les triomphes ; de toute voiture d'apparat qui figure dans une fête ou dans une cérémonie publique ; enfin d'une voiture remarquable par son élégance ou sa richesse.

---

par les meilleurs écrivains : « C'était une femme d'un caractère héroïque et que son extrême piété tournait au *mysticisme* religieux, le plus tendre et le plus exalté. » *de Lamartine*.) « Le *mysticisme* contient un scepticisme pusillanime à l'endroit de la raison. » (*Cousin*.) Dans le livre *Du vrai, du beau et du bien*, par M. Cousin, il y a un chapitre intitulé *Du mysticisme*.

La *charrette* est une voiture à deux roues, qui a deux limons et dont on se sert pour transporter toutes sortes de fardeaux. Le *chariot* est une voiture à quatre roues propre à transporter des marchandises, des bagages et même des personnes. « *Chariots* de foin, d'ambulance, d'artillerie, de vivres » (*Acad.*).

APPLIC. Le phaéton d'une voiture à foin vit son *char* embourbé (*La Fontaine*). Il était sur son *char*, ses gardes affligés imitaient son silence (*Racine*). *Charretier*, celui qui conduit une *charrette*, un *chariot* (*Acad.*).

## 267. FORME, FORMULE, FORMALITÉ.

Manière de faire, de procéder, en matière d'écrits authentiques. — La *forme* d'un acte, d'une lettre de change, etc., s'entend des conditions prescrites par la loi ou par les règlements : ainsi la lettre de change doit être datée, elle doit énoncer la somme à payer, le nom de celui qui doit payer, l'époque et le lieu où le payement doit s'effectuer, etc. La *formule* est le modèle qui contient les termes formels et exprès dans lesquels l'écrit doit être conçu, et qu'il suffit de copier pour que l'écrit soit dans la *forme* légale. On voit que la *forme* est générale et que la *formule* est la *forme* restreinte, la *forme* déterminée.

*Formalité* désigne certaines formes dont l'écrit doit être subsidiairement revêtu pour avoir un caractère légal ou pour remplir certaines conditions. *Formalité* se dit aussi de la manière de procéder dans les affaires judiciaires, administratives ou religieuses, et il signifie, en style familier, cérémonie, acte d'une civilité recherchée.

En outre, *formule* se dit par extension de certaines façons de s'exprimer dont on se sert habituellement dans les diverses relations de la vie : « Des *formules* de politesse » (*Acad.*).

APPLIC. Après qu'un acte est fait dans la *forme* prescrite par la loi et rédigé d'après la *formule*, on le fait enregistrer : cette *formalité* donne à l'acte une date légale.

---

# § 16. ON.

*On* termine : 1° des substantifs à base verbale et du genre féminin. Ces substantifs ont un sens approchant des noms en *ion*, et s'ils n'expriment pas l'action, ils sont au moins le signe de l'acte, ou bien ils désignent la chose qui doit être faite, le résultat de l'action : *floraison, liaison, potion* (du latin *potum*, supin de *dotare*, boire).

2° Des substantifs à base nominale et du genre masculin ; ce sont en général des diminutifs : *jupon*, courte jupe (*Acad.*) ; *vallon*, petite vallée ; *oison*, petite oie, etc. (*a*).

### 268. LIEN, LIAISON.

Ce qui lie des choses ou des personnes. — Le *lien* est l'objet, quel qu'il soit, au moyen duquel on fait la *liaison* : la *liaison* est l'action de lier ou l'effet produit. Le *lien* est distinct des choses liées ; la *liaison* fait partie de ces choses et forme un seul tout avec elles. « En maçonnerie, dit Condillac, la *liaison* se fait par la manière de poser les pierres les unes sur les autres et par l'emploi du plâtre et du mortier ; ainsi elle fait partie du mur. Dans les bâtiments on fait quelquefois usage de *liens* de fer, afin de mieux assujettir les pierres. »

Cette observation suffit pour faire remarquer que le mot *lien* a un sens absolu et que *liaison* a un sens relatif : le *lien* est, existe par lui-même ; la *liaison* est entre des objets, et elle n'est que parce qu'on l'a faite. Il en est de même au figuré, entre des frères, des sœurs, des oncles, des neveux, il existe naturellement un *lien* de parenté : un mariage établit une *liaison* de parenté entre des personnes qui n'étaient point parentes.

APPLIC. Il faut retenir cela avec des *liens* (*Acad.*). C'est un mastic qui fait la *liaison* des pierres et des émaux dont la mosaïque est composée (*Id.*). L'amour et la pratique de la religion sont un *lien* de parfaite amitié entre Dieu et les hommes (*Lamotte-Levayer*). Il ne peut y avoir de *liaisons* solides qu'entre les gens raisonnables (*M^me du Deffand*).

## ON ET ION.

### 269. CONTREFAÇON, CONTREFACTION.

« Ces mots sont assez indifféremment employés à désigner l'imitation d'un ouvrage, d'un livre, d'une marchandise dont la fabrication est réservée. — A la simple inspection des mots on connaît que la *contrefaction* est rigoureusement l'action de contrefaire ; et

---

(*a*) « La plus grande partie des noms d'objets en *on* sont des diminutifs ; il en existe une certaine quantité *affectée* d'une idée tout à fait opposée, ce sont les mots en *on* de la désinence augmentative *one* des Italiens. Tels sont *salon*, de *sallone*, grande salle ; *canon* de *cannone*, grande canne (grand tube) ; *ballon* de *ballone*, grande balle (grand globe), etc., et par analogie *caisson*, grande caisse. » (*Bulet de la Sarthe.*)

a *contrefaçon* l'effet de cette action où la façon propre de la chose contrefaite. L'action est de l'ouvrier, la façon est dans l'ouvrage. Ainsi vous direz plutôt *contrefaction*, quand vous voudrez parler du mérite de l'ouvrier, de sa faute, de son délit ; et, *contrefaçon*, quand il s'agira de remarquer le mérite de l'ouvrage, sa fabrication, sa qualité » (*Roubaud*).

Ajoutons que le mot *contrefaction* est un terme de jurisprudence assez peu usité dans le langage ordinaire.

APPLIC. L'inventeur de cette machine craint la *contrefaçon* (Acad.). Ce billet est faux, la *contrefaction* est évidente (*Id.*).

## ON ET ÉE.

### 270. VALLON, VALLÉE.

Espace plus ou moins grand de terre entre des hauteurs. — « Le vallon est une petite *vallée*, un espace de terre entre deux côteaux » (*Acad.*). « On dit, la *vallée* de Josaphat, où le vulgaire pense que se doit faire le jugement universel ; et l'on dit, le sacré *vallon*, où la Fable établit une demeure des muses » (*L'abbé Girard*).

APPLIC. Son jardin s'étend en partie sur la côte, en partie dans le *vallon* (Acad.). Sa maison est située dans la *vallée* de Montmorency (*Id.*).

---

## § 17. EAU.

La plupart des mots qui ont aujourd'hui cette désinence se terminaient anciennement en *el* (au féminin *elle*) : *tonneau, chapeau, château*, etc. Autrefois *tonnel, chapel, castel* (*a*) ; ce dernier nous reste même encore, ainsi que les adjectifs *bel* ou *beau, nouvel* ou *nouveau*, au féminin, *belle, nouvelle*. Or les désinences *el, elle*, viennent des désinences latines *ellus, ella, ellum*, qui ont une valeur diminutive. Ainsi la terminaison *el* ou *eau* a été donnée d'abord à des diminutifs : *orme, ormeau* ; *pigeon, pigeonneau* ; *perdrix, perdreau* ; *lion, lionceau* ; *escabelle, escabeau* ; *porc, pourceau*, (*b*). Mais il est arrivé aussi que cette terminaison est entrée dans la

---

(*a*) Suivant M. Génin, *Histoire des variations de la langue française*, nos pères du XII<sup>e</sup> siècle prononçaient ces mots de cette manière : *tonneau, capeau, câteau.* Nous disons encore *Câteau-Cambrésis.*

(*b*) Le sens diminutif des mots *ormeau, pigeonneau, perdreau, lionceau*, est trop

composition de certains mots qui sont loin d'être des diminutifs : *taureau, fardeau, vaisseau* (navire). Nous pouvons remarquer cependant qu'en général, lorsque de deux mots synonymes l'un est le radical, l'autre ce même radical auquel a été ajoutée la terminaison *eau*, si celui-ci n'est point à proprement parler un diminutif du premier, il est du moins une espèce, une variété du genre désigné par le mot simple. Le radical pur exprime l'idée générale : le mot composé exprime une idée particulière ; c'est le nom de l'objet qui se distingue par quelque chose de remarquable, de spécial, par un caractère propre, par une destination particulière.

### 271. CÔTE, COTEAU.

Penchant d'une montagne, d'une colline. — *Coteau* est le diminutif de *côte* : ce mot ne s'emploie que pour désigner le penchant d'une petite colline ; il se dit aussi de la colline même, à la différence de *côte,* qui ne se dit jamais que de la surface qui forme le penchant, le revers.

Applic. *Côte* de telle montagne *(Acad.)*. *Coteau* planté de vigne *(Id.)*. La rivière passe au pied du *coteau* *(Id.)*.

### 272. BARRE, BARREAU.

« Pièce de bois, de fer, etc., étroite et longue » *(Acad.)*. — *Barreau* est le diminutif de *barre* : les *barreaux* d'une chaise sont de petits bâtons qui servent à assembler et à maintenir les montants de la chaise. En outre *barre* est le terme général ; le mot *barreau,* lors même qu'il se dit d'une grande pièce de bois ou de métal, fait entendre que cette pièce a une forme particulière et une destination spéciale : « Les *barreaux* d'une fenêtre ; les *barreaux* d'une grille » *(Acad.)*.

Applic. Il serait malaisé d'enfoncer cette porte, il y a une bonne *barre* derrière *(Acad.)*. Fermer une fenêtre, un soupirail avec des *barreaux* *(Id.)*.

### 273. TONNE, TONNEAU.

« Grand vaisseau de bois, de forme à peu près cylindrique, mais

---

bien marqué et trop bien connu, pour qu'il devienne nécessaire de leur consacrer un article à part. Je ne crois pas non plus qu'il soit nécessaire d'en faire un pour *escabelle, escabeau* et *porc, pourceau.* Je me bornerai à faire remarquer que l'*escabeau* est une petite *escabelle,* un petit banc, comme, par exemple, celui sur lequel s'assied un tout jeune enfant ou qu'une femme assise met sous ses pieds ; et que le véritable sens du mot *pourceau* est petit *porc*: aussi appelle-t-on marchand de *pourceaux* et non de *porcs,* l'homme dont le métier est de vendre ces animaux quand ils sont encore jeunes ; on dit au contraire, manger du *porc* frais, et non du *pourceau.*

renflé dans son milieu, à deux bases planes, rondes et égales, construit de planches ou douves arquées et contenues dans des cerceaux » (*Acad.*). — La *tonne*, dit l'Académie, est plus grande et plus renflée vers le milieu que le *tonneau* : le *tonneau* est donc un diminutif de la *tonne* et par conséquent une espèce de *tonne*. En outre l'idée de capacité est plus précise, plus déterminée dans la signification du mot *tonneau* ; cette capacité est réglée dans chaque pays, celle de la *tonne* est arbitraire. Par la même raison le mot *tonneau* s'emploie en termes de marine pour désigner la capacité d'un mètre cube ou, ce qui est la même chose, le poids de mille kilogrammes d'eau pure.

APPLIC. Un grain de jugement vaut mieux qu'une *tonne* d'or (*Boiste*). Ils ont bu, depuis un mois, deux *tonneaux* de vin (*Acad.*).

### 274. TONBE, TOMBEAU.

Lieu où un mort gît enterré. — « La *tombe* est proprement la table de pierre, de marbre, de cuivre, etc., dont on couvre une sépulture » (*Acad.*). Le *tombeau* est une *tombe* qui se distingue par quelque chose de plus remarquable qu'une simple pierre. « C'est, dit Roubaud, une sorte d'édifice ou un ouvrage de l'art, erigé à l'honneur des morts, pour consacrer et illustrer leur mémoire par l'éloge de leur vie, par des emblèmes, des allégories, etc. La *tombe* est sous nos pieds, le *tombeau* sur nos têtes : l'une n'est que pour le souvenir, et l'autre est pour la gloire. Ces deux termes se confondent au figuré ; mais l'orateur qui sait sa langue, les considère et les emploie sous ces rapports différents ; il s'arrête à la *tombe* lorsqu'il parle de l'homme vulgaire ; lorsqu'il s'agit des grands, il s'élève au *tombeau.* »

APPLIC. La *tombe* est humble, simple, modeste, devant le *tombeau* (*Roubaud*). Nous pleurons sur la *tombe* et nous admirons le *tombeau* ou sa vanité (*Id.*). La réputation est le plus magnifique *tombeau* (*Boursault*).

### 275. TROUPE, TROUPEAU.

Nombre plus ou moins considérable d'êtres animés. — *Troupe*, terme général, se dit surtout des personnes et seulement des animaux qui vivent librement à l'état de nature : Une *troupe* d'oies sauvages » (*Acad.*). Le *troupeau* est une *troupe* d'une espèce particulière : c'est, dit l'Académie, une *troupe* d'animaux domestiques de même espèce, qui sont élevés dans un même lieu.

Ce mot se dit, au figuré, des personnes ; 1° dans un sens noble pour désigner l'Église ; les fidèles d'un diocèse, d'une paroisse : « Le *troupeau* de Jésus-Christ ; le *troupeau* de l'évêque, du curé » (*Acad.*) ; 2° dans un sens dépréciatif, comme terme de mépris : « Le servile *troupeau* des imitateurs » (*Id.*).

APPLIC. Il était le chef de la *troupe* (*Acad.*). Un loup parut, tout le *troupeau* s'enfuit (*La Fontaine*). Les oies sauvages vont en *troupe* (*Acad.*). Les hommes sans lumières ne forment que des *troupeaux* (*Boiste*).

## 276. VASE, VAISSEAU.

Ustensile offrant une capacité intérieure. — *Vase* est un terme général qui se dit non-seulement de toutes sortes d'ustensiles faits pour contenir des liqueurs, des fruits, des fleurs, des parfums, mais aussi de certains ouvrages de sculpture ou de céramique, creux, de forme élégante, qui servent d'ornements dans les jardins, dans les palais, etc. Un vaisseau est une sorte de *vase* destiné seulement à contenir des liquides et employé à des usages particuliers.

APPLIC. *Vase* pour mettre des fleurs (*Acad.*). Des *vases* surmontent les acrotères de cette balustrade (*Id.*). Les chimistes ont besoin de différents *vaisseaux* pour leurs opérations (*Id.*).

## 277. CERVELLE, CERVEAU.

Organe contenu dans la cavité du crâne. — *Cervelle* se dit plutôt de la substance cérébrale en tant que matière inerte ; et *cerveau* de cette substance en tant qu'organisée et accomplissant certaines fonctions. En d'autres termes, le *cerveau* est le viscère, la *cervelle* est la substance matérielle qui entre dans l'organisation de ce viscère. On dit un morceau de *cervelle* ; on mange de la *cervelle* de mouton : on ne dit pas un morceau de *cerveau*, manger du *cerveau*. Le physiologiste étudie les fonctions de l'organe appelé *cerveau* : le chimiste analyse la matière appelée *cervelle* et en détermine les éléments.

Il en est à peu près de même, lorsque ces mots sont employés au figuré dans le sens d'entendement, intelligence, jugement. *Cervelle* a davantage rapport à la quantité ou à la qualité de la substance ; *cerveau*, à l'action, à la puissance de l'organe : « Une petite *cervelle*, une *cervelle* évaporée, une tête sans *cervelle* ; son *cerveau* travaille, *cerveau* débile » (*Acad.*).

Il faut remarquer en outre que *cerveau* se dit aussi au propre de l'étendue de la cavité qui renferme ce viscère : « La capacité du *cerveau* » (*Acad.*). Voilà pourquoi l'on dit aussi au figuré, « *Cer-veau* étroit, petit *cerveau* » (*Id.*).

Applic. Le *cerveau* est regardé par les physiologistes comme l'organe de la pensée (*Acad.*). Il lui a fait sauter la *cervelle* d'un coup de pistolet (*Id.*). Cet homme n'a jamais pu rien tirer de son *cerveau* (*Id.*). Cela lui trouble la *cervelle* (*Id.*).

---

# § 18. OIR, AIL et AIN.

La terminaison *oir* ou *oire*, dit Roubaud, marque la destination propre des choses, le lieu disposé, un moyen préparé, un instrument fabriqué, etc. pour telle opération, tel dessein. Ainsi *dortoir* signifie lieu où l'on se retire pour dormir ; *observatoire*, lieu, édifice élevé pour observer ; *écumoire*, instrument pour écumer.

La terminaison *ail* a la même valeur : Un *caravansérail*, est un lieu destiné à recevoir les caravanes ; un *éventail* est un petit instrument avec lequel on s'évente, etc.

La terminaison *ain*, en général peu significative dans les substantifs, a une valeur bien marquée dans les adjectifs, où elle exprime différents rapports, entre autres celui de demeure, d'habitation, et par suite de lieu, d'origine : *Américain*, d'Amérique ; *Africain*, d'Afrique.

### 278. PROMENADE, PROMENOIR.

Lieu où l'on se promène. — « *Promenade* signifie proprement l'action de se promener, et par extension le lieu où l'on se promène. La terminaison substantive *ade* désigne l'action de faire telle chose marquée, ou tel genre d'action, etc. *Promenoir* signifie uniquement et à la lettre un lieu destiné pour la *promenade* » (*Roubaud*).

La différence essentielle qu'il y a entre ces deux mots, c'est que la *promenade* est un lieu public où tout le monde a le droit de se promener, tandis que le *promenoir* est un lieu particulièrement destiné à la promenade et non public.

Applic. La *promenade* lui est salutaire (*Acad.*). Le jardin des Tuileries est une magnifique *promenade* (*Id.*). Il faut des *promenoirs* dans les hospices, dans les prisons (*Id.*).

### 279. BERGERIE, BERCAIL.

Lieu où l'on enferme un troupeau de moutons ou de brebis. — La terminaison *erie* étant propre à marquer le lieu où l'on travaille, où l'on exerce un état (§ 4, page 80), le mot *bergerie* signifie proprement le lieu où le berger fait son métier de soigner, de surveiller son troupeau, le lieu de la ferme particulièrement destiné à lui et aux animaux qui lui sont confiés. Comme le mot *bercail* a cette dernière signification, il est arrivé qu'on a cessé de l'employer au propre et qu'on ne le dit plus guère qu'au figuré, pour désigner l'Église, que l'on présente comme l'unique lieu où les fidèles puissent être en sûreté et hors duquel ils sont égarés.

Applic. Le loup est entré dans la *bergerie* (*Acad.*). Ramener au *bercail* une brebis égarée, c'est ramener un hérétique dans le sein de l'Église, ou ramener à des sentiments de piété, à une conduite pieuse, une personne qui s'en était écartée (*Id.*).

### 280. TERRAIN, TERROIR, TERRITOIRE.

L'idée commune est celle d'une certaine étendue de sol. — Le *terrain* est un espace de terre considéré soit par rapport à quelque ouvrage, à quelque construction qu'on pourrait y faire, comme une maison, une fabrique, soit par rapport à quelque action qui s'y passe. Le *terroir* est le sol considéré par rapport à l'agriculture; c'est la terre mise en culture, destinée à produire des récoltes. Le *territoire* est toute la terre qui forme la circonscription d'une commune, l'étendue d'un département, d'une province, d'un royaume.

Applic. Il a un beau *terrain* pour bâtir (*Acad.*). Les lignes des assiégeants occupaient un grand *terrain* (*Id.*). Le *terroir* de la Beauce est bon pour les blés (*Id.*). Cette ville a un *territoire* fort étendu (*Id.*).

---

# § 19. AILLE, AILLEUR, ASSERIE, ASSIER.

La terminaison *aille* est collective; exemples : *bataille*, ensemble de personnes qui se battent; *volaille*, réunion d'oiseaux de bassecour. Souvent aussi elle ajoute à l'idée de collection ou de grand nombre, celle de faible valeur, et alors elle est de plus dépréciative : *valetaille, gueusaille, ferraille.* Dans les verbes, *aille* est devenu *ailler* : *gueusailler, ferrailler, rimailler;* et ces verbes ont donné les substantifs affectés de la terminaison dépréciative *ailleur* : *ferrailleur, rimailleur,* etc.

Les terminaisons *assier* et *asserie*, qu'il ne faut pas confondre avec la désinence *erie* (§ 4), sont diminutives et de plus péjoratives, c'est-à-dire qu'elles expriment quelque chose de mauvais : *écrivassier* (a), *finassier, finasserie* : elles sont de plus très-familières. Leur forme verbale est en *asser* : *finasser, avocasser*.

### 281. MUR, MURAILLE.

Ouvrage de maçonnerie qui sert à enclore quelque espace, à le séparer d'un autre ou à le diviser. — « Le mur est un ouvrage de maçonnerie; la *muraille* est une sorte d'édifice. Le *mur* est susceptible de différentes dimensions, la *muraille* est une suite de *murs*, un *mur* étendu dans ses différentes dimensions. L'architecte, le maçon distinguent différentes espèces de *murs*; ils considèrent surtout les qualités de leur construction. Le voyageur, le curieux, s'arrêteront plutôt à l'espèce appelée *muraille* : ils en considéreront surtout la force, la grandeur ou la beauté, comme à l'égard des *murailles* de Babylone, une des sept merveilles. Le propre du *mur* est d'arrêter, de retenir, de séparer, de partager, de fermer. L'idée particulière de la *muraille* est celle de couvrir, de défendre, de fortifier, ou de servir de rempart, de boulevard » (*Roubaud*).

On dit également les *murs* et les *murailles* d'une ville : le premier mot exprime une idée de clôture, le second une idée de défense ; voilà pourquoi l'on ne dit pas la *muraille* d'enceinte, la *muraille* de l'octroi, mais le *mur* d'enceinte, le *mur* de l'octroi. On dit au contraire la *muraille* de la Chine : « Si l'on disait le *mur* de la Chine, il semblerait qu'on voudrait parler d'un *mur* qui enferme la Chine, comme on parlerait du *mur* d'une ville, et on ne saurait pas ce que cela voudrait dire » (*Condillac*).

Applic. Fermer un passage par un *mur* (*Acad.*). Les *murs* d'une chambre, d'un cachot (*Id.*). En Angleterre on construisit une grande *muraille* pour défendre le côté faible de l'empire contre les Barbares (*Roubaud*). Le canon avait mis par terre trente toises de *muraille* (*Acad.*). J'ai été me promener hors des *murs* (*Id.*). Les Troyens, après dix ans de guerre autour de leurs *murailles*, avaient lassé les Grecs (*La Fontaine*).

### 282. FINESSE, FINASSERIE.

Ruse, artifice, adresse d'esprit. — *Finasserie* est un terme familier signifiant petite ou mauvaise *finesse*, qui se devine ou s'aperçoit facilement et dont l'effet ne doit avoir que peu d'importance.

---

(a) *Écrivassier*, mauvais écrivain : il y a aussi *écrivailleur*, que l'on prend généralement comme parfait synonyme d'*écrivassier*; mais il me semble que celui-ci désigne plutôt l'homme qui, ne sachant pas écrire, a cependant la manie de faire des livres ; tandis qu'*écrivailleur* désigne simplement le mauvais écrivain que le besoin seul porte à faire le métier d'auteur.

Applic. La *finesse* flotte entre le vice et la vertu (*La Bruyère*). Il ne fait que des *finasseries* (*Acad.*).

## EUR et AILLEUR.

### 283 RIMEUR, RIMAILLEUR.

Versificateur.—Ces deux mots s'emploient ordinairement en mauvaise part ; mais *rimeur* se prend aussi quelquefois en bonne part : « C'est un excellent *rimeur* » (*Acad.*) ; c'est-à-dire, c'est un poëte qui n'emploie que des rimes très-riches dans ses vers. *Rimailleur* est toujours un terme de mépris ; il enchérit sur *rimeur* : celui-ci est un poëte fort médiocre ; le *rimailleur* est un méchant poëte qui fait beaucoup de très-mauvais vers.

Applic. Que de pauvres *rimeurs* à qui l'on serait en droit de dire avec Boileau : Soyez plutôt maçon. — C'est un plat *rimailleur* (*Acad.*).

---

## § 20. OIE et ILLE.

« La terminaison *oie* est la même que *aie* : nous appelons une plantation d'ormes *ormoie* et *ormaie* ; la seconde terminaison est la plus ordinaire. En matière de plantations et de bois, *aie* désigne proprement le lieu, le terrain, planté, couvert de telle espèce d'arbres : *saussaie*, lieu planté de saules ; *cerisaie*, terrain planté de cerisiers ; *oseraie*, champ d'osiers, etc.

« La terminaison *ille* indique la quantité de petites choses d'une même espèce : on dit *ormille* pour désigner de petits ormes, comme *charmille* de petits charmes, etc. » (*Roubaud*).

### 284. CHARMOIE, CHARMILLE.

Plantation ou certaine quantité de petits charmes réunis dans un même terrain. — La *charmoie* est un lieu planté de charmes : on y prend la *charmille*, ou petits charmes, dont on fait dans les jardins les palissades, les portiques, les haies, que l'on appelle aussi *charmilles*.

Applic. Des *charmoies* on tire de la *charmille* pour faire des *charmilles* dans les jardins (*Laveaux*).

---

# § 21. AT.

Cette terminaison marque : 1° l'emploi, l'office, la dignité et, par résultat, le lieu destiné à remplir l'emploi ou l'office : *secrétariat, rectorat, doctorat, consulat, pensionnat* ; 2° une espèce particulière d'action, ou ce qui provient de cette action : *attentat, contrat, apparat.*

### 285. PENSION, PENSIONNAT.

Établissement où des enfants sont logés, nourris et instruits, moyennant une certaine somme qui se paye par quartiers. — Le vrai sens du mot *pensionnat* est celui que donne le Dictionnaire de l'Académie : « Lieu où logent les pensionnaires dans un collége ou dans quelque autre maison. » Aussi y a-t-il, dans quelques établissements d'instruction publique, un quartier séparé, interdit aux externes, destiné uniquement au logement des pensionnaires, et que l'on appelle par cette raison le *pensionnat.*

Le premier sens du mot *pension* (du latin *pendere*, payer) est la somme que l'on paye pour être logé et nourri : « Il ne paye que demi-*pension* » (*Acad.*). Mais *pension* s'emploie aussi pour désigner l'établissement et même l'ensemble des élèves. Alors encore, l'idée de prix, de payement, n'est point complétement effacée. *Pension* désigne non pas le local, mais la nature de l'établissement : c'est une maison où l'on reçoit des élèves *pensionnaires*, c'est-à-dire payant *pension* ; et quand je dis : « Toute la *pension* est en promenade » (*Acad.*), j'entends parler des *pensionnaires* : tout le *pensionnat* est en promenade serait une locution tout à fait impropre.

Le mot *pensionnat* désigne toujours le local occupé par l'instituteur et ses pensionnaires, avec le mobilier et tout le matériel ; c'est le siége de l'établissement : Le *pensionnat* est vaste, bien situé, etc. On ne dit pas maître de *pensionnat*, parce que cela signifierait maître ou chef du siége, du local, ce qui serait absurde. Mais comme le mot *pension* renferme l'idée de payement, de soins à donner aux enfants, et par conséquent d'administration, de direction, on dit très-bien maître de *pension*, c'est-à-dire chef de l'administration, directeur de l'entreprise qui a pour but l'instruction, le logement et la nourriture des élèves.

APPLIC. Il tient *pension* et demi-*pension* (*Acad.*). Ce local serait tout à fait propre à un *pensionnat*.—Cette *pension* a remporté beaucoup de prix au concours général de l'université (*Acad.*). Dans ce collége, le *pensionnat* est entièrement séparé des classes, des salles d'étude et des cours de récréation.

# § 22. EIL, AL, ER, MONIE, UM.

Terminaisons peu significatives et qui ne se remarquent d'ailleurs que dans un très-petit nombre de substantifs synonymes.

## EIL

### 286. SOMME, SOMMEIL.

Assoupissement naturel de tous les sens; état de celui qui dort. — « Le *sommeil* exprime proprement l'état de l'animal pendant l'assoupissement naturel de tous les sens; c'est pourquoi on en fait usage avec tous les mots qui peuvent être relatifs à un état, à une situation : Être enseveli dans le *sommeil*; Troubler, rompre, interrompre, respecter le *sommeil* de quelqu'un. — Le *somme* signifie principalement le temps que dure l'assoupissement naturel, et le présente en quelque sorte comme un acte de la vie humaine; c'est pourquoi l'on s'en sert avec les temps qui se rapportent aux actes, et il ne se dit guère qu'en parlant de l'homme : Un bon *somme*, un *somme* léger, le premier *somme*. On dit faire un *somme*, un petit *somme*; et l'on ne dirait pas de même *faire un sommeil* » (*Beauzée*).

Roubaud reproduit l'article de Beauzée et fait remarquer en outre que le *sommeil*, qui est proprement l'état opposé à l'état de *veille*, se dit aussi de l'envie, du besoin que nous éprouvons, et de la cause qui nous fait dormir : on dit en effet tomber de *sommeil*, le sommeil me gagne. Enfin pour mieux faire comprendre que le *somme* est un acte et le *sommeil* un état, le même synonymiste fait observer que l'on achève son *somme*, comme on achève son ouvrage; et que l'on sort du *sommeil*, comme l'on sort du lit.

*Sommeil* s'emploie seul au figuré.

Applic. Je ne dormirai pas de bon *somme*, avant d'être venu à bout de cette affaire (*Acad.*). On ne peut le tirer du *sommeil* (*Id.*). On est pressé du *sommeil* en été après le repas; on dort d'un profond *somme* après une grande fatigue (*Encyclopédie*). Le *sommeil* quitta son logis (*La Fontaine*).

## EIL ET AT.

### 287. APPAREIL, APPARAT.

Éclat ou pompe dans la manière d'être ou dans certains actes, dans l'exécution de certaines choses. — *Appareil* indique plutôt l'objet de l'action, c'est-à-dire les apprêts, les préparatifs de l'action. L'idée exprimée par le mot *apparat* est plutôt celle de la manière de faire ou de la forme que cette manière de faire donne aux choses : nous avons vu, § 21, page 139, que la terminaison *at* indique une espèce particulière d'action. On fait de grands *appareils* pour une solennité; on se montre dans un certain *appareil* : on fait quelque chose avec *apparat*, on fait un discours d'*apparat*, on donne un dîner d'*apparat*. Ensuite, *apparat* indique plus d'éclat, plus de pompe; c'est pourquoi ce mot se prend quelquefois en mauvaise part dans le sens d'ostentation.

APPLIC. On fait de grands *appareils* pour son entrée (*Acad.*). Il est venu dans un grand *apparat* (*Id.*). L'*appareil* de ce spectacle était disposé de manière à jeter la terreur dans nos esprits (*Voltaire*). Il met de l'*apparat* dans ses moindres actions (*Acad.*).

## AL.

### 288. SIGNE, SIGNAL.

Indice; ce qui fait connaître quelque chose, ce qui l'annonce. — « Le *signal* est un signe convenu entre deux ou plusieurs personnes, pour servir d'avertissement. » Cette définition de l'Académie s'accorde parfaitement avec la distinction établie par l'abbé Girard entre ces deux mots : « Le *signe*, dit-il, fait connaître; il est quelquefois naturel. Le *signal* avertit; il est toujours arbitraire. Les mouvements qui paraissent dans le visage sont ordinairement les *signes* de ce qui se passe dans le cœur. Le coup de cloche est le *signal* qui appelle le chanoine à l'église. On s'explique par *signes* avec les muets ou les sourds; et l'on convient d'un *signal* pour se faire entendre des gens éloignés. »

*Signal* se dit aussi, figurément, de ce qui annonce et provoque une chose : « Cette émeute fut le *signal* de la révolution » (*Acad.*).

APPLIC. L'intermittence du pouls est souvent un *signe* de mort prochaine (*Acad.*). Ils tirèrent trois coups de canon pour *signal* (*Id.*). On illumina en *signe* de réjouissance (*Id.*). Tout est prêt au premier *signal* (*Bossuet*). Cette disgrâce, légère en apparence, fut le *signal* de sa perte (*Acad.*).

## ER.

### 289. ROC, ROCHE, ROCHER.

Masse de pierre très-dure qui tient à la terre. — *Roc* exprime cette idée sans aucune autre idée accessoire ; ce mot simple est le genre à l'égard de la *roche* et du *rocher*. La *roche* est moins dure que le *roc*; elle entre moins avant dans la terre, et elle est quelquefois isolée ; c'est le plus souvent un fragment détaché du *roc* ou du *rocher*.

« Le *rocher* est un *roc* très-élevé, très-haut, très-escarpé, scabreux, raide, hérissé de pointes, et terminé en pointe. On monte sur une *roche*, on grimpe sur un *rocher*. La *roche* est quelquefois plate, mais le *rocher* est pointu. On bâtit une ville sur une *roche* et une forteresse sur un *rocher*. Le *rocher* est même quelquefois inaccessible. — *Roc* désigne proprement la nature de la pierre : cette pierre est très-dure, il est difficile de tailler dans le *roc* vif. Aussi le *roc* est-il ferme et inébranlable : on est *ferme comme un roc*. L'idée de force est particulièrement dominante dans le *rocher*. C'est un écueil ; on se brise contre un *rocher* » (*Roubaud*).

En géologie le mot *roche* a un sens particulier et se dit des grandes masses de substances minérales, plus ou moins dures qui composent la croûte du globe terrestre : « Le granit est une *roche* composée » (*Acad.*).

**Applic.** On a fouillé jusqu'au *roc* (*Acad.*). Ce pays est tout couvert de *roches* (*Id.*). On emploie la pierre de *roche* dans les fondations (*Id.*). De ce côté-là, un *rocher* escarpé rend la ville inattaquable (*Voltaire*). Son navire s'est brisé contre un *rocher* (*Acad.*). Le schiste est une *roche* feuilletée (*Id.*).

## MONIE.

### 290. ACRETÉ, ACRIMONIE.

Qualité de ce qui est âcre. — Au propre le mot *âcreté* est le terme commun, qui se dit de tout ce qui est âcre : « L'*âcreté* du sel, de la bile (*Acad.*). *Acrimonie* est un terme scientifique, ayant moins de force qu'*âcreté* et qui ne s'applique guère qu'aux humeurs répandues dans le corps. L'un et l'autre s'emploient au figuré ; mais *âcreté* dit plus qu'*acrimonie* : il y a quelque chose de haineux, de trop dur, dans l'*âcreté*; il y a seulement de la mauvaise humeur, de l'humeur chagrine, dans l'*acrimonie* : un ton *âcre* est blessant; un discours *acrimonieux* peut déplaire, mais il ne blesse pas.

**Applic.** La cuisson enlève l'*âcreté* de certaines herbes. — Les médecins ont disputé longtemps sur l'*acrimonie* des humeurs (*Acad.*). Il m'a blessé par l'*âcreté* de ses paroles. — Il y a de l'*acrimonie* dans son caractère (*Acad.*).

## UM.

### 291. MUSÉE, MUSÉUM.

« Lieu destiné, soit à l'étude des lettres, des sciences et des beaux-arts, soit à rassembler les productions, les monuments qui y sont relatifs. » — Telle est la définition que l'Académie donne du mot *musée*; et elle dit que *muséum* a le même sens. Cependant aujourd'hui le mot *musée* ne s'emploie guère que pour désigner une collection publique de tableaux, de statues, de toutes sortes d'objets d'art ou de curiosités : « Le *musée* du Louvre, le *musée* de Cluny; » le mot *muséum* est réservé pour les collections d'histoire naturelle.

Cette distinction de sens entre ces deux mots est généralement admise; néanmoins quelques personnes disent encore *muséum* en parlant de certains *musées* étrangers : « Le *muséum* du Vatican, le *muséum* britannique. »

**Applic.** On admire à Paris les riches collections du *musée* du Louvre et du *muséum* du Jardin des plantes.

## ENCE et UM.

### 292. DÉCENCE, DÉCORUM.

Bienséance. — *Décorum*, terme emprunté du latin, n'est guère d'usage que dans ces phrases : « Garder, observer le *décorum*; blesser le *décorum* » (*Acad.*). Or, on dit aussi garder la *décence*, blesser la *décence*; mais *décorum* fait entendre que les règles de bienséance sont imposées, non par une loi naturelle ou par l'usage général, mais par une convention entre quelques personnes, par un usage particulier; et en outre, que ces règles ont quelque chose d'apprêté, de pédantesque.

**Applic.** Quelque part qu'il soit, l'homme bien élevé garde la *décence*. — Celui qui est chargé d'instruire la jeunesse doit toujours garder le *décorum* du professorat.

# DEUXIÈME SECTION.

## ADJECTIFS ET SUBSTANTIFS ATTRIBUTIFS.

*Nota.* J'appelle *substantifs attributifs* les substantifs qui désignent les personnes ou les choses par la qualité distinctive qui leur est propre, comme quand on dit : « L'*empereur* d'Allemagne, le *roi* d'Espagne, le *chantre* de la paroisse, le *chantre* des bois, voici M. le *docteur*. » Comme on le voit, ces substantifs sont réellement qualificatifs, et c'est à cause de cela qu'ils figurent souvent comme attribut de la proposition : « Charles-Quint était *empereur* d'Allemagne et *roi* d'Espagne ; M. Denis est *chantre* de sa paroisse ; Le rossignol est le *chantre* des bois ; Ce monsieur est *docteur* en médecine. »

## § 1. EUR, ANT.

Nous avons vu que dans les substantifs masculins dérivant d'un verbe, la terminaison *eur* désigne celui qui fait l'action marquée par le verbe, qui a coutume de la faire, qui en fait métier ; nous avons vu aussi que la terminaison *ant* éveille également une idée d'action. Ces terminaisons ont à peu près la même valeur dans les adjectifs : ainsi les qualificatifs en *eur* présentent le sujet comme ayant l'habitude, le pouvoir ou la faculté de faire l'action, ou bien ils le qualifient par rapport à ce qu'il fait ou à ce qu'il peut faire. Les qualificatifs en *ant*, que l'on appelle en grammaire *adjectifs verbaux*, viennent d'un verbe et expriment un état résultant d'une action ou une qualité naturelle, habituelle, qui rend propre à faire telle ou telle action, et qui se manifeste dans l'action : *mourant, mourante*, qui est dans l'état résultant de l'action de mourir ; *obéissant, obéissante*, qui a naturellement la propriété d'obéir et qui obéit toujours sans peine. Quant aux qualificatifs sans terminaison significative, ils expriment simplement la qualité attributive du sujet, sans aucune idée d'action.

### 293. CHANTRE, CHANTEUR.

Qui chante. — Le *chantre* est un dignitaire qui est maître du chœur et qui préside au chant dans certaines églises, ou bien c'est celui dont la fonction est de chanter au service divin : ainsi le mot *chantre* est un nom attributif de dignité ou de fonctions spéciales. *Chanteur* se dit de celui dont la profession est de chanter au théâtre, ou de toute personne qui fait ou a fait l'action de chanter un morceau de musique profane.

*Chantre* se dit aussi figurément et poétiquement, 1° d'un poëte : «*Le chantre* de la Thrace » (*Acad.*), c'est-à-dire Orphée ; 2° pour désigner le rossignol et d'autres oiseaux : « Les *chantres* ailés » (*Id.*).

APPLIC. Il y a de bons *chantres* dans telle église (*Acad.*). C'est un *chanteur* des rues (*Id.*). Le rossignol est le *chantre* des bois (*Buffon*).

## 294. DOCTE, DOCTEUR.

Savant, érudit. — Un homme *docte* est un homme qui est savant et habile, soit qu'il ait ou non un titre universitaire. Un *docteur* est celui qui est promu, dans une université, au plus haut degré de quelque faculté, et qui a dès lors un titre officiel en vertu duquel il peut exercer certaines professions ou occuper certains emplois. Il y a des *docteurs* en médecine, des *docteurs* en droit, des *docteurs* ès lettres, ès sciences, etc.

« *Docteur* se dit aussi d'un homme *docte*, quoiqu'il n'ait pas été reçu docteur, et quelquefois, par extension, d'un homme habile en quelque chose que ce soit : Il a beaucoup étudié cette science, il y est *docteur* ; C'est un grand *docteur* aux échecs » (*Acad.*). Mais alors le mot *docteur* signifie plutôt fort ou habile que savant, et fait entendre que la personne a prouvé son habileté par des actes.

APPLIC. Ce n'est pas le nom de *docteur* qui fait les *doctes* ; il indique seulement ceux qui devraient l'être (*Boiste*). Quelques-uns, ne soutenant pas leur nom par leur science, se sont trouvés *docteurs* sans être *doctes* (*Andry de Boisregard*).

## 295. MENSONGER, MENTEUR.

Ces deux adjectifs ne sont synonymes que quand ils se disent des choses, et ils signifient *contraire à la vérité* (a). — *Mensonger* est moins fort que *menteur* : le premier est formé directement du substantif *mensonge* ; le second vient du verbe *mentir* et rappelle l'action marquée par ce verbe. *Menteur* suppose l'intention de tromper, de ne pas tenir ses promesses, de faire tomber dans un piége ; *mensonger* signifie simplement qui renferme des mensoges ou qui n'est pas conforme à la vérité. Celui qui fait un récit *menteur*, le fait

________________

(a) *Mensonger* ne se dit que des choses ; *menteur* se dit aussi des personnes.

avec dessein de tromper ; car il sait bien qu'il dit des choses fauss
celui qui fait un récit *mensonger*, le fait sans mauvaise intenti
car il le croit vrai, il en ignore la fausseté : le premier trompe
second se trompe ou a été trompé.

Applic. C'est une histoire *mensongère* (*Acad.*). Cet homme a une p
sionomie *menteuse*. Le monde est *menteur* ; il promet un plaisir qu'il
peut donner (*Boiste*).

### 296. ÉMULE, ÉMULATEUR.

Rival, concurrent ; qui est animé d'un sentiment d'émulation.
L'*émule* est actuellement un rival, un concurrent ; l'*émulater*
animé par l'émulation, s'efforce par ses actes de devenir le rival, l
*mule* de celui qui lui est supérieur. « L'*émule*, dit Roubaud, est a
tuellement ce que l'*émulateur* voudrait être, un digne concurre
Votre *émule* marche en concurrence avec vous ; votre *émulate*
marche sur vos traces. »

Applic. Il faut avoir le germe du héros pour en devenir l'*émulateu*
il faut en avoir le succès pour en être l'*émule* (*Roubaud*). Ces c
peintres étaient *émules* (*Acad.*). Il a eu plus d'envieux de sa fortune
d'*émulateurs* de sa vertu (*Id.*).

### 297. PATELIN, PATELINEUR.

Celui qui tâche de faire venir les autres à ses fins par des man
souples et artificieuses. — « Le mot *patelin* marque, sans a
soires, la qualité, le défaut, le vice. *Patelineur* marque, par s
minaison, l'action de faire le *patelin*, l'acte de pateliner, l'ha
du patelinage. On est *patelin* par un caractère souple et artifi
on est *patelineur* par le fait et par les manières propres du p
(*Roubaud*).

Applic. Un homme peut, dans telle circonstance, se montrer ac
tellement *patelineur*, sans être pour cela un *patelin*.

### 298. ESCROC, ESCROQUEUR.

Celui qui a coutume de tirer quelque chose des gens par fou
rie, par artifice. — Le mot *escroc* a formé le verbe *escroquer*, c
ce verbe est venu *escroqueur* : cette considération suffit pour air
distinguer ces deux mots, entre lesquels d'ailleurs la différence est l
même qu'entre *patelin* et *patelineur*. *Escroc* exprime la qualit
vicieuse du sujet : *escroqueur* le représente agissant. Ce dernier
comme le remarque l'Académie, ne s'emploie guère qu'avec un com
plément.

Applic. Gardez-vous des *escrocs* (*Acad.*). C'est un *escroqueur* de livres (*Id.*).

### 299. LOUEUR, LOUANGEUR.

Qui loue ou donne des louanges. — *Loueur* signifie proprement, qui loue, qui fait l'action de louer. Ce mot exprime simplement le fait et ne se prend pas toujours en mauvaise part : La Fontaine a dit *loueur modeste. Louangeur* signifie proprement, qui donne des louanges ; il se dit de celui qui a l'habitude d'en donner et qui les donne sans discernement, à tort et à travers, sottement, et comme pour satisfaire le besoin qu'il a de louanger.

Ensuite, *loueur* est plus relatif à la personne qui loue, et *louangeur*, aux paroles, aux discours : un *loueur* à gages est celui qui est payé pour louer ; un *louangeur* fade, ennuyeux, l'est parce que ses louanges sont fades et ennuyeuses. (Voir 316.)

Applic. C'est un *loueur* perpétuel (*Acad.*). C'est un fade *louangeur*, un *louangeur* fastidieux (*Id.*).

### 300. FÉCOND, FÉCONDANT.

Qui fertilise, qui féconde. — Le sens le plus ordinaire du mot *fécond* est fertile, abondant, qui produit beaucoup ; mais, dit l'Académie, ce mot signifie quelquefois *fécondant*, qui fertilise. Cependant *fécond* n'a pas alors tout à fait le même sens que son synonyme ; il signifie, qui a la propriété de favoriser la fécondité : « Une pluie douce et *féconde* » (*Acad.*). *Fécondant* exprime la qualité qu'a le sujet de faire lui-même l'action de féconder, c'est-à-dire de communiquer à un germe le principe, la cause de son développement. Remarquons toutefois que l'emploi du mot *fécond* comme synonyme de *fécondant* est très-rare.

Applic. La lumière *féconde* du soleil (*Acad.*). Le pollen est la poussière *fécondante* renfermée dans la partie de l'étamine des fleurs qui est appelée anthère (*Id.*).

### 301. ARGUMENTATEUR, ARGUMENTANT.

Celui qui argumente. — *Argumentateur*, terme usuel, ne se prend qu'en mauvaise part et se dit d'un homme qui aime, qui se plaît, qui cherche à argumenter. *Argumentant*, est un terme d'école désignant celui qui argumente dans un acte public contre le répondant.

Applic. C'est un *argumentateur* perpétuel. — Le premier *argumentant*.

### 302. CONCILIATEUR, CONCILIANT.

Qui concilie, qui est propre à concilier.—*Conciliateur* (au fém. *conciliatrice*) est un substantif signifiant celui qui concilie, qui s'efforce de concilier; mais ce mot s'emploie aussi comme adjectif : « Esprit *conciliateur* » (Acad.). *Conciliant* n'est jamais qu'adjectif, et signifie qui est disposé, qui est propre à concilier : « Mesures *conciliantes* » (*Id.*); cela ne veut pas dire que ces mesures concilient, mais qu'elles sont propres à concilier, qu'elles ont les qualité requises pour cela.

Ainsi un esprit *conciliant* est un esprit ami de la concorde et disposé à accepter la conciliation ou à la conseiller; un esprit *conciliateur* cherche les moyens d'amener la conciliation et les met en œuvre.

Applic. Saint Louis était *conciliateur* entre les princes chrétiens (*Acad.*). C'est un homme fort *conciliant* (*Id.*).

### 303. CONSOLATEUR, CONSOLANT.

Qui est propre à consoler. — Il en est de ces deux mots à peu près de même que des précédents. *Consolateur* (fém. *consolatrice*) est substantif et signifie celui qui console, qui s'efforce de consoler, et il s'emploie quelquefois adjectivement : « Ange *consolateur*; espoir *consolateur* » (*Acad.*); c'est-à-dire, espoir qui par lui-même a le pouvoir de consoler et qui produit cet effet.

*Consolant* est toujours adjectif et signifie qui est tel, qu'on peut en tirer des motifs de consolation : ainsi un espoir *consolant* n'est pas précisément un espoir qui console actuellement et par lui-même, mais un espoir qui a pour qualité de pouvoir servir à nous consoler nous-mêmes (*a*).

Applic. L'éloquence *consolatrice* est la plus utile (*Boiste*). La mort du sage est une grande et *consolante* leçon (*de Boufflers*).

### 304. DOMINATEUR, DOMINANT.

Qui domine. — *Dominateur* (fém. *dominatrice*) est un substan-

---

(a) Nous avons encore le mot *consolatif*, dont le sens ne diffère guère ou plutôt ne diffère pas de celui de *consolant*; aussi, comme le remarque très-bien l'Académie, est-il à peu près inusité. On trouve aussi quelquefois *consolatoire*, vieux mot qu'on ne lit point dans le Dictionnaire de l'Académie, et qui ne me semble pas mériter cette proscription. En effet, il ne signifie pas qui console, ni qui renferme des motifs de consolation; il signifie qui a pour caractère de paraître consoler, il n'exprime que l'apparence de la consolation. La phrase suivante de M. Villemain fera parfaitement comprendre la valeur de ce mot : « Un poëte sifflé arrive et est accueilli par la maîtresse de la maison avec une espèce de compliment *consolatoire* et épigrammatique »

tif qui s'emploie quelquefois comme adjectif ; *dominant* est toujours adjectif. Le premier exprime la qualité se manifestant par des actes et considérée d'une manière absolue dans le sujet agissant : un esprit *dominateur* est un esprit qui fait tout pour tout soumettre à sa puissance. *Dominant* exprime la qualité distinctive du sujet relativement à d'autres objets de même nature que lui : ce mot présente le sujet comme prépondérant, comme supérieur à ces objets. Le parti *dominant* est le parti plus fort que les autres : si l'on peut dire esprit *dominant*, cela ne doit signifier rien autre qu'esprit supérieur à d'autres esprits.

Applic. L'imagination est la partie *dominante* de l'esprit des femmes (*de Meilhan*). L'esprit *dominateur* se hâte d'exercer son empire sur un ennemi malheureux (*Id.*).

### 305. FABRICATEUR, FABRICANT.

Celui qui fabrique quelque chose. — Un *fabricant* est un homme qui fait ou qui fait faire des ouvrages de fabrique : « Un *fabricant* de bas, de chapeaux » (*Acad.*) ; ce mot ne s'emploie qu'au propre. *Fabricateur* ne se prend qu'en mauvaise part et ne se dit guère au propre que dans ces phrases : *fabricateur* de fausse monnaie, de faux billets de banque (*a*). Il se dit aussi figurément : « *Fabricateur* de fausses nouvelles » (*Acad.*).

Applic. La loi punit le *fabricateur* de faux actes. — C'est le plus gros *fabricant* de Lyon (*Acad.*).

### 306. MOTEUR, MOUVANT.

Qui produit le mouvement. — *Moteur* (fém. *motrice*) est substantif et adjectif : adjectif, il signifie qui fait mouvoir, qui donne le mouvement : « Muscles *moteurs* ; force, puissance, faculté, vertu *motrice* » (*Acad.*). *Mouvant* est toujours adjectif : ce mot se prend dans différentes acceptions ; mais il n'est synonyme de *moteur* que quand il signifie qui a la puissance de mouvoir, et dans ce sens il n'est usité qu'avec le mot *force*.

La force *motrice* est celle qui agit par elle-même, ou bien c'est une force considérée dans son action, au moment où elle produit, en effet, le mouvement. La force *mouvante* a bien la propriété de produire le mouvement, la puissance de mouvoir ; mais elle n'agit pas d'elle-même, il faut la mettre en action. L'eau est une force

---

(*a*) Cependant La Fontaine a dit : « Le *fabricateur* souverain nous créa besaciers tous de même manière. »

*mouvante* ; elle ne devient force *motrice* que quand on l'emploie comme *moteur*.

**Applic.** Dieu est la puissance *motrice* de tout l'Univers. — L'eau est une des plus grandes forces *mouvantes* que l'homme sache employer (*Fénelon*).

### 307. SÉDUCTEUR, SÉDUISANT.

Qui séduit. — *Séducteur* (fém. *séductrice*) est un substantif signifiant celui qui fait tomber en erreur ou en faute. Il s'emploie aussi comme adjectif : « L'esprit *séducteur*, c'est-à-dire le diable » (*Acad.*). *Séduisant* est toujours adjectif ; il signifie qui est propre à séduire, et se dit ordinairement en bonne part, dans le sens d'agréable, qui plaît, qui flatte, qui attire. *Séducteur*, au contraire, se prend toujours dans une mauvaise acception : il suppose l'emploi de la ruse, de l'artifice et un but coupable. Un discours *séducteur* engage à faire le mal et entraîne à le faire ; il plaît aux uns, mais il déplaît aux autres : un discours *séduisant* n'entraîne pas ; il flatte l'humeur, l'opinion des adhérents, ébranle la conviction des adversaires, et il plaît à tous. La même différence existe à peu près entre un ton *séducteur* et un ton *séduisant*.

Il faut remarquer en outre que *séduisant* est le terme propre, lorsqu'il s'agit d'un sujet qui a naturellement des qualités *séduisantes*, sans artifice de sa part et sans dessein de les faire valoir : alors encore le véritable sens de ce mot est *qui plaît*, et il peut se dire même des défauts : Il a des défauts *séduisants* » (*Acad.*).

**Applic.** Les discours *séducteurs* de ce tribun excitèrent une émeute sanglante. — La gloire est si *séduisante*, que nous quittons pour elle le repos, la liberté, le bonheur (*Boiste*). Une pareille proposition n'est pas *séduisante* (*Acad.*).

---

# § 2. ARD.

Cette terminaison marque la réitération ou l'habitude d'une action, l'excès de la qualité ou du défaut. « La terminaison *ard*, dit Roubaud, exprime l'ardeur, la passion, l'immodération, l'excès : *musard*, qui ne fait que muser et s'amuser de tout, de rien ; *babillard*, qui a la fureur du babil ; *hagard*, tout égaré. »

Cette terminaison appartient souvent à des termes méprisants et familiers.

### 308. MIGNON, MIGNARD.

*Délicat, gracieux.* — *Mignon* énonce tout à la fois les idées exprimées séparément par les adjectifs *petit, délicat, joli* et *gracieux :* aussi peut-il s'appliquer à toutes sortes de petits ouvrages travaillés délicatement. *Mignard* ne se dit pas des objets matériels. Voici en quoi *mignon,* lorsqu'il se dit d'une personne, diffère de *mignard.*

« Une élégante régularité dans de petites formes, la délicatesse des traits, les agréments propres de la petitesse, constituent le *mignon.* La délicatesse et la douceur dans les traits animés, l'air et les manières gracieuses, une expression tendre, distinguent le *mignard.* On est plutôt *mignon* par les traits et les formes ; on est plutôt *mignard* par l'air et les manières. » (*Roubaud*).

Ajoutons que la terminaison *ard* exprimant l'excès et même l'abus, il est arrivé que le mot *mignard* a presque cessé de s'employer dans un sens favorable, et qu'il ne se dit plus guère aujourd'hui que des manières ou des actes dans lesquels on remarque un mélange de gracieux et d'afféterie : « Langage *mignard ;* manières *mignardes* » (*Acad.*).

APPLIC. Le hibou repartit : Mes petits sont *mignons,* beaux, bien faits et jolis (*La Fontaine*). Un homme *mignard* est une sotte femme (*Roubaud*). Bouche *mignonne ;* sourire *mignard* (*Acad.*)

### 309. CAMUS, CAMARD.

*Qui a le nez court et plat.* — *Camard* exprime l'excès du défaut : le *camard,* suivant la définition de l'Académie, a le nez plat et de plus écrasé. *Camus* se dit des personnes et de quelques animaux : « Un chien *camus* » (*Acad.*). *Camard* ne se dit que des personnes ; c'est un terme familier et légèrement méprisant.

*Camus* se dit aussi au figuré, en parlant de quelqu'un qui a été trompé dans l'attente de quelque chose.

APPLIC. Il est *camus* (*Acad.*). Un cheval *camus* (*Id.*). Cette femme est *camarde* (*Id.*). Les voilà tous bien *camus* (*Id.*)

## ARD ET EUR.

### 310. BRAILLARD, BRAILLEUR ; CRIARD, CRIEUR ; PLEURARD, PLEUREUR.

La terminaison *ard* marque une répétition plus fréquente de l'action, une habitude tellement enracinée qu'elle est comme un besoin incessant de brailler, de crier, de pleurer ; elle exprime en même temps l'ardeur, l'excès, l'immodération. Le *brailleur* parle actuellement très-haut, beaucoup et mal à propos : le *braillard* le fait presque continuellement ; il ne peut ouvrir la bouche sans brailler.

Il en est de même du *crieur* et du *criard :* celui-ci crie toujours ; il se plaint et gronde souvent pour des sujets de peu d'importance ou même sans sujet.

*Pleureur* se dit de celui qui pleure ou qui a l'habitude de pleurer ; mais le *pleurard* est un enfant qui pleure presque toujours, sans sujet, en geignant, en faisant des lamentations.

APPLIC. 1° C'est l'homme du monde le plus *braillard (Acad.).* Cet enfant est bien *brailleur (Id.).* — 2° Faites taire ce *crieur (Id.).* Il est *criard* de son naturel *(Id.).* — 3° C'est un vilain *pleurard (Id.).* Il faut consoler ce petit *pleureur (Id.).*

### 341. PILLARD, PILLEUR.

*Pilleur,* comme *pillard,* se dit de celui qui pille ou qui aime à piller. Mais *pillard* indique ou plus d'ardeur au pillage, ou une plus grande passion de faire des pilleries, ou enfin un pillage plus en grand, une répétition plus fréquente d'actions de cette nature : aussi se dit-il surtout des soldats qui exercent le pillage soit après la prise d'une ville, soit sur les terres de l'ennemi. *Pillard* s'emploie souvent comme adjectif.

APPLIC. Il est d'humeur *pillarde (Acad.).* C'est un grand *pilleur (Id.).* Cette troupe est bien *pillarde (Id.).* Les paysans s'armèrent pour s'opposer aux *pillards (Id.).*

### 342. TRAINARD, TRAINEUR.

Ces mots se disent des soldats qui restent en arrière de la troupe avec laquelle ils doivent marcher. — Le *traîneur* ne traîne que parce que les forces lui manquent pour le moment ; ce n'est pas chez lui une habitude ; la fatigue, la maladie ou les blessures trahissent sa volonté. Le *traînard* est *traîneur* par caractère ; il manque de volonté et d'énergie, et son habitude est d'être toujours en arrière des autres. Comme ce mot indique les dispositions, le caractère du sujet, il se dit, par extension, d'un homme lent ou négligent.

APPLIC. Dans les marches d'armée, il y a souvent beaucoup de *traîneurs (Acad.).* L'arrière-garde a ramassé les *traînards.* — Quel insupportable *traînard ! (Acad.)*

### 313. GROGNON, GROGNARD, GROGNEUR.

Qui grogne, qui gronde. — Le *grognon* grogne accidentellement et non par défaut de caractère : une personne aimable et même enjouée, peut par extraordinaire être *grognon* à midi ; mais elle ne le sera plus une heure après. Les causes du mécontentement du *grognon* sont d'ailleurs assez légères ; aussi *grognon* se dit-il fréquemment des enfants.

Les motifs qui mécontentent le *grognard* et le *grogneur* sont plus graves ; mais ces deux mots n'ont pas tout à fait la même signification : le mot *grognard* a plus de rapport à l'humeur, au caractère ; le mot *grogneur* a plus de rapport à l'acte, à la manière de grogner. Le *grognard* est toujours disposé à grogner, à murmurer sourdement ; il en cherche, pour ainsi dire, l'occasion, et cela le rend triste et maussade. Le *grogneur* grogne souvent à haute voix, avec éclat ; il en est fatigant ; mais il ne grogne que quand l'occasion se présente.

Applic. C'est une petite fille *grognon*. — Cet homme est bien *grognard* (*Acad.*). C'est un vieux *grognard* (*Id.*). Ce domestique est *grogneur* (*Id.*).

---

# § 3. IF.

La terminaison *if* marque la faculté, le pouvoir d'agir, de produire un effet ; quelquefois aussi elle ne marque qu'une simple disposition à faire ou à être quelque chose. « *If*, en latin *ivus*, dit Roubaud, désigne quelque chose d'actif, qui fait, qui réduit en acte. Ainsi *actif* signifie qui est fort agissant et prompt à agir ; *communicatif*, qui se communique facilement ; *vocatif*, qui appelle ; *curatif*, qui guérit. La terminaison *if* est donc active, du moins dans la plupart des adjectifs. »

### 314. MALADE, MALADIF.

Qui ne se porte pas bien. — Le *malade* est celui qui est actuellement en proie à la maladie : le *maladif* est celui qui a des dispositions à être souvent malade ; « Le *maladif*, dit Roubaud, est sujet à être malade, il a un principe particulier et actif de maladie et en éprouve souvent les effets. »

Applic. Il est *malade* de la poitrine (*Acad.*). Il a épousé une femme

9.

bien *maladive (Id.)*. Il est plus *malade* de l'esprit que du corps *(Id.)*. Les gens malsains sont nécessairement *maladifs (Roubaud)*.

## EUR ET IF.

Ces deux terminaisons rappellent ou représentent une idée d'action, mais *eur* avec plus de force que *if*. De deux adjectifs synonymes ayant l'un la première de ces terminaisons, l'autre la seconde, l'adjectif en *eur* montrera le sujet agissant volontairement, avec intention, dans un but déterminé, pour produire actuellement tel ou tel effet ; ou bien, s'il s'agit de choses, le qualificatif en *eur* présentera le sujet comme faisant l'action ou produisant l'effet que sa nature doit nécessairement lui faire produire. L'adjectif terminé en *if* exprimera simplement la faculté, le pouvoir d'agir, de produire l'effet en tout temps, ou bien l'action en quelque sorte indépendante de la volonté, spontanée, sans but, sans dessein prémédité.

Les articles suivants achèveront de faire comprendre ce qui distingue la valeur de ces deux terminaisons, lorsque l'on a à choisir celle des deux qui convient le mieux pour l'expression de la pensée.

### 345. APPROBATEUR, APPROBATIF.

L'idée commune à ces deux mots est celle d'*approbation*. — *Approbateur* (fém. *approbatrice*) est un substantif qui ne se dit que des personnes ; employé comme adjectif, il ne se dit que des choses : « Geste *approbateur*. » Dans les deux cas, il signifie qui approuve ou a approuvé réellement, dans telle circonstance, au moment même de l'action.

*Approbatif* ne se dit que des choses ; il est toujours adjectif et il signifie qui a la propriété d'approuver. Un geste *approbatif* est donc un geste qui de sa nature a la propriété de marquer l'approbation, sans aucun rapport au temps. Un geste *approbatif* par lui-même, tel par exemple, que celui de battre des mains, devient *approbateur* lorsqu'on le fait réellement pour applaudir quelqu'un.

APPLIC. Il m'encouragea d'un geste *approbateur*. *(Acad.)*. Les gestes *approbatifs* sont à peu près les mêmes dans tous les pays.

### 346. LOUANGEUR, LAUDATIF.

Expriment tous deux l'idée de *louange*. — *Louangeur*, comme substantif, ne se dit que des personnes ; comme adjectif, il se dit des choses : dans les deux cas il signifie qui loue ou qui a loué réel-

lement et à une époque précise. *Laudatif* est un adjectif peu usité;
et il ne se dit que d'un genre littéraire, des écrits et des discours
qui de leur nature son propres à louer.

Il y a donc entre *laudatif* et *louangeur* la même différence
qu'entre *approbatif* et *approbateur*. (Voir 299.)

APPLIC. L'orateur prononça un discours *louangeur*; mais il n'eut pas
besoin de recourir à des phrases *laudatives*, il lui suffit de citer des
faits.

### 347. IMITATEUR, IMITATIF.

L'idée commune est celle d'*imitation*. — *Imitateur* (fém. *imi-
tatrice*), substantif et adjectif, signifie qui imite, qui s'attache à imiter, et ne se dit que des êtres animés et de l'esprit : « Un esprit
*imitateur* » (Acad.). L'adjectif *imitatif* ne se dit que des choses.

L'*imitateur* imite effectivement : ce qui est *imitatif* n'a que la
propriété de paraître imiter : « Sons *imitatifs*, harmonie *imitative*. »

APPLIC. N'attendez rien de bon du peuple *imitateur* (*La Fontaine*).
L'harmonie *imitative* est un artifice de style qui consiste à peindre les
objets par les sons des mots (*Acad.*).

### 348. INDICATEUR, INDICATIF.

L'idée commune est celle d'*indication*. — *Indicateur*, substantif
et adjectif, signifie qui indique réellement et avec participation de
la volonté : le doigt *indicateur* est le doigt au moyen duquel on
indique ce que l'on veut indiquer. *Indicatif*, adjectif, ne se dit que
des choses qui apparaissent comme des indices naturels de quelque
phénomène, et qui par conséquent ont la propriété d'indiquer quelque chose : « Ce symptôme est *indicatif* d'une crise » (Acad.).

APPLIC. Un esclave peut être *indicateur*, mais il ne peut servir
de témoin (*Acad.*). Le médecin doit observer soigneusement tous les
signes *indicatifs* d'une maladie (*Id.*).

### 349. LÉGISLATEUR, LÉGISLATIF.

Expriment tous deux l'idée de porter ou de produire une ou
plusieurs lois. — *Législateur* (fém. *législatrice*), substantif et
quelquefois adjectif, signifie qui donne ou a donné réellement des
lois à un peuple. *Législatif* signifie qui a le pouvoir de faire des
lois ou qui porte le caractère des lois : ce mot est toujours adjectif
et ne se joint qu'à un substantif qui n'est point un nom de personne : « Corps *législatif*; Acte *législatif* » (*Acad.*).

Applic. Sémiramis, à la fois guerrière et *législatrice*, étonna l'Asie (*Acad.*). En France, le concours du roi et des deux chambres forme le pouvoir *législatif* (*Id.*).

## 320. LOCOMOTEUR, LOCOMOTIF.

L'idée commune est celle de locomotion. — Ce qui est *locomoteur* (fém. *locomotrice*) opère réellement la locomotion : « Muscles *locomoteurs* (*Acad.*). L'adjectif *locomotif* signifie qui a la propriété de produire la locomotion, et n'est guère usité que dans cette expression : faculté *locomotive* (*a*).

Applic. On parviendra difficilement à expliquer comment notre volonté agit sur les muscles *locomoteurs*, lorsque nous voulons marcher ou changer de place. — Les animaux diffèrent essentiellement des végétaux par la faculté *locomotive*, qui exige au moins trois idées (*Boiste*).

## 321. CONTEMPLATEUR, CONTEMPLATIF.

L'idée commune est celle de *contemplation*. — *Contemplateur* (fém. *contemplatrice*) est un substantif désignant celui, celle qui contemple réellement des yeux, ou qui se livre volontairement à la contemplation par la pensée. *Contemplatif* est un adjectif qui se dit des personnes et de ce qui est relatif aux personnes : « Homme fort *contemplatif*; vie *contemplative* » (*Acad.*). Appliqué aux personnes il signifie qui se laisse aller involontairement à la contemplation d'esprit, qui s'y abandonne et s'y plaît; et il s'emploie quelquefois substantivement.

Le *contemplateur* par la pensée est maître de sa pensée ; il la dirige et elle ne cesse pas d'être soumise à l'empire de sa volonté. Le *contemplatif* n'est plus maître de sa pensée, il n'a même plus de volonté : son esprit ou plutôt son imagination s'égare dans des rêves obscurs et vagues, dans des méditations sans objet bien déterminé.

Applic. *Contemplateur* des merveilles de Dieu, des secrets de la nature (*Acad.*). Les extases des *contemplatifs* (*Id.*).

## 322. PENSEUR, PENSIF.

L'idée commune est celle de *pensée*. — Il y a entre ces deux mots à peu près la même différence qu'entre les précédents. Le *penseur* est celui qui a l'habitude de réfléchir fortement, qui réfléchit profon-

---

(*a*) On appelle *locomotive* la voiture à vapeur qui traîne les convois sur les chemins de fer ; mais ce mot est alors substantif.

dément sur un objet bien déterminé, et en appliquant volontairement son esprit sur cet objet. L'esprit de l'homme *pensif* est plongé
dans des réflexions vagues : il flotte, incertain du point auquel il doit
se fixer, jusqu'à ce que, par l'intervention de la volonté, il s'arrête
enfin à quelque chose et sorte ainsi de sa rêverie. On peut avoir l'air
*pensif* sans penser réellement : l'esprit est alors préoccupé d'idées
tristes ou livré au doute, à l'incertitude, à la crainte.

**Applic.** L'attention et l'abstraction sont les véritables puissances de
l'homme *penseur* (*Mᵐᵉ de Staël*). Il suivait tout *pensif* le chemin de
Mycènes (*Racine*).

## 323. DESTRUCTEUR, DESTRUCTIF.

L'idée commune est celle de *destruction*. — *Destructeur* (fém.
*destructrice*) est un substantif qui s'emploie aussi adjectivement
et se dit des personnes et des choses : il signifie qui détruit réellement ou qui produit la destruction. L'adjectif *destructif* ne se dit
que des choses et signifie qui peut causer la destruction, qui renferme les moyens de la produire.

Un fléau *destructeur* produit lui-même la destruction : un principe *destructif*, est propre à la produire ; il amènera la destruction, s'il est appliqué et mis en pratique. Un système *destructeur*
est un système que l'on suit, avec ou sans intention de détruire ;
mais qui a dès à présent cet effet. Une doctrine *destructive* de toute
morale est une doctrine qui contient le germe de la destruction et
qui, appliquée, peut ou doit détruire la morale (*a*).

**Applic.** Toute espèce de despotisme est *destructeur* de la société
(*Boiste*). L'ignorance émet, autant que la mauvaise foi, des principes
*destructifs* de toute société. — C'était une nation bien *destructrice* que
celle des Goths (*Montesquieu*).

## ANT et IF.

Ces deux terminaisons, quand elles appartiennent à des adjectifs
dérivés d'un verbe et ayant la même racine, marquent l'une et l'autre la qualité active. Mais la première montre cette qualité se manifestant au dehors par des actes ou par des effets produits ; la seconde la fait voir dans le sujet même, à l'état de faculté, de propriété.

---

(*a*) On distinguera semblablement *générateur*, *génératif* et quelques autres mots.
On dit puissance *génératrice*, parce que la puissance agit, se manifeste dans l'action ;
et vertu *générative*, parce qu'il n'est question ici que de la propriété. Il y a dans les
végétaux une puissance *génératrice* ; on attribue au pollen la vertu *générative*.

### 324. AGISSANT, ACTIF.

L'idée d'*agir* est commune à ces deux mots. — *Agissant* (fém. *agissante*) qui agit ou qui exerce habituellement la faculté d'agir, qui se donne beaucoup de mouvement. Il se dit aussi des choses et signifie, qui agit avec force, qui opère avec efficacité : remède agissant. — *Actif*, qui a la faculté d'agir, de produire quelque effet en agissant ; il se dit des personnes et des choses : un homme *actif*, un animal *actif*, un remède *actif*, un poison *actif*.

L'activité est la qualité essentielle de l'être *agissant*, comme de l'être *actif* ; mais *agissant* montre cette qualité se manifestant par des actes ou par des effets ; le mot *actif* la fait voir comme renfermée dans la personne ou dans la chose, comme propriété ou faculté qui lui est inhérente. Un remède *agissant* manifeste son activité par l'effet qu'il produit : un remède *actif* est celui que l'on sait avoir la propriété d'agir énergiquement quand on l'applique, et c'est alors qu'il devient *agissant*.

Applic. La nature est toujours *agissante* (*Laveaux*). Ce poison est très-*actif* (*Acad.*). C'est un homme extrêmement *actif* (*Id.*). Une femme fort *agissante* (*Id.*). L'esprit est *actif*, la matière est passive (*Id.*). L'eau forte et l'eau régale sont plus *agissantes* quand elles sont mêlées ensemble que quand elles sont séparées (*Id.*).

### 325. ATTIRANT, ATTRACTIF.

Qui attire ou qui a la propriété d'attirer. — *Attirant, attirante*, ne s'emploie qu'au figuré et ne se dit que des personnes ou de ce qui appartient aux personnes. Il signifie qui séduit, qui amène adroitement à ses fins, et il montre la qualité agissante : « Manières fort *attirantes* » (*Acad.*). *Attractif* est un terme didactique signifiant qui a la propriété d'attirer, et il ne se dit que des choses : « Force *attractive* ; onguent *attractif* » (*Id.*).

Applic. Cette marchande est adroite et *attirante* (*Acad.*). L'aimant a une vertu *attractive* (*Id.*).

### 326. CONSTITUANT, CONSTITUTIF.

Qui constitue ou a la propriété de constituer. — Une chose *constituante* constitue effectivement une autre chose, entre dans la composition de cette chose et fait que cette chose est réellement : les molécules d'un corps sont *constituantes* de ce corps. *Constitutif* se dit d'une propriété que l'esprit conçoit comme étant essentielle à la chose et sans laquelle cette chose ne pourrait pas être : « La *di-visibilité* est une propriété *constitutive* de l'étendue » (*Acad.*).

*Applic.* La perfection d'un être est dans l'accord de ses parties *constituantes* (*Leibnitz*). L'égalité des quatre côtés et des quatre angles est la propriété *constitutive* du carré.

### 327. VIVANT, VIF.

Qui a vie. — *Vivant, vivante,* qui vit, qui accomplit réellement tous les actes de la vie. *Vif,* qui est doué de vie, qui a la propriété d'être en vie, qui est dans l'état de vie et non de mort.

*Vivant* exprime donc le fait, l'acte de vivre : « Il est encore *vivant* » (*Acad.*) ; c'est-à-dire, il vit encore. *Vif* exprime la qualité, la propriété d'être dans l'état contraire à l'état de mort : « Il fut brûlé *vif* ; il est plus mort que *vif* » (*Acad.*).

C'est parce que *vif* exprime la qualité propre, inhérente à l'objet, qu'il se dit souvent des choses dans le sens de qui a quelque principe de vie ou beaucoup de vigueur, d'activité, de force, de violence : chair *vive,* cheval *vif,* froid *vif,* accès de goutte très-*vif,* etc.

*Applic.* Ces lieux maintenant si déserts, jadis une multitude *vivante* animait leur enceinte (*Volney*). L'ordre porte qu'il sera pris mort ou *vif* (*Acad.*). Cette carpe était encore toute *vive* quand on l'a mise dans la poêle (*Id.*).

### 328. SIGNIFIANT, SIGNIFICATIF.

Qui signifie bien. — *Signifiant* (fém. *signifiante*) exprime l'idée relativement à l'effet produit : *significatif* l'exprime quant à la propriété de bien signifier. Cette expression n'est pas assez *signifiante* » (*Acad*) ; c'est-à-dire, ne produit pas l'effet qu'on veut obtenir, n'exprime pas assez ce que l'on veut dire. « Se servir de mots *significatifs* » (*Id.*) ; c'est-à-dire, de mots ayant la vertu de bien rendre l'idée, la propriété de renfermer un grand sens.

*Applic.* Les sacrements sont signes *signifiants* et effectifs de la grâce (*Acad.*). Cette plaisanterie est peu *signifiante* (*Id.*). Ce terme, ce mot est bien *significatif* (*Id.*). Un geste, un souris fort *significatif* (*Id.*).

### 329. JUSTIFIANT, JUSTIFICATIF.

Qui justifie ou qui a le pouvoir de justifier. — *Justifiant* (fém. *justifiante*), terme de théologie, n'est guère usité que dans ces deux locutions ; la grâce *justifiante,* la foi *justifiante* ; c'est-à-dire, la grâce, la foi, qui rend juste intérieurement (*Acad.*). *Justificatif* signifie qui est propre à justifier, qui sert à justifier quelqu'un ou à prouver ce qu'on avance, ce qu'on allègue : « Les pièces *justificatives* d'une histoire, d'une relation, d'un rapport » (*Acad.*) (*a*).

**APPLIC.** Les théologiens distinguent la grâce *justifiante* de la grâce sanctifiante. — Le mémoire est accompagné de pièces *justificatives* (*Acad.*).

ARD ET IF.

330. FUYARD, FUGITIF.

Qui fuit. — *Fuyard*, adjectif, signifie qui a coutume de s'enfuir : « Animaux *fuyards* ; Troupes *fuyardes* » (*Acad.*). Il est aussi substantif et se dit au pluriel de gens de guerre qui s'enfuient du combat, pêle-mêle, précipitamment, et avec une sorte d'ardeur dans la fuite. *Fugitif*, adjectif ou substantif, signifie qui s'est enfui ou qui se trouve actuellement dans tel état, en fuite : « Un criminel *fugitif* ; Un esclave *fugitif* » (*Acad.*).

Le mot *fugitif* a tellement un sens attributif de qualité, de manière d'être, qu'il se dit au figuré de tout ce qui est rapide, passager, peu durable : « Une ombre *fugitive* ; Éclat *fugitif* ; Bonheur *fugitif* » (*Acad.*).

**APPLIC.** Quelle gloire y a-t-il à poursuivre des animaux timides et *fuyards*? — Il était errant et *fugitif* (*Acad.*). On eut bientôt arrêté les deux *fugitifs* (*Id.*). Ceux qui poursuivaient les *fuyards* n'eurent jamais l'audace d'attaquer Socrate (*Fénelon*). De tous les attributs le plus *fugitif* est la nouveauté (*Boiste*).

---

## § 4. ABLE, IBLE.

La terminaison *able* ou *ible*, ajoutée à un adjectif dérivant d'un verbe, désigne la puissance, la capacité d'être, de devenir; ce qui est propre, habile à faire, à être fait, à avoir certaines qualités; ce qui paraît avoir tel caractère. Ainsi *pénétrable*, c'est qui peut être pénétré; *secourable*, qui est porté à secourir; *visible*, qui peut être vu.

Ajoutée à un radical substantif ou adjectif non dérivé d'un verbe,

---

(*a*) On distinguerait de même les synonymes suivants, qui sont en général des termes techniques ou didactiques : *agglutinant*, *agglutinatif*; *confortant*, *confortatif*; *connaissant*, *cognitif*, *corroborant*, *corroboratif*; *corrodant*, *corrosif*; *désobstruant*, *désobstructif*; *desséchant*, *dessiccatif*; *dissolvant*, *dissolutif*; *excitant*, *excitatif*; *intelligent*, *intellectif*; *perçant*, *perceptif*; *résolvant*, *résolutif*, etc.

elle exprime ordinairement disposition, aptitude à avoir certaine qualité, puissance d'indiquer tel caractère ou tel état. Ainsi *misérable*, qui est dans l'état de misère ou qui dénote la misère ; occasion *favorable*, occasion qui est apte à être en notre faveur, à notre avantage.

Notre langue présente un très-petit nombre de cas où les terminaisons *able* et *ible* sont ajoutées au même radical, d'où paraîtrait résulter une véritable synonymie : nous verrons, pour chacun de ces cas, quelles sont les nuances qui distinguent ces synonymes d'une espèce particulière.

## 331. VRAI, VÉRITABLE.

Conforme à la vérité, à la réalité. — *Véritable* signifie proprement, non pas qui est essentiellement vrai, mais qui se montre à nous avec le caractère de la vérité. Une chose *vraie* l'est de sa nature et par elle-même ; c'est une chose qui a en elle le *vrai* : une chose *véritable* est celle que nous reconnaissons, que nous considérons, que nous présentons comme conforme à la vérité et ne nous trompant point.

La qualité de la chose *vraie* est dans cette chose même ; elle ne dépend aucunement de nous : quand nous l'ignorerions ou quand nous ne le croirions pas, il n'en serait pas moins *vrai* que tout triangle est la moitié d'un parallélogramme. La qualité de la chose *véritable* n'existe que relativement à nous et par nous : une relation est *véritable*, parce que l'auteur l'a rendue conforme à la vérité. Je demande si le bruit qui court est *vrai*, c'est-à-dire si tel qu'il est et par lui-même, il représente bien le fait réel ; quelqu'un me répond : « Je vous garantis cela *véritable* » ; c'est-à-dire que je puis admettre la réalité du fait, attendu que le bruit a été reconnu comme ayant tous les caractères de la vérité.

« *Vrai*, dit Condillac, ne se dit que du fond de la chose, et *véritable* se dit de la chose considérée sous quelque rapport. Par une *vraie* histoire, une *vraie* amitié, on entend seulement que ces choses sont ce qu'elles doivent être ; par une *véritable* histoire, une *véritable* amitié, on entend que ces choses ne trompent point. C'est un *véritable* gentilhomme, c'est un *vrai* gentilhomme, ne signifient pas absolument la même chose. Le premier se dit de celui qui joint la noblesse des sentiments à la noblesse de la naissance, c'est-à-dire qui réunit en lui tout ce qu'on est en droit d'exiger d'un gentilhomme. »

Un *vrai* gentilhomme est celui dont les titres de noblesse sont incontestables : il est gentilhomme dès sa naissance et par l'effet de sa naissance, sans aucun rapport à sa manière de vivre, de sentir, de penser et d'agir; si bien qu'un *vrai* gentilhomme peut fort bien ne pas être un *véritable* gentilhomme.

De même, un *vrai* ami est l'homme qui a toutes les qualités essentielles à la nature d'un parfait ami : un *véritable* ami est un ami solide, qui nous a donné de fortes preuves de son amitié, un ami sur lequel nous pouvons compter et qui ne trompera pas notre attente. (Voyez 359.)

Applic. Cette proposition est *vraie* (*Acad.*). Ce discours est *véritable* (*Id.*). Qu'un ami *véritable* est une douce chose! Il cherche vos besoins au fond de votre cœur (*La Fontaine*). Le *vrai* courage ne se laisse jamais abattre (*Fénelon*). Quelques auteurs, même protestants, soutiennent qu'il n'est pas *vrai* qu'il y ait eu une papesse Jeanne, et que l'histoire qu'on en a faite n'est pas *véritable* (*Girard*).

### 332. APERCEVABLE, PERCEPTIBLE.

Qui peut être aperçu. — *Apercevable* vient du verbe français *apercevoir*; *perceptible* vient du latin *percipere*. Le premier est le terme ordinaire, usuel, et il se dit surtout des objets que leur volume rend faciles à être aperçus : *perceptible* est un terme plus relevé, qui ne s'applique qu'aux objets d'une petitesse extrême, et qui, suivant l'Académie, ne s'emploie guère qu'avec la négation : « Cela n'est point *perceptible* aux yeux » (*Acad.*). Il s'étend quelquefois aux autres sens que celui de la vue et aux choses de l'esprit.

Applic. Y a-t-il un corps plus *apercevable* que le soleil? — Tout ce qui est *perceptible* à nos sens (*Acad.*). Cela n'est point *perceptible* au goût (*Id.*). Il y a un petit trait de raillerie dans son discours, mais cela est à peine *perceptible* (*Id.*).

### 333. IRRITABLE, IRASCIBLE.

Qui s'irrite facilement. — *Irritable* signifie susceptible, qui se pique, s'irrite facilement : le vrai sens d'*irascible* est qui s'emporte facilement, qui est prompt à se mettre en colère. Or l'irritation n'est pas la même chose que l'emportement, que la colère; elle est dans l'esprit ou dans le cœur, et peut y rester cachée : la colère, comme l'emportement, se produit au dehors par des paroles, par des actes. Cela suffit pour distinguer le sens d'*irritable* et d'*irascible* (a).

---

(a) Il y a encore *vitrifiable, vitrescible*, dont le sens est qui peut être changé en verre : *vitrifiable* est le terme ordinaire et usuel : *vitrescible* est le terme technique, le terme de la science.

APPLIC. On n'est jamais plus *irritable* que lorsqu'on se sent blâmable (*Edgeworth*). Si la colère est une courte folie, l'homme *irascible* est un fou qui a des intervalles lucides.

## ABLE ET ANT.

### 334. DÉSHONORABLE, DÉSHONORANT.

Qui emporte avec soi le déshonneur. — *Déshonorant* se dit de ce qui cause réellement le déshonneur; et *déshonorable* de ce qui doit ou devrait le causer partout et toujours. Malgré cette distinction fondée sur la composition même des mots, il est arrivé que *déshonorable* a presque cessé d'être employé, et qu'on l'a remplacé dans sa signification propre par son synonyme.

APPLIC. L'opinion, l'usage, le préjugé, peuvent ne pas considérer comme *déshonorant* un acte vraiment *déshonorable*.

### 335. CONVENABLE, CONVENANT.

Qui convient, qui sied bien. — La différence est à peu près la même entre ces deux mots qu'entre les précédents. Ce qui est *convenable* est réellement ce qui de soi a la propriété de convenir partout et toujours; et *convenant*, ce qui convient effectivement, dans tel cas particulier et dans tel moment. Or, ici encore l'un des mots a été remplacé par l'autre; mais ce n'est pas le mot en *able*, c'est *convenant* qui a cédé ses droits à son synonyme *convenable*.

APPLIC. Une mise décente est toujours *convenable;* mais elle peut être inconvenante, c'est-à-dire ne pas être *convenante* dans telle ou telle circonstance.

### 336. EFFROYABLE, EFFRAYANT.

Qui effraie. — *Effroyable* l'emporte sur *effrayant*, comme *effroi* sur *frayeur*. Une chose *effrayante* donne de la frayeur, une chose *effroyable* cause de l'effroi, de l'horreur. D'ailleurs *effrayant* exprime simplement le fait d'effrayer, et ce qui est *effrayant* peut effrayer à tort : *effroyable* exprime non-seulement le fait d'inspirer l'effroi, mais il fait entendre en outre que la chose *effroyable*, l'est avec raison, de sa nature, actuellement, et même par les conséquences qu'elle peut avoir : un songe est *effrayant*, une guerre est *effroyable*.

APPLIC. Un *effroyable* cri sorti du sein des flots, des airs en ce moment a troublé le repos (*Racine*). J'ai vu ce même enfant dont je suis menacée, tel qu'un songe *effrayant* l'a peint à ma pensée (*Id.*).

## IBLE et IF.

### 337. SENSIBLE, SENSITIF.

L'idée commune à ces deux mots est celle que renferme le mot *sentir*. — Appliqué aux objets inorganiques ou aux choses morales, l'adjectif *sensible* signifie qui se fait sentir ou qui se fait remarquer : « Le froid a été très-*sensible* cette année ; Le flux de la mer n'est *sensible* que près des côtes ; C'est un déplaisir bien *sensible* » (*Acad.*). Appliqué aux êtres organisés, il signifie qui a du sentiment, qui reçoit aisément l'impression que font les objets, qui est facilement ému, touché, attendri : « Ce cheval a la bouche fort *sensible* ; Une âme *sensible* » (*Acad.*).

*Sensitif* est un terme didactique signifiant qui a la faculté de sentir : « Vertu, faculté *sensitive* ; L'âme est *sensitive* » (*Acad.*).

Applic. L'effet de ce remède est peu *sensible* (*Acad.*). Vous doutez de cette vérité, je vais vous la rendre *sensible* (*Id.*). Qui dit animal, dit *sensitif* (*Id.*). Je suis fort *sensible* à votre attention (*Id.*).

---

## § 5. EUX, IEUX, UEUX.

« Dans les adjectifs la terminaison *eux* marque la force, l'habitude, l'abondance, l'excès, l'affectation d'une qualité, d'être tel ; *langoureux*, qui ne fait que languir, qui outre ou affecte la langueur » (*Roubaud*). De même *doucereux* signifie qui a trop de douceur ou qui affecte une grande douceur ; *vaniteux* qui affecte une sotte et puérile vanité, qui est plein de sottes vanités.

*Ieux* et *ueux* ont la même valeur : ainsi *avaricieux* signifie qui affecte l'avarice dans un acte particulier ; *difficultueux*, qui a l'habitude d'être difficile en affaires, parce qu'il fait des difficultés sur tout.

### 338. VAIN, VANITEUX.

Ces deux mots renferment dans leur signification l'idée de *vanité* ; ils ne sont synonymes que quand ils se disent des personnes. — L'adjectif *vain* se dit d'une personne orgueilleuse dont la vanité, quoique blâmable, a quelque raison d'être. *Vaniteux* signifie qui a une vanité puérile et ridicule, soit en paroles, soit en actions ; qui se montre sottement *vain* dans les plus petites choses.

Applic. Il est tout *vain* de l'honneur qu'il a reçu (*Acad.*). C'est l'homme le plus sot et le plus *vaniteux* (*Id.*). Ne soyez pas *vain* des avantages que avez reçus de la nature. — Le *vaniteux* tire vanité de tout, même de ses ridicules : on le méprise, il s'admire (*Boiste*).

### 339. AVARE, AVARICIEUX.

L'idée d'*avarice* est renfermée dans la signification de ces deux mots. — « *Avare* convient mieux, lorsqu'il s'agit de l'habitude et de la passion même de l'avarice : *avaricieux* se dit plus proprement, lorsqu'il n'est question que d'un acte particulier de cette passion. Un homme qui ne donne jamais passe pour *avare* : celui qui manque à donner dans l'occasion ou qui donne trop peu s'attire l'épithète d'*avaricieux*. L'avare se refuse toutes choses : l'avaricieux ne se les donne qu'à demi. »

« Le terme d'*avare* paraît avoir plus de force et plus d'énergie pour exprimer la passion sordide et jalouse de posséder sans aucun dessein de faire usage : celui d'*avaricieux* paraît avoir plus de rapport à l'aversion mal placée de la dépense, lorsqu'il est nécessaire de s'en faire honneur » (*Girard*).

*Avare* s'emploie souvent au figuré.

Applic. Il est si *avare*, qu'il se refuse tout (*Acad.*). Et qui sont ces *avaricieux* ? Des vilains et des ladres (*Molière*). Un habile général ne paye point ses espions en homme *avaricieux* ; et conduit ses troupes comme un homme *avare* du sang des soldats (*Girard*).

### 340. DÉVOT, DÉVOTIEUX.

Qui a de la dévotion. — *Dévot* signifie proprement qui a de la dévotion naturellement, intérieurement et par caractère ou disposition morale : « Épicure n'était pas *dévot* ; mais, dans les temples il était fort *dévotieux* » (*Roubaud*).

« Le *dévotieux*, dit le même synonymiste, descend aux plus petits objets, aux plus petits détails, aux petites pratiques de la dévotion, du culte. Il observe ces petites pratiques, non-seulement avec exactitude, mais avec l'air, l'accent, toutes les manières, toute l'expression d'un parfait dévoûment, d'une onctueuse cordialité. Pris en bonne part il supposera la dévotion la plus scrupuleuse et revêtue de ses formes les plus convenables et les plus touchantes. Pris en mauvaise part, ainsi que *dévot* se prend quelquefois, il désignera proprement l'attention la plus minutieuse à de petites pratiques et la recherche la plus affectée dans les manières. »

Applic. Montaigne dit que les Égyptiens étaient un peuple *dévotieux* :

en effet ils étaient pour ainsi dire naturellement *dévots,* et surtout singulièrement attachés aux cérémonies du culte et scrupuleusement fidèles à ses plus petites pratiques (*Roubaud*).

### 341. DIFFICILE, DIFFICULTUEUX.

Qui est peu accommodant. — *Difficile* se dit d'une personne qui est d'une humeur fâcheuse, avec laquelle on a de la peine à vivre qu'on parvient difficilement à contenter. *Difficultueux* signifie *difficile* en affaires, qui fait des difficultés sur tout, qui s'arrête aux plus petites difficultés, qui en trouve où il n'y en a pas.

*Difficile* signifie aussi exigeant, délicat; mais dans ce sens il n'est pas synonyme de *difficultueux* : «Être *difficile* sur les aliments; être *difficile* sur le choix des mots.» (*Acad.*).

Applic. C'est un homme très-*difficile* à vivre, d'un caractère *difficile* (*Acad.*). Les sots, les ignorants, les avides, sont les plus *difficultueux* des hommes (*Boiste*).

## EUX ET ANT.

«*Ant,* terminaison du participe présent, signifie ce qui est actuel, ce qui se fait, ce qui arrive, le fait ou ses circonstances ; tandis que la terminaison *eux* désigne la propriété, l'abondance, la plénitude, la force» (*Roubaud*).

### 342. ÉCUMEUX, ÉCUMANT.

Qui a ou donne de l'écume. — *Écumant* signifie simplement qui écume ou qui jette de l'écume : «La mer *écumante*; un coursier *écumant*» (*Acad.*). Ce qui est *écumeux* est chargé de beaucoup d'écume ou en jette une grande quantité : il ne se dit guère qu'en poésie. «Flots *écumeux*.» (*Id.*)

Applic. Les vagues *écumantes* (*Acad.*). Un coursier a la bouche *écumeuse* (*Id.*).

### 343. ENNUYEUX, ENNUYANT.

Qui cause de l'ennui, de la contrariété. — «*Ennuyant,* dit Laveaux, doit être appliqué à une action ; la terminaison active *ant* indique cette action. *Ennuyeux* indique par la terminaison *eux,* une qualité inhérente au sujet. »

Condillac dit la même chose en ces termes : «Il me semble qu'on dit *ennuyant* en parlant d'une chose ou d'une personne au moment qu'elle ennuie, et qu'on dit *ennuyeux* quand on parle du caractère qui la rend propre à donner de l'ennui. Il est *ennuyant* signifie il ennuie actuellement; il est *ennuyeux* signifie il est fait pour donner de l'ennui. »

Laveaux dit encore : « Une autre preuve qu'*ennuyeux* se dit d'une qualité particulière au sujet auquel on l'applique, c'est qu'on ait *ennuyeux* substantif, et qu'*ennuyant* ne l'est jamais. »

**Applic.** Un homme peut être *ennuyant* sans être *ennuyeux*, c'est-à-dire qu'il peut, faute d'attention ou de jugement, faire ou dire actuellement des choses qui ennuient, quoiqu'en général il ait toutes les qualités nécessaires pour être agréable, et qu'il le soit ordinairement (*Laveaux*).

## 344. LANGOUREUX, LANGUISSANT.

Qui est dans un état de faiblesse et d'abattement. — « *Languissant*, qui languit, qui est en langueur : *langoureux*, qui ne fait que languir, qui outre ou affecte la langueur. Ainsi on est naturellement *languissant*; et on fait artificieusement le *langoureux*. On a bien l'air *languissant*, mais on prend l'air *langoureux*. »

« S'il n'y a pas de l'affectation dans le *langoureux*, il y a du moins quelque chose d'excessif, d'immodéré, d'habituel, de singulier dans sa manière d'être. Ainsi l'on dira d'un convalescent qu'il est encore un peu *languissant*, et d'un autre qu'il est encore tout *langoureux*. Vous trouverez *langoureux* celui qui paraît toujours *languissant* » (*Roubaud*).

**Applic.** Il ne suffit pas d'être *languissant* pour être appelé *langoureux*; il faut le paraître par des signes ou des démonstrations frappantes de langueur et d'une langueur assez soutenue, et surtout mêlée de plaintes et de marques de sensibilité (*Roubaud*). Un malade très-affaibli vous demande des secours d'un ton *languissant*; un mendiant rusé vous demande l'aumône d'un ton *langoureux* (*Id.*).

## 345. RADIEUX, RAYONNANT.

Qui rayonne. — « D'abord le corps *radieux* est tout *rayonnant* de lumière. L'effusion abondante de la lumière rend le corps *radieux*; et l'émission de plusieurs traits de lumière le rend *rayonnant*. Vous distinguez les rayons du corps *rayonnant*; dans le corps *radieux*, ils sont tous confondus. Le soleil est *radieux* à son midi : à son couchant il est encore *rayonnant*. L'éclat suppose la sérénité, mais des rayons épars ne l'exigent pas. Ainsi l'objet *rayonnant* n'a pas besoin d'être serein comme l'objet *radieux* doit l'être; et au besoin cette sérénité signe de la satisfaction et de la joie. c'est pré-

cisément ce qui éclate dans l'air, dans le visage, sur le front *ra
dieux.* »

« A proprement parler les rayons émanent du corps *radieux* ; 
ils environnent un corps *rayonnant.* En optique, le point *radieu.*
jette de son sein une infinité de rayons : le cristal frappé d'une viv
lumière est tout *rayonnant.* Enfin le mot  *radieux* marque la pro
priété, la qualité de la chose ; et le mot *rayonnant,* une circon
stance de la chose, le fait présent. »

« Nous disons familièrement d'un homme qui a un air de bonn
santé, de contentement, de jubilation, qu'il est *radieux :* nou
disons de quelqu'un qui vient de remporter un avantage honorabl
un grand prix, une victoire, qu'il est tout *rayonnant* de gloire. L
premier est plein de satisfaction ou de joie : les hommages, les hon
neurs environnent le second » (*Roubaud*).

**Applic.** L'aurore *rayonnante* commence à jeter des feux ; l'aurore r
*dieuse* est dans tout son éclat (*Roubaud*). Je n'ai jamais vu soleil plu
*radieux* (*Acad.*). Moïse, descendant de la montagne, parut le visag
tout *rayonnant* (*Id.*). Être tout *rayonnant* de gloire (*Id.*).

### 346. OUTRAGEUX , OUTRAGEANT.

Qui outrage. — « *Outrageant,* participe présent du verbe *outra
ger,* converti en adjectif verbal, exprime l'action d'outrager, le fai
l'effet de cette action : elle outrage, on en est outragé, offensé crue
lement. *Outrageux,* formé du substantif *outrage,* espèce particu
lière d'offense, désigne la nature de la chose, sa propriété ou so
caractère, l'effet qu'elle doit par elle-même produire ; elle est fai
pour outrager, c'est le propre de la chose d'offenser cruellemen
Ce qui est *outrageux* est donc *outrageant* par soi-même : il ser
même bien *outrageant,* puisqu'il porte en soi l'outrage, et que s
vertu et son efficacité est d'outrager, selon la valeur de sa termina
son, qui sert même à indiquer l'habitude, la plénitude, l'excès. »

« L'Académie observe qu'*outrageant* ne se dit que des choses
tandis qu'*outrageux* s'applique également aux personnes. Cett
observation confirme la distinction précédente ; car un homm
*outrageux* a l'intention et le dessein, l'habitude et le défaut, l
caractère et l'humeur qui porte à outrager » (*Roubaud*).

**Applic.** Il est *outrageux* en paroles (*Acad.*). C'est un procédé *outra
geant* (*Id.*). Un discours, un procédé *outrageant* fait un outrage : le dis
cours, le procédé *outrageux* fait outrage (*Roubaud*). Des systèmes *outra
geux* pour la Divinité ne sont pas des religions, mais des superstition
(*Boiste*).

### 347. SAIGNEUX, SAIGNANT.

L'idée commune est celle qui est exprimée par le verbe *saigner*. — *Saigneux* signifie taché de sang, rempli de sang : *saignant* signifie qui saigne, qui dégoutte de sang.

Applic. Un mouchoir tout *saigneux* (Acad.). Avoir le nez tout saignant, la bouche toute *saignante* (Id.).

## EUX et IF.

### 348. OISEUX, OISIF.

Ces termes, dit Beauzée, annoncent également l'inaction et l'inutilité. — Être *oisif*, c'est ne rien faire pour le moment, n'avoir pas d'occupation : être *oiseux*, c'est, par goût ou par habitude, ne pas chercher à s'occuper ou ne faire que des riens. « On est oisif, dit Roubaud, dès qu'on n'est pas en activité ; quand on croupit dans l'inaction on est *oiseux*. » L'homme *oisif* est actuellement dans l'inaction, en attendant qu'il travaille : l'homme *oiseux* passe volontairement ses heures à ne rien faire, parce qu'il se plaît à rester dans l'oisiveté.

Ces deux mots se disent aussi des choses ; mais alors *oiseux* signifie inutile, vain, qui n'est bon à rien, qui ne sert à rien : Se livrer à des goûts *oiseux* ; Des questions, des paroles *oiseuses* » (Acad.). *Oisif* se dit de certaines choses dont on ne fait point usage pour l'instant : « L'épée du soldat est *oisive* pendant la paix (Roubaud) ; Il y a bien des talents *oisifs* » (Acad.).

Applic. Un ouvrier qui n'a point d'ouvrage est *oisif*; un ouvrier qui ne veut point travailler est *oiseux* (Roubaud). Les gens *oisifs* sont le fléau des gens occupés (Acad.). Il y a des gens, dit Sénèque, dont on ne doit pas dire que la vie soit *oisive*; mais dont on doit dire qu'ils la passent dans des occupations *oiseuses* (Beauzée). Toutes les vertus civiles sont *oisives* dans la solitude (Acad.). Son style est rempli d'ornements *oiseux* (Id.).

### 349. IMPÉRIEUX, IMPÉRATIF.

Ces mots servent, l'un et l'autre, à qualifier le ton, l'air, les gestes de quelqu'un qui commande avec hauteur. — *Impérieux*, par la valeur de sa terminaison, signifie plein d'empire ; ce mot exprime donc la force du commandement, quelque chose de plus absolu, de plus hautain : c'est pourquoi il convient mieux en parlant de l'air, du ton d'un supérieur, d'un maître. *Impératif* qualifie simplement : en effet, par sa terminaison il fait entendre seulement que l'air ou

le ton a la faculté d'exprimer le commandement. Aussi ce mo
s'emploie-t-il bien quand on veut faire entendre que le ton ou l'ai
de commandement ne convient pas à celui qui le prend; de là vien
même qu'il est familier, tandis qu'*impérieux* est même du styl
élevé.

L'adjectif *impérieux* ne se dit pas seulement de l'air, du ton
des gestes; il se dit aussi : 1° des personnes, de l'esprit, de l'hu
meur : «Homme *impérieux*; c'est-à-dire, altier, hautain, qui com
mande avec orgueil »; 2° des choses pressantes, auxquelles on ne peu
résister : « Nécessité *impérieuse*; besoin *impérieux* » (*Acad.*).

Applic. C'est une femme *impérieuse*, d'une humeur *impérieuse* (*Acad.*)
Vous prenez un ton bien *impératif* (*Id.*). Un instinct plus *impérieu*
que la raison le portait à suivre cette carrière (*Id.*).

## EUX et ABLE.

### 350. ODIEUX, HAISSABLE.

Qui mérite d'être haï, qui inspire la haine. — « *Haïssable*, di
Roubaud, est infiniment plus faible de haine que *odieux*. Si l'obje
*haïssable* est digne de haine, l'objet *odieux* est digne de toute votr
haine. La terminaison *eux* marque la plénitude, la force; et la ter
minaison *able*, la capacité, la disposition. »

Cette distinction est fort juste ; Laveaux la fait ressortir en ce
termes: « *Haïssable* se dit des défauts qui excitent simplemen
l'éloignement, le dégoût, l'humeur, l'impatience, et ne vont pas jus
qu'à provoquer l'indignation, l'aversion, l'horreur. Celui qui a d
vilains défauts est *haïssable* ; celui qui se distingue par un fonds d
méchanceté, de noirceur, de perversité, est *odieux*. Tout ce qu
est contraire à la probité, à la justice, à l'humanité, est *odieux*.

Remarquons en outre que *haïssable* ne se dit guère que des per
sonnes ou de leurs manières, et dans le style ordinaire ; tandi
qu'*odieux* se dit, dans tous les styles, des personnes et des choses.

Applic. Un méchant, un traître, un perfide, sont des gens *odieux*; u
sot, un impertinent, un importun, sont des gens *haïssables* (*Laveaux*)
La mémoire des méchants est *odieuse* (*Acad.*). Les grands haïssent l
vérité, parce qu'elles les rend *haïssables* (*Massillon*).

### 351. DÉLICIEUX, DÉLECTABLE.

Très-agréable. — *Délicieux* signifie littéralement, plein de dé
lices; et *délectable*, qui a le pouvoir de délecter, c'est-à-dire d
charmer, de faire plaisir. Ainsi *délicieux* exprime que la qualité

est abondamment dans la chose; et *délectable* présente la chose comme ayant la propriété de produire tel effet.

« L'épithète *délicieux*, dit Roubaud, affecte à l'objet un attrait, les appas, un charme, avec un caractère particulier de suavité, de finesse, de délicatesse : l'épithète *délectable* attribue à l'objet la propriété d'exciter le goût, d'attacher à la jouissance, de prolónger le plaisir, avec une sorte de sensualité, de mollesse et de tressaillement. »

APPLIC. Vous savourez la chose *délicieuse* et la chose *délectable*; mais en savourant la chose *délectable* il semble que vous mâchez le plaisir; tandis qu'en savourant la chose *délicieuse*, il semble que vous en exprimez voluptueusement ce qu'elle a de plus fin et de plus délicat (*Roubaud*). Les grands malheurs ont cela d'avantageux, qu'ils font paraître la mort *délicieuse* (*Boiste*).

## 352. PITEUX, PITOYABLE.

Qui est à faire pitié. — *Piteux* signifie proprement qui est de telle sorte, dans un état tellement fâcheux, qu'il excite fortement la pitié, mais une sorte de pitié dédaigneuse et méprisante ; c'est pourquoi ce terme est familier : « Ton *piteux*; *piteux* état; faire *piteuse* chère. » (*Acad.*).

*Pitoyable* signifie qui est très-propre à exciter la pitié, la compassion. Il se prend au sérieux et fait entendre que la chose a réellement le droit d'inspirer la commisération : « Il a une santé *pitoyable* » (*Acad.*). Cependant il s'emploie aussi comme terme de dénigrement, dans le sens de méprisable, pour qualifier ce qui est mauvais dans son genre : « Style *pitoyable*, raisonnement *pitoyable*, conduite *pitoyable*, peintre *pitoyable* » (*Acad.*).

APPLIC. Il est dans le plus *piteux* état du monde (*Acad.*). L'état où il se trouve est *pitoyable* (*Id.*). Parler d'un ton *piteux* (*Id.*). Il jetait des cris *pitoyables* (*Id.*). Il écrit d'une manière *pitoyable* (*Id.*).

---

# § 6. AL, EL, IL.

« La terminaison *al*, dit Roubaud, signifie ce qui concerne ou regarde, ce qui appartient ou convient à, ce qui a quelque rapport ou relation avec ; en un mot, elle exprime les appartenances, les dépendances, les circonstances de la chose, les rapports au temps, au lieu.

à la durée, etc. ; comme on le voit dans *local*, ce qui est propre au lieu ; *vital*, ce qui concerne la vie, ce qui y influe ; *moral*, ce qui concerne les mœurs ; *brutal*, ce qui convient à une brute ; *oriental*, ce qui regarde l'Orient, ce qui est à l'Orient ; *légal*, ce qui concerne la loi, etc. »

Les terminaisons *el* et *il* ont la même valeur que *al*, dont elles ne sont que des modifications.

### 353. AMI, AMICAL.

Ces deux mots renferment également dans leur signification l'idée d'*amitié*. Mais le sens du mot *ami* employé comme adjectif qualifiant un substantif, n'a aucun rapport à l'affection du cœur, que nous appelons *amitié* ; dans ce cas *ami* signifie simplement, bienveillant, obligeant : un juge montre un visage *ami* à un accusé, lui parle un langage *ami* ; cela ne veut pas dire que le juge soit l'ami de l'accusé. En poésie *ami* se dit aussi dans le sens de propice, favorable, et alors il ne s'agit pas non plus d'*amitié* : « Les destins *amis*, la fortune *amie*. »

Le mot *amical* signifie qui part de l'amitié, qui annonce l'amitié : des paroles *amicales* sont des paroles prononcées avec le ton de l'amitié et qui sortent de la bouche d'un ami ou de quelqu'un qui se montre tel pour celui à qui il les adresse.

**APPLIC.** Vous me parliez autrefois un langage *ami* (*Acad.*). Il m'a montré un visage *ami* (*Id.*). Je vous donne un conseil *amical*.

### 354. CONTINU, CONTINUEL.

« Ces deux termes désignent l'un et l'autre une tenue suivie ; c'est le sens général qui les rend synonymes : voici en quoi ils diffèrent. »

« Ce qui est *continu* n'est pas divisé ; ce qui est *continuel* n'est pas interrompu. Ainsi la chose est *continue* par la tenue de sa constitution ; elle est *continuelle* par la tenue de sa durée. Le cliquet d'un moulin en mouvement fait un bruit *continuel*, parce qu'il est le même sans interruption tant que le moulin tourne : mais ce bruit n'est pas *continu*, parce qu'il est composé de retours périodiques séparés par des intervalles de silence ; il est divisé » (*Beauzée*).

L'abbé Girard a remarqué de même que *continuel* marque la longueur de la durée, quoique par intervalles et à diverses reprises ; et que *continu* marque simplement l'unité de durée, indépendam-

ment de la longueur ou de la brièveté du temps que la chose dure.
« Il peut y avoir, dit-il, de l'interruption dans ce qui est *continuel* ;
mais ce qui est *continu* n'en souffre point. »

APPLIC. Trois jours de pluies *continuelles*, c'est trois jours de pluie
avec des intervalles de temps où il n'a pas plu : trois jours de pluie *continue*, c'est trois jours pendant lesquels la pluie n'a pas cessé un seul instant de tomber. — Un bonheur *continu* rendrait l'homme superbe (*Molière*). Je suis dans une inquiétude *continuelle* (*Acad.*).

## 355. PESTILENT, PESTILENTIEL.

L'idée de *peste* est renfermée dans la signification de ces deux
mots. — « *Pestilent*, qui tient de la peste, du caractère de la peste,
qui est contagieux ; *Pestilentiel*, qui est infecté de peste, qui est
propre à répandre la contagion. Une chose est *pestilente*, qui peut
exister ou communiquer un venin : on dit une fièvre *pestilente*, un
souffle *pestilent*, un air *pestilent*, etc. *Pestilentiel* tient à *pestilence*,
et *pestilence* marque le règne de la peste, une contagion établie,
une influence épidémique » (*Roubaud*). Au surplus, *pestilent* n'est
plus aujourd'hui qu'un terme didactique, et il est peu usité.

APPLIC. Les chaleurs excessives du pays, la disette d'eau et l'air de la
mer causèrent des fièvres *pestilentes* (*Bossuet*). Vapeurs *pestilentielles* ;
maladies *pestilentielles* (*Acad.*).

# EL ET EUX.

## 356. INDUSTRIEL, INDUSTRIEUX.

L'idée d'*industrie* est renfermée dans la signification de ces deux
mots. — *Industriel* signifie qui appartient à l'industrie ou qui provient de l'industrie : « Les arts *industriels*, les professions *industrielles* » (*Acad.*). *Industrieux* signifie qui est plein d'industrie
ou d'adresse : « Un homme très-*industrieux* ; Un ouvrier *industrieux* » (*Id.*).

*Industriel* s'emploie aussi comme substantif pour désigner une
personne qui se livre à l'industrie. « Les manufacturiers et les fabri-
cants sont des *industriels*. »

APPLIC. C'est un homme qui a l'esprit fort *industrieux*, les mains fort
*industrieuses* (*Acad.*). Les produits *industriels*, les richesses *industrielles*
d'un État (*Id.*). Concilier les intérêts des *industriels* avec ceux des agri-
culteurs (*Id.*).

# § 7. IQUE, AQUE, ÈQUE, ERNE.

Les trois premières terminaisons ne diffèrent que par la forme : elles ont la même valeur ; mais cette valeur n'est pas tellement déterminée qu'elle soit constamment la même dans tous les mots qui ont l'une de ces terminaisons. « L'adjectif simple, dit Roubaud, est très-propre à indiquer un caractère déterminé, décidé, parfaitement établi ; l'adjectif dérivé n'énonce qu'une qualité particulière, bonne ou mauvaise, qui n'est qu'un trait plus ou moins sensible dans le caractère. Ainsi la colère est un vice dominant dans l'homme *colère*, puisqu'il s'y abandonne sans mesure ou sans réserve ; et peut-être ne sera-t-elle qu'un défaut dans l'homme *colérique*, qu'elle ne subjuguera pas et n'emportera pas de même. »

« L'adjectif terminé en *ique*, lorsqu'il est seul ou qu'il n'est pas formé d'un autre employé dans le même sens, exprime également le penchant et l'habitude, le goût et l'exercice, la cause et les effets. Un homme *mélancolique* est ou enclin ou sujet à la mélancolie ; il est tourné à la mélancolie, ou il en éprouve des accès. En général, la terminaison *ique* signifie *qui appartient à, qui concerne, qui a trait à : asiatique*, qui appartient à l'Asie ; *philosophique*, qui a trait à la philosophie ; *dogmatique*, qui concerne le dogme, etc. »

Il faut distinguer parmi les adjectifs terminés en *ique* ceux en *fique* ou en *dique*. Ces deux terminaisons ont une valeur particulière : *fique*, du latin *ficus*, exprime l'idée de produire ou de faire : *dique*, du latin *dicus*, signifie qui dit, qui exprime la chose. Butet de la Sarthe appelle ceux-ci *expressifs* et les autres *productifs*. (Voir plus loin au § 12 la terminaison *fique*.)

La terminaison *erne*, dans les adjectifs, signifie qui appartient à telle partie de l'espace, qui est dans tel lieu ou dans telle position, relativement à telle autre : *Externe*, qui est au dehors ou du dehors ; *subalterne* qui est placé au-dessous, qui est inférieur, secondaire.

### 357. COLÈRE, COLÉRIQUE.

### HYPOCONDRE, HYPOCONDRIAQUE. DESPOTE, DESPOTIQUE.

L'idée de *colère* est commune aux deux premiers mots ; d'*hypocondre*, aux deux suivants ; d'autorité absolue et oppressive, aux deux derniers. — « *Colère*, adjectif, qui est sujet à la colère ; *colérique*, qui est enclin à la colère ou qui porte à la colère. Le premier désigne proprement l'habitude, la fréquence des accès ; le se-

ond, la disposition, la propension, la pente naturelle à cette passion. Un homme est *colère* et il a l'humeur *colérique*. L'humeur
colérique rend *colère*, comme l'humeur *hypocondriaque* rend *hypocondre*. Un homme peut être *colérique* sans être *colère*, s'il parvient à se vaincre, il met un frein à son humeur. *Colère* marque
donc le fait, de même qu'*hypocondre* et autres adjectifs semblables;
et *colérique*, l'inclination, de même qu'*hypocondriaque* et autres
adjectifs également formés d'adjectifs simples. »

«Nous distinguerons, par de semblables nuances, le *despote* de
l'homme *despotique*. Le *despote*, avec ou sans titre, gouverne de
fait, d'une manière absolue et arbitraire : l'homme *despotique* a le
goût ou le pouvoir de gouverner arbitrairement » (*Roubaud*).

Applic. Les personnes *colères* n'ont pas de fermeté (*Boiste*). C'est un
homme très-*colérique* (*Acad.*).

### 358. UN, UNIQUE.

Seul. — *Un*, employé comme dans cet exemple de l'Académie,
*Dieu est un*, signifie *seul et n'admettant pas de pluralité*. *Unique*
se dit de ce qui se trouve accidentellement être seul, quoique admettant la pluralité : «Fils *unique*; c'est son *unique* héritier » (*Acad.*).

Non-seulement ce qui est *un* n'a pas d'égal, de pareil; mais il est
impossible qu'il en ait. Ce qui est *unique* aurait pu ne pas l'être ou
peut cesser de l'être : au lieu d'un *unique* héritier, il aurait pu s'en
trouver plusieurs; un fils *unique* cesse de l'être s'il lui vient un
frère.

*Unique* signifie aussi, au figuré et par exagération, qui est infiniment au-dessus des autres, et auquel les autres ne peuvent
être comparés : « Ce musicien est *unique* dans son genre » (*Acad.*).

Applic. La religion est *une*, la foi est *une* (*Acad.*). On ne trouve plus
ce livre, j'en ai l'*unique* exemplaire qui reste (*Id.*). Selon la Fable, le
phénix est *unique* en son espèce.

### 359. VRAI, VÉRIDIQUE.

« *Vrai* se prend quelquefois dans l'acception de *véridique*, qui
*dit la vérité*, qui dit vérité, mais avec un bien plus grand sens. —
L'homme *véridique* dit vrai : l'homme *vrai* dit le vrai. L'homme
*vrai* est *véridique* par caractère, par la simplicité, la droiture,
l'honnêteté, la véracité de son caractère. L'homme *véridique* ai-
mera bien à dire la vérité : l'homme *vrai* ne peut que la dire. Les
gens *véridiques* le sont dans leurs récits, dans leurs rapports, dans

leurs témoignages : l'homme *vrai* l'est en tout, dans ses actions comme dans ses discours. L'homme *vrai* est le contraire de l'homme faux : l'homme *véridique* est le contraire du menteur » (*Roubaud*). (Voir 331, *vrai, véritable.*)

APPLIC. Dieu est *vrai* par essence : l'écrivain inspiré par lui est contraint d'être *véridique* (*Roubaud*). La première qualité d'un historien est d'être *véridique*, la première qualité de l'homme social est d'être *vrai* (*Id.*).

## AL ET IQUE.

### 360. NUMÉRAL, NUMÉRIQUE.

L'idée de *nombre* est renfermée dans la signification de ces deux mots. — *Numéral* est un terme de grammaire et signifie qui désigne un nombre : *trois* est un adjectif *numéral*. *Numérique* est un terme de mathématiques et signifie qui a rapport aux nombres, qui se fait avec des nombres, qui a lieu entre des nombres : une opération *numérique* est une opération faite sur des nombres; une différence *numérique* est celle qui existe entre deux nombres.

APPLIC. Le calcul *numérique* est celui qui se fait avec des nombres, à la différence du calcul qui se fait avec des lettres, et qu'on appelle algèbre (*Acad.*). I, V, X, L, C, D, M, sont des lettres *numérales* dans le chiffre romain (*Id.*).

### 361. MONACAL, MONASTIQUE.

Ces deux mots se disent de ce qui a rapport aux moines. — Mais *monastique* se dit plutôt du fond; et *monacal*, de la forme, des dehors : «Vie, discipline, institution *monastique*; habit *monacal* » (*Acad.*); air *monacal*.

L'adjectif *monacal* se dit aussi de ce qui tient au fond : « Esprit *monacal*, vie *monacale* » (*Acad.*); mais alors il se prend en mauvaise part.

APPLIC. Ordre *monastique*; les vœux *monastiques* (*Acad.*). Chant *monacal*; cela est trop *monacal* (*Id.*).

### 362. NAVAL, NAUTIQUE.

Ces deux mots renferment dans leur signification l'idée de *navire*. — *Naval* se dit de ce qui regarde les vaisseaux ou les navires de guerre : *nautique* signifie qui concerne la navigation, la science et la pratique de la navigation. On dit l'architecture *navale* ou qui regarde la construction des navires, et l'astronomie *nautique* ou qui oncerne la navigation ; on dit par la même raison, combat *naval,* victoire *navale,* forces *navales,* et cartes *nautiques,* problèmes *nautiques.*

Applic.. Une armée *navale* commandée par don Juan d'Autriche remporta sur les Turcs la fameuse victoire *navale* de Lépante. — L'art *nautique* consiste à savoir conduire des navires et à faire des observations *nautiques.*

## 363. GÉOMÉTRAL, GÉOMÉTRIQUE.

L'idée de *géométrie* est renfermée dans la signification de ces deux mots. — Ce qui est *géométrique* appartient essentiellement à la géométrie, est du fond même de la géométrie : « Méthode *géométrique,* démonstration *géométrique,* esprit *géométrique* » (*Acad.*). Ce qui est *géométral* n'a qu'un certain rapport avec la géométrie : aussi ce mot ne se dit que d'un dessin d'architecture qui donne la position, la dimension et la forme exacte des différentes parties d'un objet, d'un ouvrage, abstraction faite des illusions de la perspective : « Plan *géométral ;* élévation *géométrale ;* coupe *géométrale* » (*Acad.*).

Applic. Celui qui a l'esprit *géométrique* surpasse, dans quelque genre que ce soit, ceux auxquels cette faculté manque (*Boiste*). Le plan *géométral* donne la position, la proportion et la forme exacte des différentes parties d'un ouvrage (*Acad.*).

## 364. GÉNÉRAL, GÉNÉRIQUE.

Qui convient au genre. — *Général* signifie qui est commun ou applicable à un très-grand nombre d'individus ou d'objets de même genre. *Générique,* terme didactique, signifie qui appartient à tout le genre. Un terme *générique* est celui qui nomme le genre tout entier, d'une manière précise : l'*humanité,* nom du genre humain, est un terme *générique.* Un terme *général* désigne un individu, un objet d'une manière vague, ou plusieurs individus, plusieurs objets, en général, sans s'appliquer spécialement à celui-ci plutôt qu'à celui-là : le mot *homme* est un terme général dans ces phrases : «L'*homme* est mortel ; les *hommes* sont mortels. » Des caractères *génériques* appartiennent essentiellement à tout le genre et le constituent en quelque sorte : des caractères *généraux* conviennent généralement aux individus du genre, au plus grand nombre, sans être constitutifs du genre.

Applic. La corolle formée de quatre pétales disposés en croix est un des caractères *génériques* des plantes crucifères. Tous les végétaux ne portent pas des fleurs ; la corolle elle-même n'est qu'un caractère *général* de la fleur.

### 365. RURAL, RUSTIQUE.

De la campagne. — *Rural* ne marque qu'un rapport de lieu ; il signifie simplement qui est aux champs ou qui concerne la campagne : des biens *ruraux* sont des biens situés dans la campagne et non à la ville ; on dit les mœurs *rurales* par opposition aux mœurs de la ville ; le code *rural*, le recueil des lois qui concernent la campagne. *Rustique* marque un rapport plus essentiel avec la nature des champs : il signifie qui appartient aux manières de vivre de la campagne, au caractère, aux occupations de ceux qui y vivent : «Travaux *rustiques*, air *rustique*, danse *rustique*. »

On dit vie *rurale* par opposition à la vie de la ville, et vie *rustique* pour signifier manière de vivre à la campagne.

Applic. Propriétés *rurales* (*Acad.*). Les communes *rurales* (*Id.*). Il y a de certaines chansons, de certains airs, de certaines danses *rustiques* qui sont fort agréables (*Id.*).

## IL et IQUE.

### 366. CIVIL, CIVIQUE.

Du citoyen, qui concerne le citoyen. — *Civil* a rapport au citoyen considéré comme membre de la famille ou de la société humaine. *Civique* a rapport au citoyen considéré au point de vue de l'organisation politique ou administrative de l'État. Les droits *civils* sont ceux que l'on exerce comme homme, tels que les droits d'acquérir la propriété, de l'aliéner, de la céder, de tester, d'hériter, de se marier, etc. ; les droits *civiques* sont ceux que l'on exerce comme citoyen actif, tels que les droits de servir l'État, d'occuper des emplois publics, d'être juré, etc. (*a*). Certaines peines emportent la privation des droits *civiques* sans enlever les droits *civils*. On appelle vertus *civiles* les vertus de l'homme en relation avec les autres hommes, par exemple les vertus d'un bon père de famille, la probité dans les affaires, etc. On entend par vertus *civiques* les vertus du citoyen dans ses rapports avec la patrie, avec le gouvernement de l'État, avec la loi, organe du pouvoir politique : le courage militaire est une

(a) Il y a aussi les droits *politiques* : ce sont, dit l'Académie, les droits en vertu desquels un citoyen participe au gouvernement : « Le droit de concourir à l'élection des députés est un droit *politique*. » Un droit politique n'est au fond qu'une sorte particulière de droit civique.

ertu *civique* ; le magistrat qui expose sa vie pour le respect de la loi fait preuve de courage *civique*. Les lois *civiles* sont celles qui règlent les rapports des citoyens entre eux et non avec l'État.

Le mot *civique* fait toujours entendre quelque chose de relatif à l'organisation politique ou administrative et au point de vue du bien public ; aussi ce mot ne se dit-il jamais de ce qui est contraire à la morale ou à l'intérêt général : il y a des délits *civils* et des délits politiques, mais il n'y a pas de délits *civiques*. Il est facile d'après ces considérations de voir pourquoi l'on dit des discordes *civiles*, des guerres *civiles*, et non des guerres *civiques*.

On dit les autorités *civiles* par opposition aux autorités militaires.

**APPLIC.** Le droit de succéder, celui de tester, etc., sont des droits *civils* (Acad.). La dégradation *civique* est une peine infamante qui consiste dans la destitution et l'exclusion de toutes fonctions et emplois publics et dans la privation du droit d'être juré, témoin, expert, etc. (Id.). Les vertus *civiques* font le bon citoyen.

# ERNE, EUR, ÈQUE.

### 367. INTERNE, INTÉRIEUR, INTRINSÈQUE.
### EXTERNE, EXTÉRIEUR, EXTRINSÈQUE.

L'idée exprimée par le mot *dedans* est commune aux trois premiers mots, et l'idée exprimée par le mot *dehors* l'est aux trois autres. — L'abbé Girard a remarqué qu'*intérieur* se dit plus particulièrement des choses spirituelles et qu'*interne* a plus de rapport aux parties du corps. *Intérieur* en effet se dit de l'âme : « Un mouvement *intérieur*, sentiments *intérieurs*, la paix *intérieure*, le for *intérieur* » (Acad.). Mais on emploie aussi fort souvent le mot *intérieur* en parlant des corps : en quoi diffère-t-il alors du mot *interne* ?

*Intérieur* exprime une simple idée de situation au-dedans et relativement à ce qui est *extérieur* ou au-dehors : il fait entendre seulement que la chose est au-dedans et non au-dehors de l'objet : « Les parties *intérieures* du corps, les provinces *intérieures*, le commerce *intérieur* » (Acad.). *Interne* se dit absolument et sans idée relative, de ce qui vient du dedans, de ce qui se montre, se manifeste ou agit au-dedans par l'effet de sa nature même ou en vertu de sa qualité, de ce qui regarde le dedans, est tourné vers le dedans : « Vertu *interne*, principes *internes*, douleur *interne*, maladie *interne* ; » c'est-à-dire, douleur, maladie ayant leur cause au-dedans et se manifestant, agissant au-dedans : « Élèves *internes*, » qui vivent dans l'intérieur du collége ; « Les angles *internes* d'un polygone ; La face *interne* du crâne » (*Acad.*) ; c'est-à-dire angles, face, qui regardent le dedans (*a*).

*Externe* a le sens contraire d'*interne* et s'emploie de la même manière.

*Intrinsèque* et *extrinsèque* sont deux termes de métaphysique, de scolastique et de commerce. Le premier signifie ce qui fait le fond de la chose, ce qui lui est propre et essentiel, ce qui la constitue. « *Intrinsèque*, dit l'abbé Girard, s'applique à la valeur ou à la qualité qui résulte de l'essence des choses mêmes, indépendamment de l'estimation des hommes. » Aussi ce mot se dit-il particulièrement de la valeur des pièces de monnaie par rapport à leur titre et à leur poids. Quant à *extrinsèque*, il signifie simplement qui vient du dehors : « Maladie qui est due à des causes *extrinsèques* » (*Acad.*).

APPLIC. 1° La paix ou le trouble de la conscience décide du bonheur ou du malheur *intérieur* (*Cousin*). Les parties *intérieures* de la terre (*Acad.*). Sa fièvre ne paraît pas au-dehors, elle est *interne* (*Id.*). Les fréquentes mutations des monnaies ont appris à faire attention à leur valeur *intrinsèque* (*Girard*).

---

## § 8. IEN, ISTE, AN, AIN, IN.

Les terminaisons *ien* et *iste* marquent ordinairement la profession que l'on fait d'une science, d'un art, d'une doctrine, l'office dont on est chargé et par conséquent la classe à laquelle on appartient, la religion, la secte dont on fait partie : *grammairien, physicien, mathématicien ; gardien, moraliste, économiste, chrétien, payen, stoïcien, moliniste, janséniste*, etc. La terminaison *iste* correspond à la terminaison *isme* des substantifs ; elle est quelquefois dépréciative : *grammatiste, sophiste, etc.* La terminaison *ien* exprime quelquefois un rapport de lieu, particulièrement le pays d'où l'on est, d'où vient la chose : *Prussien, Algérien, Égyptien*, etc.

---

(a) *Interne* se dit des angles du polygone, de la face du crâne, des élèves d'un collége, absolument, sans relation avec ce qui est *externe*. Les angles *internes* d'un polygone le sont par eux-mêmes, forcément, en vertu de l'existence du polygone et nullement parce qu'on peut, en prolongeant les côtés du polygone, obtenir des angles *externes*; la face *interne* du crâne n'est pas telle relativement à la face *externe*, mais elle l'est nécessairement et en vertu de la construction et de la forme du crâne, si bien qu'on ne peut la détacher du crâne et en faire un objet distinct. Enfin les élèves *internes* d'un collége sont tels par eux-mêmes, par leur manière d'être et de vivre ; ils ne seraient pas moins *internes*, si le collége ne recevait aucun *externe*.

Les terminaisons *an, ain* et *in*, marquent aussi 1° la profession : *artisan, paysan, écrivain, sacristain, marin, médecin*; 2° la religion, la secte, le parti, etc. : *mahométan, anglican, franciscain, puritain, ultramontain, bénédictin, girondin, jacobin*; 3° le pays ou un rapport de lieu : *Persan, Toscan, Africain, Romain, Lorrain, Florentin, Limousin.*

Dans *prochain* la terminaison *ain* n'indique qu'un rapport vague de position dans l'espace ou dans le temps. Roubaud fait observer en outre que la terminaison *ain* exprime un rapport d'origine, même au moral, d'où l'action, l'énergie, la puissance native ou se trouvant naturellement dans le sujet. Ainsi *hautain*, dit-il, signifie ce qui vient d'un cœur, d'un esprit, d'un naturel haut ; ce qui marque, respire, affecte, affiche la hauteur ; *souverain* signifie ce qui a une action, une énergie, une efficacité, une puissance prédominante.

### 368. GARDE, GARDIEN.

« Ces deux mots marquent également une personne au soin ou à la garde de qui l'on a confié quelque chose » (*Girard*). — *Garde*, comme mot simple, exprime simplement l'idée et par cela même a un sens très-général : *gardien*, par sa terminaison, ajoute à l'idée commune celle d'office spécial et même de profession, ce que le mot *garde* ne peut signifier qu'avec le secours d'un déterminatif : *garde des sceaux, garde du commerce*, etc. Ensuite le *garde* remplit ses fonctions en suivant strictement les ordres prescrits par un supérieur, par un maître, par les lois, par des ordonnances : le *gardien* a ou n'a pas de supérieurs ; mais de toute manière, il exerce son office en employant les moyens que de sa propre autorité il juge les plus convenables. « Il y a dans les prisons des *gardes*, c'est-à-dire des soldats qui veillent à la sûreté extérieure, sous les ordres de leurs chefs ; et des *gardiens*, c'est-à-dire des agents qui veillent à la sûreté intérieure et qui, par les moyens qu'ils jugent convenables, empêchent les détenus de s'évader » (*Laveaux*).

De même le *gardien* d'un dépôt le garde comme il l'entend et n'a point à rendre compte de la manière dont il l'a fait : le *garde* peut être repris pour s'être acquitté de ses fonctions d'une manière contraire aux ordres qui lui avaient été donnés. « On dit un *gardien* et non un *garde* des scellés, parce qu'on impose uniquement à ce *gardien* l'obligation de représenter les scellés entiers, et que sur tout le reste on lui laisse une autorité pleine et entière. On dit *garde* et non *gardien* du trésor royal, parce que cet office exige des de-

voirs qui sont prescrits par l'autorité, par les lois, par les règle
ments ; et que celui à qui cette garde est confiée doit les rempli
de la manière qui lui est prescrite et non de celle qu'il juge conve
nable. »

« Au figuré on préfère *gardien* à *garde*, parce qu'il ne s'agit poir
de garder des objets matériels, mais de maintenir et de conserve
des objets moraux. Un père est le *gardien* et non le *garde* nature
des mœurs de ses enfants » (*Laveaux*).

Applic. Le *garde*-champêtre dressa procès-verbal (*Acad.*). On l'a étab
*gardien* des meubles, des scellés (*Id.*). Dieu est notre meilleur *gardie*
(*Id.*). Les *gardes* de la porte étaient relevés le soir par les *gardes* d
corps, et les relevaient le matin (*Id.*). Le sage ne doit jamais avoir d'au
tre *gardien* de son secret que lui-même (*Girard*).

### 369. PROCHE, PROCHAIN.

Ces deux mots marquent la proximité dans l'espace ou dans l
temps. — On dit des villes *proches* de la mer, et la ville *prochaine*
des époques *proches* l'une de l'autre, et le mois *prochain*, la se
maine *prochaine*. Malgré tous les efforts des synonymistes, la dif
férence entre ces mots n'a pas encore été bien marquée ; voyons s
nous serons plus heureux.

*Proche* exprime toujours une idée de petite distance entre *deu*
*points* de l'espace ou de la durée : c'est pourquoi ce mot prend né
cessairement un complément qui désigne le terme, le point d'où l
chose est distante : « Ces maisons sont *proches* l'une de l'autr
(*Acad.*). La ville la plus *proche* du hameau ; La vieillesse est *proch*
de l'enfance » (*Roubaud*). Ce complément peut ne pas être exprimé
mais alors il est nécessairement sous-entendu et l'esprit le rétabli
facilement : Quelle est la ville la plus *proche* ? c'est quelle est la ville
la plus *proche d'ici* ? Roubaud l'a parfaitement senti : « Nous disons
Ces deux domaines sont *proches*, mais en sous-entendant *l'un de*
*l'autre*, comme nous sous-entendons quelquefois le régime après l
préposition *proche* : L'ennemi est *proche* ; l'esprit comprend aus
sitôt la réticence et y supplée » (*a*).

*Prochain* ne signifie pas autre chose que *non éloigné*, et il re
jette tout complément : c'est qu'il exprime la proximité essentielle
ment, par lui-même et sans qu'il soit nécessaire d'énoncer à la fois
deux termes dont on marque la distance. *Prochain* fait entendre que

---

(a) De même, dans ces phrases de l'Académie : « Le temps est *proche* où nous serons réunis pour ne plus nous quitter ; Il sentit que sa dernière heure était *proche* : »
c'est le temps, l'heure qui est proche du moment actuel, du moment où l'on parle,
où l'on sent.

la proximité est considérée dans la chose même comme une qualité, comme la propriété de se présenter ou de devoir arriver la première ou bientôt. Ce mot est qualificatif au même titre et de la même manière que tout adjectif exprimant la qualité : on dit la chose *prochaine*, comme on dit la chose *bonne* ou *mauvaise*, *petite* ou *grande*, etc. : la ville *prochaine*, comme la *vieille* ville et la ville *neuve*. Ainsi le port le plus *prochain*, c'est le port le plus *non éloigné*, c'est-à-dire, en définitive, le moins éloigné.

On a cru que *prochain* ne pouvait figurer comme attribut ; c'est une erreur ; il le peut très-bien (*a*), puisqu'il exprime la qualité ; et l'Académie donne ces deux exemples : « Son départ est *prochain* ; Son arrivée est *prochaine* ; » c'est-à-dire, doit avoir lieu bientôt, prochainement.

*Proche* et *prochain* s'emploient aussi comme substantifs : « Mes *proches*, » c'est-à-dire mes parents, ceux qui tiennent à moi par les liens du sang ; ici la relation est parfaitement et étroitement établie entre deux termes, moi et mes parents. « Il faut aimer son *prochain* comme soi-même ; » ici la relation de lui à moi n'existe plus étroitement : le *prochain* est simplement un homme quelconque, un homme comme moi, mon inférieur ou mon supérieur, et je peux ne jamais avoir eu de rapports avec lui, ne pas même le connaître ; sa proximité de moi existe sans doute, mais devant Dieu, aux yeux de qui tous les hommes sont égaux : c'est en quelque sorte la proximité absolue, car tout est absolu devant Dieu.

Applic. Les maisons *proches* de la rivière sont sujettes aux inondations (*Acad.*). Ces deux maisons sont fort *proches* (*Id.*). Nous relâcherons au port le plus *prochain* (*Id.*). Je vois sa perte *prochaine* (*Id.*). De grandes richesses sont l'occasion *prochaine* d'une grande pauvreté (*La Bruyère*). L'homme qui dit qu'il n'est pas heureux peut le devenir par le bonheur de ses amis ou de ses *proches* (*Id.*). On dit du mal de son *prochain* aux rois, à la société, quand ce ne serait que pour les amuser (*Voltaire*).

## IEN et ISTE.

### 370. ACADÉMICIEN, ACADÉMISTE.

« Membres d'une société qui porte le nom d'*Académie* et qui a pour objet des matières qui demandent de l'étude et de l'application » (*Girard*). — L'*académicien* est membre d'une Académie composée de gens de lettres, de savants ou d'artistes : l'*académiste* est mem-

---

(*a*) Du moins quand il est relatif au temps.

bre d'une Académie, qui a pour objet les exercices du corps, tels que l'équitation, la danse, l'escrime, etc.

APPLIC. L'académie de peinture a nommé quelques femmes *académiciennes* (*Acad.*). C'est un des premiers *académistes* de Paris pour les armes (*Id.*).

### 371. GRAMMAIRIEN, GRAMMATISTE.

Tous deux se disent de celui qui enseigne la grammaire ou qui a écrit sur la grammaire ; mais *grammatiste* est un terme de dénigrement, il signifie *mauvais grammairien*.

APPLIC. Que de *grammatistes* se disent *grammairiens!*

### 372. MÉCANICIEN, MACHINISTE.

Qui s'occupe de machines. — Le *mécanicien* trouve, invente, calcule, combine : c'est alors un savant ou un inventeur ; ou bien il exécute et dispose les pièces de la machine, il la gouverne et la dirige : c'est alors un ouvrier *mécanicien*. Le *machiniste* est un ouvrier qui travaille aux machines d'après les indications et sous les ordres d'un autre ; mais ce mot ne se dit plus aujourd'hui que de ceux qui, sur les théâtres, sont chargés des machines.

APPLIC. Le philosophe *mécanicien* doit se proposer deux choses, de reculer les limites de la mécanique et d'en aplanir l'abord (*d'Alembert*). Cet automate est l'ouvrage d'un très-habile *mécanicien* (*Acad.*). Le *machiniste* de l'Opéra (*Id.*).

# AN ET ISTE.

### 373. ARTISAN, ARTISTE.

Qui exerce un art. — L'*artisan* professe un art mécanique : l'*artiste* cultive un des arts libéraux. L'*artisan* est menuisier, serrurier, charpentier, peintre en bâtiments, maçon, etc. : l'*artiste* est architecte, peintre, dessinateur, sculpteur, graveur, musicien, comédien, etc.

On dit aussi *artiste* vétérinaire ; et le mot *artiste* tend de nos jours à s'appliquer à toute personne qui exécute des ouvrages fins, délicats, élégants, qui exigent du goût et une certaine habileté de main : *artiste* en cheveux, *artiste* en fleurs artificielles, etc.

Il faut remarquer que le mot *artisan* s'emploie au figuré pour signifier celui qui est l'auteur, la cause de quelque chose.

APPLIC. Le véritable *artiste* sent et admire profondément la nature

(*Cousin*). Les boutiques des *artisans* (*Acad.*). Nous sommes presque toujours les *artisans* de nos disgrâces (*Voltaire*).

## IEN ET EUR.

### 374. RHÉTORICIEN. RHÉTEUR.

Ces deux mots renferment dans leur signification l'idée de *rhétorique*. — Un *rhétoricien* est un homme qui sait la rhétorique, c'est-à-dire qui connaît les règles de l'art de bien dire ; ou bien c'est un écolier qui étudie en rhétorique. Ce dernier sens est presque le seul usité de nos jours. Un *rhéteur* est un homme qui non-seulement sait la rhétorique, mais qui l'enseigne, qui donne des règles, des préceptes d'éloquence, soit de vive voix, soit par écrit : « Quintilien est le premier des *rhéteurs* romains » (*Acad.*).

Ce mot se dit aussi, en mauvaise part, d'un homme dont toute l'éloquence consiste dans un style apprêté, emphatique et déclamatoire.

APPLIC. Il n'y a dans ce collége que six *rhétoriciens*. — Rollin, dans son Traité des Études, a parlé de l'éloquence en *rhéteur* consommé (*Acad.*). Cet homme-là n'est point un orateur, ce n'est qu'un *rhéteur* (*Id.*).

## IEN, IQUE.

### 375. STOÏCIEN. STOÏQUE.

Ces deux mots renferment dans leur signification l'idée de *stoïcisme* (a). — *Stoïcien* est substantif ou adjectif : substantif, il ne se dit que des personnes et désigne, suivant l'Académie, un philosophe de la secte de Zénon, et, par extension, un homme qui sans être de cette secte, sans même en connaître la doctrine, est naturellement ferme, sévère, inébranlable : « C'est un vrai *stoïcien* ; il a souffert en *stoïcien* » (*Acad.*). Beauzée et d'autres synonymistes pensent que dans ce dernier cas on doit dire *stoïque* et non *stoïcien*. Nous croyons avec l'Académie que le mot *stoïque* ne peut s'employer comme substantif, mais nous pensons que, comme adjectif, il peut s'appliquer aux personnes : « C'est un homme *stoïque* ; » c'est-à-dire, non pas un disciple de Zénon, mais un homme ferme, sévère, comme l'étaient les *stoïciens*.

___

(a) Le *stoïcisme* est la philosophie de Zénon. Le nom de cette doctrine lui vient du mot grec *stoa*, portique, parce que Zénon donnait ses leçons sous un portique d'Athènes.

La distinction entre l'adjectif *stoïque* et le mot *stoïcien* pris adjectivement, est d'ailleurs bien marquée. *Stoïcien* se dit de celui qui suit la doctrine de Zénon, qui est disciple de Zénon, ou de ce qui appartient à cette doctrine : *stoïque* signifie qui se fait remarquer par l'insensibilité, la fermeté, la rigidité qu'affectaient les stoïciens (*a*).

APPLIC. Des maximes *stoïciennes* sont celles que Zénon ou ses disciples ont enseignées; les ouvrages de Sénèque en sont pleins et en tirent leur principal mérite. Des maximes *stoïques* sont celles qui persuadent un attachement inviolable à la vertu la plus rigide, et le mépris de toute autre chose, indépendamment des leçons du Portique; telles sont tant de belles maximes répandues dans le Télémaque (*Beauzée*).

### 376. SARDONIEN, SARDONIQUE.

« Se disent l'un et l'autre d'une sorte de ris convulsif causé par une contraction dans les muscles du visage » (*Acad.*). — Cette sorte de ris se produisait, dit-on, lorsqu'on mangeait une certaine herbe de l'île de Sardaigne, et on l'a appelé *sardonien* par rapport au lieu où cette herbe croissait : ainsi, ris *sardonien* signifie littéralement, ris de Sardaigne. *Sardonique* qualifie par rapport au caractère, à la nature du ris. Au surplus, comme de nos jours on n'a plus à parler du ris causé par la plante, mais seulement d'un ris qui ressemble à celui-là, la locution est figurée, et on n'emploie pour cela que le mot *sardonique*.

APPLIC. Il a un ris *sardonique*, se dit d'un homme qui rit à contre-cœur et par grimace, et plus ordinairement d'un homme dont le ris annonce beaucoup de malignité (*Acad.*).

## AN ET IQUE.

### 377. PERSE, PERSAN, PERSIQUE.

De Perse. — Quand on parle des habitants de la Perse, on dit également *Perse* et *Persan*; mais les *Perses* sont les anciens peuples de la Perse, ceux de l'antiquité : les *Persans* sont les peuples modernes.

Les adjectifs *persan* et *persique* servent à qualifier des choses

---

(*a*) La différence est la même entre *platonicien* et *platonique* : mais *platonique* ne s'emploie que dans les deux locutions suivantes : *amour platonique*, pour signifier une affection mutuelle et purement morale entre deux âmes; et *année platonique*, révolution à la fin de laquelle on suppose que tous les corps célestes seront dans le même lieu où ils étaient au commencement de cette révolution.

de la Perse ; mais *persique* ne se dit que d'un ordre d'architecture et d'un grand golfe qui baigne les côtes de la Perse.

Applic. Les gens de mérite étaient connus parmi les *Perses*, et ils n'épargnaient rien pour les gagner (*Bossuet*). La proposition qui a été faite depuis peu au roi de Perse pour l'établissement du commerce entre ce royaume-là et la France, fait que les *Persans* étudient le français avec une ardeur incroyable (*Bouhours*). L'ordre *persique* est un ordre d'architecture dans lequel on substitue au fût de la colonne dorique des figures de captifs, qui soutiennent l'entablement (*Acad.*). On ignora pendant longtemps que Montesquieu était l'auteur des lettres *persanes*.

## ISTE, EUR et IQUE.

### 378. DOGMATISTE, DOGMATISEUR, DOGMATIQUE.

L'idée de *dogme* est commune à ces trois mots. — Les deux premiers sont toujours employés comme substantifs, le dernier est toujours adjectif (*a*). Le *dogmatiste* est celui qui établit des dogmes, qui dogmatise, c'est-à-dire qui enseigne une doctrine fausse ou dangereuse surtout en matière de religion. Un *dogmatiseur* est celui qui a l'habitude de prendre un ton *dogmatique*, c'est-à-dire un ton tranchant : ce mot se prend toujours en mauvaise part.

L'adjectif *dogmatique* appliqué aux personnes se dit de celui qui exprime ses opinions d'une manière impérieuse et tranchante : « C'est un esprit *dogmatique* » (*Acad.*). Qualifiant des choses, *dogmatique* signifie qui a rapport au dogme, qui concerne le dogme ; et par extension, qui est consacré, usité dans l'école : « Terme *dogmatique* ; style *dogmatique* » (*Id.*). Enfin philosophie *dogmatique* se dit, par opposition à philosophie sceptique, de celle qui établit des dogmes. On dit dans le même sens, un philosophe *dogmatique*.

Applic. Il faut se tenir sur ses gardes avec le *dogmatiste*, au ton doux et persuasif ; le *dogmatiseur*, qui veut imposer son opinion et ses idées, est beaucoup moins dangereux. — Il parle toujours d'un ton *dogmatique* (*Acad.*).

---

(*a*) Dans la rédaction de cet article j'ai rejeté toute opinion différente de celle de l'Académie.

# § 9. IER.

On a vu que dans les substantifs la terminaison *ier* marque le métier, la fonction ou l'emploi; l'idée de profession, d'emploi conduit naturellement à celle d'habitude : aussi la terminaison *ier* des adjectifs exprime-t-elle non-seulement le métier ou la fonction, mais quelquefois aussi la pratique habituelle, l'exercice fréquent de la chose désignée par le radical, ou la disposition, la propension, la conformité parfaite à cette chose ou enfin l'abondance, la force, l'excès de cette chose. Ainsi *guerrier* signifie qui fait la guerre, qui y est porté; *chicanier*, qui a l'habitude de chicaner; *grossier*, qui a de la grossièreté, qui en est plein; *régulier*, qui est bien conforme à la règle; *altier*, qui a beaucoup de hauteur dans le caractère, etc.

### 379. GROS. GROSSIER.

Qui n'est pas menu, petit, fin, délicat. —L'adjectif *gros* s'emploie quelquefois dans un sens qui paraît analogue à celui de *grossier*; mais *gros* qualifie toujours par rapport au volume, et *grossier* par rapport à la façon. Ce qui est *gros* n'est pas menu, petit, fin : une chose *grossière* n'est ni menue, ni fine, ni délicate, ni bien faite : son imperfection vient de ce qu'elle n'a pas été travaillée avec art. Du *gros* drap est du drap épais et fort, bon du reste et bien fabriqué : du drap *grossier* est du drap mal fabriqué et de qualité inférieure. La même différence existe entre *grosse* toile et toile *grossière*, *gros* souliers et souliers *grossiers*.

On dit au figuré, *gros* mots, *grosses* paroles, c'est-à-dire juremens, paroles offensantes; et discours, propos *grossiers*, paroles *grossières*, c'est-à-dire contraires à la bienséance, à la pudeur; langage *grossier*, rude, barbare, peu civilisé. *Grossier* signifie aussi malhonnête, incivil.

APPLIC. Il faut coudre cela avec du *gros* fil. — On fait les voiles des navires avec de la *grosse* toile bien forte. — Cet ouvrage de menuiserie est bien *grossier* (*Acad.*). De la raillerie ils en sont venus aux *gros* mots (*Id.*). Il a les manières *grossières*, le ton brutal et *grossier* (*Id.*).

## IER, ANT ET IF.

### 380. NOURRICIER. NOURRISSANT, NUTRITIF.

L'idée de *nourriture* est commune à ces trois mots. — « *Nour-*

*rissant*, qui nourrit beaucoup. *Nutritif*, qui a la faculté de nourrir, de se convertir en la substance de l'objet. *Nourricier*, qui opère la nutrition, qui se répand dans le corps pour en augmenter la substance. Le premier de ces termes marque l'effet; le second, la puissance; le troisième, l'action » (*Roubaud*).

Applic. Les mets *nourrissants* abondent en parties *nutritives*, dont l'estomac extrait une grande quantité de suc *nourricier* (*Roubaud*).

## IER ET EUX.

### 381. AVENTURIER, AVENTUREUX.

L'idée d'*aventures* est renfermée dans la signification de ces deux mots. — L'*aventurier* court les aventures, c'est en quelque sorte sa profession, son métier. L'*aventureux* est plein de l'esprit d'aventure, il a le goût des aventures; c'est son caractère : il est naturellement hardi, entreprenant; et, vienne l'occasion, il se fera *aventurier* : ce qui le distingue surtout, c'est qu'il accorde beaucoup au hasard (*a*).

On dit également vie *aventurière* et vie *aventureuse* : la première est celle de l'homme qui court ou qui a couru de nombreuses aventures; la seconde est la vie de celui qui forme ou entreprend sans cesse des projets hasardeux.

*Aventurier* se dit souvent d'une personne qui est sans état et sans fortune, et qui vit d'intrigues.

Applic. Il mène la vie d'*aventurier* (*Acad.*). C'est un homme qui est fort *aventureux* dans ses entreprises (*Id.*).

## IER ET ABLE.

### 382. JOUR OUVRIER, JOUR OUVRABLE.

L'idée d'*œuvre*, de travail, est renfermée dans la signification de ces deux mots. — Jour *ouvrier* se dit de toute journée pendant laquelle les ouvriers travaillent. Jour *ouvrable* signifie jour où l'Église permet de travailler et d'ouvrir les boutiques. Le premier exprime le fait, le second exprime le droit.

---

(*a*) Dans sa fable *Les deux aventuriers et le talisman*, La Fontaine a bien observé la nuance qui distingue ces deux mots. Le titre de la fable indique deux coureurs d'aventures; l'écriteau placé au haut du poteau commence ainsi : *Seigneur aventurier*. L'un des aventuriers n'ose entreprendre l'aventure et traverser le torrent; il couvre sa couardise de longs raisonnements : l'autre, plus hardi, la tente, et, dit le fabuliste : « Le raisonneur parti, *l'aventureux* se laure, les yeux clos, à travers cette eau. »

11.

Applic. Le dimanche n'est pas un jour *ouvrable ;* cependant bien des personnes ont le tort d'en faire un jour *ouvrier.*

## IER, EUX et AL.

### 383. MATINIER, MATINEUX, MATINAL.

L'idée de *matin* est commune à ces trois mots. — *Matinier* n'est usité que dans cette expression : *l'étoile matinière. Matineux* ne se dit que des personnes, et, en vertu de sa terminaison, il signifie qui a l'habitude de se lever matin. *Matinal* exprime simplement le fait de s'être levé matin. Appliqué aux choses, il signifie qui est du matin : « Rosée matinale, fraîcheur *matinale.* »

Applic. Vous êtes bien *matinal* aujourd'hui (*Acad.*). Les belles dames ne sont guère *matineuses* (*Id.*). Les coqs ont beau chanter matin, je suis plus *matineux* encore (*La Fontaine*).

## IER et AIN.

### 384. HAUT, HAUTAIN, ALTIER.

L'idée de *hauteur* est renfermée dans la signification de ces trois mots. — « *Haut* est un mot simple, générique et variable, qui au figuré marque l'élévation en pouvoir, en dignité, ainsi que la grandeur, l'excellence, la supériorité en tout genre, et dans le sens de *hautain,* la fierté et l'orgueil. — *Hautain* signifie ce qui vient d'un cœur, d'un esprit, d'un naturel haut ; ce qui marque, respire, affecte affiche la hauteur. — *Altier* veut proprement dire très-haut, fort haut, qui a une hauteur décidée, prédominante. »

« *Haut,* exprimant la hauteur morale de l'homme, se prend en bonne ou en mauvaise part, suivant ses applications ; car il y a une hauteur, comme une fierté, un orgueil convenable. *Hautain* se prend ordinairement en mauvaise part. *Altier* peut être pris en bonne part, surtout quand la grande hauteur, la sublime élévation est propre au sujet. La hauteur dans l'homme *haut,* est pure et simple, mais susceptible de toutes sortes de modifications. Dans l'homme *hautain,* elle est vaniteuse, boursouflée, dédaigneuse, arrogante, superbe. Dans l'homme *altier,* elle est dure, ferme, imposante, absolue, opiniâtre, inflexible, intraitable. L'homme *haut* souffre impatiemment l'humiliation ; le *hautain,* la contradiction ; l'*altier,* la résistance. »

« On a le cœur *haut,* l'âme *haute,* des sentiments *hauts* ou plutôt élevés ; il sied de les avoir, et il est des occasions où l'on peut être *haut* avec bienséance. On a aussi l'air *haut*, le ton *haut*, l'humeur *haute*, les manières *hautes*, etc. ; et il est bien à craindre que ces symptômes, ces signes, ces apparences n'annoncent des imperfections, des défauts, des vices ; ils ne plaisent pas. On a l'humeur, l'air, la mine, le ton, la contenance, la parole, les manières *hautaines* : cette espèce de hauteur est toujours extérieure, apparente, affectée, odieuse, choquante. On a l'air, le ton, le commandement, mais surtout l'humeur, l'esprit, le caractère *altier*. A proprement parler, on est *haut* par air et par sentiment, *hautain* par air, *altier* par caractère » (*Roubaud*).

Applic. Une âme *haute* est grande ; une âme *hautaine* est superbe (*Encyclopédie*). On peut avoir le cœur *haut* avec beaucoup de modestie ; on n'a point l'humeur *hautaine* sans un peu d'insolence (*Id.*). Le caractère *altier* et impérieux de Coriolan le faisait paraître difficile et intraitable dans le commerce de la vie (*Rollin*).

---

# § 10. AIRE.

Cette terminaison marque à quel genre une chose est relative, à quoi le sujet a du rapport. Des études *littéraires* sont des études relatives à la littérature ; un avis *salutaire* a rapport au salut de la personne qui le reçoit ; l'art *militaire* a rapport à la guerre ; la contribution *mobiliaire* a rapport au mobilier, frappe le mobilier ; *sectaire* se dit de quelqu'un relativement à la secte dont il fait partie ; *somptuaire* signifie qui est relatif aux dépenses : *agraire* signifie, non quelque chose des champs, mais quelque chose de relatif aux champs, comme la loi du partage des terres.

## AIRE et EUR.

### 385. SECTAIRE, SECTATEUR.

L'idée de *secte* est commune à ces deux mots. — *Sectaire* se prend toujours en mauvaise part et se dit de celui qui est d'une secte religieuse condamnée par la communion principale dont elle s'est détachée. On l'emploie surtout en parlant d'une secte encore nouvelle qui s'efforce, par des prédications ou autrement, de faire prévaloir ses opinions, ses doctrines.

*Sectateur* se prend le plus souvent en bonne part, ou du moins n'est jamais dépréciatif ou flétrissant comme *sectaire* ; il a à peu près le sens de *disciple*, *partisan*, et se dit de celui qui fait profession de suivre l'opinion de quelque philosophe, de quelque docteur, ou même de quelque hérésiarque : « Les *sectateurs* de Platon ; Arius eut un grand nombre de *sectateurs* » (*Acad.*).

Applic. La doctrine de ces nouveaux *sectaires* est fort dangereuse (*Acad.*). C'est un grand *sectateur* d'Aristote (*Id.*). L'erreur a plus de *sectateurs* que la vérité de partisans (*Boiste*).

## AIRE et EUX.

### 386. TUMULTUAIRE, TUMULTUEUX.

L'idée commune est celle de *tumulte*, — *Tumultuaire* signifie qui se fait en tumulte, avec précipitation et contre les formes de la loi : « Résolution *tumultuaire* » (*Acad.*). *Tumultueux* signifie plein de tumulte, qui se fait avec tumulte, avec bruit et confusion : « Des cris *tumultueux* » (*Id.*). Ainsi une assemblée *tumultueuse* est agitée, bruyante et offre l'image de la confusion : une assemblée *tumultuaire* est celle qui s'est formée précipitamment au mépris de la loi ou contrairement aux formes qu'elle prescrit.

La même différence de sens existe entre les adverbes *tumultuairement* et *tumultueusement.* »

Applic. Il se fit une assemblée *tumultuaire* (*Acad.*). L'autorité du sénat était jugée nécessaire pour modérer les conseils publics, qui, sans ce tempérament, eussent été très-*tumultueux* (*Bossuet*). Le désir de s'éviter soi-même est la source de toutes les occupations *tumultuaires* des hommes (*Pascal*).

## AIRE et IER.

### 387. MOBILIAIRE, MOBILIER.

L'idée commune est celle de *mobilier* ou *biens meubles* (a). — Ce qui est *mobilier* est meuble, fait meuble : ce mot s'emploie même comme substantif pour désigner l'ensemble des meubles (voir 474). « *Mobiliaire*, dit Roubaud, signifie qui a rapport aux meubles, ou qui est regardé comme meuble, lors même que ce n'est pas un meuble proprement dit. *Mobilier* marque la qualité de la chose ; *mobiliaire*, une relation quelconque avec la chose. Les lits, les tables, les chaises, sont proprement des effets *mobiliers* ; ils sont la chose même, des meubles : l'argent, les obligations, les récoltes coupées,

_______

(a) *Meuble*, chose mobile, ou transportable : *meuble* et *mobile* ont d'ailleurs la même étymologie.

sont proprement *mobiliaires*; ils ne sont pas meubles, mais on les assimile aux meubles. »

**Applic.** La richesse *mobilière* est en meubles : la richesse *mobiliaire* est en effets de tout genre, ou meubles ou assimilés aux meubles et rangés dans cette classe (*Roubaud*). Héritier *mobilier*, celui qui hérite des meubles (*Acad.*). Contribution *mobiliaire*, contribution qui concerne les biens meubles (*Id.*).

---

# § 11. OIRE.

« La terminaison *oire* désigne surtout la cause, l'efficacité, ce qui fait qu'une chose a tel effet, etc. : *illusoire*, ce qui est fait pour séduire, ce qui fait illusion; *gratulatoire*, ce qui est destiné et propre à féliciter ou à rendre des actions de grâce; *péremptoire*, ce qui tranche toutes les difficultés, etc. Ce qui est *notoire*, et si bien connu, qu'il est certain et indubitable » (*Roubaud*).

De même *attentatoire* signifie qui porte atteinte; *contradictoire*, qui porte ou fait contradiction; œuvre *expiatoire*, qui est propre à expier; action *méritoire*, qui porte avec soi et donne du mérite. « Les adjectifs verbaux en *oire*, dit Butet de la Sarthe, expriment une qualité active *sous le rapport* des moyens, des formes, en un mot de tout ce qui peut concourir efficacement au but de l'action, déterminée par la valeur de la base du qualificatif. »

## OIRE et EUR.

### 388. DÉCLAMATOIRE, DÉCLAMATEUR.

L'idée commune est celle de *déclamation*. —Ce qui est *déclamatoire* est propre à produire l'effet de la déclamation ou a le caractère de la déclamation. L'art *déclamatoire* apprend à déclamer, est propre à cela ; un style *déclamatoire* n'a que trop le caractère de la déclamation, car il ne renferme que des déclamations, c'est-à-dire des expressions, des phrases trop pompeuses, trop emphatiques pour le sujet : aussi dans cette locution *déclamatoire* se prend-il en mauvaise part.

Un *déclamateur* est celui qui déclame, ou plus ordinairement c'est un orateur, un écrivain emphatique, outré dans ses expressions. *Déclamateur* s'emploie aussi adjectivement dans ce sens :

« Il est un peu *déclamateur* » (*Acad.*). On dit aussi ton *déclamateur*, c'est-à-dire ton de celui qui déclame ; c'est le ton se manifestant dans l'action : ton *déclamatoire* signifie ton propre à la déclamation.

APPLIC. Si vous prenez le ton *déclamatoire* pour dire des choses fort simples, vos auditeurs diront que vous avez le ton *déclamateur*.

## OIRE ET ANT.

### 389. DIFFAMATOIRE, DIFFAMANT.

Qui diffame, qui flétrit la réputation. — Ce qui est *diffamatoire* est propre à diffamer, a le caractère de la diffamation : ce qui est *diffamant* diffame. *Diffamatoire* marque la nature de la chose : *diffamant* exprime la qualité active. Un discours *diffamant*, des paroles *diffamantes*, diffament, produisent l'effet de diffamer ; un discours *diffamatoire*, un libelle *diffamatoire*, ont tel caractère, ils sont propres à diffamer. Dans le premier cas, on considère le discours, les paroles comme causes agissantes arrivant à un résultat ; dans le second cas, on indique simplement la nature du discours ou du libelle.

APPLIC. Plus on a d'éclat dans le public, plus on est exposé aux discours *diffamatoires* des jaloux et des mécontents (*Girard*). Rien n'est plus *diffamant* pour un homme que les bassesses de cœur (*Id.*).

## § 12. FÈRE, FÉRANT, FIQUE, BRE.

Les terminaisons *fère*, *férant*, du latin *ferre* porter, signifient que la chose qualifiée porte, cause ou donne ce qu'indique le radical de l'adjectif : *lanifère*, qui porte de la laine ; *mortifère*, qui apporte, qui cause, qui donne la mort ; *odoriférant*, qui apporte, qui répand de l'odeur.

La terminaison *fique*, du latin *ficus*, exprime, comme nous l'avons déjà dit, l'idée de produire ou de faire : *honorifique*, qui produit ou procure de l'honneur ; *frigorifique*, qui produit, qui cause le froid.

La terminaison *bre* a beaucoup d'analogie avec les trois autres : elle exprime l'idée de production, de génération, confondue avec l'idée générale de cause (*a*); elle signifie, en un mot, que la chose renferme, cause, produit ou présente ce qu'indique le radical : *salubre*, qui porte, qui produit la santé (*salus*); *funèbre*, qui fait les funérailles (*funus*) ou qui en présente l'image.

### 390. SUDORIFÈRE, SUDORIFIQUE.

Qui provoque la sueur. — Ces deux mots en vertu de leur terminaison, ont absolument la même signification, et il n'y a entre eux d'autre différence que celle de l'usage moins fréquent du premier. *Sudorifère* appartient exclusivement à la langue de la médecine : *sudorifique* est en outre du langage ordinaire; c'est pourquoi il peut s'employer comme substantif.

Applic. On lui a donné un *sudorifique* (Acad.).

### FÈRE, FIQUE, EUX et IF.

### 391. SOPORIFÈRE, SOPORIFIQUE, SOPOREUX, SOPORATIF.

Qui cause le sommeil, l'assoupissement. — Ce que nous venons de dire de *sudorifère* et de *sudorifique* s'applique de tout point à *soporifère* et *soporifique*.

*Soporatif* est dans le cas de *soporifère*, quant à l'usage qu'on en fait; c'est-à-dire qu'on ne s'en sert guère qu'en médecine, et encore les médecins l'emploient-ils moins souvent que *soporifique*. Il en diffère cependant quelque peu par le sens : *soporifique* qualifie par la nature de l'effet produit; *soporatif*, par la puissance de produire l'effet, par la force, par l'énergie de l'action : nous savons, en effet, que la terminaison *if* marque la faculté, le pouvoir d'agir : une potion peut être plus *soporative* qu'une autre; *soporifique*, ayant plus de rapport à l'effet produit qu'à la puissance de l'agent, ne paraît pas pouvoir former de la même manière un comparatif.

Quant à *soporeux*, quoique terme de médecine, il ne se dit pas des remèdes et il a un sens tout particulier. Ce mot signifie qui cause un assoupissement, un sommeil : Affection *soporeuse* » (Acad.); on dit de même : « État *soporeux* » (Id.).

Il faut remarquer que *soporifique* se dit, au figuré, d'un discours ou d'un écrit ennuyeux et qui endort. Ce mot ainsi que *soporifère* et *soporatif* s'emploient aussi substantivement.

---

(*a*) Butet de la Sarthe assimile cette terminaison aux terminaisons *pare* (ovipare, *rre* (couleuvre, en latin *coluber*), et les donne comme analogues aux terminaisons latines *parus, perus, per, ber, bris*, qu'il fait dériver du verbe *pario*.

**Applic.** Il y a des *soporatifs* plus énergiques les uns que les autres (*Acad.*). Un discours, un écrit *soporifique* (*Id.*).

## FÉRANT et ANT.

### 392. ODORIFÉRANT, ODORANT.

Qui donne une bonne odeur. — « *Odoriférant* exprime la propriété de produire l'odeur, de l'exhaler de son sein, de la répandre au loin ; tandis qu'*odorant* désigne seulement la chose qui a de l'odeur. Le corps *odoriférant* est donc naturellement très-*odorant*. On flaire, on sent ce qui est *odorant* ; on n'a pas besoin de flairer ce qui est *odoriférant*, il se fait sentir. Aussi l'Académie dit-elle une fleur *odorante*, un bois *odorant* et des parfums *odoriférants*, des aromates *odoriférants*. Les corps *odoriférants* parfument, embaument : les corps *odorants* ont une odeur agréable, sentent bon » (*Roubaud*).

**Applic.** Le cèdre est un bois *odorant* (*Acad.*). Dans l'odorat une vapeur doit s'exhaler du corps *odoriférant* (*Bossuet*).

## BRE et AIRE.

### 393. SALUBRE, SALUTAIRE.

Qui est bon pour la santé. — *Salubre*, en vertu de sa terminaison, signifie qui porte en soi la santé : *salutaire*, qui a rapport à la santé. Ce qui est *salubre* contribue à la santé par une influence constamment hygiénique : l'air, l'eau, les aliments, le régime, sont ou ne sont pas *salubres*. Ce qui est *salutaire* a la vertu de rendre la santé à un malade : «Remède, médicament *salutaire*» (*Acad.*). Une eau que l'on boit habituellement est ou n'est pas *salubre* : une eau que l'on prend comme médicament est ou n'est pas *salutaire*. L'air pur et *salubre* : des médecins prétendent que l'air que l'on respire dans les étables à vaches est *salutaire* pour les poitrines faibles.

*Salubre* ne se dit qu'au propre : *salutaire* s'emploie souvent au figuré dans le sens d'utile, avantageux : « Avis *salutaire* ; doctrine *salutaire* » (*Acad.*).

**Applic.** Le quinquina est fort *salutaire* contre la fièvre (*Acad.*). Il faut que les aliments de la jeunesse soient plutôt *salubres* que délicats (*Beauzée*). Il importe surtout que les jeunes gens ne reçoivent que les instructions les plus *salutaires* (*Id.*).

### 394. FUNÈBRE, FUNÉRAIRE.

Qui concerne les funérailles. — *Funèbre*, d'après sa terminaison, signifie qui fait, qui constitue les funérailles ou qui en présente l'image ; il se dit de tout ce qui compose les funérailles : « Ornements, honneurs *funèbres* ; pompe, oraison, convoi, appareil, chant *funèbre* » (*Acad.*). *Funéraire* signifie relatif aux funérailles, et ne se dit guère que des frais qu'elles ont occasionnés.

*Funèbre* se dit au figuré dans le sens de triste, sombre, lugubre, effrayant : « Cri *funèbre* » (*Acad.*). Il se dit aussi de certains oiseaux nocturnes dont le cri a quelque chose de sinistre.

Applic. La grande éloquence s'est réfugiée dans les oraisons *funèbres*, où elle tient un peu de la poésie (*Voltaire*). La loi classe les frais *funéraires* parmi les créances privilégiées. — Le hibou, le chat-huant, l'orfraie, sont des oiseaux *funèbres* (*Acad.*).

---

# § 13. É, I, U.

Ces terminaisons, lorsqu'elles appartiennent à des adjectifs verbaux passifs ou participes passés, marquent l'effet reçu, l'action soufferte : *ensanglanté*, qui a été couvert ou rempli de sang ; *brisé*, *rompu*, qui a souffert l'action de briser, de rompre, etc.

Lorsque les participes passés ou adjectifs verbaux passifs ont pour synonymes des adjectifs ordinaires ayant même radical, ce qui les distingue essentiellement de ces adjectifs, c'est que ces participes présentent toujours la qualité ou l'état comme la conséquence ou l'effet d'une action ou d'un acte moral, tandis que les adjectifs ordinaires présentent la qualité comme propre à l'objet, comme existant naturellement en lui, ou du moins ils ne font considérer la qualité ou l'état qu'au point de vue de ce qu'est l'objet actuellement, sans examiner si cet état ou cette qualité est le résultat d'une action reçue. Ainsi une personne a naturellement l'esprit *faible* ; mais un esprit *affaibli* a été rendu tel par quelque maladie ou par une grande douleur morale. L'air a été *épaissi* par des vapeurs, et quand on le considère dans son état actuel, on dit qu'il est *épais*. A voir la direction verticale d'un mur on juge qu'il est *haut* ; le propriétaire trouve qu'il ne l'est pas assez, il le hausse et l'on dit alors que le mur a été *haussé*.

Les adjectifs en *é* ou en *u* qui ne viennent point d'un verbe, et même quelques adjectifs qui en viennent, mais qui n'expriment point l'état passif, tels que *dissimulé*, *décidé*, sont *réplétifs* ; c'est-à-dire, suivant l'explication de Butet, qu'ils expriment en quantité, en abondance, avec plénitude, la qualité représentée directement ou indirectement par le significatif : ainsi *herbu*, plein d'herbe ; *charnu*, bien fourni de chair ; *zélé*, plein de zèle, etc.

### 395. INSIGNE, SIGNALÉ.

« Ce qui a ou porte des signes, des traits qui le font remarquer, reconnaître, distinguer. — *Signalé*, participe du verbe *signaler*, désigne proprement, en cette qualité, que la chose est devenue ou faite telle. *Insigne*, simple adjectif, indique proprement ce que la chose est en elle-même. La chose *signalée* est marquée et remarquée ; la chose *insigne* est marquante et remarquable. On est *signalé* par des traits particuliers, et *insigne* par des qualités peu communes. Notre piété est *signalée* par des actions, par des œuvres d'éclat : elle est *insigne* par sa hauteur, par sa singulière éminence. Vous êtes *signalé* par ces actions, et *insigne* par cette éminence de vertu. »

« On dit une faveur *insigne* ou *signalée*, un *insigne* ou *signalé* fripon, un bonheur ou un malheur *insigne* ou *signalé*, etc. *Signalé* marque l'éclat, le bruit, l'effet que produit la chose : *insigne* n'exprime que la qualité, le mérite, le prix de la chose. Ce qui frappe est *signalé* ; ce qui excelle est *insigne*. Ainsi un *insigne* fripon n'est un fripon *signalé* qu'autant qu'il a donné des preuves éclatantes de friponnerie. Un bonheur *insigne* est une grande faveur inespérée de la fortune ; et un bonheur *signalé* porte les traits les plus forts et les plus manifestes de cette extrême faveur » (*Roubaud*).

APPLIC. Plusieurs exploits *signalés* annoncent une *insigne* valeur, comme plusieurs crimes *signalés* annoncent un *insigne* scélérat (*Roubaud*). Une grâce *insigne* n'est *signalée* qu'autant que tout le prix en est manifesté (*Id.*).

### 396. CHER, CHÉRI.

Qui est tendrement aimé. — *Cher* exprime simplement la qualité, la propriété d'être l'objet d'un tendre attachement : *chéri* présente cette qualité comme l'effet de l'acte moral de la personne qui porte ses sentiments les plus tendres sur l'objet de son affection. *Chéri* dit plus que *cher* : des enfants sont naturellement *chers* à leurs parents ; mais s'il s'en trouve un parmi eux qui le soit un peu plus que les autres, un que ses parents *chérissent*, pour lequel ils paraissent avoir une certaine préférence, on dit que cet enfant est leur *chéri*, leur Benjamin.

*Chéri* exprime donc un attachement de prédilection, et en outre, comme venant d'un verbe actif, il rappelle l'idée de ce verbe : or *chérir*, ce n'est pas seulement avoir une affection très-vive et de préférence, c'est aussi la faire voir, la témoigner par des actes : *chéri* fait entendre tout cela, tandis que *cher* ne rend que l'idée d'un attachement vrai, sans doute, et même profond, mais renfermé dans le cœur, et quelquefois y restant caché aux yeux de tout le monde.

APPLIC. Mes *chers* enfants, dit-il (à ses fils il parlait), voyez si vous romprez ces dards (*La Fontaine*). Cette mère idolâtre son enfant *chéri*. — Guenille, si l'on veut, ma guenille m'est *chère* (*Molière*). Un prince *chéri* de ses peuples (*Acad.*).

## 397. MINCE, MENU.

Qui a peu de dimension. — *Mince* exprime le manque de dimension seulement dans le sens de l'épaisseur : ce qui est *mince* n'est pas épais ; il peut d'ailleurs être long et large : « Cette doublure est bien *mince* » (*Acad.*). *Menu* vient du latin *minutus*, participe du passif de *minuere*, diminuer ; il signifie donc qui a été fait ou qui se trouve être d'un petit volume. Ce qui est *menu* manque de grandeur dans tous les sens ou au moins dans deux dimensions : « *Menu* bois ; grêle *menue* » (*Acad.*). « De l'écriture fort *menue* » (*Id.*) ; c'est-à-dire, petite en largeur et en hauteur : « Cette corde est fort *menue* » (*Id.*) ; c'est-à-dire, manque de grandeur dans le sens de la largeur et de la hauteur ou épaisseur ; elle peut du reste avoir une grande longueur.

Les deux mots s'emploient au figuré, dans le sens de faible, peu considérable, médiocre ; mais l'adjectif *mince* qualifie quant à la nature de la chose : « *Mince* héritage ; *mince* savoir ; esprit *mince* » (*Acad.*) ; *menu* qualifie quant au fait d'être de peu de conséquence : « *Menus* frais ; *menues* dépenses ; *menus* détails » (*Id.*).

APPLIC. Cette lame d'argent est fort *mince* (*Acad.*). Il a les bras, les doigts *menus* (*Id.*). Ces *menues* réparations sont à la charge du locataire (*Id.*). Il nous a donné un *mince* dîner (*Id.*).

## 398. CONFUS, CONFONDU.

Ces deux mots renferment dans leur signification l'idée de *confusion* ; ils se disent des personnes et des choses. — *Confus* exprime simplement l'état ; *confondu* présente l'état comme un effet produit, comme résultant d'une action soufferte.

Des objets *confus* se montrent dans un état de désordre, de mélange, de confusion : « Un amas *confus* de choses diverses; des cris *confus;* des voix *confuses*;» et quand ce mot se dit de l'esprit ou des œuvres de l'esprit, il signifie obscur, embrouillé : «Esprit *confus;* savoir *confus;* idée *confuse*» (Acad.). Des objets *confondus* avec d'autres ou entre eux, l'ont été par un agent quelconque; en un mot, *confondu* exprime l'état passif; ce qui fait nécessairement entendre qu'il y a eu action : « Dans le chaos tous les éléments étaient *confondus* » (Acad.) : ils avaient été *confondus* probablement par les actions *confuses* des uns sur les autres, puisque ces actions n'avaient pas été réglées et soumises à de certaines lois.

Appliqué aux personnes, *confus* exprime aussi simplement l'état de confusion, et équivaut à honteux, embarrassé : « Il était *confus* de sa méprise; Je suis *confus* de vos bontés » (Acad.). *Confondu* signifie jeté dans la confusion, humilié, déconcerté, stupéfait : « Ils se trouvèrent *confondus* par cette masse de preuves; les superbes sont souvent *confondus* dans leur orgueil. »

Applic. Le corbeau, honteux et *confus,* jura, mais un peu tard, qu'on ne l'y prendrait plus (*La Fontaine*). Ce discours est si *confus* qu'on ne saurait l'entendre (*Acad.*). Les papiers qu'il me demande sont *confondus* parmi beaucoup d'autres (*Id.*). Il était tout *confus* de l'honneur qu'on lui faisait (*Id.*). Le chaos n'était qu'un assemblage *confus* des éléments (*Id.*). Devant tant d'assurance, je restai *confondu.*

### 399. FOURCHU, FOURCHÉ.

Qui est en fourche. —*Fourchu,* adjectif formé du substantif *fourche*, exprime simplement l'état ; il se dit de ce qui est naturellement en fourche, ou de ce qui l'est dans toute son étendue. Une barbe *fourchue* (*Acad.*) l'est naturellement ; un menton *fourchu* est un menton qui de sa nature se trouve divisé en deux par un léger sillon à sa surface; des arbres *fourchus* le sont dès leurs racines et en sortant de terre.

*Fourché,* participe passé du verbe *fourcher,* exprime l'état passif et se dit de ce qui a été fait ou disposé en forme de fourche, ou bien de ce qui étant d'abord en droite ligne, se bifurque, en quelque sorte de soi-même, à une de ses extrémités. Des cheveux *fourchés* (*Acad.*) sont des cheveux que l'on a disposés d'une certaine façon; un arbre *fourché* est en forme de fourche à la partie supérieure du tronc; un pied *fourché* l'est à son extrémité, tels sont les pieds des chèvres, des moutons, etc.

APPLIC. Elle a le menton *fourchu* (*Acad.*). Animaux qui ont les pieds *fourchés* (*Id.*).

## É ET EUR.

### 400. ZÉLÉ, ZÉLATEUR.

Qui a du zèle, qui agit avec zèle. — *Zélé* est un adjectif et signifie qui est plein de zèle : *zélateur* est un substantif et se dit d'une personne qui agit avec zèle pour la patrie ou pour la religion. *Zélé* se prend quelquefois substantivement, dans le langage familier ; mais il s'emploie alors d'une manière absolue, sans complément, à la différence de *zélateur* qui est du style noble, et exige toujours un complément.

APPLIC. D'adorateurs *zélés* à peine un petit nombre ose des premiers temps nous retracer quelque ombre (*Racine*). C'est un *zélé* (*Acad.*). Grand *zélateur* de la gloire de Dieu (*Id.*). *Zélateur* du bien public (*Id.*).

### 401. DISSIMULÉ, DISSIMULATEUR.

L'idée de dissimulation est commune à ces deux mots. — *Dissimulé* est un adjectif dérivé du verbe *dissimuler* ; il signifie couvert, artificieux, qui ne laisse pas apercevoir ses sentiments, ses desseins ; et il s'emploie quelquefois comme substantif, d'une manière absolue : « C'est un *dissimulé* » (*Acad.*). *Dissimulateur* est un substantif et signifie celui qui dissimule. Le substantif *dissimulé* peint le caractère naturel de la personne : *dissimulateur* montre la personne dans l'acte de dissimulation, ou la présente comme ayant l'habitude de dissimuler par calcul, plutôt que par caractère.

APPLIC. C'est une *dissimulée* (*Acad.*). Ces hommes vieillis dans les cours, sont de profonds *dissimulateurs* (*Id.*).

### 402. CONJURÉ, CONJURATEUR.

L'idée de *conjuration* est commune à ces deux mots. — Un *conjuré* est celui qui est entré dans une conjuration : le *conjurateur* est le chef de la conjuration. Ce mot est peu usité dans ce sens ; il l'est beaucoup plus dans le sens de magicien.

APPLIC. C'est un des *conjurés* (*Acad.*). C'est un dangereux *conjurateur* (*Id.*).

## É ET ANT.

### 403. ENSANGLANTÉ, SANGLANT.

L'idée de *sang* est renfermée dans la signification de ces deux mots. — *Sanglant*, simple adjectif, exprime l'état : ce qui est *sanglant* est taché de sang, souillé de sang. *Ensanglanté*, adjectif passif venant du verbe *ensanglanter*, signifie qui a été couvert, arrosé, rempli de sang. Ensuite, la préfixe *en* a dans ce mot une valeur augmentative qui donne à l'expression quelque chose d'emphatique et de redondant : aussi *ensanglanté* ne se dit-il guère que dans le style au-dessus du familier et en parlant de choses qui offrent une certaine étendue ; ainsi l'on dit « Un mouchoir *sanglant*; votre cravate est toute *sanglante*» (*Acad.*), et non mouchoir *ensanglanté*, cravate toute *ensanglantée* (*a*).

Applic. La terre était *ensanglantée* (*Acad.*). La robe *sanglante* de César remit Rome dans sa servitude (*Montesquieu*).

## É ET IF.

### 404. DÉCIDÉ, DÉCISIF.

L'idée commune est celle qui est renfermée dans la signification du verbe *décider*. — L'adjectif *décidé* dérive de ce verbe et signifie ferme, résolu, qui a des principes dont il ne s'écarte point : « C'est un homme *décidé*; il a un caractère *décidé* » (*Acad.*). *Décisif*, appliqué aux personnes, signifie qui décide hardiment, avec une sorte d'autorité et en prenant un ton avantageux : « C'est un homme *décisif*; Avoir l'esprit *décisif* » (*Id.*). « On est *décisif* en fait d'opinion et de jugement, dit Roubaud ; on est *décidé* quant à ses volontés et à ses résolutions. »

Applic. L'homme *décisif* juge hardiment : l'homme *décidé* veut forte-ment. Le premier a bientôt pris un avis, et il y tient opiniâtrément ; le second a bientôt pris son parti, et il y tient invariablement (*Roubaud*). Rien n'est aussi *décisif* que l'ignorance (*J.-J. Rousseau*).

## U, É, EUX.

### 405. TORS, TORTU, TORDU, TORTÉ, TORTILLÉ, TORTUEUX.

« L'idée commune de ces mots est d'aller en *tournant*, au lieu

---

(a) Il y a aussi le mot *sanguinolent*: mais c'est un terme de médecine, qui n'est guère synonyme des deux autres, car il ne se dit que des crachats, des glaires et autres sécrétions qui sont teintes de sang.

d'aller droit, ou de prendre au lieu de la direction naturelle une direction oblique ou détournée. »

« L'adjectif *tors* indique simplement la direction d'un corps qui va tournant en long et de biais, mais sans marquer un défaut dans la chose *torse* : aussi cette direction est-elle avantageuse dans le fil *tors* pour sa destination, et agréable dans la colonne *torse*. L'ancien usage s'est maintenu de dire col *tors*, jambe *torse* ou *torte*; mais, dans ce cas-là même, cette direction n'est qu'accidentellement un défaut que l'épithète n'exprime plus. »

« L'adjectif *tortu* emporte au contraire une idée de défaut ou de censure. Un corps est *tortu*, quand au lieu d'être droit comme il devrait l'être, il est de travers, contrefait, mal tourné. Un homme contrefait ou fait de travers, est *tortu*. On se plaint du chemin *tortu* qui va tout en zig-zag : on rejette le bois *tortu*. Au figuré, on dit esprit *tortu*, mal fait, de travers. »

« Un corps peut être ou naturellement ou accidentellement *tortu*. Mais il n'y a de *tordu* que ce qu'on a *tordu* de force, ou en changeant avec effort sa direction propre et naturelle. Ce participe passif suppose l'action de *tordre* et marque l'effet éprouvé par le sujet. Si le corps *tordu* conserve sa tournure accidentelle, il reste *tortu* ou contourné : *tortu* indique l'état habituel ou la direction permanente du corps. »

« Comme le participe *tordu* exprime un rapport à l'action de *tordre*, ou à l'événement de se *tordre*, le participe *tortué* exprime de même un rapport à l'action de *tortuer* et à l'événement de se *tortuer*. Ce dernier verbe signifie tourner en divers sens, fausser, courber, rebrousser des choses solides, qui, par là, se déforment, et qui conservent une direction contraire à leur destination. Vous *tortuez* une aiguille, la pointe d'un compas, une règle, qui ne sont plus propres alors ou qui le sont moins pour l'usage qu'on en fait. »

« *Tortillé* a également le rapport propre au participe. *Tortiller* signifie tordre à plusieurs tours plus ou moins serrés; et il se dit proprement des corps flexibles, faciles à plier. On tortille des fils, des cheveux, des brins d'osier, de la filasse, du papier, etc., pour en faire quelque ouvrage ou pour leur donner une forme particulière. Il y a donc un dessein et un objet particulier dans l'objet *tortillé*; et ce mot, comme le mot *tors*, n'emporte pas un défaut. »

« *Tortueux* signifie ce qui fait beaucoup de tours et retours, comme une rivière, un serpent, un chemin qui se détourne pour retourner sur lui-même. Au figuré, il désigne l'obliquité de la marche et des voies de celui qui cache ses desseins et son but » (*Roubaud*).

APPLIC. De la soie *torse*; des colonnes *torses* (*Acad.*). Les ceps de vigne sont toujours *tortus* (*Id.*). On lave le linge, on le tord, et quand il est *tordu*, ou le fait sécher.— Il faut redresser le corps *tortué*, pour s'en servir du moins avec la même utilité ou la même facilité (*Roubaud*). Du ruban *tortillé*; une corde *tortillée* (*Acad.*). Le cours *tortueux* d'un fleuve; un chemin *tortueux* (*Id.*). Sa croupe se recourbe en replis *tortueux* (*Racine*).

---

# § 14. OND.

« La terminaison *ond* sert à désigner, dans les composés, l'abondance, la fertilité, la profusion, ainsi que la profondeur, la hauteur, l'énormité, l'excès, le débordement, la fréquence immodérée. Le *furibond* a un grand fonds de colère, de furie. Nous appelons *vagabond* celui qui ne fait sans cesse et sans arrêt, qu'errer licencieusement, tantôt d'un côté, tantôt d'un autre ; *pudibond,* celui qui se conduit avec beaucoup de pudeur ou de décence, qui rougit souvent et de la moindre chose ; *moribond*, celui qui languit dans un état de mort, qui flotte entre la mort et la vie, qui est toujours mourant ; *fécond,* qui est très-productif ; *profond*, qui a beaucoup de fond, de capacité, d'enfoncement » (*Roubaud*).

### 406. ROUGE. RUBICOND.

Qui est d'une couleur semblable à celle du feu, du sang, etc. (*Acad.*). — *Rubicond* signifie tout rouge ou plein de rouge (*a*) : il ne se dit que du visage et de la face, et presque toujours en plaisantant.

APPLIC. Avoir les joues *rouges* (*Acad.*). Un ivrogne à face *rubiconde*.

### OND ET ANT.

### 407. MORIBOND, MOURANT.

L'idée commune est celle de *mort*. — « *Moribond*, dit l'Académie, signifie qui va mourir : *mourant*, qui se meurt. » Ainsi, le

---

(*a*) *Rubicond* a la même racine que *rouge* : tous deux viennent du latin *rubeus*, qui se prononçait *roubeous*.

premier exprime la disposition à l'acte : le second présente le sujet dans l'acte même. Le *moribond,* comme nous l'avons dit ci-dessus, languit dans un état de mort, flotte entre la mort et la vie : le *mourant* meurt en effet.

APPLIC. Être tout *moribond,* c'est être dans un état de langueur, comme si l'on allait mourir (*Acad.*). Il a les yeux d'un homme *mourant* (*Id.*). Un *mourant* a bien peu de chose à dire, quand il ne parle ni par faiblesse ni par vanité (*L'abbé de Saint-Pierre*).

## OND ET EUX.

### 408. FURIBOND, FURIEUX.

Plein de fureur ou de furie. — *Furibond* marque une *fureur* ou plutôt une *furie* (voir 252) plus violente et agissant avec plus d'impétuosité. Celui qui est *furibond* manifeste nécessairement sa furie : celui qui est *furieux* peut l'être dans son cœur sans le faire paraître au dehors. En second lieu, comme le dit l'Académie, le *furibond* est celui qui est sujet à de grands emportements de fureur, de colère ; et *furieux* signifie simplement qui est en fureur.

Roubaud fait la même distinction et ajoute : « Celui-là est *furibond,* qui jamais n'est maître de lui-même ; celui-là est *furieux,* qui cesse de l'être. Il y a dans le second un violent écart ; et dans le premier, un vice de caractère ou d'humeur. » Voilà pourquoi sans doute *furibond* ne se dit jamais des animaux, ni des choses qui n'appartiennent pas aux personnes ; tandis que l'on dit un lion *furieux,* un vent *furieux.* En outre, *furieux* marquant un écart de l'esprit, se dit de la folie : « Un fou *furieux.* » On ne dirait pas un fou *furibond,* parce que *furibond* a trait au caractère. L'adjectif *furieux* se dit même quelquefois dans le sens de *fou dangereux ;* c'est la signification qu'il a dans cette phrase de Montesquieu : « Avant Vespasien, l'empire avait été successivement occupé par six tyrans également cruels, tous *furieux,* et souvent imbécilles. » *Furibond* et *furieux* s'emploient tous deux pour qualifier les traits, les gestes, etc. ; mais suivant la remarque de l'Académie, *furieux* se dit de ce qui dénote simplement la fureur ; et *furibond* de ce qui annonce une grande furie.

APPLIC. Il vint à nous tout *furibond* (*Acad.*). Ce sont toujours les imprudents qui sont les plus *furieux* de se voir trompés (*Daru*). C'est un fou *furieux* (*Acad.*). L'homme colère, lorsqu'il est souvent et fortement contrarié, devient *furibond :* l'homme le plus doux, lorsqu'on abuse à tout excès de sa bonté, devient *furieux* (*Roubaud*).

## OND et IQUE.

### 409. PUDIBOND, PUDIQUE.

Qui a de la pudeur. — Celui qui est *pudique* a de la pudeur : il est chaste et modeste dans les mœurs, dans les actions et dans les discours; celui qui est *pudibond* a beaucoup de pudeur, est *pudique* à l'excès : voilà pourquoi ce mot ne se dit que par plaisanterie et dans le langage familier.

Applic. Un jeune homme *pudibond*; Avoir l'air *pudibond* (*Acad.*). Avoir les mœurs *pudiques* (*Id.*).

---

# § 15. IME.

« *Ime*, en latin *imus*, signifie très, entièrement, profondément, parfaitement, à fond : *unanime*, ce qui est d'un parfait accord; *sublime*, fort élevé, élevé jusqu'au plus haut degré ; *illustrissime*, qui est très-illustre ; *intime*, ce qui est bien avant dans la chose » (*Roubaud*).

Il faut distinguer la terminaison *itime* de la terminaison *ime* : la première a de plus l'élément *it*, qui paraît venir du latin *itum*, supin de *ire* (aller). De sorte que *itime* marque un rapport très-rapproché, très-étroit entre l'objet qualifié et la chose indiquée par le radical : ainsi *légitime* signifie proprement, qui va avec la loi, qui a un rapport essentiel avec la loi ; *maritime*, qui est en rapport très-prochain avec la mer, qui est voisin de la mer, ou qui concerne la mer.

### 410. INTÉRIEUR, INTIME.

Qui est au-dedans des choses. — *Intérieur*, comme nous l'avons déjà dit (367), exprime une simple idée de situation au-dedans et relativement à ce qui est *extérieur* : il fait entendre seulement que la chose est au-dedans et non au-dehors de l'objet. *Intime* se dit de ce qui fait l'essence même de l'objet : « Connaître la nature *intime* d'une chose » (*Acad.*). Tous deux se disent, particulièrement, en parlant de l'âme ; mais *intime* est une expression superlative qui qualifie ce qu'il y a de plus profond dans l'âme, ce qui lui est en

quelque sorte inhérent. On dit : « Mouvements *intérieurs*, sentiments *intérieurs* » (*Acad.*) ; mais on dit : « Persuasion *intime* ; Le
sentiment *intime* de la conscience, ou simplement le sens *intime* »
(*Id.*).

Applic. La conformation *intérieure* du corps humain (*Acad.*). Ce qu'il
y a de plus *intime* et de plus caché dans une chose (*Id.*). La paix *intérieure*, le for *intérieur* (*Id.*). J'en ai l'*intime* conviction (*Id.*). Le sentiment *intime* du beau et du bon est un sixième sens (*Boiste*).

## IME et AL.

### 411. LÉGITIME, LÉGAL.

Conforme à la loi. — « *Légitime*, ce qui est entièrement selon la
loi, fondé en raison et sur un droit rigoureux : *légal*, ce qui concerne
la loi. *Légal* se dit proprement des formes, des observances, des
choses prescrites par la loi positive, sous peine de nullité ou d'ani-
madversion de la part de la loi. *Légitime* se dit proprement des
choses fondées sur la justice essentielle ou sur la loi sociale déri-
vée de la *loi naturelle* de justice, en un mot, sur un droit qu'on ne
peut violer sans tomber dans l'injustice. Mon action est *légale*, lorsqu'elle est faite dans les formes prescrites, et la loi me la garantit.
Mon action est *légitime*, lorsque je ne fais qu'user de mon droit,
sans attenter au droit d'autrui. C'est la forme qui rend la chose *légale* ;
c'est le droit qui rend la chose *légitime* » (*Roubaud*).

*Légitime*, étant suivant le droit, se dit par extension, de ce qui est
juste, fondé en raison : « Ses vœux sont *légitimes* ; Sa douleur est
*légitime* » (*Acad.*).

Applic. La disposition de vos biens, quoique *légitime* et conforme à
la loi de la propriété, n'est pourtant valide qu'autant qu'elle est faite
d'une manière *légale* (*Roubaud*). Considérons d'abord ce qui est *légitime*,
ensuite ce qui est licite, et enfin ce qui est *légal* : ainsi procède la vraie
probité (*Id.*). La gloire du prince est une passion et non un droit *légitime* (*Montesquieu*). Il a un sujet fort *légitime* de se plaindre de vous
(*Acad.*).

## IME et IN.

### 412. MARITIME, MARIN.

Ces deux mots renferment dans leur signification l'idée de *mer*.
— *Maritime* signifie qui est proche de la mer, ou qui navigue sur
mer, qui est relatif à la mer ou à la navigation sur mer : « Les provinces, les villes, les peuples *maritimes* ; Le commerce *maritime*,
législation *maritime* » (*Acad.*). *Marin*, qui est de mer : « Mons-
tre *marin*, plante *marine*, sel *marin*. » Il signifie aussi qui est spé-

cialement destiné à la marine : « Carte *marine*, aiguille *marine*, montre *marine* ; » et il se dit substantivement d'un homme dont la profession est de servir à bord des navires : « Habile *marin*. »

Applic. Les puissances *maritimes*, les forces *maritimes* (*Acad.*). Veau, loup, cheval, *marins* (*Id.*). L'agiotage tue le commerce, et surtout le commerce *maritime* (*Boiste*). Monstres *marins* au fond de l'onde, tigres dans les forêts (*La Fontaine*).

# § 16. ESQUE.

Terminaison dépréciative marquant souvent l'exagération, l'étrangeté, la bizarrerie : *gigantesque, pédantesque, romanesque, tudesque,* etc.

### 413. PÉDANT, PÉDANTESQUE.

Où il y a du pédantisme, de la pédanterie. — Ces deux mots se disent du ton, de l'air et des manières ; mais ce qui est *pédant* est d'une personne naturellement *pédante*, pédante par caractère : ce qui est *pédantesque*, annonce moins le pédant, vient d'une personne qui se montre accidentellement *pédante* et a quelque chose d'étrange, de bizarre, qui tient du pédant, qui sent le pédant : aussi dit-on un habit *pédantesque*, et l'on ne dirait pas un habit *pédant*. *Pédantesque* se dit aussi d'un travail de pédant (*a*).

Applic. Il parle d'un ton *pédant* (*Acad.*). Avoir l'air *pédantesque* (*Id.*). Il a fait sur ce livre des notes, des observations *pédantesques* (*Id.*).

## ESQUE et IQUE.

### 414. ROMANESQUE, ROMANTIQUE.

L'idée commune est celle de *roman*. — *Romanesque* signifie qui tient du roman ; qui est étrange ou merveilleux comme les aventures de roman, ou exalté comme les personnages de roman, comme les sentiments qu'on leur prête. *Romantique*, adjectif, se dit des lieux, des paysages qui rappellent à l'imagination les descriptions des poëmes et des romans. Il se dit aussi d'une école littéraire par op-

---

(*a*) On distinguerait de même *courtisanesque* de *courtisan* ; mais je dois faire remarquer que l'Académie ne donne pas dans son Dictionnaire le mot *courtisanesque*.

position à l'école dite *classique* : « Poëte *romantique*, poésie *romantique*, style *romantique*. »

Applic. Aventure *romanesque*; Histoire *romanesque*; Esprit *romanesque (Acad.)*. Aspect, site *romantique (Id.)*. Il habite une petite maison de campagne qui est dans une situation *romantique (Id.)*. Il n'y a ni classique, ni *romantique* en littérature; il y a du vrai et du faux, du bon et du mauvais *(Ch. Nodier)*.

# § 17. ATRE.

Cette terminaison est diminutive et quelquefois dépréciative. « Les mots en *âtre*, dit Butet, marquent une diminution dans la qualité exprimée par le significatif, une dégradation de cette qualité ; » et en conséquence, il les appelle *dégradatifs*. « Tels sont, continue-t-il, *rougeâtre, verdâtre, jaunâtre*, dégradatifs de *rouge, vert, jaune*. Au sens moral on a *gentillâtre, marâtre*, etc. de *gentil*, pour *gentilhomme, de mère*, etc. »

### 415. BLANC, BLANCHATRE ; NOIR, NOIRATRE ;
### BLEU, BLEUATRE ; VERT, VERDATRE.

Les mots en *âtre* sont des diminutifs ou des dégradatifs du mot simple qui forme leur radical. Ce qui est *blanchâtre* tire sur le *blanc*, est d'un blanc qui n'est pas pur, et par conséquent n'est pas d'une couleur franche. Ainsi des autres.

Applic. 4° L'eau *verdâtre* est légèrement teinte d'une couleur *verte*.

### ATRE et EUX.

### 416. DOUCEATRE. DOUCEREUX.

Ces deux mots se disent des choses qui ont une douceur désagréable.—*Douceâtre* signifie qui est un peu doux, qui a une sorte de douceur insipide, au lieu d'une douceur franchement marquée : « C'est une eau *douceâtre*; Cela a quelque chose de *douceâtre* » *(Acad.)*. *Doucereux* signifie qui est vraiment doux, mais d'une douceur fade : « Vin *doucereux*, fruits *doucereux* » *(Id.)*.

*Doucereux* se dit au figuré, des personnes, des paroles, des vers, du ton, de l'air, des manières : il signifie qui est plein d'une douceur affectée, fade et même rebutante.

Applic. Ce qui est *doucereux* serait peut-être bon, s'il était moins doux ; et ce qui est *douceâtre*, s'il l'était un peu plus. — Ce vin rouge et vermeil, mais fade et *doucereux*, n'avait rien qu'un goût plat *(Boileau)*.

---

# § 18. ET, ULE.

Ces terminaisons sont diminutives : *aigret*, qui est un peu aigre ; *grandelet*, qui est déjà un peu grand ; *joliet*, qui est assez joli ; *rondelet*, qui est un peu rond (en parlant d'une personne), qui a un peu trop d'embonpoint ; *suret*, qui est un peu sur, c'est-à-dire très-légèrement acide. De même *globule*, petit globe ; *monticule*, petit mont ; *acidule*, légèrement acide. Dans *ridicule* la terminaison *ule* marque que la chose digne de risée est de peu d'importance et ne mérite pas qu'on s'y arrête ; tandis qu'une chose *risible* peut le mériter : que de scènes, fort risibles dans Molière, et qui sont d'excellentes leçons.

### 417. AIGRET, AIGRELET.

Un peu aigre. — *Aigret* est un diminutif d'*aigre*, et *aigrelet* est un diminutif d'*aigret* : ce qui est *aigret* est sur ; ce qui est *aigrelet* est suret. *Aigrelet* se dit figurément du ton, des discours, etc.

Applic. Cette boisson a un goût *aigret* qui n'est pas désagréable *(Acad.)*. Le fruit de l'épine-vinette a un petit goût *aigrelet (Id.)*. Un ton *aigrelet (Id.)*.

### 418. MAIGRET, MAIGRELET ; GRASSET, GRASSOUILLET.

Diminutifs de *maigre*, de *gras*. — Ici encore le second mot de chaque groupe est diminutif du premier, moins cependant en ce qu'il annonce la qualité à un moindre degré, que parce qu'il se dit des enfants et des jeunes personnes.

Applic. 1° Il est un peu *maigret (Acad.)*. Cet enfant est *maigrelet (Id.)*. 2° Il est un peu *grasset (Id.)*. Un enfant *grassouillet* et potelé *(Id.)*.

### ULE et IBLE.

### 419. RIDICULE, RISIBLE.

Qui fait rire ou dont on doit rire. — « *Ridicule*, qui doit exciter la risée, qui l'excite : *risible*, qui est propre à exciter le rire, qui l'excite. La *risée* est un rire éclatant, long, méprisant et moqueur. On rit de ce qui est *risible* ; on se rit de ce qui est *ridicule*. *Risible* se prend en bonne et en mauvaise part, tandis que *ridicule* ne se prend qu'en mauvaise part. Il y a des choses qui font rire, parce qu'elles sont déplacées, désordonnées, immodérées ; et celles-là sont *risibles et ridicules* : il y a des choses qui doivent faire rire pour remplir leur destination, leur objet et leur fin (a) ; et celles-là sont *risibles* et non *ridicules*. »

« Un objet est *ridicule* par un contraste frappant entre la manière dont il est et celle dont il doit être, selon le modèle donné, la règle, les bienséances, les convenances. Un objet est *risible* par quelque chose de plaisant et de piquant, qui vous cause une surprise et une joie assez vive pour se manifester par des signes extérieurs et indélibérés. Un travers d'esprit vous rendrait *ridicule* : ce travers est au moins un commencement de folie. Une singularité comique vous rendra *risible* : cette singularité peut être fort raisonnable. »

« *Risible*, pris en mauvaise part, dit beaucoup moins que *ridicule*. La chose *risible* peut faire rire, la chose *ridicule* le fait » (*Roubaud*).

**APPLIC.** Cet homme s'est rendu *ridicule* (*Acad.*). Cette farce est une des plus *risibles* qu'on ait encore vues (*Id.*). Il nous arrive quelquefois des choses *risibles* ; et nous en faisons d'assez *ridicules* chacun à notre tour (*Roubaud*).

---

# § 19. IDE.

Cette terminaison rend évidente et manifeste la qualité exprimée par le radical : aussi Butet de la Sarthe appelle *manifestatifs* les adjectifs qui ont cette terminaison : *avide*, *rapide*, *lucide*, signifient, dit-il, qui désire avoir, qui entraîne, qui éclaire évidemment.

## IDE ET ABLE.

### 420. VALIDE, VALABLE.

Qui a une valeur légale. — *Valide* signifie qui a bien la valeur

---

(a) Telles sont les comédies et les bonnes farces.

qu'il doit avoir d'après les prescriptions de la loi. *Valable* signifie qui doit être reçu en justice en cas de contestation. Un acte *valable* est réputé tel, et devra être admis comme ayant cette qualité ; c'est une question de fait à faire admettre : un acte *valide* a une valeur de droit, parce qu'il réunit toutes les conditions exigées par la loi ; il a dès à présent une valeur qui ne peut être mise en doute.

*Valable* signifie aussi, par extension, qui est recevable : « Excuse *valable* » (*Acad.*).

**Applic.** Cet acte n'est pas *valable* (*Acad.*). Il faut faire homologuer ce contrat au tribunal, pour le rendre plus *valide* (*Id.*). Cette raison n'est pas *valable* (*Id.*).

---

# § 20. AUD.

« La désinence *aud, aut,* du latin *aldus,* dans la plupart de ses constructions, exprime comme qualité l'idée du significatif, mais comme qualité qui, croissante ou tendant à s'augmenter, n'est pas encore arrivée au terme auquel l'esprit la rapporte : d'où un genre de qualificatifs appelés *approximatifs :* tels sont *rougeaud,* un peu rouge, qui approche du rouge ; *penaud,* un peu peiné, etc. » (*Butet de la Sarthe*).

### 421. LOURD, LOURDAUD.

Qui manque de légèreté (au figuré), de grâce, etc. — L'adjectif *lourd* se dit figurément en parlant de l'esprit, et signifie qui manque de facilité, de promptitude, de finesse, de grâce : « C'est un homme *lourd,* un esprit *lourd* » (*Acad.*). *Lourdaud* a seulement rapport au maintien, aux manières ; il signifie grossier et maladroit, et s'emploie toujours comme substantif : « Un *lourdaud* de village » (*Acad.*).

**Applic.** Un *lourdaud* peut ne l'être qu'en apparence : beaucoup de *lourdauds* de village sont loin d'avoir l'esprit *lourd.* — C'est un homme bien *lourd* (*Acad.*). Jamais un *lourdaud,* quoi qu'il fasse, ne saurait passer pour galant (*La Fontaine*).

### AUD et ATRE.

### 422. ROUGEAUD, ROUGEATRE; NOIRAUD, NOIRATRE.

Qui tire sur le rouge, sur le noir. — *Rougeaud* signifie qui est un peu rouge, et *noiraud*, qui est un peu noir. Ce qui est *rougeâtre* ou *noirâtre* tire aussi sur le rouge ou sur le noir ; mais, comme nous l'avons dit, n'est pas d'une couleur pure, d'une couleur franche : la brique est *rougeâtre* et la suie est *noirâtre*. Au surplus, *rougeaud* et *noiraud* ne se disent que des personnes ; *rougeâtre* et *noirâtre* ne se disent que des choses. Un *rougeaud* est une personne qui a naturellement le visage rouge, un peu haut en couleur ; un *noiraud* est celui qui a les cheveux noirs et le teint brun.

Applic. 1° Il est *rougeaud* ; Elle est *rougeaude* (*Acad.*). L'or faux devient *rougeâtre* (*Id.*). 2° Un gros *noiraud* (*Id.*). De l'eau *noirâtre* (*Id.*).

---

# § 21. STRE.

Comme dans *rustre* : cette terminaison est peu caractéristique. Il y a aussi des mots dont la terminaison n'est pas un élément différent du radical : ainsi, à proprement parler, *noir* et *nègre* n'ont pas de terminaison. Ce sont, croyons-nous, les deux seuls adjectifs de cette nature, qu'il y ait parmi les synonymes à radicaux identiques (*a*).

## STRE et AUD.

### 123. RUSTRE, RUSTAUD.

« Gens fort rustiques, qui ont toute la rusticité ou toute la grossièreté et la rudesse des gens de campagne. — *Rustaud* ne s'applique qu'aux gens de la campagne ou du peuple, qui ont conservé tout l'air et les manières de leur état, sans aucune éducation. *Rustre* s'applique même aux gens qui, ayant reçu de l'éducation et ayant vécu dans un monde bien élevé, ont néanmoins des manières semblables à celles du paysan ou de la populace qui a manqué totalement de culture. Le manant est *rustaud* ou *rustre* ; le bourgeois ou autre est *rustre* et non *rustaud*. »

« Ainsi, c'est faute d'éducation, faute d'usage qu'on est *rustaud*, c'est par humeur, par rudesse de caractère qu'on est *rustre*. Le

---

(*a*) *Noir*, de même que *nègre*, vient de *niger* ; voici comment, suivant Butet de la Sarthe : *nigri, nigre, noigr, noir*.

*rustaud* ne se gêne point ; il est hardiment ce qu'il est : le *rustre* ne ménage rien ; il est rudement ce qu'il est » (*Roubaud*). Les manières du *rustaud* sont ses formes ; elles déplaisent, mais elles n'offensent pas : les manières du *rustre* sont ses mœurs ; elles choquent et elles offensent.

APPLIC. Un gros franc paysan a l'air *rustaud*, la mine *rustaude :* un homme farouche et bourru a l'air *rustre*, la mine *rustre* (*Roubaud*).

### 424. NOIR, NÈGRE.

Homme de race noire. — « Les Portugais qui les premiers découvrirent la côte occidentale de l'Afrique, appelèrent *negro* le peuple de couleur *noire*, répandu sur la plus grande partie de cette côte, et le pays *Nigritie*. Les *nègres* étaient auparavant désignés par le nom d'*Éthiopiens*. Le *nègre* est proprement l'homme d'un tel pays, et le *noir* l'homme d'une telle couleur » (*Roubaud*).

Les définitions de l'Académie confirment cette distinction : « *Noir* se dit par opposition à Blanc : Il y a vingt *noirs* et trois *blancs* dans cette habitation. *Nègre* est le nom que l'on donne en général à la race des *noirs*, et spécialement aux habitants de certaines contrées de l'Afrique et aux esclaves noirs des colonies : La traite des *nègres* est abolie ; Il a cent *nègres* dans son habitation. »

APPLIC. On fait la traite des *nègres ;* et on cherche la cause de la couleur des *noirs* (*Roubaud*).

# TROISIÈME SECTION.

## VERBES.

Les terminaisons des verbes sont en général très-peu significatives. Elles modifient sans aucun doute le sens du radical simple ; mais il est fort difficile, sinon impossible, de déterminer, de fixer nettement la valeur de ces terminaisons. Y serait-on parvenu d'ailleurs, que l'avantage d'un pareil résultat, obtenu à grand'peine, serait assez mince : il est à la fois plus simple et plus court d'étudier les verbes synonymes en constatant seulement les différences de sens que l'usage a établies entre eux, sans s'arrêter à celles qui peuvent avoir uniquement pour cause la composition et la forme de ces mots. C'est ce que nous allons faire, et avec d'autant plus de raison que la liste des verbes synonymes ayant même radical, est fort peu étendue.

### 425. AFFRIANDER, AFFRIOLER.

Attirer par quelque chose d'agréable. — « *Affriander* suppose quelque chose de solide et de substantiel : *affrioler* suppose des choses légères et seulement agréables. On *affriande* avec des mets délicats de toute espèce : on *affriole* avec des bonbons, avec des sucreries, avec des confitures » (*Laveaux*).

Ces deux mots sont familiers, et ils s'emploient au figuré en parlant du gain, du profit, des présents.

APPLIC. Vous l'avez *affriandé* avec la bonne chère, que vous lui avez faite (*Acad.*). Le gain l'avait *affriandé* (*Id.*). Les présents l'ont *affriolé* (*Id.*).

### 426. CAPTER, CAPTIVER.

S'emparer ou chercher à se rendre maître de certaines choses, telles que l'esprit, les suffrages, la bienveillance, l'affection, etc. — *Capter*, c'est employer auprès d'une personne l'adresse, l'artifice, tous les moyens, même condamnables, pour parvenir à quelque chose. *Captiver*, c'est séduire par la beauté, par le talent, par un mérite quelconque. On peut *captiver* involontairement : dans la *captation* la volonté agit toujours fortement ; elle s'efforce de circonvenir, de tromper, de faire tomber dans le piége. Ces considérations suffisent pour faire comprendre la différence qu'il y a entre *capter* la bienveillance et *captiver* la bienveillance de quelqu'un.

**APPLIC.** *Capter* les suffrages de quelqu'un (*Acad.*). Toute l'attention d'Oswald fut *captivée* par ces objets (*M^{me} de Staël*).

### 427. COLORER, COLORIER.

Ces deux mots renferment dans leur signification l'idée de *couleur*. — *Colorer* signifie donner la couleur, de la couleur, ou en recevoir, en prendre : « Le soleil *colore* les fruits, *colore* les fleurs; *Colorer* le verre en bleu, en rouge; Les raisins commencent à se *colorer* » (*Acad.*). Il s'emploie aussi figurément pour signifier donner une belle apparence à quelque chose de mauvais : « *Colorer* une injustice » (*Id.*).

*Colorier*, c'est appliquer des couleurs sur une estampe, sur un dessin, ou les employer dans un tableau.

**APPLIC.** Un vif incarnat *colorait* son visage (*Acad.*). Les nuages se *coloraient* d'une teinte pourprée (*Id.*). *Colorer* un mensonge (*Id.*). *Colorier* un dessin (*Id.*). Ce peintre *colorie* mieux qu'il ne dessine (*Id.*).

### 428. CONSOMMER, CONSUMER.

Ces mots sont synonymes, lorsqu'ils comprennent dans leur signification l'idée de *destruction, d'anéantissement*. — *Consommer* se dit en parlant des choses qui se détruisent par l'usage, comme le vin, la viande, le bois et toutes sortes de provisions. *Consumer* signifie détruire, user, réduire à rien : « Le feu *consuma* ce grand édifice en moins de deux heures; Le temps *consume* toutes choses; Il a *consumé* tout son patrimoine » (*Acad.*). Il signifie aussi employer sans réserve : « J'ai *consumé* tout mon temps à cet ouvrage » (*Id.*) : mais dans ce sens il n'est pas synonyme de *consommer*, pas plus que quand il se dit des affections ou des sentiments pénibles qui à la longue font tomber dans le dépérissement : « Être *consumé* de regrets » (*Acad.*).

**APPLIC.** On *consomme* beaucoup dans cette maison (*Acad.*). La rouille *consume* le fer (*Id.*). Lorsque quelques propriétaires chercheront plus de commodités dans la nourriture, alors ils *consommeront* davantage (*Condillac*). Un jeune homme *consume* sa fortune en folles dépenses, il ne la *consomme* pas (*Lareaux*). Le philosophe *consume* sa vie à observer les hommes (*La Bruyère*).

### 429. ÉGALER, ÉGALISER.

Rendre égal. — C'est seulement dans ce sens que ces deux mots sont synonymes, et quand il s'agit de choses (a). On dit *égaler* les parts, les portions (*Acad.*); c'est-à-dire les rendre égales; et *égaliser* les lots d'un partage (*Id.*); c'est-à-dire encore, les rendre égaux. La seule différence qu'il paraisse y avoir, c'est qu'*égaliser* convient mieux lorsqu'il s'agit de choses d'une certaine importance ou qui demandent de l'attention. « *Égaliser*, dit Roubaud, exprime l'intention, un soin particulier, un travail, le travail propre de faire disparaître les inégalités notables d'une chose, et particulièrement celui d'établir l'égalité entre deux choses qui sont faites pour être égales, et qui ne l'étaient pas. » O dira en effet à un ouvrier : « Il faut *égaliser* ces deux tringles, ces deux baguettes » et non il faut les *égaler*.

*Égaliser* signifie en outre rendre uni, rendre plan : « *Égaliser* un terrain, un chemin » (*Acad.*).

Applic. La mort *égale* tous les rangs (*Acad.*). Lorsque la mort a *égalisé* les fortunes, une pompe funèbre ne devrait plus les différencier (*Montesquieu*).

### 430. FÊTER, FÉTOYER.

Bien accueillir. — *Fêter* quelqu'un, c'est l'accueillir avec empressement. *Fétoyer* renchérit sur *fêter* : *fétoyer* une personne, c'est non-seulement l'accueillir avec empressement, mais avec joie; c'est la bien traiter, lui faire bonne chère.

Applic. Quand il se présenta dans cette compagnie, tout le monde le fêta (*Acad.*). *Fétoyer* ses amis (*Id.*).

### 431. FLAMBER, FLAMBOYER.

Jeter de la flamme. — *Flamber* exprime simplement cette idée. *Flamboyer* dit davantage : il signifie jeter une flamme brillante, vive, agitée, ou bien briller comme une flamme très-vive. Il se dit surtout, dans ce dernier sens, de l'éclat des armes ou des pierreries.

Applic. Faites *flamber* ce feu (*Acad.*). On voyait *flamboyer* les épées (*Id.*).

### 432. MÊLER, MÉLANGER.

Mettre ensemble deux ou plusieurs choses et les confondre. — *Mêler* est le terme simple : *mélanger* est un dérivé; il modifie et

---

(a) *Égaliser* ne se dit que des choses : *égaler* se dit des personnes et des choses : « La mort *égale* tous les hommes; Ce prince *égale* Alexandre; Rien n'*égale* sa beauté. (*Acad.*)

restreint l'idée simple. « *Mêler*, dit Roubaud, c'est mettre ensembl
avec, dans, entre, etc., à dessein ou sans dessein, avec art ou s
art, avec une sorte de confusion quelconque, toute sorte de chos
de quelque manière que ce soit, en brouillant, en joignant, en
corporant, en déplaçant, en alliant, etc. *Mélanger*, c'est assembl
assortir, ou composer, combiner, avec dessein et avec art, des ch
ses qui doivent naturellement se convenir, pour obtenir par le
aggrégation et leur variété un résultat avantageux et un nouve
tout. On *mêle*, on incorpore ensemble des liqueurs ; on *mêle*,
brouille maladroitement des écheveaux; on *mêle*, on confond des j
piers sans y songer ; on *mêle*, on dérange des livres. L'art *mélan*
des couleurs, des laines, des drogues, etc. ; le peintre *mélange* ł
bilement ses couleurs. »

Applic. Vous *mêlez* le vin avec l'eau pour boire ; vous *mélangez* d
férentes sortes de vin pour les corriger ou les améliorer l'un par l'aut
et faire un autre vin (*Roubaud*). Le fabricant *mélange* artistement
laines et les soies de différentes sortes et de couleurs différentes, po
en former un tissu particulier (*Id.*). La femelle du chameau fournit
lait abondant et qui fait une bonne nourriture en le *mêlant* avec u
plus grande quantité d'eau (*Buffon*).

### 433. NUER. NUANCER.

« Assortir, disposer des couleurs de manière qu'il se fasse une d
minution insensible d'une couleur à l'autre, ou d'une même co
leur, en allant soit du clair à l'obscur, soit de l'obscur au clair
(*Acad.*). — En premier lieu, *nuer* signifie proprement former d
nuances sur un fond de couleur, au moyen de différentes couleu
nouvelles : *nuancer*, c'est assortir les nuances d'une seule couleu
par dégradation de teinte. Secondement, en termes d'industrie, *nu*
un dessin, c'est y marquer les couleurs que l'ouvrier doit employ
dans la fabrication ; et *nuancer*, c'est reproduire fidèlement le
nuances du dessin modèle. « Ainsi, dit Roubaud, le dessinateur *n*
et l'ouvrier *nuance.* » Troisièmement enfin, *nuer* se dit des cou
leurs variées que les objets ont naturellement ; et *nuancer*, de l
reproduction par l'art de ces mêmes couleurs sur l'imitation de l'ob
jet.

« *Nuer* ne se dit point au figuré ; mais on y dit *nuancer*, pou
désigner la différence fine, délicate, imperceptible, qui se trouv
entre les mots, les idées, les mêmes espèces de choses, comme ver
tus, passions, etc. » (*Roubaud*).

Applic. L'anémone appelée Albertine est *nuée* d'incarnat (*Roubaud*)

Cette ouvrière est très-habile à *nuancer* les fleurs artificielles. — Cet auteur sait bien *nuancer* les caractères de ses personnages (*Acad.*).

### 434. OPPRIMER, OPPRESSER.

Ces deux mots renferment dans leur signification l'idée d'*oppression*. — Voici comment l'Académie les définit : « *Opprimer*, accabler par violence, par autorité : Les puissants *oppriment* trop souvent les faibles ; *Opprimer* l'innocence. *Oppresser*, presser fortement. Il se dit en parlant de certaines affections corporelles, dans lesquelles il semble qu'on ait une espèce de poids sur l'estomac, sur la poitrine ; il se dit aussi des affections morales qui produisent le même effet : Il est *oppressé* par un violent chagrin. »

La distinction de sens entre ces deux verbes est donc assez marquée pour qu'il ne soit pas permis de confondre, comme l'ont fait quelques écrivains, le participe *oppressé* avec le participe *opprimé*.

APPLIC. La vertu est *opprimée* sur la terre (*La Bruyère*). Mon âme est *oppressée* du poids de la vie (*J.-J. Rousseau*).

### 435. PLIER, PLOYER.

Mettre certaines choses en plusieurs doubles, ou en rouleau, en paquet ; dans un autre sens, fléchir, courber. — « Au propre, *plier*, c'est mettre en double ou par plis, de manière qu'une partie de la chose se rabatte sur l'autre : *ployer*, c'est mettre en forme de boule ou d'arc, de manière que les deux bouts de la chose se rapprochent plus ou moins. On *plie* à plat ; on *ploie* en rond. »

« Nous disons *plier* dans le sens de *ployer*, courber, fléchir, ou de céder, et ce n'est pas sans raison, lorsque la chose, en *ployant*, forme un pli, un coude, un angle. Ainsi on dira fort bien *plier* comme *ployer* le genou, le bras, parce que le bras et le genou *ployés* forment un vrai pli, le pli du jarret, le pli du coude, comme l'on dit. Dans une génuflexion profonde vous *pliez* le genou ; il faut le *ployer* pour marcher. *Plier* dit un effet plus grand, plus marqué, plus approchant du pli rigoureux, que *ployer*. Pour marquer qu'une personne *ploie* beaucoup le corps, sans pouvoir se relever, on dira qu'elle est *pliée* en deux. Une armée ne fait que *ployer* tant qu'elle résiste et s'efforce de reprendre sa place, sinon elle *plie* ou s'enfonce, il ne lui reste que la retraite. Ainsi donc, au figuré, il suffit de fléchir, de faiblir, de mollir, pour *ployer* ; on *plie*, quand on ne sait plus que céder, obéir, succomber. »

« *Plier* et *ployer* emportent quelquefois une idée secondaire d'arrangement avec une fin ou une destination particulière ; mais on ne doit encore dire *plier* que des choses qui se mettent en plis, ou bien par lits et par couches semblables à des plis, telles que des nippes, des toiles, des vêtements, des étoffes : *ployer* convient mieux à ce qui se met en paquet, en bloc, en peloton, de ce qui se roule, s'enveloppe sans avoir besoin de plis. Un marchand de drap *plie* sa marchandise : un marchand de porcelaine *ploie* la sienne » (*Roubaud*).

Applic. Sous le fardeau qui fait *ployer* un homme fort, un homme faible *plie* (*Roubaud*). Le marchand *plie* sa marchandise pour en diminuer l'étendue ; car en la *dépliant*, il l'étend : il *ploie* sa marchandise pour la soustraire à la vue ; car en la *déployant*, il l'étale (*Id.*).

### 436. RAPIÉCER, RAPIÉCETER, RAPETASSER.

Mettre des pièces à du linge, à des habits, à des meubles. — « *Rapiécer*, c'est mettre des pièces ou remettre une pièce sans modification. *Rapiéceter*, c'est remettre sans cesse de nouvelles pièces ou mettre beaucoup de petites pièces ; et marque dans ce verbe la réduplication ou un diminutif. *Rapetasser*, c'est mettre grossièrement de grosses pièces et les entasser » (*Roubaud*).

Applic. On *rapièce* un bas, du linge, un meuble auquel on met proprement une pièce ; on *rapiécette* les meubles, le linge, les vêtements qu'on est toujours à *rapiécer*, où l'on ne voit que pièces et petites pièces. On *rapetasse* de vieilles hardes, de vieux effets qui ne sont plus que des lambeaux recousus ensemble ou appliqués les uns sur les autres (*Roubaud*).

### 437. REVOIR, REVISER.

Voir de nouveau. — *Revoir* un compte, un travail d'esprit, c'est les examiner de nouveau pour voir s'ils ne renferment pas des erreurs ou des parties défectueuses qu'il conviendrait de changer, de retrancher, de remplacer : *revoir* une feuille d'impression, c'est la lire de nouveau, pour corriger les fautes qui auraient échappé à une première lecture. *Reviser* un compte, un travail d'esprit, une feuille d'impression, c'est les remanier, c'est-à-dire, ajouter ce qui manque, retrancher ce qu'il y a de trop, y faire des changements qui portent sur le fond même de la chose. En un mot, *revoir*, c'est examiner et corriger la forme : *reviser*, c'est examiner et corriger le fond. *Revoir* un article d'un règlement, d'une loi, c'est en voir et en corriger au besoin la rédaction : le *reviser*, c'est le modifier dans sa teneur, changer les prescriptions qu'il renferme, ou même les supprimer. Enfin, *reviser* est le terme propre, lorsqu'à l'idée de *revoir* se joint celle de droit ou d'autorité supérieure : une commission, un conseil spécialement institué pour cela, *revise* une affaire, un procès, etc ; la Cour des Comptes *revise* les comptes de toutes les administrations publiques.

APPLIC. Il faut *revoir* cette feuille d'impression avant de la tirer. — Cet ouvrage ne peut rester tel qu'il est : il a besoin d'être *revisé* entièrement par l'auteur ou par quelqu'un d'habile. — Un article de cette constitution fixe l'époque où elle pourra être *revisée* (*Acad.*).

### 438. TOURNER, TOURNOYER.

Se mouvoir en rond. — *Tournoyer* est le fréquentatif de *tourner* ; il signifie *tourner* en faisant plusieurs tours et irrégulièrement : « Cet homme ne fait que *tournoyer* ; Ce fleuve après avoir *tournoyé* dans une plaine de longue étendue, se jette dans la mer » (*Acad.*).

APPLIC. La lune *tourne* autour de la terre (*Acad.*). Dans l'endroit où vous voyez *tournoyer* l'eau, il y a un gouffre (*Id.*).

### 439. VERDIR, VERDOYER.

Devenir vert. — *Verdir* exprime le fait purement et simplement : *verdoyer* peint le fait avec toutes les circonstances qui l'accompagnent ; il présente l'image gracieuse des branches couvertes de jeunes feuilles vertes et formant des masses verdoyantes sous le souffle des zéphyrs.

APPLIC. Au printemps lorsque tout commence à *verdir* (*Acad.*). Les bois commencent à *verdoyer* (*Id.*).

### 440. VOLETER, VOLTIGER.

Se soutenir, se mouvoir en l'air par le moyen des ailes. — *Voleter*, c'est faire des vols de courte durée, de petits vols. *Voltiger*, c'est voler çà et là, sans aucune direction déterminée. Les jeunes oiseaux qui n'ont pas la force de voler longtemps *volètent* : « Les abeilles, les papillons *voltigent* de fleur en fleur » (*Acad.*).

*Voltiger* se dit aussi, au figuré, de certaines choses légères que le vent soulève et fait aller çà et là, ainsi que d'une personne inconstante et légère qui change souvent d'occupation, de conversation, d'étude, etc.

APPLIC. Et les petits, en même temps, *voletants*, se culebutants (a), délogèrent tous sans trompette (*La Fontaine*). Cet oiseau *voltigeait* autour du nid (*Acad.*).

---

(a) Pour *se culbutant*, qui est la bonne orthographe. La Fontaine a fait ce mot de quatre syllabes, par licence poétique ; et à l'époque où il composa la fable de *l'Alouette et ses petits*, la règle du participe présent n'avait pas encore été établie.

# QUATRIÈME SECTION.

## ADVERBES.

Nous diviserons ce chapitre en deux parties, savoir : 1° Synonymie des adverbes formés par l'addition de la terminaison *ment* à un adjectif, avec cet adjectif lui-même employé adverbialement. 2° Synonymie des adverbes et des locutions adverbiales.

### 1° ADVERBES TERMINÉS EN **MENT** ET ADJECTIFS PRIS ADVERBIALEMENT.

« Ménage juge que *ment* est l'ablatif latin *mente* uni à l'adjectif. Ovide dit *forti mente ;* l'auteur de la Thébaïde, *honestâ mente ;* Valérius Flaccus, *magnâ mente ;* Tibulle, *tacitâ mente,* etc. Les langues qui tiennent le plus au latin ont cette terminaison adverbiale. Les Espagnols, lorsqu'ils ont deux adverbes à mettre de suite, n'appliquent qu'au dernier la terminaison *mente : Segura y libramente,* sûrement et librement ; *blanda y tiernemente,* agréablement et tendrement, etc. » (*Roubaud*).

M. Génin, dans sa lettre à M. Littré sur la prononciation du vieux français, dit aussi que la terminaison adverbiale *ment* vient de *mente,* ablatif de *mens,* esprit.

Un fait que nous remarquerons d'abord et qui confirme cette étymologie, c'est que lorsqu'il s'agit d'une opération de l'esprit ou d'un sentiment, d'un acte intérieur, on fait généralement usage de l'adverbe terminé en *ment,* plutôt que de l'adjectif employé comme adverbe : « Je persiste *fermement* dans ma résolution ; Il juge *droitement* » (*Acad.*) ; c'est-à-dire, je persiste d'un *esprit ferme ;* il juge *avec un esprit droit.* On ne dirait pas : « Je persiste *ferme* dans ma résolution ; Il juge *droit.* » Mais on dira fort bien : « Je lui ai parlé *ferme ;* Aller *droit* devant soi. » parce qu'il ne s'agit pas ici d'une opération de l'esprit, mais d'une action ou d'un acte extérieur.

On dit, il est vrai, « je crois *fort,* et je crois *fortement.* » Mais il faut remarquer, premièrement, que ces mots ne sont pas pris ici dans leur sens ordinaire de *vigoureusement,* qu'ils ne renferment pas dans leur signification l'idée de *force*; secondement, que les locutions *je crois fort, je crois fortement*, ne soit pas du tout synonymes. Il suffit, pour s'en convaincre, de comparer les deux phrases suivantes :

« Je crois *fort* qu'il pleuvra ce soir. »

« Je crois *fortement* qu'il y a un Dieu. »

Celle-ci exprime la croyance ferme, la certitude ; la première n'est que l'énoncé d'une chose que l'on prévoit, que l'on présume devoir être : l'adverbe *fort* n'est dans cette phrase que l'équivalent de l'adverbe *bien*, et l'on pourrait exprimer la même pensée en disant : « Je crois *bien* qu'il pleuvra ce soir ; » par ces deux locutions, en effet, on veut faire entendre que l'on présume, que l'on estime qu'il pleuvra (a).

Ces premières considérations générales vont nous servir bientôt dans l'examen des adverbes synonymes : il nous reste encore à en voir quelques-unes qui ne nous seront pas moins utiles.

« Le latin *mens*, dit Roubaud, signifie esprit, âme, intelligence, pensée, dessein, intention, etc. ; mais il ne faut pas borner à ce sens rigoureux la valeur de la terminaison adverbiale *ment*. MM. Beauzée et Lebeau ont fort bien remarqué les rapports des terminaisons *men, mentum, ment*, avec le verbe *mineo*, paraître, se montrer, et qui tient à la même racine que *moneo*, montrer, avertir. En général, *man, men*, annonce ce qui sert à désigner, à montrer, à faire voir la *main* comme l'esprit, la manière ou façon d'agir comme la pensée (b). Le propre de la terminaison adverbiale est de marquer, de distinguer, d'expliquer la manière, la façon particulière d'être ou d'agir du verbe. Ainsi, tous les vocabulistes expliquent par le mot de *manière*, la valeur propre de la plupart des adverbes terminés en *ment* : *prudemment*, d'une manière prudente ; *naïvement*, d'une manière naïve ; *régulièrement*, d'une façon régulière. »

Avec un verbe exprimant une action ou un acte extérieur, on peut donc dans beaucoup de cas employer l'adverbe en *ment*, aussi bien que l'adjectif pris adverbialement. Mais alors l'adverbe fait en quelque sorte partie du verbe ; il caractérise spécialement l'action

---

(a) Pascal a dit : « J'en crois *fort* des témoins qui se font égorger ; » mais en *croire* quelqu'un n'est pas synonyme de *croire* quelque chose : cette locution signifie s'en rapporter au témoignage de quelqu'un ; et cela ne veut pas dire que l'on croit *fermement*, mais que l'on considère le témoignage de la personne comme *fort*, comme ayant une grande autorité.

(b) Le rapport de *manus* à *mens*, de la main à l'esprit, de la manière dont se fait l'action à l'intelligence, principe de cette action, est le même que celui qui existe entre l'action et l'acte intérieur. (Voir *acte, action*, 139.)

marquée par le verbe, et il a par là un rapport plus direct au sujet de ce verbe : l'adjectif employé adverbialement a, au contraire, un rapport plus direct à l'objet ou aux circonstances de l'action. « Je vois *clairement* que je me suis trompé : » l'adverbe *clairement* a rapport à moi, à mon esprit qui voit de cette manière, *clairement*. « Je vois *clair* dans mes affaires : » l'idée exprimée par le mot *clair* se rapporte plutôt aux affaires ; c'est comme si l'on disait : Je vois le *clair*, la *clarté* dans mes affaires ; elles se montrent *claires* à mon esprit.

Remarquez qu'en général on peut sous-entendre un substantif devant l'adjectif employé adverbialement : « Ces étoffes se vendent *cher* (à un *prix* cher) ; Peser *juste* (d'un *poids* juste) ; Je lui ai parlé *ferme* (un langage *ferme* ou d'un ton *ferme*) ; Frapper *fort* (un *coup* fort) ; Chanter *haut* (d'un ton *haut*) ; Parler *franc*, parler *net* (d'un ton *franc*, d'un style *net*, c'est-à-dire clair, sans ambiguité) ; Aller *vite* (d'un pas *vite*), etc. Cela seul suffirait pour démontrer que l'adjectif employé adverbialement a plus particulièrement rapport à l'objet ou aux circonstances de l'action.

Une conséquence que nous pouvons tirer de cette dernière considération, c'est que l'adjectif employé adverbialement a moins de force que l'adverbe pour modifier le sens du verbe. Nous avons déjà vu que dans les locutions *je crois fort* et *je crois fortement*, le mot *fort* n'exprime pas la ferme croyance, comme le fait l'adverbe *fortement* : de même « Il courut *vitement* chez son ami » marque plus d'empressement que « Il courut *vite* : » *il courut vitement* équivaut presque à *il courut bien vite*. « Je dirai *hautement* que, etc. ; » pour rendre la pensée avec la même énergie, l'adverbe *haut* ne suffirait pas : on est obligé d'y ajouter l'une des expressions superlatives *tout*, *bien* ou *fort* : « Je dirai *tout haut*, *bien haut*, *fort haut* que, etc. » *Directement*, dit l'Académie, signifie *tout droit*.

### 441. CHER. CHÈREMENT.

A haut prix. — *Cher* a rapport à l'objet, et *chèrement* au sujet : c'est pourquoi l'on dit d'une chose qu'elle coûte *cher* et non qu'elle coûte *chèrement*. Au propre, on dit presque toujours acheter, vendre, payer *cher* une marchandise ; parce que c'est l'idée de prix qui domine dans la pensée : ces locutions, en effet, signifient acheter, vendre, payer d'un *prix cher*. Si l'on dit quelquefois acheter, vendre, payer *chèrement* une marchandise, c'est que l'on veut caractériser l'action, et en faire presque un reproche au sujet : « Vous avez acheté payé *chèrement* ces étoffes, » c'est réellement vous les avez achetées, payées *trop cher* ou *bien cher.*

Au figuré, on emploie également ces deux adverbes ; mais toujours avec les mêmes rapports qu'au propre : « Il me payera *cher* cet outrage ; » c'est-à-dire, il le payera à un *prix cher,* cet outrage lui coûtera *cher.* « Il paya *chèrement* sa victoire : » ici j'appelle l'attention sur le sujet qui a fait une action dont je détermine le caractère. Je dirai : « Un soldat doit vendre *cher* sa vie, » parce que le sujet est ici un terme général, qui ne désigne point une personne sur laquelle on puisse appeler l'attention ; mais si je parle de tel combattant que j'ai déjà nommé, et que je représente comme ayant succombé avec gloire, je dirai qu'il vendit *chèrement* sa vie.

Applic. Il en coûte bien *cher* pour mourir à Paris (*Cité par Boiste*). Il me vendit *chèrement* cette faveur (*Acad.*). C'est un ordre des dieux, qui jamais ne se rompt, de nous vendre bien *cher* les grands biens qu'ils nous font (*Corneille*).

### 442. JUSTE, JUSTEMENT.

Précisément. — Ces mots ne sont synonymes que dans ce sens (*a*). *Juste* se rapporte davantage à l'objet ou aux circonstances de l'action : *justement* caractérise l'action et se rapporte davantage au sujet. « Il est arrivé *juste* à l'heure du dîner » (*Acad*), c'est « Il est arrivé à l'heure *juste* ; » il n'y a là en quelque sorte qu'une inversion. « Vous arrivez *justement* à l'heure qu'il faut » (*Id.*) ; votre action d'arriver a lieu précisément quand il le faut : ici donc l'adverbe caractérise l'action. Ensuite, *juste* exprime l'idée de *précisément* avec moins de force que *justement* : « Voilà *juste* ce qu'il vous faut » affirme moins que « voilà *justement* ce qu'il vous faut. » Mais *tout juste* équivaut à *justement* : Molière a dit dans l'*Impromptu de Versailles*, pièce en prose : « Voici *tout juste* un lieu propre à servir de scène ; » il aurait pu dire tout aussi bien : « Voici *justement* un lieu, etc. (*b*). « N'est-ce pas là ce que vous me demandez ? *Juste, tout juste* » (*Acad.*). On peut aussi répondre : *Justement.*

Applic. Nous sommes partis *juste* à l'heure convenue. — Voilà tout

---

(*a*) On dit : deviner *juste,* raisonner *juste,* chanter *juste,* parler *juste ;* mais dans ces locutions, *juste* n'a point le sens de *précisément* et n'est pas synonyme de *justement.*

(*b*) Mais certainement Molière n'aurait pas dit : « Voici *juste* un lieu propre à servir de scène.

*juste* l'homme qu'il vous faut (*Acad.*). Vous entrez *justement* dans ma pensée (*Id.*). Ésope seul trouva qu'après bien du temps et des peines, les gens avaient pris *justement* le contrepied du testament (*La Fontaine*).

### 443. DROIT, DIRECTEMENT.

En ligne droite, par le plus court chemin, sans faire de détour. — On dit également aller *droit*, mener *droit*, et aller *directement*, mener *directement*. Les différences qui distinguent *juste* de *justement* existent aussi entre *droit* et *directement*. Aller *droit*, mener *droit*, c'est aller ou mener dans un sens *droit* : aller *directement*, mener *directement*, appelle davantage l'attention sur le sujet, et l'adverbe *directement* modifie la signification du verbe plus fortement que le mot *droit*. On va quelquefois *droit* devant soi, sans le vouloir, sans s'en apercevoir, en rêvant et sans savoir où l'on va : celui qui va *directement* devant soi veut aller et sait où il va. « *Droit* aux ondes du Styx elle mena sa sœur, dit La Fontaine (vii, 17) : le poëte voulait et devait en effet faire ressortir l'idée du terme fatal où la queue du serpent mène *involontairement* sa sœur la tête.

L'Académie dit que *directement* signifie *tout droit* ; c'est parfaitement vrai, car *droit* tout seul dit moins que *directement*.

APPLIC. La liberté de tout dire mène *droit* à celle de tout faire (*Boiste*). L'oiseau va tout *droit* imprimer sa griffe sur le nez de sa majesté (*La Fontaine*). Je vais me rendre *directement* à Paris (*Acad.*).

### 444. FERME, FERMEMENT.

D'une manière ferme, avec force, avec vigueur. — *Ferme* a rapport à l'objet ou aux circonstances de l'action : il est propre à marquer l'état ou l'effet produit, ce qui n'empêche pas qu'il puisse accompagner des verbes d'action : *fermement* a rapport à l'action même. « Tenir quelque chose bien *ferme* » (*Acad.*), c'est la tenir de manière qu'elle soit en cet état, bien *ferme*. « Attacher *fermement* une chose » (*Id.*), exprime la force et la volonté du sujet qui fait l'action d'attacher. « Cela tient *ferme* dans la muraille » (*Id.*) : c'est l'état de la chose. « Frapper *ferme*, parler *ferme* » (*Id.*) : c'est, comme nous l'avons vu, frapper un coup *ferme*, parler d'un ton *ferme* ; le mot *ferme* est ici relatif aux circonstances de l'action. Il en est de même dans cette phrase : « Soutenir une chose fort et *ferme* » (*Id.*), c'est-à-dire d'un ton fort et *ferme*.

On dit : « Il tint *ferme* contre l'ennemi » (*Id.*), parce qu'on veut peindre l'état, la contenance *ferme* de l'homme qui résiste. On a dit de là, par extension : « Il tient *ferme* pour telle opinion » (*Id.*).

Mais avec un verbe qui exprime une opération de l'esprit ou un sentiment, on se sert de l'adverbe *fermement* : « Persister *fermement* dans sa résolution, dans son opinion » (*Id.*).

**Applic.** Les nations repoussées dans le Nord, y tiendraient *ferme* (*Montesquieu*). Croire *fermement* une chose ; soutenir *fermement* son avis (*Acad.*).

### 445. FORT, FORTEMENT.

**Vigoureusement, extrêmement, beaucoup.** — *Fort* a deux sens distincts ; il signifie 1° Vigoureusement : « Frapper *fort*, pousser *fort* « (*Acad.*) ; 2° Extrêmement, beaucoup, bien : « Il pleut *fort* ; Cela lui tient *fort* au cœur ; Elle est *fort* aimable » (*Id.*). — *Fortement* signifie au propre, vigoureusement, solidement : « Il le saisit *fortement* par le milieu du corps et l'enleva de terre ; Attacher *fortement* une chose à une autre » (*Acad.*) ; c'est-à-dire attacher solidement. Au figuré, *fortement* signifie *avec énergie, avec ardeur* : « Il a insisté *fortement* sur ce point » (*Id.*).

Ces explications et ces exemples suffiraient pour bien fixer l'esprit sur l'emploi de ces deux adverbes : il ne faut pas néanmoins perdre de vue les considérations générales que nous avons précédemment exposées et appliquées aux mots *cher, chèrement ; juste, justement,* etc. En réalité, *fort* et *fortement* ne sont synonymes que dans le sens de *vigoureusement* : or, comme nous l'avons dit, *frapper fort,* c'est frapper *d'un coup fort; pousser fort,* c'est pousser *d'un coup fort, d'une impulsion forte.* Ainsi, *fort* est relatif aux circonstances de l'action ; mais *fortement* est relatif à l'action du sujet : cela se voit assez dans cette phrase : « Il le saisit *fortement* par le milieu du corps et l'enleva de terre. » On ne devra pas oublier non plus que *fort* dit moins que *fortement,* et que *je crois fort* ne signifie pas du tout la même chose que *je crois fortement.*

**Applic.** Heurtez plus *fort* (*Acad.*). Cela tient *fortement* à la muraille (*Id.*). Cet ouvrier a *fortement* travaillé (*Id.*). Je crois *fort* qu'il s'y opposera (*Id.*). Nos passions agissent très-*fortement* sur nous (*Malebranche*).

### 446. FRANC, FRANCHEMENT.
#### NET, NETTEMENT.

**Ouvertement, sincèrement, sans biaiser, sans déguiser.** — Nous avons déjà dit que *parler franc, parler net,* c'est parler d'un ton *franc,* d'un ton, d'un langage ou d'un style *net.* Ces phrases, de même que celle-ci : « Il le démentit *franc* et *net,* » attirent l'attention sur les circonstances qui accompagnent l'action : ce qui frappe, c'est le ton, c'est la forme du langage. S'agit-il au contraire de caractériser l'action en la présentant comme l'effet des sentiments qu'éprouve ou doit éprouver le sujet, des pensées qui l'occupent ou doivent l'occuper, on emploiera les adverbes *franchement, nettement* : « Parlons *franchement* ; Je lui ai dit *nettement* la vérité » (*Acad.*).

Applic. 1° Il me l'a dit tout *franc* (*Acad.*). Rien n'est plus condamnable qu'un ami qui ne vous parle point *franchement* (*Molière*). — 2° Je n'en avais nul droit, puisqu'il faut parler *net* (*La Fontaine*). Parlez-lui *nettement*, sans rien déguiser (*Acad.*).

### 447. VITE, VITEMENT.

Avec vitesse. — Nous avons déjà fait remarquer que *courir vitement* marque plus d'empressement que *courir vite*. Il suit de là que quand on veut exprimer simplement le fait d'un mouvement rapide, on emploie l'adjectif pris adverbialement : « Cette horloge va trop *vite* » (*Acad.*).

Applic. Pour la plupart des hommes, vivre heureux, c'est vivre *vite* (*Boiste*). Courez *vitement* (*Acad.*).

### 448. CLAIR, CLAIREMENT. EXPRÈS, EXPRESSÉMENT.
### HAUT, HAUTEMENT. SOUDAIN, SOUDAINEMENT.

Dans ces quatre groupes la synonymie de chacun des deux mots n'est qu'apparente. La différence de signification entre l'adjectif pris adverbialement et l'adverbe qui en dérive, est trop marquée, pour qu'il soit possible de les employer jamais l'un pour l'autre. J'ai remarqué cependant que quelques personnes, les jeunes gens surtout, ne connaissent qu'imparfaitement le sens de chacun de ces mots ; j'ai donc cru nécessaire de l'exposer ici d'après les définitions et les exemples de l'Académie.

1° CLAIR, CLAIREMENT. On dit également voir *clair* et voir *clairement*. Nous avons déjà analysé ces deux locutions et nous avons fait voir que *clair* se rapporte à l'objet, et *clairement* au sujet : de là le sens différent de ces deux mots. *Clair* signifie d'une manière claire et distincte : « Voir *clair* dans une affaire » (*Acad.*). *Clairement* signifie nettement, évidemment, manifestement : « Je vois *clairement* qu'on vous a trompé » (*Id.*).

2° EXPRÈS, EXPRESSÉMENT. *Exprès* signifie à certaine fin, à dessein, avec intention : « Il le fait *exprès* pour me fâcher » (*Acad.*).

*Expressément* signifie en termes exprès : « Je lui avais défendu *expressément* de faire telle chose » (*Id.*). Il faut remarquer d'ailleurs qu'*expressément* n'a pas été formé d'*exprès* par la simple addition de la terminaison *ment.*

3° HAUT, HAUTEMENT. *Haut* signifie à haute voix, d'un ton fort, intelligible : « Parlez plus *haut* » (*Acad.*). On le joint aussi à l'adverbe *clair*, pour signifier franchement, nettement : « Il a dit son sentiment *haut et clair* » (*Id.*). Enfin il signifie quelquefois *arrogamment* : « Vous le prenez bien *haut* » (*Id.*). — *Hautement* signifie hardiment, résolument, librement : « Il ne le dissimula point, il le dit *hautement* » (*Acad.*). On dit *parler haut* et non *parler hautement*; on dit au contraire : « Je vous le déclare *hautement*; Je lui dis *hautement* ses vérités » (*Acad.*). Pour pouvoir faire entrer le mot *haut* dans ces phrases, il faudrait le faire précéder de *tout* ou de *bien*, ce qui lui donnerait alors la force de l'adverbe *hautement*.

4° SOUDAIN, SOUDAINEMENT. *Soudain* signifie dans le même instant ou aussitôt après : « Il reçut l'ordre et *soudain* il partit » (*Acad.*); c'est-à-dire, et il partit aussitôt après. *Soudainement* signifie subitement : « Il mourut *soudainement*; Il est parti *soudainement* » (*Id.*); c'est-à-dire, il mourut subitement, il est parti subitement.

APPLIC. 1° Nous sommes médecins qui voyons *clair* dans votre constitution (*Molière*). La cause de leur malheur nous est *clairement* marquée (*Massillon*). — 2° Il a fait bâtir cet appartement *exprès* pour recevoir ses amis (*Acad.*). Cela est énoncé *expressément* dans le contrat (*Id.*). — 3° Vous ne parlez pas assez *haut* (*Id.*). Je lui soutins *hautement* que vous aviez raison (*Id.*). — 4° Quand on lui parle blanc, *soudain* il répond noir (*Regnard*). Quelle puissance invisible excite et apaise si *soudainement* les tempêtes de l'air? (*Fénelon.*)

## 449. CERTES, CERTAINEMENT.

En vérité, assurément, sans mentir. — *Certes* n'est pas un adjectif pris adverbialement; c'est une sorte d'exclamation fortement affirmative. « *Certes*, dit Roubaud, est une affirmation tranchante et absolue, qui annonce l'assurance fondée sur la certitude et la conviction la plus profonde, certifie la chose, emporte une sorte de défi, et vous défend, pour ainsi dire, d'élever un doute ou un soupçon contraire. Il équivaut à *sans contredit*; mais il dit non-seulement qu'il n'y a point à cet égard de contradiction, mais qu'il ne peut y en avoir. Nous traduirions convenablement par *certes* ces espèces de jurements latins *hercle*, *ædepol*, etc. Voyez avec quelle

assurance, quelle hauteur, quelle fermeté on vous répond *oui cer*
*tes, non certes.* »

L'adverbe *certainement* est une affirmation qui désigne simple
ment la conviction du sujet, la persuasion où il est, et l'autorit
qu'il veut donner à son discours par son témoignage, plutôt que
les raisons qu'il peut avoir d'assurer ou d'affirmer. « Il est *certai*
*nement* le plus habile de tous » (*Acad.*) ; cela veut dire simple
ment, il est, suivant moi, dans ma conviction, le plus habile d
tous. *Certainement* signifie aussi, indubitablement, d'une ma
nière certaine : « Le savez-vous *certainement ?* » (*Acad.*)

Applic. *Certes*, l'exemple est rare et digne de mémoire (*Corneille*)
Nous connaissons *certainement* son existence (*Pascal*). Viendrez-vous
*Certainement* non (*Acad.*). Et *certes*, ce fut avec beaucoup de rai
son (*Id.*).

### 450. COMME, COMMENT.

De quelle manière. — *Comme* n'est pas non plus un adjectif pris
adverbialement, c'est le plus souvent une conjonction ; mais il es
adverbe, lorsqu'il signifie à quel *point, combien*, comme dans ce
phrases : « *Comme* il est changé ! Vous voyez *comme* il travaille »
(*Acad*) ; c'est-à-dire, à quel point il est changé ! Vous voyez com
bien il travaille, et ironiquement, combien il travaille peu. Il es
encore adverbe, lorsqu'il signifie de *quelle façon, de quelle manière*
et il est alors synonyme de *comment*.

*Comme* est relatif à l'objet, au résultat, à l'effet produit par l'action sur l'objet ; ou bien, en l'absence de tout objet, il est relati
aux circonstances de l'action. *Comment* est relatif au sujet, à l
manière dont il fait l'action, dont il agit, dont il opère, dont il se
montre ou se manifeste. C'est pourquoi l'on dit : « Voyez *comme*
cet objet est délicatement fait. Voici *comment* je m'y suis pris pou
le faire. » — Analysons quelques autres exemples.

1° « Voyez *comme* il travaille. — Voyez *comment* il travaille. »
Ces deux phrases sont analogues aux précédentes. La première, dans
un sens autre que celui que nous avons reconnu ci-dessus, veut
réellement dire : Voyez comme son ouvrage est bien ou mal fait ;
(c'est par l'ouvrage, par l'effet produit, que l'on juge de l'habileté
ou de la maladresse de l'ouvrier). La seconde phrase signifie, Voyez-
le faisant son ouvrage ; ou bien, Voyez de quelle manière il s'y prend
pour le faire, quels procédés il emploie pour cela.

2° « Vous savez *comme* il s'est conduit envers moi » (*Acad.*) ;
c'est-à-dire, vous savez la vilaine manière dont il s'est conduit re-

lativement à moi. C'est l'objet *moi* qui est l'idée dominante ; la conduite du sujet n'est blâmable que parce qu'elle est relative à *moi* ; elle pourrait ne pas l'être relativement à tout autre.

3° « Voyons *comment* il en sortira » (*Acad.*) ; c'est-à-dire, voyons de quelle manière il fera, il s'y prendra pour en sortir. Ce qui fixe l'attention, c'est le sujet agissant.

4° Si vous voulez savoir *comment* la chose s'est passée, je vous le dirai » (*Acad.*) ; c'est-à-dire, si vous voulez savoir de quelle manière la chose s'est produite, s'est montrée aux yeux, s'est manifestée, etc. On dit de même : « Voici *comment* la chose s'est passée.» On disait plus souvent autrefois : Voici *comme* la chose s'est passée ; » sans doute parce qu'on avait en vue toutes les circonstances de l'action, de l'événement, plutôt que le sujet agissant, la chose se produisant.

5° Dans la question « *Comment* vous portez-vous ? toute la pensée est essentiellement relative au sujet : voilà pourquoi l'on ne peut pas dire : *Comme* vous portez-vous ? Au contraire, dans les phrases exclamatives : « *Comme* vous me traitez ! *Comme* vous voilà fait ! » on ne pourrait pas remplacer *comme* par *comment*, parce que l'idée dominante n'est pas la manière dont le sujet agit, mais l'effet produit, le résultat de l'action relativement à l'objet.

Applic. Vois *comme* tout le camp s'oppose à notre fuite (*Racine*). Je vous ai mandé *comme* un voyage de M. de Chaulnes avait dérangé le nôtre (*M^me de Sévigné*). Gardez-vous d'apprendre à vos ennemis *comment* ils peuvent vous faire du mal (*M^me de Staël*). La parole est un attribut de notre nature, et si nous ne savons pas *comment* nous pensons, il faut avouer que nous ne savons guère mieux *comment* nous parlons (*Andrieux*).

---

## 2° ADVERBES ET LOCUTIONS ADVERBIALES.

On appelle *locution* ou *phrase adverbiale* une locution composée d'une préposition suivie de son régime et équivalente à un adverbe, comme par exemple *avec sagesse* (sagement), *à la légère* (légèrement), *en vain* (vainement), etc. « Quoique l'on dise communément que la *phrase adverbiale* est équivalente à *l'adverbe*, il ne faut pourtant pas croire que les deux locutions soient absolument synonymes, et que la différence de l'une à l'autre ne soit que dans les sons. L'éloignement que toutes les langues ont naturellement pour une synonymie qui n'enrichirait un idiome que de sons inutiles à la justesse et à la clarté de l'expression, donne lieu de présumer que la *phrase adverbiale* et l'*adverbe* doivent différer par quelque idée accessoire » (*Beauzée*).

Cela est vrai, sans aucun doute ; mais cette différence est dans la plupart des cas tellement peu sensible, que vouloir la déterminer, c'est se perdre dans les ténèbres de la plus profonde métaphysique, et ne tirer aucun profit réel de ses pénibles investigations. Ces nuances si délicates d'ailleurs, l'esprit de celui qui parle les saisit, pour ainsi dire, d'instinct, et la parole les rend tout naturellement : il n'est besoin pour cela que de savoir ce que l'on veut dire, et des discussions sur cette matière, de longues expositions fort obscures sur tous les cas qui peuvent se présenter, fatigueraient plus qu'elles n'instruiraient. C'est ce que Beauzée et Roubaud ont parfaitement compris : tous deux se sont bornés à quelques observations assez courtes sur la locution adverbiale formée par la préposition *avec* ; et ils n'ont comparé avec l'adverbe qu'un très-petit nombre de locutions adverbiales, celles qui sont le plus usitées ou pour lesquelles il est possible de déterminer assez clairement la différence qui les distingue de l'adverbe correspondant. Nous ferons comme eux. Voici donc les seules observations que nous avons à faire sur ce sujet : nous avertissons le lecteur qu'il ne s'agit ici que de la locution adverbiale formée au moyen de la préposition *avec*.

L'adverbe, avons-nous dit, caractérise spécialement l'action marquée par le verbe, et il a par là un rapport plus direct au sujet. Nous pouvons dire de la *locution adverbiale* ce que nous avons dit de l'adjectif pris adverbialement, savoir, qu'elle a un rapport plus direct à l'objet ou aux circonstances de l'action. « C'est un homme qui vit *honorablement* : » le rapport de l'adverbe au sujet est ici évident ; le verbe et l'adverbe, qui en quelque sorte ne font qu'un, sont qualificatifs du sujet ; ils font presque connaître le caractère de cet homme. « Votre ami s'est tiré *avec honneur* de ce mauvais pas : » ici l'expression dépend surtout de la circonstance ; la position était difficile, et c'est pour cela qu'il y a eu de l'honneur à s'en tirer.

« L'adverbe exprime une modification, une qualification constante, qui, en donnant au verbe un sens particulier, se confond en quelque sorte avec lui, et s'étend avec lui sur toute la durée de l'action ; au lieu que la *phrase adverbiale* n'exprime qu'une circonstance particulière de l'action et n'en embrasse pas toute l'étendue. L'adverbe spécifie, caractérise la nature de l'action ; la *phrase adverbiale* n'en indique qu'une modification partielle, un accident particulier. La *phrase adverbiale* n'emporte qu'un rapport, une influence quelconque : l'*adverbe* emporte une influence continue, un concours soutenu. »

« C'est sans doute ce qui a porté Beauzée à croire que quand il s'agit de mettre un acte en opposition avec l'habitude, l'*adverbe* est plus propre à marquer l'habitude, et la *phrase adverbiale* à indiquer l'acte, comme dans ces phrases : « Un homme qui se conduit *sagement* ne peut pas se promettre que toutes ses actions seront faites *avec sagesse*. Un auteur qui n'écrit pas *élégamment*, peut toutefois de temps en temps rendre des pensées *avec élégance*. Résistez *avec courage* à cette tentation, et suivez toujours *courageusement* le chemin de la vertu. La finesse, la méchanceté même, peuvent quelquefois s'énoncer *avec naïveté*; mais il n'est donné qu'à la candeur et à la simplicité de parler toujours *naïvement*. » Si ce n'est pas précisément l'habitude qu'annonce l'*adverbe*, il est du moins fort propre à la désigner, puisqu'il marque une influence forte et constante qui suit le verbe dans tout le cours de l'action, et imprime à l'action un caractère distinctif. »

« Je terminerai par un avis très-juste de Beauzée. Ceci n'est qu'une conjecture générale, assez bien vérifiée par les exemples, et peut-être serait-il bien aisé d'en rassembler beaucoup d'autres; mais il n'est pas impossible que dans le détail des cas particuliers, on rencontre d'autres différences entre l'*adverbe* et la *phrase adverbiale*. Ces différences peuvent très-bien dépendre de celle des prépositions qui entrent dans la *phrase adverbiale* » (*Roubaud*).

### 451. ENTIÈREMENT, EN ENTIER.

« *Entièrement* modifie le verbe, l'action exprimée par le verbe : *en entier* modifie la chose, l'objet sur lequel tombe cette action. Quand vous avez fait *entièrement* une chose, la chose est faite *en entier*; vous n'avez plus rien à faire et il n'y a plus rien à y faire. J'ai lu *entièrement* cet ouvrage, c'est-à-dire que ma lecture est achevée : je l'ai lu *en entier*, c'est-à-dire que j'ai lu l'ouvrage tout entier. »

« L'adverbe suppose une action divisible en plusieurs degrés d'efficacité ou d'énergie : la phrase adverbiale suppose une chose divisible en plusieurs parties qui doivent former un tout complet. Vous avez *entièrement* compté une somme; la somme est *en entier* dans le sac. « La peste a cessé *entièrement*, » et non *en entier*. La peste en elle-même, ne se divise pas comme un tout qui a plusieurs parties; mais son cours ou son action a plus ou moins de force, et passe par divers degrés d'établissement jusqu'à son entière cessation. »

« *En entier* indiquera aussi ce qui se fait tout à la fois, en un seul coup, par un seul acte, tout ensemble ; tandis qu'*entièrement* désigne une succession d'actes, ou une action dont les influences divisées se portent sur divers objets. Une ville est *entièrement* engloutie par plusieurs secousses de tremblement de terre : par une seule ouverture subite de la terre, elle est engloutie *en entier* » (*Roubaud*).

Applic. Un propriétaire dira qu'il rebâtit *entièrement* sa maison à neuf ; quelqu'un observe que cette maison est rebâtie à neuf *en entier* (*Roubaud*). La guerre de mer détruit *entièrement* à la longue, même sans combat, les forces des puissances belligérantes (*Id.*). L'empire de la mer appartient *en entier* aux éléments (*Id.*).

452. TOTALEMENT, EN TOTALITÉ.

Il en est de ces mots comme des précédents : *totalement* modifie l'action et a rapport à l'agent ; *en totalité* a rapport à l'objet.

Applic. Vous avez été obligé de refaire *totalement* cet ouvrage ; heureusement vous ne l'aviez fait d'abord qu'en partie et non *en totalité*.

453. AVEUGLÉMENT. A L'AVEUGLE.

ÉTOURDIMENT. A L'ÉTOURDIE.

1° Celui qui agit *à l'aveugle* ne voit pas faute d'intelligence, de connaissance, de lumière, ou faute d'attention, d'examen, de réflexion. Celui qui agit *aveuglément* ne veut pas voir ou ne peut pas voir, parce qu'il est aveuglé par quelque chose, parce qu'il se refuse à l'usage de sa raison, de ses lumières naturelles ou acquises, des moyens qu'il a d'en acquérir, et parce qu'il est déterminé, mené, entraîné par une puissance impérieuse. Le premier agit comme les aveugles : le second est moralement aveugle.

« *A l'aveugle*, dit Roubaud, détermine proprement et littéralement une manière d'agir, telle qu'elle serait si l'on était aveugle : il se dit plutôt en matière légère et d'un acte simple. *Aveuglément* annonce rigoureusement le défaut ou l'habitude d'être aveuglé, fasciné, subjugué, gouverné, etc. : il se dit plutôt en matière grave et d'une suite d'actions. Dans le premier cas vous vous comportez comme si vous étiez *aveugle* ; dans le second vous seriez *aveugle*. Sans raison, on agit *à l'aveugle*, on ne sait ce qu'on fait : avec des passions impérieuses, on le fait *aveuglément* ; on veut ce qu'elles veulent. Celui qui n'est pas instruit des formes nécessaires à la validité d'un acte, le signe *à l'aveugle* : celui qui n'est pas en état de juger s'il a raison ou tort dans une affaire, se laisse *aveuglément* conduire. »

2° La même différence existe entre *étourdiment* et *à l'étourdie*. Agir *étourdiment,* c'est agir comme un étourdi que l'on est : agir *à l'étourdie,* c'est agir comme le ferait un étourdi, à la manière d'un étourdi. L'adverbe tombe sur le fond de l'action : la phrase adverbiale sur la forme, et a rapport aux circonstances et à l'objet.

APPLIC. 1° Soumettre *aveuglément* sa raison aux décisions de la foi, ce n'est pas croire *à l'aveugle*, puisque c'est la raison même qui nous éclaire sur les motifs de crédibilité (*Beauzée*). Celui qui ne sait que ce que la routine apprend, fait la moitié de son ouvrage *à l'aveugle* (*Roubaud*). Il suit *aveuglément* ses caprices (*Acad.*). — 2° Cette affaire est importante; il ne faut pas y aller *à l'étourdie* (*Acad.*). Vous avez agi bien *étourdiment* (*Id.*). Entre les pattes d'un lion, un rat sortit de terre assez *à l'étourdie* (*La Fontaine*).

### 454. LÉGÈREMENT, A LA LÉGÈRE.

Nous disons au propre : « Vêtu, armé *légèrement* ou *à la légère.*» L'adverbe *légèrement* a rapport au sujet ; il indique l'effet que le sujet éprouve : *à la légère* a rapport aux vêtements ou aux armes, qui, par leur forme et leur nature, constituent une manière particulière d'être vêtu ou d'être armé. Des soldats armés *légèrement* ont des armes et des vêtements qui ne les chargent point : des troupes armées *à la légère* ont une espèce particulière d'armement qui les distingue des autres troupes.

Au figuré, il en est à peu près de ces mots comme des expressions *étourdiment, à l'étourdie*. *Légèrement* fait entendre que le sujet est léger de caractère ou d'esprit : *à la légère* signifie d'une manière légère, à la manière de ceux qui sont légers. « L'adverbe attribue à l'action ou à la personne un défaut, un vice de légèreté : la phrase adverbiale désigne, dans la personne, l'air, le costume, les manières de la légèreté. L'homme qui ne réfléchit pas agit *légèrement* : l'homme frivole agit *à la légère* » (*Roubaud*).

*Légèrement* s'emploie aussi dans le sens de rapidement, superficiellement, délicatement ; et il peut se prendre alors en bonne part. Vous n'avez parlé que *légèrement* d'une chose que vous ne deviez toucher qu'en passant; et ce faisant vous n'avez pas agi *à la légère* : tout au contraire, vous avez bien fait.

APPLIC. En été, on est vêtu *légèrement* : à la campagne, on est vêtu *à la légère* (*Roubaud*). Le présomptueux traite les choses *légèrement* : le fat

les traite *à la légère* (*Id.*). Un panégyriste passe *légèrement* sur les défau[t]
et les torts de son héros ; et certes, il ne le fait pas *à la légère :* il ag[it]
avec réflexion et avec adresse (*Id.*).

### 455. LITTÉRALEMENT, A LA LETTRE.

L'adverbe *littéralement* a rapport au sujet et à la manière don[t]
il rend, traduit, interprète un écrit, selon la force naturelle des ter[-]
mes et la signification grammaticale des expressions. La locutio[n]
adverbiale *à la lettre* a rapport à l'esprit, à l'intention du discours[;]
elle signifie que le discours est pris dans son sens strict et rigou[-]
reux.

« Le mot *littéralement* annonce la fidélité grammaticale l[a]
plus exacte ; et la phrase *à la lettre,* la fidélité *morale* la plus scru[-]
puleuse. Il ne faut pas prendre *littéralement* ce qui ne se dit qu[e]
par métaphore : il ne faut pas prendre *à la lettre* ce qui ne se di[t]
qu'en plaisantant. On rend *littéralement* le texte d'un auteur, lorsqu[e]
les expressions et les phrases correspondantes dans les deux lan[-]
gues ont les mêmes propriétés et font le même effet dans l'une e[t]
dans l'autre. On ne prend pas les compliments *à la lettre* ; mais o[n]
tâche, tant qu'on peut, d'en croire quelque chose » (*Roubaud*).

Applic. Il n'y a point de traduction plus infidèle que celle qui rendrai[t]
*littéralement* la haute poésie (*Roubaud*). Il n'y a point de commerce plus
triste que celui d'un homme qui prend tout *à la lettre* (*Id.*). Il ne faut
pas prendre cette expression *à la lettre* (*Acad.*). Ce passage, pris *littéra-*
*lement,* signifie tout autre chose que ce que l'auteur a voulu faire entendre (*Id.*).

### 456. SECRÈTEMENT. EN SECRET.

L'adverbe, comme nous l'avons vu, exprime une qualité distinctive de l'action énoncée par le verbe ; et la phrase adverbiale, une
circonstance particulière de l'action. « De manière, dit *Roubaud,*
que *secrètement* doit marquer une *action* secrète, cachée, mysté-
rieuse, insensible ; et *en secret,* quelque particularité secrète de
l'action. Or, *en secret* signifie proprement *dans un lieu secret,* ou
du moins *à part, en particulier, tout bas,* en sorte qu'il y a quelque chose de caché, de secret dans l'action que vous faites. Ce que
vous faites *secrètement,* vous le faites à l'insu de tout le monde, de
manière que votre action est absolument ignorée : ce que vous faites *en secret,* vous le faites en particulier, en sorte que la chose se
passe sans témoins. Vous faites *en secret* beaucoup d'actions naturelles et légitimes, que la bienséance ne permet pas de faire devant tout le monde ; mais vous ne les faites pas *secrètement,* car

vous ne vous en cachez pas, et tout le monde peut savoir ce que vous faites. Au milieu d'un cercle, vous parlez à une personne en particulier et tout bas : Vous ne lui parlez pas *secrètement,* car on voit que vous lui parlez ; vous lui parlez *en secret* ou à part, car on n'entend pas ce que vous lui dites. »

En résumé, *secrètement* est relatif au sujet et marque l'intention, le dessein qui fait agir : *en secret* exprime une circonstance, la manière particulière dont la chose se fait.

APPLIC. Il le fit avertir *secrètement* (*Acad.*). Qu'on dise à Josabeth que Mathan veut ici lui parler *en secret* (*Racine*). L'orgueil se glisse *secrètement* ou imperceptiblement dans le cœur (*Roubaud*). On s'applaudit *en secret* ou en soi-même de ses succès (*Id.*).

## 457. PUBLIQUEMENT, EN PUBLIC.

*Publiquement* est l'opposé de *secrètement* ; *en public* est l'opposé de *en secret.* « On fait une chose *publiquement,* au vu et au su de tout le monde, sans aucune espèce de mystère et de réserve, de la manière la plus manifeste : on la fait *en public,* dans un lieu public, devant une assemblée publique, pour le public » (*Roubaud*).

APPLIC. L'homme de cœur soutiendra, s'il le faut, *publiquement* ce qu'il a dit *secrètement :* l'homme de bien pourrait faire *en public* tout ce qu'il fait en secret (*Roubaud*).

## 458. VAINEMENT, EN VAIN.

*Vainement* est relatif au sujet ; *en vain* est relatif à l'objet. On a travaillé *vainement* lorsqu'on l'a fait sans succès, de sorte que l'on a perdu son temps et sa peine : on a travaillé *en vain* lorsqu'on l'a fait sans atteindre le but qu'on se proposait, à cause de défectuosité de l'ouvrage. Si je ne puis venir à bout de faire ma besogne, je travaille *vainement* ; je perds inutilement mon temps et ma peine. Si ma besogne faite n'a pas l'effet que j'en attendais, si je n'ai pas atteint mon but, j'ai travaillé *en vain ;* c'est-à-dire que j'ai fait une chose inutile. « Si vous me parlez sans que je vous entende, vous parlez *vainement ;* si vous parlez sans me persuader, vous parlez *en vain* » (*Roubaud*).

On dit aussi que quelqu'un a travaillé *vainement,* lorsqu'il n'est pas récompensé de son travail, ou que ce travail n'est pas agréé ; car dans ce cas le travailleur a perdu son temps et sa peine, sans préjuger aucunement la valeur de son travail, qui peut dailleurs être fort bon.

APPLIC. Celui qui ne fait que des choses vides de sens, de raison, de vertu, consume *vainement* le temps ; celui qui fait des choses utiles, mais inutilement ou sans qu'on en profite, l'emploie *en vain* (*Roubaud*). J'aspirerais *vainement* à la gloire : elle n'est pas faite pour moi (*Id.*). La nature n'a rien fait *en vain* (*B. de Saint-Pierre*).

### 459. EFFECTIVEMENT, EN EFFET.

Ces deux mots s'emploient : 1° dans les cas ordinaires pour marquer qu'une chose est réellement, ou qu'elle est véritablement telle qu'on la dit ; 2° dans un raisonnement, pour annoncer une preuve à l'appui d'une assertion.

« 1° Je crois, dit Roubaud, qu'*effectivement* peut très-bien être opposé à *fictivement*, comme *effectif* l'est à *fictif*. Les exemples suivants le prouvent : Une armée de trente mille hommes, selon les rôles, n'est souvent pas *effectivement* de vingt mille. Mon portrait, c'est moi ; mais ce n'est pas moi *effectivement*, ce n'est que ma représentation. — *Effectivement* est donc opposé à la fiction ou à la feinte ; il marque la réalité physique ou l'existence effective. *En effet* peut s'opposer à l'apparence ; il indique alors le fond des choses, leur état interne ou caché. Ainsi l'on dit que l'hypocrite, vertueux en apparence, est vicieux *en effet* ou dans le fond. »

« *Effectivement* est formé d'*effectif, ive*, qui effectue, réduit en acte, exécute, accomplit, etc. ; il désigne donc proprement la production, la réalité, l'existence, l'exécution, l'accomplissement, la chose comme effective ou la chose comme effectuée. *En effet* signifie proprement dans le fait, selon le fait, véritablement. Je vous demande si *en effet* vous êtes guéri de votre maladie, c'est-à-dire s'il est vrai que vous soyez guéri ; vous me répondez que vous êtes *effectivement* guéri, c'est-à-dire que votre guérison est effectuée et réelle.

Concluons. *Effectivement* a plus rapport à la réalité ; on pourrait, sans altérer le sens, le remplacer par *réellement :* en *effet* a rapport à la vérité ; on pourrait le remplacer par *véritablement*.

2° Dans un raisonnement, on doit préférer l'adverbe *effectivement*, lorsqu'on s'appuie sur des faits ; et la locution adverbiale *en effet*, lorsqu'on s'appuie sur des axiomes ou des vérités démontrées. C'est aussi l'opinion de Beauzée : « La première, dit-il, est plus propre au raisonnement conjectural, et la seconde au raisonnement rigoureux. »

APPLIC. Vous exécutez *effectivement* ce que vous aviez promis ; vous êtes *en effet* un homme de parole (*Roubaud*). L'art de se faire valoir l'emporte souvent sur ce qu'on vaut *en effet* (*Oxenstiern*). Il est vrai, dira quelqu'un, que cet être existe nécessairement, suppose qu'il existe, mais comment saurons-nous qu'il existe *effectivement*? (*Fénelon*.)

## 460. FINALEMENT, A LA FIN, ENFIN.

« *Enfin* annonce particulièrement, par une sorte de transition, la fin ou la conclusion d'un discours, d'un récit, d'un raisonnement. *A la fin* annonce la fin ou le résultat des choses, des affaires, des événements considérés en eux-mêmes. *Finalement* annonce un résultat final ou une conclusion finale. »

« *Enfin*, c'est mon plaisir, je veux me satisfaire. *Enfin*, il résulte de là que la loi seule doit commander. Ce mot ne marque dans ces phrases et autres semblables, que la conclusion de quelque discours. — *A la fin*, tous les impôts retombent sur les propriétaires des terres. *A la fin*, tout périt. Cette locution désigne le résultat propre des choses, sans égard au discours. — Nos comptes sont *finalement* arrêtés; cet adverbe indique une chose entièrement consommée » (*Roubaud*).

*Enfin* s'applique quelquefois aux choses, comme *à la fin*; mais alors *enfin* ne sert qu'à indiquer la lenteur avec laquelle le fait s'est produit après beaucoup d'attente et d'incertitude. « Vous attendiez un de vos convives, *enfin*, ou après un long temps, il arriva au milieu du festin » (*Roubaud*). *A la fin* marque le terme auquel aboutit une suite d'événements, surtout après des accidents contraires, des tergiversations, ou telles autres circonstances : « Vous aviez envoyé de toutes parts chercher le médecin, *à la fin*, ou après beaucoup de recherches, on l'a trouvé à la comédie » (*Roubaud*).

APPLIC. *Finalement*, il en vint à bout (*Acad.*). Il a nié d'abord, on l'a pressé vivement, il s'est troublé, il a essayé de nier encore ; *à la fin*, il a tout avoué. — *Enfin*, après les tempêtes nous voici rendus au port (*Malherbe*).

## 461. DÉFINITIVEMENT, EN DÉFINITIVE.

*Définitivement* signifie, d'une manière qui met fin à une chose, qui fixe sur ce qui doit en résulter : « Le compte a été *définitivement* réglé. Nous saurons *définitivement* ce qu'il veut. » *En définitive* signifie, pour en finir : « *En définitive*, que faut-il lui dire ? »

APPLIC. Il veut savoir *définitivement* à quoi s'en tenir (*Acad.*). *En définitive*, que voulez-vous ? (*Id.*)

## 462. PRÉSENTEMENT, A PRÉSENT.

« *A présent* indique un temps présent plus ou moins étendu, par opposition à un autre temps plus ou moins éloigné, ou bien indéfini. Ainsi vous direz qu'en remontant aux époques les plus reculées de l'histoire, vous trouverez l'usage des armoiries, ainsi que celui des monnaies, établi alors comme *à présent*. »

« *Présentement* désigne un présent plus borné, plus limité, plus circonscrit : il signifie *à présent même*, dans le moment, tout à l'heure, sous peu, sans délai, sans retard, exclusivement à tout autre temps qui ne serait pas plus ou moins prochain. Une maison est à louer *présentement*, dans le temps même où l'écriteau est apposé, pour le terme présent. Vos préparatifs sont faits, il n'y a *présentement* qu'à partir ; on part sans délai » (*Roubaud*).

Applic. Partant reste toujours six cents livres, que je vous prie de me donner *présentement* (*Regnard*). La force du corps gagnait jadis des batailles ; *à présent* c'est le canon (*Roubaud*). Ce temps que nous prodiguons et que nous voulons qui coure *présentement*, nous manquera (*M^me de Sévigné*). Nous avons assez monté, descendons *à présent* (*Montesquieu*).

<h2 style="text-align:center">463. PERSONNELLEMENT, EN PERSONNE.</h2>

*Personnellement* désigne la personne morale, la personne de l'esprit, de l'âme : *en personne* désigne la personne matérielle, la personne, comme on dit, en chair et en os.

Applic. Il m'a offensé *personnellement* (*Acad.*). J'y étais *en personne* (*Id.*). Être *personnellement* responsable d'une chose (*Id.*). Le roi commandait le siége *en personne* (*Id.*).

<h2 style="text-align:center">464. UNANIMEMENT, A L'UNANIMITÉ.</h2>

*Unanimement* marque communauté de sentiments et d'opinion : *à l'unanimité* exprime simplement le fait de l'accord de tous les suffrages entre plusieurs personnes qui ont donné leurs voix. Des hommes de partis différents sont loin de penser et d'agir *unanimement ;* il peut se faire cependant qu'ils décident une question ou qu'ils prennent une résolution *à l'unanimité*.

Applic. Toutes, dis-je, *unanimement*, se promettent de rire à son enterrement (*La Fontaine*). La Chambre adopta la loi *à l'unanimité*.

# CINQUIÈME SECTION.

## MODIFICATION DU SENS PAR DES CAUSES PUREMENT GRAMMATICALES.

Les causes purement grammaticales qui peuvent produire une différence de sens pour le même mot ou le même radical, sont :

1° Le nombre du substantif; exemple : *le détail, les détails.*

2° Le radical formant un substantif collectif au lieu d'un substantif ordinaire; exemples : *le bétail, les bestiaux; la campagne, les champs.*

3° Le genre du substantif : *le cours, la course.*

4° L'infinitif pris substantivement : *le parler, la parole; le penser, la pensée.*

5° L'emploi de l'article : *de cour, de la cour; avoir peine à, avoir de la peine à.*

6° L'adjectif pris substantivement : *le solide, la solidité.*

7° Le participe passé pris substantivement : *l'exposé, l'exposition; la crue, la croissance.*

8° La place de l'adjectif : *un grand homme, un homme grand.*

9° Les locutions adjectives : *méridional, du midi.*

10° L'emploi d'un verbe actif ou d'un verbe neutre sous la forme de verbe pronominal : *imaginer, s'imaginer; mourir, se mourir.*

11° La place de l'adverbe : *mal parler, parler mal.*

12° L'emploi des prépositions : *insulter quelqu'un, insulter à quelqu'un; obliger de faire, obliger à faire.*

---

## I. MODIFICATION DU SENS PAR LE NOMBRE DU SUBSTANTIF.

Il y a des substantifs qui s'emploient au pluriel dans un sens bien différent de celui qu'ils ont au singulier. Ainsi, *la bonté* est une qualité de l'âme; *les bontés* sont des marques de bienveillance ou même de simple politesse : *la bassesse* est aussi dans l'âme,

dans le caractère; *les bassesses* sont des actions qui marquent ]
bassesse d'âme; *la tendresse* est une sensibilité à l'amitié, à toute
les affections du cœur; *les tendresses* sont des caresses, des témoi
gnages d'affection : *vivacité* signifie activité, promptitude de l'es
prit, ardeur des sentiments; on entend par *vivacités*, au plurie
des emportements légers et passagers, de petits mouvements brus
ques de courte colère. Nous croyons inutile d'augmenter les exem
ples; il n'est personne qui, ayant quelque usage de la langue frar
çaise, ne sache parfaitement reconnaître, dans l'emploi de plusieur
autres substantifs, la différence de leur signification, suivant qu'il
sont au singulier ou au pluriel. Mais il en est quelques-uns pou
lesquels la chose est moins facile : ce sont des cas particuliers qu
nous devons examiner séparément.

### 465. LE DÉTAIL, LES DÉTAILS.

« Le *détail* ou, comme on aurait dû dire pour lever toute équivoque, le *détaillement*, est l'action de considérer, de prendre, de
mettre la chose en petites parties ou dans les moindres divisions
*les détails* sont ces petites parties ou ces petites divisions telle:
qu'elles sont dans l'objet même (a). Vous faites *le détail* et non *les
détails* d'une histoire, d'une affaire, d'une aventure : vous en faites
*le détail* en rapportant, en parcourant, en présentant les *détails* de
la chose jusque dans ses plus petites particularités : vous n'en faites pas *les détails*, parce qu'ils existent par eux-mêmes dans la
chose indépendamment de votre récit. *Le détail* est votre ouvrage ;
c'est votre récit détaillé : *les détails* sont de la chose ; ce sont les
petits objets ou les objets particuliers qu'on peut détailler ou considérer en *détail*. On examine une affaire en *détail* ; on l'examine
dans tous ses *détails* : vous examinez *les détails* de la chose ; mais
vous n'examinez pas son *détail*. Par *le détail*, vous détaillez la
chose ; par ses *détails*, elle est en elle-même détaillée. Il y a des
opérations de *détail* ; il y a la science des *détails* » (*Roubaud*).

Applic. Il a donné au public une relation de cette bataille, avec un
*détail* exact de toutes les circonstances (*Acad.*). Ne vous chargez
jamais d'un *détail* inutile : tout ce qu'on dit de trop est fade et rebutant
(*Boileau*). Hérodote, sans portraits, sans maximes, plein de *détails* les
plus capables d'intéresser et de plaire, serait peut-être le premier des
historiens, si ces mêmes *détails* ne dégénéraient en simplicité (*J.-J. Rous-*

---

(a) Si ces mots signifiaient la même chose au singulier et au pluriel, le pluriel
présenterait distributivement ces divisions, que le singulier expose d'une manière
collective. (*Remarque de Roubaud.*)

seau). La science des *détails* est une partie essentielle d'un bon gouvernement (*La Bruyère*).

### 466. L'AIR, LES AIRS.

On se donne, on prend *l'air*, *les airs*, *des airs* de tel caractère ou de tel personnage. Le singulier s'emploie lorsqu'il s'agit du caractère, de la qualité réelle de la personne ; le pluriel, quand on n'entend parler que de l'imitation du ton et des manières. Se donner *l'air* d'un fat, c'est se montrer ce que l'on est réellement, se faire reconnaître pour fat ; prendre *son air* de grand seigneur, c'est de même se montrer grand seigneur, faire voir que l'on est tel. Se donner ou prendre *les airs* d'un fat, d'un grand seigneur, c'est imiter ou affecter le ton, le langage, les manières de ces personnages. De même, prendre, se donner *des airs* de maître, de savant, de bel esprit, c'est, comme le dit l'Académie, vouloir s'attribuer sans raison une autorité de maître, affecter de passer pour savant, pour bel esprit, quoiqu'on ne le soit pas.

Applic. Affecter *un air* de maître (*Acad.*). Le duc, mécontent, prit *son air* de grand seigneur (*Anonyme*). *Les airs* de grandeur que nous nous donnons mal à propos, ne servent qu'à faire remarquer notre petitesse, dont on ne s'apercevrait peut-être pas sans cela (*Girard*).

### 467. L'APPROCHE, LES APPROCHES.

« *L'approche* se dit des choses qui approchent, dont on approche, ou qui sont sur le point d'être présentes. Les *approches* se dit de plusieurs effets qui marquent la présence prochaine d'une chose : *les approches* de la mort. On peut dire aussi *l'approche* de la mort, lorsqu'on considère la mort abstraction faite des circonstances qui indiquent son *approche*. L'approche a rapport à la chose même qui approche : les *approches* ont rapport aux circonstances qui indiquent l'*approche* » (*Laveaux*).

Applic. L'*approche* de la nuit lui fit doubler le pas (*Acad.*). Elle sent aux *approches* de la mort un redoublement d'ardeur (*Fléchier*). Certains liquides se contractent fortement à *l'approche* de la congélation (*Cuvier*). Lorsque les marmottes sentent les premières *approches* de l'hiver, elles se cachent (*Buffon*).

### 468. LA RUINE, LES RUINES.
#### EN RUINE, EN RUINES.

« *La ruine* est la destruction de la chose, dit Roubaud ; *les ruines* sont les débris de la chose détruite. » *Ruine* se dit aussi, au singulier, du dépérissement, de la destruction lente, de la perte des choses. Un édifice est en *ruine,* tombe en *ruine,* s'en va en *ruine,* menace *ruine,* c'est-à-dire est dans un état de délabrement qui exige des réparations : un édifice en *ruines* est un édifice détruit, qui est hors d'usage et ne présente plus que des *ruines.*

On dit aussi au singulier, en termes de peinture ou d'architecture, une belle *ruine,* pour signifier le dessin, la représentation d'un édifice en *ruines.*

Applic. C'est un bâtiment qui menace *ruine (Acad.).* On laisse en *ruine* cette maison *(Id.).* Les *ruines* du Colisée *(Id.).* Voilà une belle *ruine (Id.).*

### 469. L'HOMME, LES HOMMES.

« Il est constant, dit Beauzée, qu'un écrivain attentif ne dira pas indifféremment : *L'homme* est raisonnable, ou *Les hommes* sont raisonnables. »

En effet, le substantif commun employé au singulier, avec l'article *le* ou *la,* sans déterminatif, est le nom même de l'espèce. Comme nom d'espèce sa signification s'étend à l'universalité des individus qui composent l'espèce : mais il ne présente pas ces individus comme réunis et formant une pluralité ; tout au contraire, il les résume, pour ainsi dire, en un seul individu idéal, qui est le type de l'espèce entière. Quand on dit : « *L'homme* est raisonnable » on entend signifier que l'homme type, que l'homme considéré comme créature sortie des mains de Dieu, a pour attribut essentiel et constitutif de sa nature, la faculté qu'on appelle *raison.*

Le pluriel, par cela même qu'il exprime une idée de pluralité, met en scène l'universalité des individus ; mais cette universalité n'est pas si entière, qu'il ne puisse y avoir des exceptions. Si je dis par exemple : « Oh ! que *les hommes* sont injustes ! » j'entends signifier qu'ils le sont généralement ; mais je ne prétends point que l'injustice soit un attribut essentiel et constitutif de la nature de l'homme. Ainsi donc, veut-on seulement exprimer cette pensée que les hommes font en général un bon usage de la raison, on dira : « *Les hommes* sont raisonnables » : l'attribut n'étant plus affirmé de l'espèce entière, mais seulement de la pluralité des individus, la proposition donnera à entendre qu'il y a ou qu'il peut y avoir des exceptions.

« Par la même raison, il y a de la différence entre ces deux phrases : *L'homme* est mortel, *Les hommes* sont mortels. La première annonce la certitude infaillible de la mort ; et c'est une vérité que l'on peut prendre comme principe dans un sermon ou dans un traité de morale. La seconde annonce l'incertitude du moment et de la manière de la mort, les uns mourant plus tôt, les autres plus tard; ceux-ci subitement, ceux-là par une maladie longue : c'est une vérité d'où l'on peut partir dans les traités, pour s'autoriser à prendre dans le moment même les précautions convenables » (*Beauzée*).

Applic. L'*homme* est dans ses écarts un étrange problème (*Andrieux*). Nous convenons vous et moi en ce point, que *les hommes* ne suivent point la raison (*Fénelon*). L'usage de la parole qui n'a été accordé qu'à *l'homme*, suffirait seul pour montrer qu'il est né pour la société (*d'Aguesseau*).

### 470. LE SAGE, LES SAGES.

Dans le cas où l'adjectif est pris substantivement, le singulier s'emploie souvent pour indiquer l'être abstrait, idéal, qui réunit nécessairement et au plus haut degré la qualité exprimée par l'adjectif : ainsi *le beau* est ce qui a essentiellement et le plus possible le caractère de la beauté. De même, *le sage* est l'homme idéal que notre esprit se représente comme le type de la sagesse parfaite : mais *les sages* sont des hommes qui existent ou ont existé réellement, et qui ont pris pour modèle le vrai *sage*, le *sage* idéal : « La mort ne surprend point *le sage* (*La Fontaine*). Les sept *sages* de la Grèce » (*Acad.*).

Applic. *Le sage* est maître de ses passions (*Acad.*). *Le sage* est ménager du temps et des paroles (*La Fontaine*). C'est à tort qu'on le met au rang *des sages* (*Acad.*).

---

## II. SUBSTANTIFS COLLECTIFS AU SINGULIER ET SUBSTANTIFS ORDINAIRES AU PLURIEL.

On ne peut pas toujours employer indifféremment le substantif au pluriel ou le collectif qui correspond à ce substantif : on dit par exemple, *la crinière* du lion, et non *les crins* du lion; un brin d'oranger a *des feuilles* et non *un feuillage*; les Indiens de l'Amérique ornent leurs têtes de *plumes* et non d'*un plumage*; *les hommes* meurent, *l'humanité* ne meurt pas; on rompt *des branches*, on ne rompt pas *un branchage*.

Dans le collectif, l'esprit ne voit que l'ensemble, les individus disparaissent : de sorte que le collectif est le nom d'un objet, d'un individu qui a son existence particulière, ses qualités propres et souvent différentes de celles qui appartiennent aux individus formant l'ensemble. Ainsi *le feuillage* peut être grand, beau, épais ; *les feuilles* qui le forment peuvent être petites, vilaines et minces ; un *plumage* gris pourra résulter d'un mélange de *plumes* noires et de *plumes* blanches ; des *cheveux* extrêmement fins pourront former une épaisse *chevelure* ; un grand *vitrage* sera fait avec de petites *vitres*, etc. Ce sont là des distinctions qui n'échappent à personne, même dans le langage de la conversation. Passons à quelques cas particuliers où la différence est moins sensible.

### 471. LES CHAMPS, LA CAMPAGNE.
#### MAISON DES CHAMPS, MAISON DE CAMPAGNE.

« L'idée des *champs* réveille celle de la culture, parce qu'on ne les a distingués les uns des autres que pour les mettre en valeur ; et l'idée de la *campagne* rappelle l'idée de la ville, à cause de l'opposition de la liberté dont on jouit d'un côté avec la contrainte où l'on est de l'autre ; et quoique l'on dise proverbialement, Avoir un œil aux *champs* et l'autre à la ville, pour dire, Prendre garde à tout, ce n'est pas une opposition, ce n'est qu'une différence que l'on veut marquer entre les soins dont on s'occupe, parce qu'en effet les soins de la culture sont bien différents de ceux des affaires que l'on traite à la ville. »

« Cela posé, une *maison des champs* est une habitation avec les accessoires nécessaires aux vues économiques qui l'ont fait construire ou acheter ; comme un verger, un potager, une basse-cour, des écuries pour toutes sortes de bétail, un vivier, etc. *Une maison de campagne* est une habitation avec les accessoires nécessaires aux vues de liberté, d'indépendance et de plaisir qui en ont suggéré l'acquisition ; comme avenues, remises, jardins, parterres, bosquets, parc même, etc. » (*Beauzée*).

**Applic.** La culture des *champs* est plus douce que celle des lettres (*Voltaire*). Il y a une infinité de gens qui vont par ton s'ennuyer à la *campagne* (*Id.*).

### 472. LES ENTOURS, LES ALENTOURS, L'ENTOURAGE.

Ces mots signifient également les personnes dont on est entouré. Mais l'expression *les entours* dit quelque chose de plus intime et de plus habituel que *les alentours* : *les entours* de quelqu'un, c'est sa famille, au milieu de laquelle il vit, et ses amis les plus intimes ; ses *alentours* sont les personnes qu'il fréquente, qui sont en liaison avec lui, ses connaissances, ceux que l'on appelle légèrement des amis. L'*entourage* est l'ensemble des *entours* et des *alentours*.

**Applic.** Cet homme est gouverné par ses *entours* (*Acad.*). Si vous voulez réussir auprès de ce ministre, assurez-vous de ses *alentours* (*Id.*). Son *entourage* nuit à sa réputation (*Id.*).

### 473. LES BESTIAUX, LE BÉTAIL.

Troupeau de bêtes à quatre pieds que l'on mène paître, comme bœufs, vaches, brebis, moutons, etc. — *Bétail* se dit de l'espèce : « Gros *bétail*, menu *bétail* » (*Acad.*). *Bestiaux* se dit des individus considérés dans l'espèce : « Ce fermier a beaucoup de *bestiaux* » (*Acad.*).

**Applic.** Le *bétail* mal soigné est d'un maigre rapport (*H. de Balzac*). Franklin donna dans son almanach toutes les indications propres à améliorer l'éducation des *bestiaux* (*Mignet*).

### 474. LES MEUBLES, LE MOBILIER.

Les *meubles* sont les différents objets qui servent à garnir un appartement, une chambre, et encore ne comprend-on point ordinairement dans cette appellation les glaces, les tapis, etc. Le *mobilier* est l'ensemble non-seulement des meubles de toutes les pièces de l'appartement ou de la maison, mais aussi des glaces, des tapis, des pendules, et même de tous les objets que l'on ne désigne pas ordinairement comme meubles, tels que les ustensiles de cuisine, ceux du foyer, etc. Vous achetez deux fauteuils et une commode, ce sont des *meubles* que vous ajoutez à votre *mobilier* : vous ne diriez pas de même, si vous y ajoutiez une pendule, des flambeaux, des tableaux, des porcelaines ou autres objets qui ne sont pas qualifiés de *meubles* quoique faisant partie du *mobilier*.

**Applic.** Un locataire doit garnir son logement de *meubles* (*Acad.*). On a vendu son *mobilier* par autorité de justice (*Id.*).

---

## III. SUBSTANTIFS DE GENRES DIFFÉRENTS.

Il y a un certain nombre de substantifs qui se prennent dans des acceptions différentes, suivant qu'ils sont du masculin ou du féminin : ainsi *aide*, du genre féminin n'a pas la même signification que *aide* du genre masculin; *une couple* ne dit pas la même chose qu'*un couple*. Nous renvoyons aux Grammaires et particulièrement à celle de M. Guérard (Grammaire et compléments) pour ces mots, ainsi que pour les substantifs *aigle, amour, enfant, foudre, hymne, œuvre, orge, pâque, période* et *chose* (dans la locution *quelque-chose*). Comme on le voit, ces mots sont plutôt des homonymes que des synonymes : nous n'examinerons ici que les substantifs qui, formés de la même racine, diffèrent par leur terminaison et par leur genre, d'où résultent certaines différences dans leur signification.

### 475. COURS, *m.* COURSE, *f.*

Mouvement des choses qui courent, qui se meuvent. — Ces mots ont diverses acceptions ; ils ne sont synonymes que quand on parle des astres, des fleuves, des rivières et autres cours d'eau. On dit, le *cours* du soleil, le *cours* des astres, *le cours* d'un fleuve ; et aussi « *La course* d'un fleuve, d'un torrent ; L'astre du jour va commencer *sa course* » (*Acad.*). Ce qui les distingue, c'est que le mot *cours* comprend dans sa signification l'idée de la régularité du mouvement et celle d'une direction déterminée ; tandis que le mot *course* exprime simplement l'action de se mouvoir, de franchir un espace. On dira d'un fleuve qu'il se rend d'*un cours* paisible dans telle mer, où il termine *sa course.*

Applic. La lune est attirée non-seulement par la terre, mais encore par le soleil ; et c'est à cette dernière attraction qu'il faut attribuer l'irrégularité de *son cours* (*d'Alembert*). La lune poursuivait *sa course* paisible (*Acad.*). Cette rivière est navigable dans la plus grande partie de *son cours* (*Id.*).

### 476. DÉPENS, *m. pl.* DÉPENSE, *f.*

Frais, ce que l'on dépense. — Le mot *dépens* signifie proprement *frais* à la charge de quelqu'un : vivre aux *dépens* d'une personne, c'est vivre aux frais de cette personne ; apprendre à ses *dépens,* c'est apprendre à ses frais ; en termes de procédure, les *dépens* sont les frais qu'occasionne la poursuite d'un procès. *Dépense* se dit de l'argent que l'on emploie à l'acquisition des choses nécessaires, ou pour ses plaisirs, pour satisfaire ses désirs, ses caprices, etc.

Applic. On le fera reconstruire à vos *dépens* (*Acad.*). Mon architecte a forcé toutes les *dépenses* (*Id.*). Il faut mesurer sa *dépense* sur son rang et sur son bien (*Massillon*). Ces brillants parasites vivent à mes *dépens* (*C. Delavigne*).

### 477. DISCORD, *m.* DISCORDE, *f.*

Dissension, division entre plusieurs personnes.—« Le *discord* est à la *discorde* ce que l'*accord* est à la *concorde*. Discord n'est donc pas moins utile qu'*accord*; et le *discord* diffère de la *discorde*, comme l'*accord* de la *concorde*. Le *discord* rompt l'*accord* ou l'harmonie des cœurs, des volontés, des sentiments : la *discorde* détruit la *concorde* ou le concert et l'*accord* de tous les cœurs, de toutes les volontés, de tous les sentiments. Vous ne personnifierez pas le *discord* comme la *discorde*, parce que ce mot-là n'exprime pas, comme celui-ci, un caractère de force, de consistance, de durée, d'empire, qui semble constituer une puissance. La *discorde* est un long et grand *discord*. Il est impossible qu'il ne s'élève quelquefois des *discords* entre les personnes qui s'aiment le plus : est-on long-temps d'*accord* avec soi-même ? » (*Roubaud*.)

APPLIC. La pomme jetée devant les déesses rivales excite entre elles un *discord*; elles se la disputent : adjugée à l'une des trois, elles brûlent du feu de la *discorde*, elles allument une guerre épouvantable entre les Grecs et les Troyens (*Roubaud*). Il fallait que le ciel vous mît, pour finir vos *discords*, l'un parmi les vivants, l'autre parmi les morts (*Racine*). La *Discorde* inhumaine excitait aux combats et la Ligue et Mayenne (*Voltaire*).

### 78. FORT, *m.* FORTERESSE, *f.*

Lieu fortifié contre les attaques de l'ennemi. — Le fort est un ouvrage en terre ou en maçonnerie, à peu de distance d'une place forte ou très-éloigné de toute autre fortification, et qui n'est occupé que par une garnison. La *forteresse* est une petite ville fortifiée, qui a non-seulement une garnison, mais aussi des habitants. La *forteresse* est souvent protégée par des *forts* détachés.

APPLIC. Il n'y a qu'un *fort* de terre qui défende l'entrée du pont (*Acad.*). Cette *forteresse* tient tout le pays en respect (*Id.*). Machiavel a beau dire, les *forteresses* ne valent point la faveur des peuples (*Napoléon*).

### 479. FOSSÉ, *m.* FOSSE, *f.*

Creux dans la terre, plus ou moins large et profond. — Le *fossé* est une excavation faite en long pour clore, pour enfermer quelque espace de terre, pour faire écouler les eaux, pour la défense d'une place, pour empêcher le passage, etc. *Fosse* se dit de toute excavation qui n'a qu'une médiocre longueur et autour de laquelle on peut aisément circuler. On fait des *fosses* pour construire des puits, des caves, des citernes, pour planter des arbres, etc.

**Applic.** Entourer un pré de *fossés* (*Acad.*). Creuser une *fosse* pour faire une citerne (*Id.*).

### 480. GRAIN, *m.* GRAINE, *f.*

« Ces deux mots sont synonymes en ce qu'ils signifient également une semence qu'on jette en terre pour y fructifier : mais *le grain* est une semence de lui-même, c'est-à-dire qu'il est aussi le fruit qu'on en doit recueillir; *la graine* est une semence de choses différentes, c'est-à-dire qu'elle n'est pas elle-même le fruit qu'elle doit produire. On sème des *grains* de blé et d'avoine pour avoir de ces ces mêmes *grains ;* on sème des *graines* pour avoir des melons, des fleurs, des herbages, etc. »

« Le mot de *graine* fait précisément naître l'idée d'une semence propre à germer et à fructifier, ce que ne fait pas celui de *grain*. Ainsi on dit que le chenevis est la *graine* du chanvre; mais on ne dit pas qu'il en est le *grain* (*a*). Ils conservent même cette analogie de signification dans le sens figuré : «Tel a sa mémoire chargée de sages et prudentes maximes des grands hommes, qui n'a pas lui-même un *grain* de bon sens. Il est difficile que d'une mauvaise *graine* il vienne un bon fruit » (*Girard*).

**Applic.** Le *grain* de ces froments est fort gros (*Acad.*). Permettre l'importation des *grains* étrangers (*Id.*). J'en ai de la *graine* (*Id.*). Mauvaise *graine* est tôt venue (*La Fontaine*).

### 481. MONT, *m.* MONTAGNE, *f.*

« Ces deux mots annoncent également l'idée d'une masse considérable de terre ou de roche fort élevée au-dessus du reste de la surface de la terre. — *Mont* désigne une masse détachée de toute autre pareille, soit physiquement, soit idéalement : *montagne* ne présente que l'idée générale et commune, sans aucun égard à cette distinction. De là vient que pour caractériser individuellement quelque masse de cette espèce, on se sert de *mont*, parce que distinguer les individus, c'est, du moins par la pensée, les séparer des individus de même espèce, s'ils n'en sont même séparés physiquement; ainsi l'on dit le *mont* Olympe, le *mont* Liban, le *mont* Sinaï, le *mont* Parnasse, etc. Mais dès que l'on n'envisage aucune distinction in-

---

(*a*) « On dit pourtant un *grain* de chenevis; mais comme on dit un *grain* de sable, pour assigner un des éléments individuels ou de la *graine* de chenevis, ou d'un monceau de sable » (*Beauzée*).

dividuelle, on ne parle que de *montagnes* : on monte ou l'on descend une *montagne* ; une *montagne* est plus ou moins élevée, plus ou moins escarpée ; la cime, la descente, le pied d'une *montagne* ; une chaîne de *montagnes* » (*Beauzée*).

Applic. On part, un détachement reste et se fait voir sur le *mont* Cenis et sur le *mont* Genèvre pour inquiéter les Suisses et leur faire craindre une attaque (*Gaillard*). Ils gagnent les sommets des *montagnes* les plus inaccessibles (*Buffon*).

### 482. TAUX, *m.* TAXE, *f.*

« L'idée commune est celle de la détermination établie de quelque valeur pécuniaire. — Le *taux* est cette valeur même : la *taxe* est le règlement qui la détermine. On ne dit que *taux* quand il s'agit du denier auquel les intérêts de l'argent sont fixés. On dit assez indifféremment *taux* ou *taxe*, en parlant du prix établi pour la vente des denrées, ou de la somme fixée que doit payer un contribuable ; mais ce n'est que dans le cas où il n'est pas plus nécessaire de faire attention à la valeur déterminée qu'à l'autorité déterminante : car un contribuable qui voudrait représenter qu'il ne peut payer ce qu'on exige de lui faute de proportion avec ses facultés, devrait dire que son *taux* est trop haut ; et s'il voulait dire que les *impositeurs* (*a*) ne l'ont pas traité dans la proportion des autres contribuables, il devrait dire que la *taxe* est trop forte. »

On ne dit que *taxe*, s'il s'agit du règlement judiciaire pour fixer certains frais qui ont été faits à la poursuite d'un procès » (*Beauzée*). Voir *taxe, taxation,* 136.

Applic. Une ordonnance de police avait mis le *taux* à telles marchandises (*Acad.*). Payer les denrées suivant la *taxe* (*Id.*). On mit une *taxe* sur les plus imposés (*Id.*). Prêter de l'argent au *taux* réglé par la loi (*Id.*).

### 483. LE POINT DU JOUR, LA POINTE DU JOUR.

Moment où le jour commence à poindre. — « *La pointe du jour* est le premier rayon du jour qui commence à poindre et à percer les ténèbres, c'est la naissance du jour : *le point du jour* est le premier instant qui commence à marquer la division des époques différentes de la journée ou du jour considéré dans sa durée, c'est l'origine du temps. *Le point du jour* est le commencement de la durée, comme le midi en est le milieu : *la pointe du jour* est le com-

---

(a) Ce mot n'est pas dans le Dictionnaire de l'Académie ; mais il est dans ceux de Boiste et autres lexicographes.

mencement de la clarté, comme le grand jour en est la plénitude ou l'éclat. Ainsi, quand nous parlons de l'époque ou de l'emploi du temps, nous disons *le point du jour*; nous dirons *la pointe du jour* quand il s'agira de distinguer le degré ou l'effet de la clarté. L'observateur se lève avant le *point du jour* pour considérer la petite *pointe du jour* » (*Roubaud*).

Applic. Vous partez au *point du jour*, à cette époque; et vous marchez à *la pointe du jour*, ou à la clarté du jour naissant (*Roubaud*). Vous mesurez le temps par le *point du jour* : la *pointe du jour* vous fait distinguer les objets (*Id.*). Se lever au *point du jour* (*Acad.*).

---

# IV. SUBSTANTIFS ET INFINITIFS
## PRIS SUBSTANTIVEMENT.

L'infinitif présent des verbes est une sorte de substantif qui s'emploie souvent en français, comme en grec, avec l'article; ainsi nous disons *le boire, le manger, le lever et le coucher du soleil, le rire d'une personne, le parler de quelqu'un, le faire d'un artiste*, etc. Outre l'article nous ajoutons même un adjectif à l'infinitif pris substantivement : « C'est *le meilleur manger* du monde; Il a le *parler bref*; Exciter *un rire fou et extravagant*; Ce tableau est d'*un beau faire* » (*Acad.*). Ces substantifs verbaux sont les noms abstraits de l'action ou de l'acte que marque le verbe : c'est là surtout le caractère qui les distingue de leurs synonymes. Ainsi, la terminaison passive du substantif *ris* (du latin *risus*) marque ce qui est fait, ce qui est produit, l'effet de l'action : le *rire* exprime l'action de faire, le genre d'action que l'on fait.

« *Pensée*, dit Roubaud, a, comme l'italien *pensata*, une terminaison passive : c'est la chose *pensée*, l'effet ou le produit de l'action de penser. *Penser* au contraire a la forme active du verbe : il désigne l'opération, l'efficacité, la cause productive. Aussi le *penser* a-t-il une activité et une efficacité particulières; c'est le travail et le tourment de l'esprit : il le tient et pensant et pensif; il l'attache à ses pensées, le mène de l'une à l'autre et le jette dans la rêverie. »

Cependant si l'infinitif est celui d'un verbe qui n'exprime ni une action, ni un acte, ni même une faculté active, mais une simple manière d'être, cet infinitif pris substantivement désignera non une cause, mais un effet. Ainsi *le savoir* est la chose sue, la connaissance acquise; le *devoir* est ce que l'on doit faire ou ce qui doit être fait.

### 484. LA PENSÉE, LE PENSER.

Acte de l'esprit qui pense, produit de cet acte. — Nous venons de dire avec Roubaud que la *pensée* est le produit de l'acte de penser, tandis que le *penser* est cet acte même, la cause productive de la *pensée*, la faculté même de penser. Ces mots se distinguent encore par d'autres caractères que le même synonymiste expose en ces termes : « Le *penser* est la *pensée* qui intéresse l'âme, l'attache, l'occupe, la remplit, la tient en *pensement* (a) : l'esprit s'entretient avec ses *pensées* : l'âme s'entretient avec ses *pensers*. L'on s'égare quelquefois dans ses *pensées*, et l'on s'y perd : l'on s'égare aussi quelquefois dans ses *pensers*, mais on s'y retrouve. Une vaine illusion vous laisse l'esprit vide ; une douce illusion laisse le cœur ému. »

« Les *pensers* sont des *pensées* attachantes accompagnées de soin, de souci, d'inquiétude, d'émotions, d'intérêt. Avec des *pensées* on est *pensant* : avec des *pensers* on est *pensif*. »

Applic. Le *penser* des âmes fortes leur donne un idiome particulier (*J.-J. Rousseau*). Son expression ne rend pas sa *pensée* (*Acad.*). Il se perd, il s'égare dans ses *pensées* (*Id.*). Si quelque bon moment à ces *pensers* vous donne, quelque flatteur vous interrompt (*La Fontaine*).

### 485. LE RIS, LE RIRE, LA RISÉE.

Acte ou action de rire, son effet. — Le substantif *ris* exprime proprement l'effet de l'action de rire, le bruit que l'on fait en riant; on entend les *ris* : le substantif *rire* exprime l'action et la manière habituelle dont on rit. Le *ris* désigne aussi la manière de rire, mais la manière accidentelle, l'effet produit par l'influence d'un sentiment de l'âme dans un cas particulier : *ris* dédaigneux, *ris* moqueur.

« L'on a le *rire* agréable, dit Roubaud, et l'on fait des *ris*. Vous qualifiez le *rire* d'une personne selon sa manière habituelle de *rire*; et vous qualifiez ses *ris* selon la manière dont elle rit actuellement. Chacun a son *rire* comme son maintien habituel : la forme du *ris* varie comme la contenance, suivant les occasions. »

Nous avons aussi le substantif *risée*; mais ce mot n'est guère synonyme des deux autres. Il signifie un grand éclat de rire que

---

(a) Vieux mot : « Je vécus sans nul *pensement* » (*Régnier*); on le trouve aussi dans La Fontaine. Ce mot signifie soins ou soucis qui occupent l'esprit; l'Académie aurait dû le recueillir, et le conserver, car il est utile.

font plusieurs personnes ensemble en se moquant de quelqu'un 
de quelque chose ; il se dit aussi d'une simple moquerie et de 
personne qui en est l'objet : « Il fut la *risée* de toute la compagnie 
(*Acad.*).

Applic. Tout est joie dans cette maison, on y entend des *ris* con 
nuels (*Acad.*). Cette femme a le *rire* charmant (*Id.*). Ce n'est pas 
véritable *ris*, c'est un *ris* forcé, un *ris* amer (*Id.*). Qui de vous n'a p 
regretté cet âge où le *rire* est toujours sur les lèvres? (*J.-J. Rousseau* 
Les Anglais recevant ce défi avec une grande *risée*, se moquèrent 
Charles et de son conseil (*Mézeray*).

## 486. LE SOURIS, LE SOURIRE.

Acte ou action de sourire, son effet. — Ce que nous avons dit 
*rire* et de *ris* s'applique naturellement à *sourire* et à *souris*. « l 
*souris* est proprement un acte, l'effet particulier de *sourire* ou d 
*sourire* : le *sourire* est l'action spécifique de sourire, la manièr 
habituelle de sourire, ou enfin une espèce de rire. Si souvent o 
les confond, souvent on les distingue ; et un usage vicieux ne fa 
point que l'un ne soit préférable à l'autre, selon les cas. »

« Le *souris* est une des expressions les plus énergiques du senti 
ment : le *sourire* est un des attraits les plus touchants de la figure 
Le *sourire* est la manière d'exprimer une joie douce, modeste, dél 
cate de l'âme; le *souris* en est l'expression actuelle et passagère. Ave 
un *souris* fin, il y a de l'esprit jusque dans le silence : avec un *sourir* 
gracieux, la laideur disparaît. Le *souris* est en quelque sorte plu 
moral, et le *sourire* plus physique : je veux dire qu'on appliqu 
plutôt les qualifications morales au *souris* et les qualifications phy 
siques au *sourire*. Vous ne concevez pas le *souris* sans une inten 
tion, un motif, un sentiment, une pensée qui l'anime : vous con 
cevez le *sourire* comme un jeu naturel de la figure, comme u 
genre d'action physique, familier à l'homme » (*Roubaud*).

Applic. Elle a le *sourire* gracieux (*Acad.*). Un *souris* du prince es 
comme un *souris* de la beauté, il gagne les cœurs (*Roubaud*). Quel trai 
plus perçant que le *souris* d'une douleur profonde qui se refuse, avec u 
tendre regret, à la consolation qu'on lui donne! Quel attrait plus tou 
chant que le *sourire* de l'innocence qui s'endort dans les pensées d'une 
oie pure, et qui paraît en jouir jusque dans ses rêves ! (*Id.*)

## 487. LA PAROLE, LE PARLER.

Langage oral. — La *parole* est un ou plusieurs mots prononcés; 
mais *parole* signifie aussi la faculté de parler, et se dit en outre du 
ton de la voix, selon qu'elle est forte ou faible, douce ou rude, etc.

C'est dans ce sens seulement que ce mot est synonyme du substantif verbal le *parler* : ainsi l'on dit également : « Il a la *parole* douce, rude ; Il a un *parler* doux, un *parler* rude. » En nous en tenant rigoureusement à la définition de l'Académie, il nous sera facile de reconnaître les nuances qui distinguent ces deux substantifs.

Le *parler* est la manière habituelle dont quelqu'un parle : cette manière comprend non-seulement le ton de la voix, mais aussi les expressions, l'accent, en un mot tout ce qui constitue le langage oral ; et c'est en vertu de cette compréhension du mot, que le *parler* se dit des idiomes mêmes : « Le *parler* provençal, le *parler* bourguignon. » Ainsi quand on dit de quelqu'un qu'il a le *parler* ou un *parler* niais, on veut dire que sa manière de parler est niaise par les paroles qu'il prononce, par le ton dont il les dit, par l'accent qu'il y met, par toutes les circonstances de l'action de parler : une *parole* niaise ne signifie rien autre qu'un terme, qu'une expression dans laquelle il y a de la niaiserie. Un homme qui n'a pas habituellement le *parler* rude et grossier peut, dans un moment de vivacité ou d'humeur, avoir la *parole* rude et grossière, ou bien il peut lui arriver de prononcer une *parole* rude et grossière ; mais ensuite il la désavouera.

Applic. Dieu a donné la *parole* à l'homme (*Acad.*). Il a la *parole* d'un homme malade (*Id.*). Il a le *parler* bref (*Id.*). Je l'ai reconnu à son *parler* (*Id.*).

### 488. LA SCIENCE, LE SAVOIR.

Ils se disent tous deux des connaissances acquises. — L'Académie définit ainsi ces mots : « *Science*, ensemble, système de connaissances sur quelque matière ; *savoir*, érudition, connaissance acquise par l'étude, par l'expérience. » On dit également d'un homme qu'il a de la *science* ou du *savoir* : il a du *savoir*, s'il a acquis sur une matière d'étude plus de connaissances que n'en a le vulgaire ; il a de la *science*, si son esprit s'est rendu maître d'un système entier de connaissances.

« Le *savoir*, dit *Beauzée*, n'est naturellement donné à personne : c'est le fruit du travail et des enquêtes ; on l'acquiert en écoutant les maîtres, en étudiant les règles que les autres suivent, et en faisant chacun à part ses propres remarques. La *science* est toute entière dans l'entendement. » On la possède quand on a acquis assez de *savoir* pour connaître les lois générales qui constituent toute *science*.

Applic. Cet homme est un puits de *science* (*Acad.*). Il faut dans le *savoir* préférer l'utile au brillant (*Girard*). Le reproche d'orgueil que l'on fait à la *science* n'est qu'une orgueilleuse insulte de la part de l'ignorance (*Id.*). Laissez dire les sots, le *savoir* a son prix (*La Fontaine*).

### 489. LA PUISSANCE, LE POUVOIR.

Ils s'emploient dans deux acceptions et ils signifient : 1° Disposition dans le sujet par le moyen de laquelle il est capable d'agir, ou de produire un effet; 2° autorité.

1° Le mot *pouvoir* pris dans le premier sens est défini par l'Académie *faculté d'agir*. L'abbé Girard dit à son tour : «Le *pouvoir* vient des secours ou de la liberté d'agir; la *puissance* vient des forces. L'homme sans la grâce n'a pas le *pouvoir* de faire le bien. La jeunesse manque de sagesse pour délibérer, et la vieillesse manque de *puissance* pour exécuter. Le *pouvoir* diminue, la *puissance* s'affaiblit. »

2° L'idée propre de *pouvoir* est celle de droit. « L'idée propre de *puissance* est celle de force et de faculté. Nous appelons *puissance*, en mécanique, les forces mouvantes; en politique, la somme des forces de la société ; nous qualifions de *puissances* maritimes les nations qui mettent de grandes forces en mer » (*Roubaud*). Ce synonymiste distingue ensuite le *pouvoir* qui vient de l'autorité et le *pouvoir* qui vient de la *puissance*, « Avec l'autorité, dit-il, vous avez un *pouvoir*, le *pouvoir* juste ou légitime, la voie de droit ; avec la *puissance*, la force, vous avez un *pouvoir*, le *pouvoir* physique ou exécutoire, la voie de fait. Le premier de ces *pouvoirs* émane donc de l'autorité ; le second, de la *puissance* : l'un annonce l'autorité qui exerce son droit, et l'autre la *puissance* qui exerce son action. »

APPLIC. 1° L'habitude diminue beaucoup le *pouvoir* de la liberté : l'âge n'affaiblit que la *puissance* et non le désir de satisfaire ses passions (*Girard*). — 2° Le *pouvoir* est à l'autorité, mais armé par la *puissance*; si la *puissance* lui manque il est vain (*Roubaud*). De ce que l'homme est libre, de ce qu'il n'appartient qu'à lui-même, il ne faut pas conclure qu'il a sur lui-même tout *pouvoir* (*Cousin*).

### 490. LA VOLONTÉ, LE VOULOIR.

Faculté qu'a l'âme de vouloir quelque chose, acte de cette faculté. — Le mot *volonté* exprime la faculté ou l'acte d'une manière relative ; le mot *vouloir* les exprime d'une manière absolue : un homme a une *volonté* ferme, un autre a une *volonté* faible : «Telle est ma *volonté* ; L'Apôtre dit que c'est Dieu qui nous donne le *vouloir* et le faire » (*Acad.*).

Ensuite, *volonté* se dit particulièrement de la faculté en tant qu'elle est agissante, qu'elle se manifeste au dehors : « Ses *volontés* sont des ordres pour moi » (*Acad.*); *vouloir* ne se dit jamais que de l'acte intérieur : « Il n'a point d'autre *vouloir* que le vôtre» (*Id.*). On se rend maître de sa *volonté*, on la dirige, on la modifie ; on n'a pas une telle puissance sur son *vouloir*, car le *vouloir* tient du désir, et, comme le dit M. Cousin, on n'est pas plus libre dans le désir que dans la sensation qui le précède et le détermine.

Applic. La *volonté* n'est ni le désir ni la passion : c'est précisément le contraire (*Cousin*). L'antipathie passe aussi de l'action à la personne et engendre contre elle une sorte de mauvais *vouloir* que nous ne nous reprochons pas, parce que nous le sentons désintéressé et que nous le trouvons légitime (*Id.*).

## V. MODIFICATION DU SENS PAR L'EMPLOI DE L'ARTICLE.

491. Avoir peine, avoir de la peine. Avoir honte, pitié, horreur, dessein, etc. ; avoir de la honte, de la pitié, de l'horreur, le dessein, etc.

*Avoir peine, avoir honte, avoir pitié*, etc., c'est l'équivalent et l'explication des verbes qui seraient formés de ces mots (*a*). — «Dans la phrase *avoir peine, pitié, horreur*, ces noms sont des noms d'espèce pris dans un sens indéfini sans extension et sans restriction, sans graduation et sans qualification. Dans la phrase *avoir de la peine, de la pitié, de l'horreur*, ces noms précédés de l'article sont pris dans un sens particulier ou individuel, et susceptible de restriction, d'extension, de qualification, en un mot de modifications différentes. »

« La phrase *avoir peine, honte*, etc., exprime uniquement l'espèce de sentiment qu'on a, le genre de disposition où l'on est. La phrase *avoir de la peine, de la honte*, etc., marque tel effet qu'on

_______________

(*a*) Le latin dit *pudere*, avoir honte ; *misereri*, avoir pitié ; *sitire*, avoir soif ; *esurire*, avoir faim.

sent, certaine épreuve qu'on fait, avec telle circonstance, dans un cas particulier ou particularisé. Vous *avez peine* à faire la chose à laquelle vous répugnez naturellement : vous *avez de la peine* à faire ce que vous ne faites qu'avec plus ou moins de difficulté. On *a peine* à croire ce que l'esprit rejette de lui même : on *a de la peine* à croire ce qu'on ne se persuade pas aisément. Dans le premier cas, il y a une répugnance ou un préjugé à vaincre : dans le second, vous trouvez des difficultés ou des embarras à lever. »

« Il en est de même des autres exemples que j'ai cités. Ainsi, en général, *j'aurai honte* de choquer les bienséances ; ce sentiment est en moi : *j'ai de la honte* à les voir choquer ; c'est tel sentiment que j'éprouve à certain degré. Vous *avez dessein* de faire une entreprise ; telle est la disposition de votre esprit : vous *avez le dessein* de faire telle entreprise ; c'est une résolution que vous avez formée. »

« En général, on *a pitié* du pauvre, *horreur* du crime, *peur* du mal, etc. En vertu de ce sentiment général, on *a pitié* d'un pauvre, *horreur* d'un crime, *peur* d'un mal particulier. Mais par le fait et selon les circonstances, ou a pour un pauvre *la pitié* qu'il mérite, pour un crime *l'horreur* qu'il inspire, pour un mal *la peur* qu'il doit faire » (*Roubaud*).

**Applic.** Alexandre était dans une telle disposition d'esprit, qu'il *avait peine* à croire ce qu'on lui disait de l'armée innombrable de Darius : on *eut de la peine* à le lui faire croire (*Roubaud*).

### 492. AVOIR COUTUME, AVOIR LA COUTUME.

Faire habituellement. — On *a coutume* de faire quelque chose de naturel, de simple, de commun, d'ordinaire : on *a la coutume* de faire quelque chose de ridicule, de bizarre, de déplacé, ou quelque chose de singulier, d'extraordinaire et qui frappe l'attention.

**Applic.** C'est une politesse que notre nation *a coutume* d'avoir pour les étrangers (*Bossuet*). Ce pommier *a coutume* de donner beaucoup de fruits (*Acad.*). Il *a la* mauvaise *coutume* de faire des grimaces (*Id.*). Il y a en Amérique une tribu de sauvages qui *ont la coutume* de comprimer le dessus de la tête des enfants nouveau-nés.

### 493. AVOIR NOUVELLE, AVOIR DES NOUVELLES.

Apprendre de quelqu'un une certaine chose. — « *Avoir nouvelle,* c'est apprendre la chose, on l'ignorait auparavant. *Avoir des nouvelles,* c'est apprendre des circonstances et des particularités de la chose ; on savait déjà la chose auparavant, mais on ignorait les détails » *(Beauzée)*.

**Applic.** Nous *avons nouvelle* qu'on a découvert au sud un troisième continent : nous y prendrons plus de confiance quand nous en *aurons des nouvelles* plus détaillées *(Bouhours)*.

### 494. DE COUR, DE LA COUR

« Ces deux expressions, qui servent à qualifier par un rapport à la cour, ne doivent pas être confondues ni employées indistinctement. — *De cour* est un qualificatif qui se prend en mauvaise part, et qui désigne ce qu'il y a ordinairement de vicieux et de répréhensible dans les cours. *De la cour* ne qualifie qu'en indiquant une relation essentielle à ce qui environne le prince. Un homme *de cour* est un homme souple et adroit, mais faux et artificieux, qui, pour venir à ses fins, met en usage tout ce qui se pratique dans les cours des princes contre les règles de la probité et de la droiture. Un homme *de la cour* est simplement un homme attaché auprès du prince, ou par sa naissance, ou par son emploi, ou par l'état de sa fortune. On appelle proverbialement *eau bénite de cour*, les vaines promesses, les caresses trompeuses et les compliments captieux et imposteurs ; et *amis de cour*, des amis sur qui l'on ne peut guère compter » *(Beauzée)*.

**Applic.** Un page *de la cour* est un jeune gentilhomme attaché en cette qualité au service d'un prince ou d'un grand ; mais un page *de cour* est un effronté, qui ne respecte aucune bienséance *(Beauzée)*. Les mœurs *de la cour* sont bien différentes de celles des provinces ; mais ce n'est seulement qu'à l'extérieur, et il n'est pas rare de trouver des vices *de cour* jusqu'aux frontières les plus reculées *(Bouhours)*.

### 495. OUVRAGE D'ESPRIT, OUVRAGE DE L'ESPRIT.

« Quoique l'esprit ait part à l'un et à l'autre, ce qui fait la synonymie des deux expressions, ce sont pourtant des choses différentes. — Tout ce que les hommes inventent dans les sciences et dans les arts, est un *ouvrage de l'esprit* : les compositions ingénieuses des gens de lettres, soit en prose, soit en vers, sont des *ouvrages d'esprit*. On entend par *ouvrage de l'esprit* un ouvrage de la raison et de cette intelligence qui distingue l'homme de la bête : on entend par *ouvrage d'esprit* un ouvrage de la raison polie et de cette fine intelligence qui distingue un homme d'un homme » *(Bouhours)*.

*Ouvrage d'esprit* ne se dit que des compositions littéraires dans lesquelles l'auteur a fait preuve d'esprit ou d'un véritable talent d'écrivain : on ne le dirait pas d'un ouvrage purement scientifique, tel qu'un traité de géométrie ou de mécanique, ni même d'un écrit littéraire où feraient défaut l'esprit et le talent (a).

APPLIC. Les systèmes des règles qui constituent la logique, la rhétorique, la poétique, sont de beaux *ouvrages de l'esprit* : le Lutrin, la Henriade, Athalie, le Misanthrope, sont d'excellents *ouvrages d'esprit* (*Beauzée*).

# VI. SUBSTANTIFS ABSTRAITS ET ADJECTIFS PRIS SUBSTANTIVEMENT.

Nous généraliserons ici la distinction que nous avons établie entre les mots le *chaud*, la *chaleur*. (V. 243.)

Le substantif abstrait exprime la qualité relativement à telle personne, à telle chose, ou à telle circonstance ; on dit la *bonté* d'une mère, la *justice* d'une cause, la *beauté* d'un édifice, l'*honnêteté* d'un procédé, la *vérité* d'une proposition.

L'adjectif pris substantivement, comme le *beau*, le *juste*, etc., la représente d'une manière absolue ; c'est le nom d'un être idéal qui possède lui-même la qualité essentiellement et au plus haut degré possible, et qui est comme le type invariable, permanent, éternel de cette qualité.

Il n'en est pas de même du substantif abstrait : la *beauté*, la *justice*, l'*honnêteté*, la *bonté*, et même la *vérité*, ne sont pas les mêmes partout et toujours, ni pour tous ; le *beau*, le *juste*, l'*honnête*, le *bon*, le *vrai*, sont uniquement par eux-mêmes et ne dépendent pas des idées, des préjugés ou des caprices des hommes.

Ces courtes observations suffisent pour distinguer parfaitement la plupart des synonymes de ce genre ; mais il en est quelques-uns qui demandent à être examinés séparément.

### 496. LA SUBLIMITÉ. LE SUBLIME.

L'idée commune est celle d'élévation, de grandeur à un très-

---

(a) Je renvoie aux Grammaires pour quelques autres expressions, telles que *entendre raillerie* et *entendre la raillerie*, *à travers* et *au travers*, *on* et *l'on*, etc. Je ferai remarquer cependant que sur ces deux dernières locutions, Roubaud a fait une distinction qui peut avoir son utilité. « *On*, dit-il, ou *homme dit* est une proposition particulière ; car *on* signifie un homme quelconque, quelqu'un et des gens. *L'on*, *l'homme dit*, est une proposition générale : *l'on* signifie les hommes, la généralité, la multitude du moins. *On* est un pronom indéfini : *l'on* est une expression collective. Quand une personne seule vous a dit une chose, il est bien vrai qu'*on* vous l'a dite ; mais il est faux que *l'on* vous l'ait dite, car tout le monde ne vous l'a pas dite. »

haut degré. — Le *sublime* est tout ce qui, par sa grandeur, son élévation portée au plus haut degré possible, frappe fortement notre esprit ou émeut vivement notre âme, et excite notre admiration. La *sublimité* est la qualité de ce qui a de la noblesse, de l'élévation, de la grandeur, sans toutefois produire sur nous le même effet que le *sublime*.

En littérature, le *sublime* éclate souvent dans une expression fort simple, comme dans ce passage de la Bible : *Dieu dit : que la lumière soit ; et la lumière fut*. La *sublimité* du style consiste dans la magnificence et la pompe des expressions, la vivacité des tours, la hardiesse des figures, etc. Le *sublime* d'une pensée est ce qu'il y a de plus élevé, de plus grand possible dans la pensée ; telle est celle que rend la phrase tirée de la Bible : en effet, l'idée que cette phrase exprime est la plus haute, la plus relevée qu'il soit possible de concevoir de la toute-puissance de Dieu, obéi tout à coup par le néant lui-même. La *sublimité* des pensées consiste dans l'élévation des sujets, des matières qui occupent l'esprit.

On dit le *sublime* d'une action, et non la *sublimité*, parce que la beauté, la grandeur de cette action nous frappe vivement et excite notre admiration. Au contraire, on ne dit pas le *sublime*, mais la *sublimité* d'une science, parce que la science ne nous touche pas vivement, ne nous émeut pas : cette science est vaste, grande, très-élevée, et c'est ce qu'exprime le mot *sublimité*.

Applic. Il y a du *sublime* dans cette action *(Acad.)*. C'est quelquefois le vague et l'immensité de la pensée ou de l'image qui en fait la force et la *sublimité (M. Guérard)*. Ce trait est le *sublime* du sentiment *(Id.)*.

### 497. L'INFINITÉ, L'INFINI.

L'idée commune est celle qui est exprimée par les mots *non fini*, c'est-à-dire *non limité*. — L'*infini* est l'absolu même, aussi n'admet-il ni qualification, ni relation ou rapport : on ne dit pas un grand, un admirable *infini ;* toute quantité, quelque grande qu'elle soit, n'est rien comparée à l'*infini*. L'*infini* n'est susceptible ni d'augmentation ni de diminution ; il est essentiellement constant et invariable.

L'*infinité* est la qualité communiquée par l'*infini*, la qualité de ce qui est infini. Comme nom d'une qualité, ce mot admet des déterminatifs et même des qualificatifs : « L'*infinité* de l'espace ; Quelques philosophes soutiennent l'*infinité* de l'esprit » *(Acad.)* ; on ne dirait pas l'*infini* de l'esprit.

Le mot *infinité* n'exprimant point essentiellement l'absolu comme le substantif l'*infini*, s'emploie le plus souvent dans un sens relatif pour exprimer l'idée de multitude, de très-grand nombre : « Une *infinité* de personnes ; On pourrait vous alléguer une *infinité* de raisons » (*Acad.*).

**Applic.** Mille ne sont pas plus près que un de l'*infini*, de l'universalité absolue (*Cousin*). L'homme ne peut bien concevoir l'*infini* (*Acad.*). L'esprit de l'homme ne saurait comprendre l'*infinité* de Dieu (*Id.*).

### 498. LA SOLIDITÉ, LE SOLIDE.

Ces mots sont fort peu synonymes, quoiqu'ils aient la même racine. Le substantif *solidité*, pris dans son sens le plus abstrait, comme lorsqu'on dit la *solidité* d'un discours, d'un raisonnement, d'une preuve, exprime la qualité de ce qui est moralement ferme, inattaquable, plein de force et de raison.

Le *solide*, comme l'a très-bien remarqué l'abbé Girard, a rapport à l'utilité (*a*) ; il se dit de ce qui est réel, effectif, de ce qui est le contraire de vain, chimérique, frivole ; et il s'emploie particulièrement pour désigner la valeur de tout ce qui contribue à former la richesse : « C'est un homme qui ne s'attache qu'au *solide*. »

Ainsi donc, un discours qui a de la *solidité* est un discours plein de force et difficile à réfuter ; et quand on dit qu'un discours a plus de brillant que de *solide*, il faut entendre que, quoique ce discours brille par le style, il n'a cependant point de fond, qu'il est frivole et ne renferme rien d'utile, rien dont on puisse faire profit.

**Applic.** Il y a dans quelques auteurs et dans quelques bâtiments plus de grâce que de *solidité* (*Girard*). Attachez-vous au *solide* (*Acad.*). Lorsque l'esprit humain dépasse les limites ordinaires, il perd en *solidité* ce qu'il gagne en étendue (*de Théis*).

### 499. L'UTILITÉ, L'UTILE.
### L'AGRÉMENT, L'AGRÉABLE.

*Utilité* signifie, suivant l'Académie, profit, avantage. L'*agrément* est la qualité qui fait qu'une personne plaît, qu'une chose fait plaisir et donne de la satisfaction, du bien-être. L'*utile* et l'*agréable* ne sont pas les noms d'êtres métaphysiques, comme le *juste*, le *bon*, le *beau* ; ce sont des substantifs qui expriment le plus abstractive-

---

(*a*) Mais l'abbé Girard a eu le tort de ne considérer le mot *solidité* qu'au point de vue de son rapport à la durée, rapport que ce mot n'a guère que dans le sens physique, comme lorsqu'on parle d'un édifice : mais qu'il n'a certainement pas dans cette locution *la solidité d'un raisonnement*. C'est ce qui m'a décidé à faire un article sur ces deux mots, pour rectifier ou du moins compléter celui de Girard.

ment qu'il est possible, l'*utilité* et l'*agrément* des choses. « L'*agrément* et l'*utilité*, dit Roubaud, constituent l'*agréable* et l'*utile* : l'*utile* et l'*agréable* ont en partage et en propre l'*utilité* et l'*agrément*. »

Applic. L'*utilité* naît du service que l'on tire des choses (*Girard*). Il ne faut pas sacrifier l'*utile* à l'*agréable* (*Acad.*). Les devises ont de l'*agrément* quand les allusions sont justes (*Boileau*).

___

# VII. SUBSTANTIFS ET PARTICIPES PASSÉS PRIS SUBSTANTIVEMENT.

___

### 500. CONTRADICTION, CONTREDIT.

L'idée commune est celle que renferme le verbe *contredire*. — Nous savons que la terminaison *ion* marque l'action et son effet (page 67) : *contradiction* signifie donc action de contredire ou opposition aux sentiments, aux discours de quelqu'un. *Contredit* désigne les paroles mêmes formant réponse contre ce qui a été dit par quelqu'un.

Il n'y a guère synonymie entre ces deux mots que quand ils sont précédés l'un et l'autre de la préposition *sans*. Mais *sans contradiction* signifie sans que personne contredise ; et *sans contredit* est une locution adverbiale qui signifie *certainement*, et fait entendre que la chose ne peut être contredite : « Cet avis a été reçu *sans contradiction* » (*Acad.*), on ne l'a pas contredit. « Cet avis est, *sans contredit*, le meilleur, » est certainement le meilleur.

Applic. Sa proposition a été adoptée sans *contradiction*. — Il est, sans *contredit*, le plus grand homme du siècle (*Acad.*).

### 501. ÉNONCIATION, ÉNONCÉ.

L'idée commune est celle que renferme le verbe *énoncer*. — — L'*énonciation* est l'action d'énoncer : ce mot se dit aussi des termes qu'on emploie pour énoncer quelque chose, et c'est dans ce sens seulement qu'il est synonyme d'*énoncé*. Mais *énonciation* se dit relativement à la personne qui énonce, à la forme qu'elle donne ou a donnée à l'expression de sa pensée ; en un mot, *énonciation* a rapport à toutes les circonstances qui se rattachent à l'action.

*Énoncé* est un terme absolu désignant purement et simplement la chose *énoncée*, la chose considérée en elle-même : aussi ce substantif ne se qualifie que par rapport à la chose : « Un simple *énoncé*, un faux *énoncé*. »

APPLIC. Cet écrit contient l'*énonciation* des faits *(Acad.)*. Un faux *énoncé*, c'est-à-dire une chose avancée contre la vérité *(Id.)*.

### 502. EXPOSITION, EXPOSÉ.

L'idée commune est celle que renferme le verbe *exposer*. — Il y a entre ces mots à peu près la même différence qu'entre les précédents. L'*exposition* consiste surtout dans la forme, dans la manière dont les choses sont exposées ; l'*exposition* admet des développements, entre dans les détails : l'*exposé* consiste dans le fond même des choses ; il est simple, nu, succinct, froid, comme un procès-verbal.

APPLIC. Il leur a fait une longue *exposition* de toutes ses raisons *(Acad.)*. Dans ce mémoire l'*exposé* des faits n'est pas exact *(Id.)*.

### 503. NARRATION, NARRÉ.

Récit.—La *narration*, comme l'*énonciation* et l'*exposition*, est relative à la personne qui fait le récit, à la forme qu'elle lui donne, etc. Elle admet des développements et des ornements : c'est presque toujours une composition littéraire ; c'est toujours un récit où le narrateur se manifeste, et d'après lequel on juge de son talent. Le *narré* consiste, comme l'*exposé*, dans le fond même des choses ; il est simple et nu, froid et calme ; mais il peut être long, et dans ce cas, il est presque toujours ennuyeux.

APPLIC. La *narration* de Tacite est semée de traits fins et profonds *(Acad.)*. C'est un *narré* ennuyeux *(Id.)*.

### 504. PRONONCIATION, PRONONCÉ.

L'idée commune est celle que renferme le verbe *prononcer* ; mais ces mots ne sont synonymes que quand cette idée est relative à un arrêt, à un jugement en justice. — La *prononciation* d'un jugement est l'action même de le prononcer : le *prononcé* du jugement est la décision du tribunal.

APPLIC. Pendant la *prononciation* de l'arrêt faite par le président, un sténographe peut prendre le *prononcé* textuel ; il le transcrit ensuite en caractères ordinaires.

### 505. PRODUCTIONS, PRODUITS.

L'idée commune est celle que renferme le verbe *produire*. — Ces mots ne sont synonymes que quand ils sont employés pour désigner les objets propres à la consommation ou à l'usage de la vie. Le mot *productions* est plus général que le mot *produits;* il se dit non-seulement de ce qui est produit par le travail de l'homme, mais aussi de ce qui est donné par la nature seule, comme par exemple, les métaux, les pierres, les eaux minérales, les végétaux non cultivés, etc. Le mot *produits* ne se dit que des *productions* de l'agriculture et de l'industrie, considérées au point de vue de l'économie politique et comme richesse publique créée par le travail : « Exposition générale des *produits* français et étrangers *; produits* chimiques, *produits* manufacturés. »

APPLIC. Toutes les *productions* de la nature sont admirables *(Acad.)*. Cette province n'a point de débouchés pour l'écoulement de ses *produits (Id.)*. C'est une des plus belles *productions* de l'art *(Id.)*.

### 506. CROISSANCE, CRUE.

Augmentation en grandeur. — Nous avons vu que la terminaison *ance* marque la continuation d'une action ou d'un effet commencé (page 100) ; *croissance* exprime donc une action continue, successive et lente : « Age de *croissance;* Arrêter la *croissance* d'un arbre » *(Acad.)*. *Crue* exprime l'accroissement effectué, ou bien une augmentation subite, accidentelle ; aussi le mot *crue* se dit-il principalement quand on parle des rivières, des ruisseaux, grossis tout à coup par un orage, par la fonte des neiges, etc.

APPLIC. Ce cheval prend beaucoup de *croissance (Acad.)*. Cet arbre a pris toute sa *crue (Id.)*. Les grandes *crues* arrivent ordinairement en telle saison *(Id.)*.

### 507. ROT, ROTI.

L'idée commune est celle de viande rôtie. — « Le *rôt* est le service des mets *rôtis :* le *rôti* est la viande *rôtie*. Les viandes de boucherie, la volaille, le gibier, etc., cuits à la broche, sont du *rôti :* les différents plats de cette espèce composent le *rôt;* les grosses pièces, le gros *rôt,* et les petites, le menu *rôt*. On sert le *rôt* et vous mangez du *rôti*. Le *rôt* est servi après les entrées: le *rôti* est autrement préparé que le bouilli » *(Roubaud)*.

APPLIC. Il a toujours du *rôti* à son dîner *(Acad.)*. J'allais sortir enfin, quand le *rôt* a paru *(Boileau)*.

### 508. ARRÊT, ARRÊTÉ

**Décision.** — Ces mots sont peu synonymes : l'*arrêt* est la décision, le jugement d'un tribunal ; l'*arrêté* est une décision prise par un maire, un préfet ou toute autre autorité administrative.

**Applic.** La cour rend des *arrêts* et non pas des services (*Séguier*). Ce passage a été fermé par un *arrêté* de M. le maire.

---

# VIII. MODIFICATON DU SENS DU SUBSTANTIF
## PAR LA PLACE DE L'ADJECTIF.

On sait, et presque toutes les Grammaires le disent, que le sens du substantif est tout autre, suivant que certains adjectifs le précèdent ou le suivent. Ainsi un *grand homme* est un homme de grand génie, un *homme grand* est un homme de haute taille ; un *pauvre homme* s'entend presque toujours d'un homme incapable, malhabile, sans esprit et sans jugement : un *homme pauvre* est un homme qui est dans l'indigence ; l'*air mauvais*, c'est l'air méchant ; un *mauvais air* est un extérieur ignoble ou un maintien gauche, etc. La différence de sens est tellement marquée, qu'il n'y a point véritablement synonymie dans ces locutions et autres semblables : il n'y en a pas plus entre *homme pauvre* et *pauvre homme*, par exemple, qu'il n'y en a entre *indigent* et *nigaud* ou *malhabile*. Mais quelquefois aussi la place de l'adjectif préposé ou postposé ne fait que modifier légèrement le sens du substantif ; de sorte que les deux locutions qui en résultent, tout en ayant un sens qui leur est commun, se distinguent cependant par les idées accessoires qu'elles réveillent : un *savant homme*, par exemple, et un *homme savant*, ont également de la science ; toutefois, comme nous allons le voir bientôt, une nuance dont on doit tenir compte distingue ces deux locutions : il y a donc là de la synonymie. Mais alors quelle est, en raison de la place qu'il occupe, l'influence de l'adjectif sur le sens du substantif? L'abbé Roubaud a traité habilement cette question : je ne saurais mieux faire que de transcrire ce qu'il y a de meilleur dans son article, qui n'a guère d'autre défaut que d'être un peu trop long.

**509. SAVANT HOMME, HOMME SAVANT; TENDRES REGARDS, REGARDS TENDRES; MALHEUREUSE AFFAIRE, AFFAIRE MALHEUREUSE, ETC.**

1° « Lorsque vous dites un *savant homme*, vous supposez que cet homme est savant; et lorsque vous dites un *homme savant*, vous assurez qu'il l'est. Dans le premier cas vous lui donnez la qualification par laquelle il est distingué; dans le second, celle par laquelle vous voulez le faire distinguer. Là, sa science est hors de doute; ici, vous voulez la faire connaître. »

« Si un homme est renommé par sa science, ou si vous venez de parler de sa science éminente, vous direz plutôt ce *savant homme*; sinon, vous direz plutôt cet *homme savant* ou qui est savant. Après que vous avez parlé des émotions qu'une mère éprouve à la vue de son enfant, vous direz ses *tendres regards* plutôt que ses *regards tendres*; les regards d'une mère émue sont nécessairement tendres, et c'est ce que vous exprimez par de *tendres regards*; mais lorsque la qualité des regards n'est point déterminée, vous la distinguez en mettant après le sujet l'épithète de *tendres*. »

« Vous allez raconter une *affaire malheureuse*, et après le récit vous dites, voilà une *malheureuse affaire*: dans la première position, le substantif précède l'adjectif, par la raison qu'il est naturel que le sujet soit énoncé avant sa qualité, le principal avant l'accessoire; l'esprit reste d'abord en suspens sur la nature de l'affaire. Dans la seconde position, l'adjectif précède le substantif, parce que l'esprit est déjà instruit et décidé sur la nature de l'objet, et que les deux idées sont déjà indissolublement liées ensemble: parce que si la qualification suivait le sujet, elle paraîtrait oiseuse et lâche, à moins que vous n'y ajoutassiez une modification, *voilà*, par exemple, *une affaire bien malheureuse*, ce qui présenterait une idée nouvelle d'estimation. »

2° « L'adjectif préposé est à l'égard du substantif comme le prénom à l'égard du nom; son idée devient idée principale, essentielle, caractéristique, inséparable de celle du substantif, de manière que des deux idées et des deux mots il semble ne résulter qu'une idée complète et un mot composé. L'adjectif postposé, au contraire, n'est jamais au substantif que comme l'accident à l'égard de la substance; son idée n'est qu'accessoire, secondaire, indicative, et susceptible d'une suite de modifications différentes qui présentent divers points de vue de l'objet. Dans le *savant homme*, vous considérez surtout et vous présentez l'*homme* comme *savant ;* aussi cette construction ne souffre-t-elle guère des qualifications subséquentes : dans l'*homme savant* vous remarquez et vous faites remarquer la science sans y attacher votre discours et notre attention ; aussi cette tournure admet-elle souvent une suite d'épithètes diverses, étrangères à celle-là. »

« J'appelle Démosthène un *éloquent orateur,* si je veux traiter de son talent et de son génie ; et cette idée caractéristique l'accompagnera dans la suite de mon discours : je l'appellerai *orateur éloquent,* si mon dessein n'est que de détailler ses qualités particulières, et il se présentera successivement sous différentes faces. Rarement ajouterez-vous d'autres épithètes, lorsque vous en aurez placé une de la première façon, elle semble tout absorber ou tout exclure : vous en ajouterez tant qu'il vous plaira, lorsque l'adjectif suivra le substantif ; ce n'est point alors une idée exclusive ou dominante par sa position. Vous dites, c'est un *excellent ouvrage,* sans addition : vous direz c'est un *ouvrage excellent, profond, lumineux.* Comment se sont formés tant de mots composés d'un adjectif et d'un substantif, encore bien distingués l'un de l'autre, tels que *petit-maître, gentil-homme, sage-femme,* si ce n'est parce que la position des adjectifs les rendait caractéristiques et singulièrement propres à faire corps avec le substantif ? »

3° « L'idée de l'adjectif suivi du substantif est si bien caractéristique et en quelque sorte nécessaire au sujet, que vous rendrez quelquefois l'idée totale de l'expression par l'adjectif seul, lorsque la langue permettra de l'employer substantivement, tandis qu'elle n'aura pas la même propriété, s'il ne paraît qu'à la suite. Un *savant homme* est *un savant ;* un *homme savant* n'est que *savant.* La première expression indique *spécificativement* une classe, une espèce particulière d'hommes à laquelle appartient celui-là, la classe *des savants :* la seconde ne fait qu'attribuer une qualité individuelle qui distingue un homme de plusieurs autres. »

« Vous trouverez, dans plusieurs autres exemples, la valeur de l'adjectif augmentée, et sa force redoublée par la première tournure. Un *sage philosophe* est *un sage,* ou tout près de l'être ; un *philosophe sage* est encore loin de là, il travaille à y parvenir : dans la classe des *sages* de la Grèce, il n'y a eu que sept hommes. Un *dévôt personnage* est un dévôt de profession ; un *personnage dévôt* ne professe pas la dévotion quoiqu'il la pratique. »

« En disant un *triste accident,* une *malheureuse aventure,* une *fâcheuse affaire,* vous distinguez l'espèce d'affaire, d'aventure, d'accident ; car il y a des accidents heureux, des aventures agréables, des affaires utiles, etc. Mais en disant un *accident triste*, vous désignez seulement la circonstance qui le rend désagréable à la personne. Nous dirons simplement un *homme fin*, une *femme fine*, pour exprimer une qualité ; et pour exprimer un genre de caractère, le haut degré de la finesse, on dira familièrement un *fin matois*, une *fine mouche*. Vous distinguerez de même un *sanglant* ou un *léger combat*, d'un *combat sanglant* ou *léger*. La *chagrine vieillesse* est le caractère commun de l'âge : un individu a une *vieillesse chagrine*. »

4° « Le choix est encore quelquefois déterminé par des considérations particulières. Par exemple, nous souffrirons la tournure *vaillant héros*, parce que l'idée la plus faible, celle de *vaillant*, va se perfectionner, se confondre, se perdre dans celle de *héros* : nous supporterions difficilement celle de *héros vaillant*, où l'adjectif n'est pas rehaussé par un terme de comparaison, parce que l'idée de *héros* renferme celle de *vaillant*, et que l'idée de *vaillant* est au-dessous de celle de *héros*. »

« Mais c'est l'oreille surtout qui ordonne la disposition du sujet et des épithètes. L'euphonie nous fait la loi, et souvent elle nous force à nous écarter de la règle : de là une foule d'exceptions qui semblent la combattre. Ainsi nous disons, pour plaire à l'oreille, *habile avocat* plutôt qu'*avocat habile*, *affaire grave* et non *grave affaire*, *bonne personne* plutôt que *personne bonne*, *hautes pensées* mieux que des *pensées hautes*, *lieu charmant* et non *charmant lieu*, etc. Nous évitons surtout le repos sur les monosyllabes, ainsi que les bâillements, le choc des syllabes rudes. »

---

## IX. ADJECTIFS ET LOCUTIONS ADJECTIVES.

L'adjectif et la locution adjective correspondante ne s'emploient pas toujours indifféremment l'un pour l'autre. Ainsi *mode française* ne signifie pas la même chose que *modes de France* : la *mode française* est la manière de se vêtir comme les Français et les Françaises ; des *modes de France* sont, pour l'Étranger, des vêtements, des parures, des ajustements confectionnés en France et qui en viennent.

Comme on peut le voir par cet exemple, l'adjectif dérivé du substantif qui constitue essentiellement la locution adjective, ne fait que rappeler l'idée de l'objet nommé par ce substantif : l'adjectif ne qualifie donc pas d'une manière aussi précise, aussi rigoureuse que la locution adjective, et dans beaucoup de cas il ne fait que marquer un simple rapport établi par l'esprit. Par exemple, le son *argentin* d'une cloche n'est pas le son *de l'argent* même, c'est un son qui ressemble à celui de l'argent ; un manteau *espagnol* est un manteau à la façon de ceux que l'on porte en Espagne, et il peut fort bien avoir été fait en France ; mais du vin *d'Espagne* vient bien de ce pays. Ces distinctions sont trop faciles à établir pour que nous nous y arrêtions davantage ; nous n'examinerons que deux cas particuliers qui exigent quelques explications.

### 510. CONSEILLER HONORAIRE, CONSEILLER D'HONNEUR.
### PRÉSIDENT HONORAIRE, PRÉSIDENT D'HONNEUR.

Ces qualifications conviennent à des personnes qui ont le titre et les prérogatives honorifiques de *conseiller* ou de *président*, sans en exercer les fonctions. — Un *conseiller honoraire* est un conseiller qui, après avoir rempli quelque temps cette charge, s'en est démis et n'en conserve plus que le titre. *Conseillers d'honneur* se disait autrefois de conseillers privilégiés qui avaient séance et voix délibérative dans certaines compagnies, quoiqu'ils n'eussent point de charge. Ce droit leur était accordé pour leur faire *honneur*, ou parce que leur personne faisait *honneur* à la compagnie. Nous disons dans ce dernier sens *président d'honneur*, et nous disons *président honoraire* dans le même sens que *conseiller honoraire*.

Applic. Mon oncle a résigné ses fonctions, il n'est plus que conseiller *honoraire*. — La plupart des gouverneurs, beaucoup d'évêques étaient conseillers *d'honneur* dans les siéges des lieux de leur résidence (*Acad.*).

### 511. 1° MÉRIDIONAL, DU MIDI ; 2° SEPTENTRIONAL, DU SEPTENTRION OU DU NORD ; 3° ORIENTAL, DE L'ORIENT ; 4° OCCIDENTAL, DE L'OCCIDENT.

« Nous disons : Les peuples, les pays *de l'Orient, de l'Occident, du Midi, du Nord*; et les pays, les peuples *orientaux, occidentaux, méridionaux, septentrionaux*. La première locution convient mieux pour désigner la position absolue ; et la seconde, la position relative. Je m'explique : les peuples *du Midi, du Nord*, etc., sont réellement au *Midi*, au *Nord*, etc., du globe ; et les peuples *méridionaux, septentrionaux,* sont plutôt au midi, au septentrion, relativement à celui qui parle et au pays dont il parle. L'Allemagne n'est pas *au Midi,* ce n'est pas un pays *du Midi;* mais elle est *méridionale* à l'égard des pays plus *septentrionaux,* elle est à *leur midi.* Les provinces *méridionales* de la France sont à *son midi* et non *au Midi* absolu. Les pays *du midi* appartiennent *au Midi;* les pays *méridionaux* regardent *le Midi»* (Roubaud).

APPLIC. Les exemples de longévité sont plus fréquents dans les pays *du Nord* que dans ceux *du Midi.* — Les agronomes divisent la France en plusieurs régions : les produits agricoles de la région *septentrionale* ne sont pas les mêmes que ceux de la région *méridionale.*

---

## X. VERBES ACTIFS OU VERBES NEUTRES ET VERBES PRONOMINAUX.

La synonymie des verbes actifs et des mêmes verbes employés comme pronominaux n'est qu'apparente ; et à moins d'ignorer complétement le français, je doute qu'il soit possible de confondre des expressions dont la différence de sens est aussi marquée. Qui ne sait, par exemple, qu'*attaquer* quelqu'un, c'est l'assaillir, exercer contre lui un acte d'hostilité ; tandis que *s'attaquer* à quelqu'un, c'est le prendre à partie, s'en prendre à lui ou l'offenser ouvertement? De même *imaginer* une chose, c'est l'inventer, la produire par l'imagination ; *s'imaginer* une chose, c'est se la figurer, et le plus souvent cette chose est fausse, vaine, chimérique.

Il n'en est pas des verbes neutres comme des verbes actifs. Employés sous la forme pronominale, les verbes neutres prennent une signification qui ne diffère de celle qu'ils ont sous la forme ordinaire, que par des idées accessoires, par des nuances assez délicates, dont on doit cependant tenir compte pour l'expression fidèle de la pensée. Roubaud a posé à ce sujet une règle générale, qui nous suffira d'autant mieux qu'il en a fait différentes applications. Voici son article :

542. PASSER, SE PASSER ; PAMER, SE PAMER ; NOIRCIR, SE NOIRCIR ; POURRIR, CHANCIR, MOISIR ; SE POURRIR, SE CHANCIR, SE MOISIR ; MOURIR, SE MOURIR.

« Les verbes neutres diffèrent des mêmes verbes accompagnés

d'un pronom, en ce que les neutres désignent d'une manière générale la propriété ou la qualité, le sort ou la destination du sujet,
l'état de la chose ou le fait et l'événement final : au lieu que les autres désignent d'une manière particulière les changements succes-
sifs, l'action progressive, le travail ou la crise qui attaque actuellement le sujet et qui le conduit à l'événement final. Le pronom *se*
ne peut être utilement employé qu'à désigner expressément l'action
reçue et les changements éprouvés par le sujet dans le temps de
l'épreuve. Cette différence est très-sensible dans l'emploi de *passer*
et de *se passer;* exemple sur lequel nous nous étendrons davantage, parce que l'usage de ce verbe est sans contredit le plus ordinaire. »

1" « La qualité et le sort des choses qui *passent,* c'est de n'avoir
qu'une existence bornée et de finir. L'état actuel et la révolution
des choses qui *se passent,* c'est d'être sur leur déclin ou dans une
crise de décadence qui amène leur fin. On a dit que *passer* se rapporte à la totalité de l'existence ; et *se passer,* aux différentes époques de l'existence : *passer* a bien plus de rapport à la fin de l'existence, et *se passer,* à l'action d'une telle époque, la dégradation. »

« Les fleurs et les fruits *passent,* ils n'ont qu'une saison : les
fleurs et les fruits *se passent,* lorsqu'ils se fanent ou se flétris-
sent. »

« Les couleurs *passent,* elles n'ont qu'une certaine durée : elles
*se passent,* dès qu'elles commencent à s'effacer ou à perdre leur
lustre. C'est ainsi que la beauté *passe* et *se passe.* »

« Les modes *passent,* leur nature est de changer : dès qu'elles
commencent à *se passer,* elles sont passées. »

« Ces distinctions sont palpables. Ainsi quoiqu'il soit vrai que
*passer* et *se passer* s'appliquent souvent aux mêmes objets, il ne
suffit pas de dire qu'il y a plusieurs endroits où l'on peut mettre
indifféremment l'un et l'autre, mais que néanmoins l'un est quelquefois plus propre et plus élégant que l'autre. L'un et l'autre expriment des idées différentes; et si l'un est propre dans un cas,
l'autre ne saurait l'être. »

« Bouhours observe que s'il s'agissait, par exemple, de la beauté
en général, on dirait *la beauté passe;* mais que s'il s'agit d'une
belle personne qui commence à vieillir, on dira plus proprement et
plus élégamment *sa beauté se passe.* La raison en est que la proposition générale présente les qualités ou la fin commune aux objets
de la même espèce; et que dans les cas particuliers, on considère

plutôt le changement ou la révolution opérée dans les objets indi-viduels. C'est le sort de la beauté en général que de *passer* ; mais l'événement particulier à telle beauté, c'est de *se passer*, par des altérations successives. »

« Les maux *passent*, et votre mal *se passe*. Le temps *passe*, et le temps de semer et de recueillir *se passe*. Le goût du monde *passe*, et votre goût pour le monde *se passe* à mesure que vous en essuyez plus de dégoûts. »

« Comme le mot *passer* n'a trait qu'à la durée et à sa fin, on s'en sert particulièrement pour marquer le peu de durée des choses. Comme le verbe *se passer* désigne particulièrement une action ou une révolution, il sert particulièrement à indiquer un rapport à l'emploi des choses. Ainsi quand on parle du temps, seulement pour exprimer la rapidité avec laquelle il s'échappe, on dit le *temps passe*, les *jours passent*, les *années passent* ; mais quand on parle du temps avec rapport à l'usage que nous en faisons, on dit qu'il *se passe*. »

« Le temps *passe* sans que nous nous en apercevions : il *se passe* sans que nous en profitions. »

« La vie *passe*; et elle *se passe* à perdre la plus grande partie du temps. »

2° « Voyons quelques autres verbes qui de même, dans un sens neutre, désignent simplement la qualité, la destination, le résultat ou l'événement; tandis qu'avec la forme réciproque, ils indiquent une succession d'efforts, de changements, de progrès, jusque vers le terme de l'événement final. »

« Celui qui *pâme*, tombe en défaillance : celui qui *se pâme*, se débat, pour ainsi dire, avant que de tomber. Le premier verbe dé-signe le résultat, et le second la crise. On *pâme* de joie ainsi que de tristesse; la joie a, comme la tristesse, la propriété, la vertu de vous jeter dans un état de pâmoison. On *se pâme* à force de rire ou à force de crier, c'est-à-dire que des efforts ou des éclats succes-sifs de cri ou de rire mènent par une progression d'effets jusqu'à la défaillance. »

3° « Les choses sujettes à devenir noires *noircissent*; le teint *noircit* au soleil. Les choses *se noircissent*, lorsqu'elles perdent de leur blancheur et qu'elles deviennent noires : le temps *se noircit* à mesure qu'il se couvre de nuages épais et sombres. Un objet pour-rait *noircir* tout d'un coup; il ne *se noircit* que par degrés. »

4° « La viande *pourrit*, les confitures *chancissent*, le pain *moisit*, etc., ce sont des accidents que ces objets doivent éprouver ou même qu'ils éprouvent actuellement. La viande *se pourrit*, les confitures *se chancissent*, le pain *se moisit*; ces objets sont alors dans la crise ou fermentation qui produit la pourriture, la chancissure ou cette pellicule blanche qui se forme sur la surface, la moisissure ou cette efflorescence en mousse ou en duvet qui s'élève sur cette pellicule. »

5° « Un homme *meurt,* qui rend le dernier soupir; un homme *se meurt*, qui se débat contre la mort » (*Roubaud*).

Applic. 1° La vaine joie *passe* comme un éclair : la peine *se passe* avec le temps et la réflexion (*Roubaud*). Que de jours *se passent* laborieusement et longuement dans l'ennui! et la vie *passe* comme un songe ! (*Id.*) — 2° Cet enfant *se pâme* à force de crier (*Acad.*). Il n'en peut plus, il *pâme* (*Id.*). — 3° Ce bois ne brûle point, il ne fait que *noircir* (*Id.*). Cela *s'est noirci* à la fumée (*Id.*). — 4° Les fruits *pourrissent* quand on les garde trop longtemps (*Id.*). Ce melon commence à *se pourrir* (*Id.*). — 5° Le plus semblable aux morts *meurt* le plus à regret (*La Fontaine*). C'est à ceux qui *se meurent*, qu'il faut demander comment on doit vivre (*Boiste*).

---

# XI. MODIFICATION DU SENS DU VERBE PAR LA PLACE DE L'ADVERBE.

L'adverbe placé avant le verbe caractérise davantage l'action : il semble s'incorporer au verbe, comme il s'y incorpore en effet dans *maltraiter* et *malmener*, tellement il contribue à l'expression vraie de l'idée. Nous pouvons poser comme règle générale que le sens de la locution entière est plus complet et l'expression souvent plus énergique, lorsque l'adverbe précède le verbe que lorsqu'il le suit.

## 543. MALTRAITER, TRAITER MAL.

Ne pas traiter convenablement. — *Maltraiter* quelqu'un, c'est le traiter durement en actions et en paroles, par des coups, des violences ou des injures. Il signifie aussi faire préjudice à quelqu'un : « Cet homme a bien *maltraité* son fils dans son testament » (*Acad.*).

*Traiter mal* quelqu'un, c'est agir, en user avec lui d'une manière contraire à la politesse, aux égards, aux attentions qu'on lui doit. Il s'emploie aussi dans le sens de *rudoyer*, mais néanmoins

sans que le traitement aille jusqu'à être outrageant ou injurieux :
« Un maître qui *traite mal* ses domestiques » (*Acad.*).

On voit que la place de l'adverbe fait que le verbe *maltraiter*
dit plus que la locution *traiter mal*.

APPLIC. Cet auteur a été fort *maltraité* par la critique (*Acad.*). Un
homme violent et grossier *maltraite* ceux qui ont affaire à lui : un
homme avare et mesquin *traite mal* ceux qu'il est forcé d'inviter à manger (*Beauzée*).

### 514. MAL PARLER, PARLER MAL.

1° Médire; 2° mal dire, s'exprimer d'une manière inélégante et
incorrecte. — Remarquons d'abord que l'adverbe ne peut précéder
le verbe qu'au présent de l'infinitif et aux temps composés de
l'auxiliaire et du participe : *mal parler, il a mal parlé*; mais on
ne dit pas, *il mal parle, tu mal parlais*. Cette observation s'étend
à tous les verbes auxquels l'adverbe ne s'incorpore pas, comme
*mal interpréter, mal faire, bien faire*, etc.

A l'infinitif, *parler mal* se dit dans les deux sens. « *Parler bien*,
dit l'Académie, c'est parler avec élégance et pureté; dans le sens
contraire, on dit *parler mal*. » Plus bas elle ajoute : « *Parler
bien, parler mal* d'une personne, c'est en dire du bien, en dire du
mal; » puis elle donne comme exemple dans ce sens cette phrase :
« Il ne faut point *mal parler* de son prochain. » Mais à l'infinitif,
*mal parler* ne se dit que dans le sens de médire : aux temps composés, les deux formes s'emploient dans le deuxième sens : « Cet
orateur *a mal parlé, a fort mal parlé*, ou *a parlé mal, fort mal*,
pendant une heure. »

Toutefois dans l'acception de *médire*, on dit plutôt : « Il *a mal
parlé* du prochain, » que « il *a parlé mal* du prochain. » La raison en est que *mal parler* exprime un acte plus coupable que *parler mal*; et cette distinction a encore lieu lorsque les deux locutions se prennent dans le sens de médire.

APPLIC. Il ne faut ni *mal parler* des absents ni *parler mal* devant les
savants (*Beauzée*).

### 515. MAL INTERPRÉTER, INTERPRÉTER MAL.

Ne pas bien comprendre le sens d'un mot ou d'une phrase. —
*Mal interpréter*, c'est prendre les paroles en mauvaise part : *interpréter mal*, c'est ne pas bien traduire, ne pas bien expliquer un
texte. Il arrive cependant que ces deux locutions s'emploient dans

l'un et l'autre sens : mais alors *mal interpréter* dit plus qu'*interpréter mal ;* il faut entendre que l'interprétation est complétement fausse.

**APPLIC.** Il *a mal interprété* vos paroles et il s'est fâché. — Vous *interprétez mal* ce passage. — Vous *interprétez mal* mes intentions. — Ce traducteur *a mal interprété* le texte.

## 516. MALMENER, MENER MAL.

Mener autrement qu'il ne convient. — *Malmener*, c'est réprimander, maltraiter de paroles ou d'actions. Il signifie aussi faire essuyer à quelqu'un un grand échec, une grande perte : « On l'a bien *malmené* dans ce procès » (*Acad.*). *Mener mal*, c'est conduire mal, diriger mal : « Ce cocher *mène mal.* »

**APPLIC.** Vous avez tort de *malmener* cet enfant. — Vous *menez mal* cette affaire. — L'ennemi a bien *malmené* leur avant-garde (*Acad.*).

---

# XII. MODIFICATION DU SENS PAR L'EMPLOI DE LA PRÉPOSITION.

### § I. *Préposition à la suite d'un verbe.*

Il y a deux cas : 1° le même verbe est suivi ou n'est pas suivi d'une préposition ; exemple : *aider* quelqu'un, *aider à* quelqu'un. 2° Le même verbe est suivi de prépositions différentes : *obliger à* faire, *obliger de* faire.

Le premier cas ne renferme qu'un petit nombre de verbes ayant un sens réellement différent, selon qu'ils sont employés activement ou bien neutralement avec une préposition ; tels sont *aider, aider à ; atteindre, atteindre à ; croire, croire à ; désirer, désirer de ; insulter, insulter à ; prétendre, prétendre à ; satisfaire, satisfaire à ; suppléer, suppléer à* (a). Pour l'étude de ces locutions,

(a) L'Académie et les bons auteurs ne mettent pas la moindre différence entre applaudir et applaudir à, espérer et espérer de, hériter une chose et hériter d'une chose, préferer partir et préférer de partir. Le Dictionnaire de l'Académie donne cet exemple : « Il préféra de se retirer » bien que l'on ait prétendu qu'il ne faut point de préposition lorsque l'infinitif qui suit le verbe préférer n'est pas suivi lui-même de mots accessoires qui le déterminent.

nous renverrons aux Grammaires déjà citées : nous n'examinerons ici que les locutions synonymes qui appartiennent au deuxième cas : d'abord, les verbes qui peuvent être également suivis de la préposition *à* ou de la préposition *de*, comme *échapper à*, *échapper de* ; ensuite, ceux qui prennent soit les prépositions *à* ou *de*, soit toute autre préposition, comme *induire à*, *induire en*.

## 1° VERBES SUIVIS DES PRÉPOSITIONS *à* OU *de*.

La préposition *à* (du latin *ad*, vers) marque le but, le point où tend une chose : *de* (en latin *de*) rend cette idée, *à partir de*. Donc, si l'on considère le terme qui est en avant, le point où tend l'action, c'est la préposition *à* ; si l'on considère le terme qui est en arrière ou point de départ, c'est la préposition *de* : on va *à* la ville, et l'on vient *de* la campagne.

Mais ces deux prépositions, *à* surtout, expriment beaucoup d'autres rapports. Ainsi, de ce que le mot *à* exprime un rapport de but, il s'ensuit qu'il marque aussi la destination : des brosses *à* nettoyer les habits, une brosse *à* dents, sont des brosses qui ont pour but de nettoyer les habits ou les dents ; elles sont destinées à cela, elles sont propres à cela. Ensuite, ce qui est propre à une chose est bon *pour* l'exécution de cette chose (*a*), sert de moyen pour faire la chose : mais l'idée de moyen pour faire conduit naturellement à l'idée de manière de faire ; ainsi pêcher *à* la ligne, dessiner *à* la plume, c'est pêcher au moyen de la ligne, dessiner au moyen de la plume, et par conséquent une manière particulière de pêcher ou de dessiner. On apprend *à* dessiner *à* la plume, c'est-à-dire, on apprend à cette fin de savoir la bonne manière d'exécuter ce genre de dessin : ici donc la préposition *à* exprime à la fois le but et la manière. La locution *apprendre à dessiner* a donné nécessairement sa contraire *désapprendre à dessiner*.

De son côté, la préposition *de* ne marque pas toujours le point de départ : elle s'emploie souvent pour former avec l'infinitif qui suit un complément déterminatif du mot qui précède ; exemple : « Il tâche *de* me nuire. » Ce complément est analogue à celui que la même préposition forme souvent, lorsqu'elle est suivie d'un substantif, comme dans cette phrase : « Le haut *de* la maison. » Dans ce cas, la préposition *de* détermine simplement la nature de l'action exprimée par le premier verbe.

Remarquons enfin que la fonction primitive de la préposition *à*

---

(*a*) C'est toujours le *ad* du latin.

étant d'indiquer le but, elle devient très-propre à marquer le progrès vers un terme, d'où ensuite l'idée de durée, et par conséquent aussi celle de temps à venir ; tandis que, par opposition, la préposition *de*, dont la fonction primitive est de marquer le point de départ, annoncera plutôt l'acte et l'exécution ou présente ou très-prochaine.

### 517. ÉCHAPPER A, ÉCHAPPER DE.

*Échapper à*, dit l'Académie, signifie se soustraire, se dérober à, être préservé de : « *Échapper à* la poursuite des ennemis ; *Échapper à* la tempête, *à* la mort. » *Échapper de* signifie cesser d'être où l'on était, sortir de : « *Échapper du* naufrage, *du* feu. »

Ainsi vous *échappez à* un danger qui vous menace, *à* un mal qui va vous atteindre et auquel vous servez en quelque sorte de but. Vous *échappez d'*un péril qui vous enveloppait, qui vous tenait, comme vous vous échapperiez d'une prison : la préposition *de* exprime l'idée d'extraction, de sortie.

Applic. Je suis seule *échappée aux* fureurs de la guerre (*Racine*). *Échapper des* mains des ennemis (*Acad.*). Les oiseaux seuls *ont échappé à* la domination de l'homme (*Buffon*).

### 518. COMMENCER A, COMMENCER DE.

« *Commencer à* désigne une action qui aura du progrès de l'accroissement : Cet enfant *commence à* parler ; Je *commence à* comprendre. *Commencer de* désigne une action qui aura de la durée : Lorsqu'il *commença de* parler, chacun se tut pour l'écouter ; Ce roi *commença de* régner en telle année » (*Acad.*).

En effet, l'enfant qui commence *à* parler a un but à atteindre, le but de savoir parler. Celui qui commence *à* comprendre n'est pas non plus arrivé encore à son but, qui est de comprendre ; et quand on dit d'un orateur qu'il commença *de* parler, on le représente au début de son discours, au point de départ.

Applic. Le goût *commence à* s'altérer (*Marmontel*). On m'enseigne son nom, et de ma main déjà je *commence à* l'écrire (*Racine*). Je *commençais* à peine *de* dormir, quand ce bruit me réveilla (*Acad.*). Il est bon, quand on *commence d'*étudier la nature, de vivre d'abord en quelque sorte seul avec elle (*Cuvier*).

### 519. CONTINUER A, CONTINUER DE.

*Continuer à* se dit d'une action ou d'une suite d'actions dont la durée est indéterminée ou que l'on considère comme ne devant pas finir : « Votre rère *continue à* se bien porter ; La terre *continue à* tourner sur son axe. » *Continuer de* se dit d'une action dont la durée est déterminée, qui doit avoir nécessairement une fin dans un moment prochain : « Je *continue d'*écrire une lettre que j'avais déjà commencée. »

En conséquence, et comme le dit fort bien Roubaud, « On *continue à* faire ce qu'on fait d'habitude, ce qu'on a coutume de faire, tant qu'on n'y renonce pas : on *continue de* faire ce qu'on fait actuellement, ce après quoi l'on est, tant qu'on ne discontinue pas. La première manière de parler n'indique que la continuation ; la seconde marque la continuité ; celle-ci spécifie l'acte présent ; celle-là en fait abstration. On *continue à* jouer, tant qu'on est adonné au jeu : on *continue de* jouer, tant qu'on reste au jeu. Celui qui a toujours la même opinion, *continue à* la défendre : celui qui parle toujours pour son opinion, sans attendre, sans écouter les objections, *continue de* la défendre » (a).

APPLIC. *Continuez à* bien faire, et vous vous en trouverez bien (*Acad.*). J'entre chez un homme qui lit, il ne m'aperçoit pas et *continue de* lire (*Laveaux*). Si vous *continuez à* boire, vous ruinerez votre santé (*Acad.*).

### 520. S'OCCUPER A, S'OCCUPER DE.

« *S'occuper à* quelque chose, c'est y travailler : Il *s'occupe à* son jardin. *S'occuper* d'une chose, c'est y penser, en avoir la tête remplie, chercher les moyens d'y réussir : Il *s'occupe* beaucoup *de* ses affaires » (*Acad.*).

*S'occuper à* marque donc le genre d'action que l'on fait réellement, en montrant l'exécution ou la réalisation de la chose à laquelle on s'occupe, comme le but d'un travail constant et dont la fin est indéterminée. *S'occuper de* annonce l'exécution plus ou moins prochaine de choses qui occupent l'esprit : ici la préposition *de* présente la chose comme déterminative des actes ou des actions. Celui qui *s'occupe de* ses affaires, ne les perd pas de vue et songe continuellement a ce qu'il fait et à ce qu'il doit faire pour les bien mener : ses affaires sont en quelque sorte le point de départ de toutes ses actions ; ce sont elles qui motivent et déterminent ses actes.

Il est facile d'après cela de distinguer la différence de sens qu'il y a entre ces deux phrases : « Il *s'occupe à* son jardin ; Il *s'occupe*

---

(a) L'Académie, au mot *continuer*, dit que *continuer à* signifie persévérer dans une habitude, ce qui est la vérité ; et au mot à elle dit que *continuer à* suppose une action commencée et que l'on continue, tandis que *continuer de* désigne une action répétée par intervalles et que l'on a l'habitude de faire. C'est là une fâcheuse contradiction.

*de* son jardin » (*Acad.*) ; et entre celles-ci : « Il *s'occupe à* détruire les abus ; il *s'occupe de* détruire les abus » (*Id.*).

**Applic.** Tout le jour il *s'occupe à* lire (*Acad.*). Il *s'occupe à* l'étude des belles-lettres (*Id.*). L'esprit ne peut *s'occuper* trop longtemps *d'*un objet sans se fatiguer (*Id.*). Il ne faut *s'occuper du* mal que pour en tirer du bien (*La Harpe*).

### 521. TACHER A, TACHER DE.

*Tâcher à*, c'est viser à, tendre à un but, y diriger toutes ses facultés : « Il *tâche à* me nuire » (*Acad.*) ; c'est-à-dire, il vise à me nuire, me nuire est le but qu'il se propose. *Tâcher de*, c'est s'efforcer de : cette locution exprime les efforts que l'on fait dans l'exécution même, les soins que l'on se donne en faisant la chose, toutes les ressources que l'on emploie à la faire : « *Tâchez d'*avancer cet ouvrage » (*Acad.*). Ce verbe suit donc, dit Roubaud, la règle générale qui distingue le dessein, le but, l'objet éloigné, par la préposition *à* ; l'acte, l'exécution, la chose présente ou prochaine par la préposition *de*.

**Applic.** Je vois bien que vous *tâchez à* me nuire (*Acad.*). Je *tâcherai de* vous satisfaire (*Id.*). Il faut toujours *tâcher de* s'entendre soi-même (*Fontenelle*).

### 522. 1º OBLIGER A, OBLIGER DE ; 2º CONTRAINDRE A, CONTRAINDRE DE ; 3º FORCER A, FORCER DE.

Dans ces locutions la préposition *à* présente l'exécution de la chose comme un but qu'il y a obligation d'atteindre, mais sans aucun rapport déterminé de temps. La préposition *de* marque détermination de l'action, avec rapport à un temps présent ou très-prochain ; on dit même au passé, avec la préposition *de* plutôt qu'avec *à :* « Alors on m'*obligea*, on me *contraignit*, on me *força de* faire telle chose. »

L'obligation est de tout temps ou dans un avenir indéterminé pour celui qui est *obligé à* faire quelque chose : elle est actuelle, elle a été à tel moment ou elle sera bientôt pour celui qui est *obligé de* faire. « Ainsi, dit Roubaud, la religion *oblige* le diffamateur *à* réparer l'honneur de son prochain aux dépens du sien propre ; c'est un devoir qu'il doit remplir : mais la justice l'*oblige*, par une condamnation, *de* faire à sa partie réparation d'honneur ; c'est une peine qu'il subit. L'ambition *force* le courtisan *à* ramper, il faudra qu'il rampe : quand il rampe, elle le *force de* ramper. Ainsi parlent nos bons écrivains, comme dans les phrases suivantes : La prévoyance *oblige à* faire des épargnes : les impies *forcent* la Providence *à* les punir : la valeur *contraint* la fortune *à* se déclarer pour elle ; et tout au contraire, votre vainqueur vous *contraint de* fuir : la mauvaise conduite de votre ami vous *force de* l'abandonner ; de petites pertes *obligèrent* Alexandre *de* séparer ses troupes. »

« Aussi dit-on *à* plutôt que *de*, lorsqu'il ne s'agit que d'une obligation morale et générale à remplir dans l'occasion ; au lieu qu'on dit bien plutôt *de* que *à*, lorsqu'il s'agit d'une nécessité physique et présente dans le temps de l'exécution. Je ne sais même, disait Bouhours, si, quand *obligé* emporte une obligation étroite de conscience, *à* ne serait point mieux que *de*. Oui certes, lorsqu'on ne parle que d'une loi, d'une règle, d'une autorité qui vous impose un devoir ou une nécessité, abstraction faite de la circonstance du temps. Mais dans la circonstance du temps, on est *obligé* par une force d'agir ainsi. La charité vous *oblige à* pardonner, lorsque vous serez offensé : vous êtes *obligé de* pardonner, dans le cas précis de l'offense. »

« Remarquons en outre que l'on dit plutôt *à* lorsque le verbe est à l'actif, et *de* lorsqu'il est au passif : « Vous vous *obligez à* faire une chose, et vous *êtes obligé de* la faire » (*Roubaud*).

Applic. 1° L'équité nous *oblige à* restituer ce qui ne nous appartient pas (*Acad.*). La nécessité de le payer m'a *obligé de* vendre ma maison (*Id.*). Cela doit vous *obliger à* observer de plus près (*Id.*). — 2° La résistance vous *contraint à* user de force ; et vous êtes *contraint d*'en user (*Roubaud*). Lui-même au torrent nous *contraint de* céder (*Racine*). — 3° *Forcer* la terre *à* produire (*Acad.*). Il la *força de* signer (*Id.*).

### 523. MANQUER A, MANQUER DE.

*Manquer à*, c'est ne pas faire ce qu'on doit à l'égard de quelqu'un ou de quelque chose : « *Manquer à* son devoir, *à* ses amis » (*Acad.*) ; la préposition *à* nous montre le devoir, les amis, comme les objets que nous devons avoir en vue, comme le but des égards que nous leur devons et que nous leur refusons.

*Manquer de* signifie omettre, oublier de faire quelque chose : « Je ne *manquerai* pas *de* faire ce que vous voulez » (*Id.*). Il signifie aussi courir quelque risque, être sur le point d'éprouver quelque accident : « Il a *manqué d*'être tué. » (*Id.*). La préposition *de* et l'infinitif qui la suit forment un simple complément déterminatif du premier verbe.

Applic. *Manquer à* ses engagements, *à* l'honneur, *à* sa parole (*Acad.*). Nous avons *manqué de* verser (*Id.*). Ne *manquez* pas *de* vous trouver au rendez-vous (*Id.*).

### 524. PRIER A, PRIER DE.

« On dit *prier à* dîner, *à* souper, et *prier de* dîner, *de* souper. Bouhours observe qu'on *prie à* dîner, d'avance et par un dessein formé ; mais qu'on *prie de* dîner, sur-le-champ et sans préparation. Ainsi M. Dacier dit dans une remarque sur les épîtres d'Horace, que ce poëte écrit à Manlius Torquatus, pour le *prier à* souper la veille d'une grande fête ; et M^me Dacier, en parlant de Térence, que ce poëte ayant lu à Cécilius quelques vers de l'Andrienne, celui-ci le *pria de* souper » (*Roubaud*).

Ici donc la valeur de la préposition *à* est de marquer un temps futur assez éloigné ; et celle de la préposition *de*, un temps présent ou fort prochain.

**Applic.** Les Sybarites *priaient* les gens *à* manger un an avant le jour du repas, pour avoir le loisir de le faire aussi délicat qu'ils le voulaient (*Fontenelle*). Quelqu'un m'ayant *priée de* dîner chez lui, et une heure après ayant été *prié* lui-même *de* dîner ailleurs, il y alla sans m'en avertir (*M^lle de Scudéry*).

### 525. S'EFFORCER A, S'EFFORCER DE.

Roubaud dit que s'*efforcer* est dans le même cas que *tâcher* : je vois au contraire dans le Dictionnaire de l'Académie que s'*efforcer* fait exception à la règle générale. Qu'il s'agisse d'un but à atteindre ou de l'exécution de l'acte actuel, l'Académie dit également s'*efforcer de* : « S'*efforcer de* parvenir ; *Efforcez-vous de* lui plaire ; S'*efforcer de* souveler un fardeau. » Nos bons auteurs disent de même.

On ne dit s'*efforcer à* que dans le sens de ne pas assez ménager ses forces en faisant quelque chose : « Ne vous *efforcez* pas *à* parler » (*Acad.*), c'est-à-dire en parlant (*a*).

**Applic.** Il s'*efforçait de* paraître calme (*Acad.*). Il s'est *efforcé à* courir (*Id.*).

### 2° VERBES SUIVIS DES PRÉPOSITIONS *à* OU *de* OU BIEN DE *en*, *avec* OU *sur*.

### 526. INDUIRE A, INDUIRE EN.

« *Induire en*, c'est faire aller *dans*, faire tomber *dans* : *induire*

---

*à*, c'est faire aller *à* ou *vers*, mettre seulement sur la voie. La préposition *en* exprime l'état où l'on est, et la préposition *à* le but où l'on tend » (*Roubaud*).

On dit *induire au mal, au crime, à erreur*, etc. ; *induire* ne prend après lui la préposition *en* que devant le mot *erreur* : *induire en erreur* (*a*), et cette expression signifie tromper à dessein ou forcément, en faisant tomber actuellement dans l'erreur. *Induire à erreur*, c'est simplement, à dessein ou non, mettre sur la voie qui conduit à l'erreur. Dans le premier cas, le sujet qui induit est la cause immédiate de l'erreur ; dans le second cas, il n'en est que la cause éloignée.

Applic. Il fut *induit à erreur* par une fausse citation (*Acad.*). Il voulait m'*induire en erreur* (*Id.*). Un principe mal entendu vous *induit en erreur* ; car vous êtes dans l'erreur, dès que vous l'entendez mal : une vérité imparfaitement connue vous *induit à erreur* : car si elle ne vous trompe pas puisque c'est une vérité, par cela même que vous la connaissez mal, elle vous expose à vous tromper vous-même (*Roubaud*).

## 527. MÊLER A, MÊLER AVEC.

*Mêler à* ne se dit qu'au figuré dans le sens de joindre, unir : « *Mêler* les affaires *aux* plaisirs » (*Acad.*) (*b*). *Mêler avec* ne se dit qu'au propre, et signifie mettre ensemble deux ou plusieurs choses et les confondre : « *Mêler* l'eau *avec* le vin » (*Id.*).

Applic. Il sait *mêler* à propos de la douceur *à* la sévérité (*Acad.*). La Marne *mêle* ses eaux *avec* celles de la Seine (*Id.*). L'huile ne se *mêle* pas *avec* l'eau (*Id.*).

## 528. COMPARER A, COMPARER AVEC.

*Comparer à* exprime un rapport simple, et convient pour marquer un rapport éloigné ou métaphorique, une comparaison ordinaire qui consiste simplement à jeter un coup-d'œil sur les objets, ou qui n'exige qu'une très-faible attention : « On *compare* les conquérants *à* des torrents impétueux » (*Acad.*). *Comparer avec* exprime une comparaison réfléchie, attentive, qui s'arrête sur les détails et examine avec soin les ressemblances et les différences : « Nous *comparerons* la traduction *avec* l'original » (*Acad.*).

*Comparer à* signifie aussi égaler à, mettre au même niveau : *Comparer* Virgile *à* Homère, c'est mettre Virgile au rang d'Homère, ou

---

(*a*) *Induire en tentation* n'est usité que dans le texte de l'Oraison dominicale, où *induire* a un sens tout particulier : *Ne nous induisez point en tentation* signifie, ne permettez pas que nous soyons tentés au-dessus de nos forces.

(*b*) Dans ce cas, on peut aussi joindre par la conjonction *et* les parties du complément multiple : « Cet auteur a *mêlé* l'agréable et l'utile dans ses ouvrages » (*Acad.*).

fort près de lui ; *comparer* Virgile *avec* Homère, c'est établir entre ces deux poëtes une comparaison qui fasse ressortir les grandes qualités et les défauts de chacun d'eux, et montre en quoi ils se ressemblent et en quoi ils diffèrent.

APPLIC. Je n'ose me plaindre, quand je *compare* mon sort *à* celui de ces infortunés *(Acad.)*. Se faire une idée d'une grandeur, c'est la *comparer avec* d'autres qu'on observe, et juger qu'elle en diffère plus ou moins *(Condillac)*. Ils ont tous deux l'audace de vouloir *comparer* leurs professions *à* la mienne *(Molière)*.

### 529. ÊTRE D'HUMEUR, ÊTRE EN HUMEUR.

« Chacune de ces phrases signifie, être en disposition : avec cette différence, qu'*être d'humeur* se dit d'une disposition habituelle qui tient de l'inclination, du tempérament, de la constitution naturelle ; et qu'*être en humeur* marque toujours une disposition actuelle et passagère. Ainsi quand on dit : « Je ne *suis* pas *d'humeur* à rebuter les gens qui me demandent quelque chose ; Il n'*est* pas *d'humeur* à souffrir une insulte » ; on entend par là le tempérament, le naturel, une disposition ordinaire et habituelle. Mais quand on dit : « Je ne *suis* pas *en humeur* d'écrire, de me promener, de faire des visites » ; on veut dire seulement qu'on n'est pas disposé à tout cela dans le moment qu'on parle » *(Bouhours)*.

APPLIC. Il n'*est* pas *d'humeur* à se laisser gouverner *(Acad.)*. Êtes-vous *en humeur* de vous aller promener ? *(Id.)*

### 530. VEILLER A, VEILLER SUR, SURVEILLER.

Ces locutions sont placées ici dans l'ordre progressif de leur énergie : *Veiller sur* dit plus que *veiller à*, et *surveiller* dit plus que *veiller sur*. « On *veille à*, afin que, pour que ; on *veille à* une chose, à son exécution, à sa conservation ; on *veille à* ce qu'elle se fasse, se maintienne. On *veille sur*, au-dessus, par-dessus ; on *veille sur* ce qui se fait, *sur* les gens qui font la chose ; on *veille sur* les objets, *sur* les personnes, *sur* ce qu'on a dans sa dépendance, sous son inspection, en sa garde. On *surveille* d'en haut, d'office, avec charge ou autorité ; on *surveille* à tout, sur tout ; on *surveille* les personnes, celles mêmes qui *veillent sur*, et par une inspection supérieure, générale, comme chef, comme conducteur. Les soldats *veillent à* leurs postes ; leurs officiers *veillent sur* la chose et *sur* eux ; le général *surveille à* tout, et les *surveille* tous » *(Roubaud)*.

APPLIC. Il faut *veiller* soigneusement *à* cela *(Acad.)*. La providence de

Dieu *veille sur* tous les hommes *(Id.).* Un général d'armée doit *surveiller à* tout ce qui se passe *(Id.).* Le pauvre même vous dit qu'on ne peut *veiller à* tout ; que sera-ce donc des autres? *(Roubaud.)* Il faut surtout *veiller sur* les gens dont on se défie, comme on doit *veiller sur* soi *(Id.).* Il est heureux qu'on nous *surveille ;* oh! si nous sentions l'avantage d'être dirigés, contenus, redressés ! *(Id.)*

## § II. *Préposition employée avec un nom, un pronom, un adjectif ou un adverbe.*

### 531. AU CAS QUE, EN CAS QUE.

« *Au cas,* pour *à ce cas,* signifie *tel cas, ce cas-ci* arrivant : *en cas* signifie *en un cas, en certain cas* ; l'événement est moins particularisé et plus incertain. »

« *En cas* suppose divers genres de cas possibles : *au cas* fait abstraction de tout autre cas que le cas présent. Ainsi lorsqu'il peut arriver plusieurs cas différents, lorsque vous avez diverses alternatives à considérer, vous direz *en cas* ; et tout au contraire, vous direz *au cas,* lorsque vous n'aurez qu'un événement en vue. Deux personnes se font une donation mutuelle *en cas* de mort ; *en cas* désigne la mort de l'un ou de l'autre. Une personne fait une donation à une autre, *au cas* qu'elle décède avant celle-ci ; il ne s'agit là que d'un tel cas. Vous dites *en cas* de malheur, *en cas* d'accident : il est clair que cette locution vague embrasse toute sorte d'accidents ou de malheurs. Mais s'il faut particulariser tel malheur, tel accident, vous direz *au cas* que telle chose arrive. »

« *Au cas* n'étant relatif qu'à un tel événement, l'incertitude est si la chose sera ou ne sera pas dans les circonstances données. *En cas* supposant la possibilité de divers genres d'événements, l'incertitude est s'il arrivera une chose ou une autre » *(Roubaud).*

APPLIC. *Au cas* où vous viendriez demain, vous ne me trouveriez pas. — Je m'assortis de quelques livres pour les Charmettes, *en cas* que j'eusse le bonheur d'y retourner *(J.-J. Rousseau).*

### 532. AU RESTE, DU RESTE.

*Au reste* signifie *au surplus* : il annonce quelque chose qui est du même genre que ce qui précède et qui y fait suite : « C'est là ce qu'il y a de plus sage ; *au reste,* c'est aussi ce qu'il y a de plus juste » *(Marmontel).* *Du reste* signifie cependant, néanmoins, malgré cela : il se dit lorsque ce qui suit n'est pas du même genre que ce qui précède, et il exprime une sorte d'opposition : « Il est· capricieux ; *du reste,* il est honnête homme » (*Acad.*).

**Applic.** Je passais pour un bon maître de musique, parce qu'il n'y en avait que de mauvais : je ne manquais pas, *au reste,* d'un certain goût de chant (*J.-J. Rousseau*). Je ne vous dis que ce que je ferais en pareil cas ; *du reste,* je ne vous donne pas le conseil de le faire (*Roubaud*).

### 533. A TERRE, PAR TERRE.

Dans ces locutions la préposition *à,* du latin *ad,* signifie *vers ;* la préposition *par,* du latin *per,* signifie *le long de.* C'est ce qu'a très-bien compris M. Guérard ; voici l'article de sa Grammaire : « Suivant quelques grammairiens, *par terre* se dit de ce qui touche à la terre, et *à terre* de ce qui n'y touche pas ; ainsi un arbre tombe *par terre* et ses fruits tombent *à terre.* Ces deux locutions sont justes ; mais, suivant nous, ce n'est point par la raison qu'en donnent ces grammairiens et que détruit complétement l'exemple que voici : «Il s'est jeté *à terre, par terre* et s'est roulé sur le parquet» (*Acad.*). La préposition *à* exprime la direction du mouvement : *tomber à terre* signifie tomber *vers* la terre, comme le fruit qui se détache de l'arbre. La locution *par terre* présente l'objet comme étendu *le long du* sol, sur la terre ; c'est le cas de l'arbre. Voilà pourquoi l'on dirait d'un enfant qui était debout sur un tabouret et qui s'est laissé choir : *Il est tombé par terre,* quoique cependant l'enfant ne touchât pas d'abord à la terre, au parquet. »

**Applic.** S'ils lançaient quelques javelots, ils se rencontraient et s'entre-choquaient en l'air ; de sorte que la plupart tombaient *à terre* sans effet (*Vaugelas*). Êtes-vous ici près, monsieur, tombé *par terre?* (*Voltaire.*) Là, près d'un Guarini, Térence tombe *à terre* (*Boileau*). Si un homme qui danse sur la corde raisonnait sur les règles de l'équilibre, sa raison ne lui servirait qu'à tomber *par terre* (*Fénelon*).

### 534. RAPPORT A, RAPPORT AVEC.

Une chose qui a *rapport à* une autre s'y rattache, en dépend, s'y rapporte ou y tend comme vers un but, vers une fin: « Les effets ont *rapport aux* causes, » ils en dépendent ; « Cette pièce a *rapport à* votre affaire, » elle s'y rattache, elle en dépend. Une chose qui a *rapport à* nous se rapporte à nous, nous concerne, nous regarde ; nous sommes en quelque sorte le terme où tend cette chose.

Une chose qui a *rapport* ou du *rapport avec* une autre, a de l'analogie, de la ressemblance, de la conformité ou de la proportion *avec* cette autre ; ces deux choses sont ou peuvent être comparées l'une *avec* l'autre : « La langue italienne a un grand rapport *avec* la langue latine » (*Acad.*) ; c'est-à-dire, qu'il y a entre elles une grande analogie, beaucoup de ressemblance. « Ses dépenses sont en *rapport avec* ses revenus, » sont en proportion *avec* ses revenus. « Ce que vous dites aujourd'hui n'a aucun *rapport avec* ce que vous disiez hier » (*Acad.*), n'a aucune conformité *avec*, etc. « Une copie en matière de peinture, dit Bouhours, a *rapport avec* l'original, si elle lui ressemble et qu'elle en présente tous les traits ; mais bien qu'elle soit imparfaite, elle ne laisse pas d'avoir *rapport à* l'original. »

On dit aussi que des choses ont des *rapport*s les unes *avec* les autres, quand on veut faire entendre qu'il y a entre elles réciprocité d'action, d'influence ou de relations continuelles : « Les divers États de l'Europe ont des *rapport*s les uns *avec* les autres et *avec* les États des autres parties du monde. »

Applic. Le commun des hommes doit être dans une ignorance très-grossière à l'égard même des choses qui ont quelque *rapport à* eux (*Malebranche*). Nous n'approuvons les autres que par les *rapport*s qu'ils ont *avec* nous-mêmes (*La Bruyère*). Les actions humaines, quelque *rapport* qu'elles aient *avec* les maximes les plus sévères de la morale , ne sont bonnes qu'autant qu'elles ont *rapport à* une bonne fin (*Beauzée*).

### 535. SOUS LE PRÉTEXTE , SUR LE PRÉTEXTE.

« On fonde, on établit, on appuie *sur* : on couvre, on dissimule, ou cache *sous*. Ainsi on fonde, on appuie ses desseins, ses actions *sur* un prétexte ; on cache ses desseins, ses motifs *sous* un prétexte. Le prétexte est une raison fausse, feinte, apparente et mauvaise. Quand on fait une chose sans raison, on la fait *sur* un prétexte : quand on la fait pour des raisons qu'on dissimule, on la fait *sous* un prétexte. Dans le premier cas, on veut s'autoriser, se disculper ; dans le second, se déguiser, en imposer » (*Roubaud*).

Applic. *Sous le prétexte* de venger son ami, il s'est vengé lui-même (*Acad.*). Il cherche querelle *sur le moindre prétexte* (*Id.*).

### 536. INGRAT A , INGRAT ENVERS.

« On est *ingrat aux* choses et *ingrat envers* les personnes : Une personne *ingrate à* nos soins, une terre *ingrate à* la culture ; Achorée ne dit pas que Ptolémée soit *ingrat envers* Pompée. »

« *Ingrat à* désigne l'indifférence, l'insensibilité, la résistance de l'objet aux soins, aux efforts, au travail, ou l'inutilité, l'inefficacité, le peu d'effet du travail, des efforts, des soins sur l'objet ingrat. *Ingrat envers* désigne le vice de celui qui manque de gratitude, qui n'est pas reconnaissant » (*Roubaud*).

**Applic.** Ces mêmes dignités ont rendu Bérénice *ingrate à* vos bontés (*Racine*). Il a été *ingrat envers* son bienfaiteur (*Acad.*).

### 537. PROPRE A, PROPRE POUR.

« *Propre à* désigne des dispositions plus ou moins éloignées, une aptitude ou une capacité nécessaire, mais peut-être insuffisante, une vocation ou une destination encore imparfaite. *Propre pour* marque des dispositions prochaines, une capacité, plutôt qu'une aptitude entière et absolue, une vocation ou une destination immédiate. En deux mots, la première de ces locutions désigne plutôt un pouvoir éloigné ; et la seconde un pouvoir prochain. »

« Ainsi l'homme *propre à* une chose a des talents relatifs à la chose : l'homme *propre pour* la chose a le talent même de la chose. Un savant en état de donner de bonnes leçons est *propre pour* une chaire ; un jeune homme en état de recevoir ses instructions est *propre aux* sciences. On est tout formé à l'égard de la chose *pour* laquelle on est *propre* : il faudra se former à l'égard de la chose *à* laquelle on est *propre*. Le fer est *propre à* divers usages, c'est-à-dire qu'il peut recevoir différentes formes d'une utilité différente : un couteau est *propre pour* couper, c'est-à-dire qu'actuellement il peut couper. »

« La locution *propre pour* laisse le sens actif au verbe qui la suit ; tandis que la locution *propre à* donne après elle un sens passif au même verbe actif. *Propre pour* signifie *propre pour faire, pour agir* ; *propre à* signifie *propre à devenir, à être fait*. Un bois est *propre pour* teindre ou donner la teinture : une étoffe est *propre à* teindre ou à recevoir la teinture » (*Roubaud*).

**Applic.** La faux est *propre pour* moissonner, ou couper la moisson : un champ est *propre* ou bon *à* moissonner, ou en état de souffrir la moisson (*Roubaud*). Il n'est pas *propre aux* affaires (*Acad.*). Il a un coup d'œil, un sang-froid et un courage qui le rendent *propre pour* la guerre (*Id.*).

### 538. POUR MOI, QUANT A MOI.

*Quant à moi* signifie autant que la chose me regarde ou me concerne, selon l'intérêt que j'y prends : *pour moi*, c'est-à-dire pour ce qui est de moi, de ma personne, ou pour en dire mon avis (*a*). »

« La première de ces locutions marque donc littéralement un intérêt à la chose et un rapport établi, et la seconde n'indique qu'un jugement ou un fait. Ces locutions, en même temps qu'elles servent de liaisons ou de transitions, annoncent la division, le partage, l'opposition, la différence. *Quant à moi*, inspiré par un intérêt particulier, prend un air plus décidé, plus tranchant; *pour moi*, ne désignant aucun motif, n'a ni faste ni prétention. Vous direz modestement et avec un air de doute : *Pour moi*, je penserais, je ferais; vous direz avec fermeté et d'une manière résolue : *Quant à moi*, je pense, je fais » (*Roubaud*) (*b*).

APPLIC. *Pour moi*, satisfaisant mes appétits gloutons, j'ai dévoré force moutons (*La Fontaine*). Contre de telles gens, *quant à moi*, je réclame (*Id.*). *Pour moi*, je n'en ferai jamais rien (*Acad.*). *Quant à moi*, je ne tenterai rien qu'avec de bonnes précautions (*J.-J. Rousseau*).

### 539. AU MOINS, DU MOINS.

*Au moins* annonce une chose en moins, c'est le moins qu'on puisse faire; c'est l'action, l'état, la chose, restreints à un degré moindre ou à un moins grand nombre d'objets : « Si vous ne voulez pas être pour lui, *au moins* ne soyez pas contre » (*Acad.*) : c'est le moins que vous puissiez faire. « Tous les peuples le regardaient, sinon comme leur maître, *au moins* comme leur chef » (*Id.*) : un chef est moins qu'un maître. « Vous voudriez entrer en composition et faire subsister le principe, *au moins* pour les justes » (*Pascal*) : le principe ne subsisterait pas pour tout le monde, mais pour les justes seulement, pour un moins grand nombre de personnes.

*Du moins* a presque le sens de *toutefois*, *néanmoins*, *en compensation* : il annonce un équivalent, ou bien il rectifie l'assertion précédente en la remplaçant par une autre moins hardie ou plus juste, plus vraie, etc. : « S'il n'est pas fort riche, *du moins* il a de quoi vivre honnêtement » (*Acad.*); c'est-à-dire, toutefois, néanmoins il a de quoi vivre, etc. « Si nous n'avons pas le plaisir de vous voir, faites *du moins* en sorte que nous ayons votre frère » : faites par compensation en sorte que, etc. « Et périssez *du moins* en roi,

<hr>

(*a*) *Quant à moi* est la phrase latine *quantùm ad me spectat, attinet*; *pour moi*, est le latin *ego verò*, mais moi, or moi.

(*b*) « On se met sur son *quant-à-moi* pour dire *quant à moi*, ajoute Roubaud; car pourquoi le *quant-à-moi* marquerait-il la fierté, la hauteur, la suffisance, si ce n'est par l'espèce de ton important ou d'autorité qu'on prend en disant *quant à moi* ? »

s'il faut périr » (*Racine*) ; c'est une sorte de compensation. « Dans
son perfide sang Mazaël est plongé, et *du moins* à demi mon bras
vous a vengé » (*Voltaire*) ; encore compensation. « Ne pouvez-vous
sans fausseté lui faire le sacrifice de quelques opinions inutiles, ou
*du moins* les dissimuler ? » (*J.-J.-Rousseau*) ; c'est une rectification
de la proposition précédente.

*Au moins* signifie quelquefois *sur toutes choses*, et sert à avertir celui à qui l'on parle de se souvenir particulièrement de ce qu'on
lui dit : « *Au moins* prenez-y garde, c'est votre affaire » (*Acad.*).

Applic. Apprenez par où vous devez chercher, sinon le bonheur, *au
moins* la paix (*J.-J. Rousseau*). Votre parti est, puisqu'il faut porter des
fers, d'aller porter *du moins* ceux de quelque grand prince (*Id.*). La
liberté politique consiste dans la sûreté, ou *du moins* dans l'opinion
qu'on a de sa sûreté (*Montesquieu*). Grand Dieu, je t'offre tout mon sang,
défends *au moins* ma gloire (*Voltaire*).

## 540. A JAMAIS, POUR JAMAIS.

*A jamais*, suivant la définition de l'Académie, signifie *toujours*,
et *pour jamais* signifie *pour toujours*. La première locution exprime une durée indéterminée, sans annoncer essentiellement que
cette durée n'aura pas de limite : *Pour jamais*, c'est la durée éternelle, c'est pour l'éternité. Une chose qui sera *à jamais* sera longtemps, très-longtemps ; mais elle peut cesser d'être, elle peut n'être
que par intervalles et non avec continuité : une chose qui sera *pour
jamais* sera irrévocablement et éternellement, sans changement ni
retour possible. On dit qu'un homme est perdu *à jamais* pour faire
entendre ou qu'il l'est moralement par ses vices, ou qu'il est complétement ruiné ; mais cela ne veut pas dire, comme le prétend
Roubaud, que le mal est impossible à réparer : cet homme peut s'a-
mender, devenir meilleur, se corriger plus tard de ses vices, ou réparer ses affaires et ressaisir la fortune ; toute espérance de retour
n'est pas entièrement perdue. On a perdu une personne *pour jamais*
quand cette personne est morte. Une action mémorable *à jamais* le
sera pendant une suite de siècles : mais le sera-t-elle éternellement ?
Que d'actions prétendues *à jamais* mémorables, ne sont pas restées
bien longtemps dans la mémoire des hommes ! aussi ne dit-on pas
qu'une action est mémorable *pour jamais*.

Ainsi la locution *à jamais* est moins précise, moins forte que la
locution *pour jamais* : cela est tellement vrai, que pour augmenter l'énergie de la première on dit *à tout jamais*, *au grand jamais*,
tandis qu'on ne dit pas *pour tout jamais* ; c'est que l'expression

*pour jamais* désigne la durée éternelle, et que la durée éternelle n'a pas du plus ou du moins.

A*pplic*. Le traité de Westphalie sera peut-être *à jamais* parmi nous la base du système politique (*J.-J. Rousseau*). J'ai cru que cette nuit serait sa nuit dernière et que je fermerais *pour jamais* sa paupière (*Regnard*).

FIN.

# TABLE ALPHABÉTIQUE

## DES SYNONYMES.

Nota. Les nombres indiquent l'articl · et non la page.

## C

Honte (avoir), avoir de la honte, 491.
Horreur (avoir), avoir de l'horreur, 491.
Hôtel, hôtellerie, 170.
Humeur (être en), être d'humeur, 529.
Hymen, hyménée, 222.
Hypocondre, hypocondriaque, 657.

**I**

Illisible, inlisible, 44.
Imaginative, imagination, 216.
Imitateur, imitatif, 317.
Impérieux, impératif, 349.
Impossibilité, impuissance, 239.
Impôt, imposition, 137.
Improuver, désapprouver, réprouver, 61.
Impudeur, impudicité, 248.
Impuissance, impossibilité, 239.
Inciter, exciter, 69.
Incursion, excursion, 70.
Indication, indice, 142.
Indicateur, indicatif, 318.
Indice, indication, 142.
Induire à ou en, 526.
Industriel, industrieux, 356.
Infamant, diffamant, 60.
Infinité (l'), l'infini, 497.
Ingrat à ou envers, 586.
Inhabile, malhabile, 119.
Inhérence, adhérence, cohérence, 84.
Inlisible, illisible, 44.
Insigne, signalé, 395.
Intérieur, intime, 410.
Interne, intérieur, intrinsèque, 367.
Interpréter mal, mal interpréter, 515.
Intime, intérieur, 410.
Intolérantisme, intolérance, 262.
Intrinsèque, intérieur, interne, 367.
Irascible, irritable, 333.
Irraisonnable, déraisonnable, 56.
Irritable, irascible, 333.

**J**

Jaillir, rejaillir, 10.

Jamais (à ou pour), 540.
Joint, jointure, 179.
Jour, journée, 220.
Jour ouvrier, jour ouvrable, 382.
Juste, justement, 442.
Justifiant, justificatif, 329.

**L**

Labour, labourage, 186.
Lâcher, relâcher, 35.
Lacs, lacet, 265.
Lancer (se), s'élancer, 62.
Langue, langage, 187.
Langoureux, languissant, 344.
Laudatif, louangeur, 316.
Légal, légitime, 411.
Légèrement, à la légère, 454.
Législateur, législatif, 319.
Légitime, légal, 411.
Lésine, lésinerie, 168.
Lever, élever, 63.
Lever, enlever, 42.
Lever, soulever, 95.
Lien, liaison, 268.
Littéralement, à la lettre, 455.
Livrer, délivrer, 47.
Locomoteur, locomotif, 320.
Logis, logement, 205.
Louangeur, laudatif, 316.
Louangeur, loueur, 299.
Lourd, lourdaud, 421.
Luire, reluire, 31.

**M**

Machiniste, mécanicien, 372.
Maigret, maigrelet, 418.
Maigrir, amaigrir, 76.
Maison des champs, maison de campagne, 471.
Malade, maladif, 344.
Malaise, mésaise, 108.
Malcontent, mécontent, 107.
Malfamé, diffamé, 116.
Mal fait, contrefait, 121.
Malgracieux, disgracieux, 118.
Malhabile, inhabile, 119.
Malheureuse affaire, affaire malheureuse, 509.
Malhonnête, déshonnête, 114.
Malice, malignité, 231.

Mal interpréter, interpréter mal, 515.
Malmener, mener mal, 516.
Mal parler, parler mal, 514.
Malplaisant, déplaisant, 115.
Mal proportionné, disproportionné, 117.
Malséant, messéant, 109.
Maltraiter, traiter mal, 513.
Mal vendre, mévendre, 110.
Manœuvre, manouvrier, 253.
Manque, manquement, 124.
Manquer à ou de, 523.
Marche, démarche, 52.
Maritime, marin, 412.
Matérialisme, matérialité, 264.
Matin, matinée, 219.
Matinier, matineux. matinal, 383.
Maturité, maturation, 236.
Mécanicien, machiniste, 372.
Mécontent, malcontent, 107.
Méditer, préméditer, 91.
Méfiance, défiance, 112.
Mêler à ou avec, 527.
Mêler, mélanger, 432.
Mener mal, malmener, 516.
Mensonge, menterie, 165.
Mensonger, menteur, 295.
Menu, mince, 397.
Mépriser, dépriser, 111.
Méridional, du midi, 511.
Mésaise, malaise, 108.
Messéant, malséant, 109.
Mésuser, abuser, 113.
Meubles (les), le mobilier, 474.
Mévendre, mal vendre, 110.
Midi (du), méridional, 511.
Mignon, mignard, 308.
Mince, menu, 397.
Mobile, motif, 215.
Mobiliaire, mobilier, 387.
Mobilier (le), les meubles, 474.
Moins (au), du moins, 539.
Moisir, se moisir, 512.
Monacal, monastique, 361.
Mont, montagne, 481.
Moribond, mourant, 407.
Moteur, mouvant, 306.
Moteur, promoteur, 89.
Motif, mobile, 215.
Mourant, moribond, 407.
Mourir, se mourir, 512.

Mouvant, moteur, 306.
Munir (se), se prémunir, 92.
Mur, muraille, 281.
Musée, muséum, 291.

## N

Naissance, nativité, 240.
Narration, narré, 503.
Nativité, naissance, 240.
Nautique, naval, 362.
Nautonier, nocher, 254.
Naval, nautique, 362.
Négative, négation, 217.
Nègre, noir, 424.
Néologie, néologisme, 258.
Net, nettement, 446.
Nettoyage, nettoiement, 196.
Nier, dénier, 51.
Nocher, nautonier, 254.
Noir, nègre, 424.
Noir, noirâtre, 415.
Noiraud, noirâtre, 422.
Noircir, se noircir, 512.
Nom, dénomination, 53.
Nom, renom, 17.
Nommer, dénommer, 53.
Nord (du), septentrional, 511.
Nourricier, nourrissant, nutritif, 380.
Nouvelle (avoir), avoir des nouvelles, 493.
Nuage, nue, nuée, 226.
Nuancer, nuer, 433.
Nue, nuée, nuage, 226.
Nuer, nuancer, 433.
Numéral, numérique, 360.
Nutritif, nourricier, nourrissant, 380.

## O

Obliger à ou de, 522.
Observance, observation, 210.
Occident (de l'), occidental, 511.
Occuper (s') à ou de, 520.
Odieux, haissable, 350.
Odoriférant, odorant, 392.
Œuvre, ouvrage, 189.
Oiselier, oiseleur, 257.
Oiseux, oisif, 348.
Opprimer, oppresser, 434.
Ordre, ordonnance, 209.

# TABLE DES MATIÈRES.



FIN DE LA TABLE DES MATIÈRES.

Coulommiers. — Imprimerie de A. MOUSSIN.